JN241105

「教育の政治的中立」の政治過程

教育二法成立史を再考する

藤田祐介

ミネルヴァ書房

「教育の政治的中立」の政治過程

——教育二法成立史を再考する

目次

〈凡例〉

一、引用は、原則として原文のとおりとした。ただし、旧字体を新字体としたり、促音と拗音を小書きにしたりするなど、表記を改めた箇所がある。

二、引用文中、誤字・誤記と思われる字句については、原則として該当箇所に「（ママ）」を付すか、注記を行った。明らかな誤字等は訂正している。

三、引用文中の「／」は、改行を示している。

四、漢数字の表記は、原則として二桁の数字は、「昭和二十九年」、「第十九回国会」のように「十」を入れ、三桁及び四桁の数字でゼロ以外の数字を二つ以上含む時は、単位語（千、百、十）は使用せず、「第一五六号」、「一九五四年」のように表記する。ただし、引用等の場合はこの限りではない。また、参考・引用文献の頁番号や資料番号については、煩瑣を避けるため、二桁の数字であっても、「一三〜一七頁」のように、「十」を入れないで表記する。

五、註での参照・引用文献（史料）の表記について、年月日を記していない場合は、史料にその記載がないことを意味している。

六、［　］は筆者による、もしくは引用元に記載された補注である。

七、本文においては、原則として敬称を省略した。

序章　教育二法制定過程の再検討

第一節　問題の所在と課題設定

本書は、一九五四（昭和二十九）年五月に成立した「教育公務員特例法の一部を改正する法律」（昭和二十九年法律第一五六号）（以下、各章において、教特法と略）及び「義務教育諸学校における教育の政治的中立の確保に関する臨時措置法」（昭和二十九年法律第一五七号）（以下、各章において、中確法と略）の二つの法律（以下、各章において、教育二法と略）[1]の制定過程を実証的に再検討し、同法制定の意味について考察するものである。

山口日記事件（第三章第二節参照）を契機として、大達茂雄文政下で制定された教育二法は、学校における「偏向教育」[2]を是正し、党派的政治教育及び政治的活動を禁じるという、いわゆる「教育の政治的中立」（以下、各章において、適宜、政治的中立と略）の維持を目的としたものであり、①公立学校の教育公務員の政治的行為の制限の範囲を国立学校の教育公務員と同様にすること（教特法）と、②義務教育諸学校の教員に対して、特定の目的・手段をもって党派的教育を行うよう教唆・煽動することの禁止（中確法）[3]の二点を要点としている。[4]

教育二法が制定された当時の日本は、米ソ対立を主軸とする東西冷戦の影響を受けつつ、国内政治において

「保守」と「革新」のイデオロギー対立が鮮明化していく時期にあたり、同法の制定過程はもちろん、教育界においても、この保革対立が色濃く反映された。「文部省対日教組」と称されるこの対立構造は、東西冷戦の終結と「五五年体制」の崩壊、そして文部省と日本教職員組合（以下、各章において、適宜、日教組と略）の「歴史的和解」を見た一九九〇年代に至るまで強固に存在し、戦後教育のありようを規定するとともに、時として学校教育の場に多大な混乱をもたらした。「日教組対策立法」という性格を有していた同法の成立は、[5]「文部省対日教組」の対立図式で特徴付けられる戦後教育史、とりわけ一九五〇年代の教育界における政治的対立を象徴する事象であったといえる。

このような対立を象徴する教育二法の制定は、「法案の内容とともに、これほどの社会の反響をよんだ例は、日本の今世紀いらい、おそらくはじめてのことであった」[6]と指摘されているように、戦後教育史において注目すべき事例である。さしあたり、戦後教育史の通史（以下、通史と略）において、同法の制定についてどのような叙述がなされているか、見ておくことにしたい。

まず、五十嵐顕・伊ヶ崎暁生編著『戦後教育の歴史』は、伊ヶ崎暁生の執筆による「第二章　サンフランシスコ体制下の教育反動化と平和教育のたたかい」の中で「平和教育弾圧と教育二法」と題し、教育二法の制定過程について叙述している。[7]ここでは、「戦犯官僚として追放されていた大達茂雄」文相が山口日記事件を徹底的に利用し、「『教育の中立性確保』の名目で、教員の政治活動の禁止をたくらんだ」とし、大達の国会答弁を引き合いに出しながら、大達が「憲法・教育基本法の根本精神から教育をきりはなそうとした」と批判している。そして、大達の著書の一節を引用し、[8]これが「対米従属下の軍国主義復活を推進する独占資本・支配層の意志を集中的に表現していた」と説明している。このように、教育二法案（以下、各章において、適宜、二法案と略）を構想した大達に対する批判を展開した上で、文部省が第十九回国会に提出した「偏向教育の事例」の根拠が「きわめて薄弱」であること、日教組等の教育関係団体が二法案に反対したこと、二法案が「強引に可決され」たこと、教育二法によって「教師の民主主義的自由や権利の抑圧と統制が強化され」たことなどを指摘している。

次に、大田堯編著『戦後日本教育史』は、平原春好の執筆による「第三章　教育政策の反動化と『新教育』批判」の「1　サンフランシスコ体制の成立と教育の再編」の中で、「『偏向教育』問題と教職員の政治活動の制限」と題して、「レッド・パージの進行」や「『うれうべき教科書の問題』」と並んで教育二法を取り上げ、山口日記事件以降、同法制定に至るまでの展開を概略的に叙述している[9]。ここでは、「教員の政治的中立性維持に関する答申」をまとめた中央教育審議会の中に、同答申への反対意見があったことを「特記」するとともに、「偏向教育の事例」の信憑性に問題があったことを強調し、特に、二法案の反対運動について詳述している。さらに、同法が「教師にたいする無言の圧力となり、教師の自由を抑圧する働きを示したことはたしかであった」と述べており、章題に「教育政策の反動化」とあることからも窺えるように、同法制定に対して批判的なトーンが基調となっている。

そして、久保義三『新版　昭和教育史――天皇制と教育の史的展開』も、「戦後教育改革への反動過程」の一環として教育二法の制定過程を描いている[10]。久保は、「サンフランシスコ講和条約を契機に、愛国心、天皇親愛、道徳教育が急速に強調されてきた（中略）さらに、アメリカの対日再軍備要求が強まるにつれて、その傾向は一段と強化され、教育に対する政治的支配が顕在化してきた」と説き起こしながら、池田・ロバートソン会談[11]を取り上げ、この政治状況と結び付けて同法の制定過程を批判的に叙述している。その叙述には、前述の『戦後日本教育史』同様の特徴が認められ、教育二法については、「存在するだけで、日教組の組合員・教員の多くの部分に、教育活動や行動を規制し、心理的な圧迫を加えたことは否定し得ないところである。その意味で、戦後教育改革の反動過程への転換を可能にする、法的基盤を構築した」と評価している。以上、ここでは三つの通史の叙述を確認したが、これらにどのような共通性を見出すことができるだろうか。

これまでの戦後教育史の通史的叙述では、第二次世界大戦後に占領軍（GHQ）主導で民主的な教育改革が実施されたものの、朝鮮戦争を境にその流れが逆行したと説明されることが一般的であった。これは、「逆コース」と呼ばれるものであり、「一九四八年の南北朝鮮の成立を契機として米国の対日政策が転換し、戦後の民主化政策が、反共主義と結び付きつつ、戦前の復古主義的な政策へと反動的に後戻りしたとする歴史認識[12]」である。一九七〇年代に成立した戦後教育史の通説的な枠組みでは、おおよそ、占領期における非軍事化・民主化の一環としての教育改革→一九四九年夏頃からの「逆コース」、一九五〇年代の「再改革」による「教育反動化」と戦後教育改革の空洞化の進展→一九六〇年代以降の能力主義教育政策による教育の経済への従属化の進展、教育荒廃の生起、という流れで戦後教育の歴史が論じられてきた[13]。すなわち、上記の三つの通史はいずれもこの歴史認識に基づき、教育二法の制定が一九五〇年代における「逆コース」下の教育の「反動化」を象徴するものと捉えられている。これは、通史に限ったことではなく、戦後教育史あるいは教育法制関連の文献の多くに見出される特徴である。

ここで通史以外の叙述例にも簡単に触れておきたい。例えば、戦後改革期における主要教育立法過程を検討した鈴木英一は、その一環として教育二法の制定過程を検討し、「大達文政下の教育二法案は、教員のレッド・パージや義務教育学校職員法案の意図したものをうけつぐ形で、教育の国家統制という権力の宿願を実現すべく登場した[14]」というように、通史同様、二法案を批判的に論じている。鈴木は、次のようにも述べている[15]。

教育二法は、「教育の中立性」の名のもとに、教師と子どもを政治から遠ざけ、政治的無関心を助長することを狙ったが、制定の契機として、一九五三年一〇月の池田・ロバートソン会談をあげることができる。そこでは、日米支配層は、安保体制を強化する方向で「愛国心と自衛」のための教育を実現することを、不可欠の課題としていたからである。この意味で、教育二法は、教育基本法第八条第二項の禁止する露骨な党派教育の地ならしとして用意されたものであった。

このように鈴木は、教育二法の制定が池田・ロバートソン会談を契機とし、「愛国心と自衛」のための教育と結び付いていると指摘した。この点に関しては、星野安三郎も、「MSA再軍備のための総動員体制づくりは、軍事・警察権力の整備強化のほかに、国民の思想動員が必要となる。そのためには、その体制に反対する世論指導層対策が何よりも必要であり、教育二法の制定がこれであった(16)」と述べている。従来の戦後教育史研究における叙述の特徴はこれで十分明らかであろう(17)。

一方で、戦後教育史研究の中には教育二法の制定について、上記の通史や鈴木、星野とは異なる見解を提示しているものがある。例えば、森田尚人は、旭丘中学校事件の具体的経緯と歴史的意味を分析した論文(18)で同法の制定過程を検討し、二法案について、「当時の反対論者の多くがこの法案の目的や内容についてどこまで理解していたかは、はなはだ疑問である」としながら、次のように述べている(19)。

この法案は戦後教育改革の是正、つまり「逆コース」を端的に示す反動立法として位置づけられ、法案内容を具体的に吟味することなく、「一種の推測または先入観に基いた」議論が広くおこなわれて(20)、戦後日本の教育をめぐる階級対立とイデオロギー闘争の一環を構成することになった。こうした政治的評価は、その後の教育史研究においても受け継がれた。教育二法案を立法過程に即し、当時の政治状況を媒介にして、その目的と内容を理解するという作業がまったくといっていいほど果たされないまま、多くのイデオロジカルな歴史叙述

がいまだに流通しているのである

このように森田は、従来の戦後教育史研究における教育二法制定についての叙述のありようを鋭く批判し、異義申し立てを行った。森田は、「イデオロジカルな歴史叙述」の具体例として、戦後教育史の文献の多くが時間的順序を無視してまで同法と池田・ロバートソン会談との直接的な因果関係を主張している点[21]や、成立した同法は緑風会[22]の修正案であり、参議院の採決ではこれに自由党が反対、両派社会党[23]や日本共産党が賛成し、最終的にほぼ全会一致で承認されたという経緯についての言及がほとんど見られないこと、また、同法の制定によって教員の活動が萎縮し、「教育の反動化」が一層進んだということについての具体的根拠を示し得ていない点などを挙げ、これらを「戦後教育史研究の陥穽」と呼んで批判している[24]。

ところで、前述の「当時の反対論者の多くがこの法案の目的や内容についてどこまで理解していたかは、はなはだ疑問である」という森田の見解は、文部省で二法案の立案に携わった緒方信一（当時、文部省初等中等教育局長）による序文が根拠になっている。緒方は、その序文において「必ずしも、法の目的、内容について正確な認識の上に立たずに論評を加えておるものもあり、二法律に対する誤解も相当広範にわたっていると思われる[25]」と述べているが、これが当時の文部省関係者の共通認識であった。この序文は、緒方の部下である斎藤正（当時、文部省初等中等教育局地方課長）が同法制定直後に刊行した『政治的中立の確保に関する教育二法律の解説[26]』に収められている。斎藤によれば、「二法律の内容、構成そのものを全く誤解しておられる向も可成多い」ことから、その誤解を解くことも意図して同書をまとめたという[27]。

同じく二法案の立案に関わった犬丸直（当時、文部省初等中等教育局地方課事務官、後に同課長補佐）は、「二法案の立案、審議の過程で唱えられたはげしい反対論は、ほとんどが、法案の具体的な内容を知らず、または、知っても故意にこれを無視して行われたもので、甚だしくは、法案がまだ確定もしないうちから、法案が成立すれば教師は官憲におびえて何も言えなくなるとか教師の政治的言動は一切封じられるといったような虚構の宣伝が行われた」と指摘し、「このような宣伝による誤った認識が今もなお教育関係者その他にいだかれており、それが教育者に無用な不安を与え、これを不必要に萎縮させているとすれば、何よりもそのような誤解が解消されなければならない」と主張している。そして、政治的中立を規定した教育基本法（旧法：昭和二十二年法律第二十五号。以下、各章において、「教育基本法」とは原則として旧法を意味する）第八条の精神が守られていれば教育二法の立法化は必要なかったとしながら、二法案の立案動機を次のように説明している。(28)

最近の教育界においては、諸所に教育基本法の趣旨に反するような教育が行われていることを推測させる事例が現われており、しかもそれが単に偶発的なものではなく、一方にこのような傾向を助長し、推進する組織的・計画的な動（ママ）がある。この状態を放置しておいたのでは、教育基本法の第八条の趣旨が全く没却されるおそれがあるというのが、政府が今回の二法律を提案するに至った動機である。

このように、当時の文部省関係者からすれば、教育二法を制定せざるを得なかった事情があり、同法は、政治的中立を規定した教育基本法第八条の精神を擁護するための法律として、当然ながらその積極的な意義が示されることになるのである。

さて、これまで述べてきたように、戦後教育史研究においては、通史や鈴木の研究のように、教育二法の制定を教育の「反動化」の象徴とし、同法をいわば「悪法」と見なす傾向が顕著であり、一方で森田の研究のように、同法の制定について従来の研究とは異なる知見を提示しているものがある。つまり、先行研究での教育二法制定をめぐる評価は必ずしも一様ではないが、その制定過程については、これまで十分な実証的検討が行われてこなかった。同法の制定は、日本の教育史、特に戦後の教育史上、注目すべき事例であるにもかかわらず、その実証分析は乏しい状況にある。

また近年、十八歳選挙権の実現に伴う主権者教育との関わりから、政治的中立が重要なテーマとしてクローズアップされることとなった。二〇一五(平成二十七)年六月、公職選挙法等の一部を改正する法律(平成二十七年法律第四十三号)が成立し、選挙権年齢が満十八歳に引き下げられた。同法は翌二〇一六(平成二十八)年六月に施行され、同年七月の選挙から十八歳以上の投票が実施されている。選挙権年齢の引き下げは、一九四五(昭和二十)年に満二十歳以上に引き下げられて以来約七十年ぶりで、十八歳選挙権の実現は「戦後史におけるきわめて大きな転換」[29]であった。これに伴い、高等学校における主権者教育の重要性が認識され、教員がこれをどう展開するかということに関わって、改めて政治的中立の問題が問われることになったのである。[30] 二〇一八(平成三十)年六月の民法改正により、二〇二二(令和四)年四月から成人年齢は満二十歳から満十八歳に引き下げられたが、これにより主権者教育の重要性はさらに高まったといえる。

二〇一五(平成二十七)年九月には、総務省・文部科学省が作成した主権者教育に関する高校生向けの副教材『私たちが拓く日本の未来――有権者として求められる力を身に付けるために』と、教員向けの同名の「活用のための指導資料」が公表され、同年十月には、文部科学省初等中等教育局長名で「高等学校等における政治的教養の教育と高等学校等の生徒による政治的活動等について(通知)」(二十七文科初第九三三号)が発出された。これらのいずれにおいても政治的中立の確保が「強調」されているが、このことをめぐっては、主権者教育本来のあり方と政治的中立の強調は相容れないとする批判がある。[31] 端的にいえば、政治的中立を強調することで教員が授業で政治を扱うことに「萎縮」し、充実した主権者教育が展開できなくなるという批判である。

政治的中立の確保を目的とした教育二法の制定過程においても、同法の成立によって、教員が「萎縮」し、教育基本法に規定する政治教育が行えなくなるのではないかということが論点の一つとなっている。こういった論点も含め、教育二法の制定過程においては、政治的中立に関する様々な論点が提起され、多方面で論議が展開された。同法の制定過程の検討を通し、政治的中立をめぐる多様な解釈や見解等を明らかにすることで、政治的中立の問題を考究するための示唆が得られる可能性がある。

以上のような問題意識に基づき、同法の制定過程を実証的に再検討し、その諸側面の内実を具体的に明らかにするとともに、同法制定の意味について考察することが本書の課題である。

第二節　先行研究の検討

前節で述べたように、教育二法の制定過程については、これまで十分な実証的検討が行われてこなかった。同法を扱った戦後教育史あるいは教育法制に関する文献の多くは、同法の制定過程について、その素描あるいは断片的な叙述に留まっており、制定過程を実証的に検討した研究は数少ない。比較的詳しく同法の制定過程を扱っている場合でも、国会審議過程など制定過程の一局面に焦点を当てたものが多く、制定過程の全体像は十分に解明されていない。このことを踏まえた上で、以下では、先行研究の検討を行う。ただし、各章の「はじめに」でも個別に先行研究に言及しているため、ここでは、本書全体に関わる主要な先行研究を概観し、その内容を検討しておく。

まず、教育二法の制定過程については、当然ながら、通史あるいは通史的叙述（以下、あわせて通史という）において言及されている。これについては前節で詳しく見たので、ここでは詳述を避けるが、通史では、同法を教員の教育活動の自由を抑圧し、言論・思想の自由を侵害するいわば「悪法」、「反動立法」等と捉えるのが一般的である。

次に、研究者等によって教育二法を解説した著書（解説書、コンメンタール等）や論文の中に同法の制定過程を記述しているものがあり[32]、その多くは同法批判という観点から叙述されている。その一つである有倉遼吉の『公法における理念と現実』は有倉が発表した雑誌論文をもとに構成された著書であり、「教育関係二法案の批判と解説[33]」及び「教育関係二立法[34]」と題する論文を収載している[35]。前者はその表題からも明らかなように、二法案の「批判に重点を置いた」ものであり、同法成立以前に二法案の「欠陥を指摘して法の成立を阻止する」ことを念願して執筆された[36]。

ここでは例えば、二法案の政府原案の特色の一つとして、「法律要件の多義性および包括性」が指摘され、中確法案の規定を例に、「違法ならずと信じてなした行為が、権力者によって違法なりとせられる危険性」を内包する立法は「それ自体すでに悪法」と批判されている[37]。後者の論文では「立法の動機と国会の審議経過」が叙述されており、「国会速記録を丹念に検討して筆者の得た結論」として、「行為の自由の限界が判然としない」、「すなわち、具体的場合でなければ分からず、また具体的場合でも人によって判断が異なる」という見解を示している[38]。ただ、有倉の場合はもちろん、教育二法を解説した著書・論文は、その性格上、法解釈が中心であって、同法の制定過程全般にわたって詳しい検討を行っているわけではない。

通史や解説以外では、まず、前節で言及した鈴木英一の研究[39]が挙げられる。ここでは、二法案の立案過程や中央教育審議会（以下、適宜、中教審と略）の動き、国会審議過程、二法案の反対運動の動向に加え、国会会議録等をもとに大達文相の「偏向教育」論などについて検討を加えている。ただし、いずれも概略的な叙述で十分な実証的検討がなされているわけではない。鈴木は、教育二法の制定を「実質的な教育基本法改正」と捉えており、大達文相や二法案に批判的な記述が散見される。例えば、「教育二法律を着想し、満身創痍の状態とはいえ、その制定を強行した大達文相の辣腕は、反改革以後今日にいたる歴代文部大臣のなかで『治安対策』にもっともぬきんでたものであった[40]」という指摘や、国会審議における大達文相の答弁について「欺瞞性は明らか[41]」と述べている点、前述のとおり、二法案が「教育の国家統制という権力の宿願を実現すべく登場した」と批判している点などである。なお、本書では、教育基本法の制定過程や義務教育学校職員法案をめぐる政治過程の検討も行うが、鈴木はこれらについて比較的詳しく論及している。

次に、学校教育における教育基本法第八条の意義や問題点の歴史を教育法社会学的に考察した永田照夫の研究[42]が挙げられる。永田の研究は、教育基本法や教育二法の制定過程だけでなく、政治教育や学生の政治運動、高校生の政治活動、「偏向教育」問題など政治的中立に関わる諸問題について検討を加えていて、広く政治教育の意義や政治的中立のあり方を考えていく上で示唆に富む。例えば永田は、文部省が第十九回国会に提出した「偏向教育の事例」について、「現実の政治や政策に批判的な教育実践を偏向教育または教育の政治的中立に違反するものとして誇大に宣伝し、国民の保守的階層の支持を得ることによって、二法案を強引に成立させようとした政治的意図によるものであることは明らかである[43]」と指摘している。ここからも窺えるように、永田の研究は、基本的には教育二法制定に対して批判的な立場に立脚したものである。ここで注目しておきたいのは、教育二法制定の影響として、次の二つを指摘していることである[44]。一つは、「制定の過程から、教育の政治的中立の問題や政治教育の重要性が精力的に討議され、その重要性の啓発と認識が深まっていく契機となった」という肯定的側面、もう一つは、「威嚇法としての効果」をもつ同法が政治教育にマイナスの影響を与えたという否定的側面である。

後者について永田は、「政治教育の萎縮は、政治のいわゆる逆コース現象によって、二〇年代の後半から平和教育などにあらわれ始め」、「偏向教育や教育の政治的中立が大きく問題にされるようになると、（中略）政治教育萎縮の傾向はいっそう加速の度を早めた」と述べている。そして、「萎縮」の例として、「社会科における時事的、または論争的問題に、教師が口をつぐんだり、生徒の質問に回答を避ける傾向が強くなり、おびえや政治的無関心が増加し、または自主規制となって、生き生きした授業が行なわれにくく」なったことを挙げている。この「萎縮効果」（chilling effect）は、同法制定がもたらした影響としてしばしば批判の対象とされてきた。小玉重夫は、同法成立以降、「本来、政治教育を促進するためのものであった中立性が、教育を非政治化するための中立性へと転化し、学校で政治教育を行うことそれ自体を抑制させる効果をもたらしてきた(45)」と指摘している。

教育二法の「萎縮効果」については、同法制定以後の全国各地の学校教育活動、教育実践の内実等を詳しく検討する必要があり、同法の成立までを扱う本書では、「萎縮効果」の妥当性までは具体的に検証し得ない。他方、永田の指摘する肯定的側面、すなわち、同法の制定過程で政治的中立や政治教育をめぐる論議が活発に展開され、その重要性の啓発と認識が深まっていく契機となったという点については、筆者も同感である。この点に関して永田は、同法制定過程での「教育の政治的中立の論議の経過を簡単に跡付けることは困難である(46)」と述べているが、本書では、その経過の詳細な検討が主要な作業となる。

これまで述べたように、通史、有倉の論文など研究者による教育二法の解説、鈴木や永田の研究は、同法に批判的な立場からその制定過程を論じている。各章で言及するように、これら以外にも同法の制定過程を扱った著書や論文等は数多く存在するが、それらの大半も同法を批判する立場に立脚したものである。そして、これらの先行研究にイデオロギー批判の側面が強いことを見出し、従来とは異なる視点から同法の制定について検討を試みているのが、貝塚茂樹の研究や前節で言及した森田尚人の研究(47)である。

まず、貝塚の研究には、①教育二法の制定に対する大達文相の意図を検討した研究(48)、②衆参両院文部委員会での論議を中心に二法案の国会審議を検討した研究[49]、③同法を中心に政治的中立をめぐる諸論議を検討した研究[50]がある。①の研究は、主として大達の著書[51]と伝記[52]の内容に依拠しながら、政治的中立や同法をめぐる大達の認識などについて検討したものである。従来の研究が見落としていた大達のリベラリストとしての一面を照射している点に特徴がある。②の研究では、主に国会会議録の分析を通じて、従来の研究で詳しく検討されてこなかった「偏向教育の事例」をめぐる論議と、衆参両院で開催された公聴会の内容を中心に、同法成立までの具体的経緯を跡付けている。ここでは、左右の激しい対立状況にある国会で二法案が「あっけなく」通過した背景として、旭丘中学校事件の存在を指摘している。また、③の研究では、「政治的な枠組からは距離を置き、客観的な観点から政治的中立の問題を論じたものがあったことも無視できない[53]」とし、従来とは異なる視点で二法案をめぐる諸論議の内実を検討している。ここでは、日教組の反対運動の激化や旭丘中学校事件が新聞論調の変化をもたらしたことなどが明らかにされている。

次に、森田尚人の研究である。森田による先行研究批判の要点は前節で示したとおりであり、ここでは詳述を避けるが、教育二法制定をめぐる「戦後教育史の通説」が、「『教育の反動化』という大状況からの外在的なイデオロギー批判に終始[54]」しているというのが森田の主張であった。森田は、この視点に立脚して、前述の貝塚の研究や筆者の研究[55]も参照しつつ、旭丘中学校事件の歴史的検証の一環として同法の制定過程を検討している。

ここでは例えば、二法案をめぐる国会審議を踏まえ、①二法案の主要なターゲットが日教組それ自体というよりも、日教組内部に勢力を浸透させつつあった日本共産党の影響力の排除にあったこと、②中確法案の「教員の自主性擁護」という狙いが「教唆・煽動」という言論・思想の自由に関わる新たな問題を生み出したこと、③二法案の立案者側からする政治的中立確保の論理が、政治の世界から保護されるべき「純白な子ども」という近代的な子ども観を伴うものであり、「子どもの脱政治化」を目指すものであったこと、というような興味深い論点が示されている[56]。そして、山口日記事件は池田・ロバートソン会談の数ヶ月前に問題化しており、同会談は教育二法制定の直接のきっかけになっていないこと、二法案は両派社会党や日本共産党が賛成にまわって可決されたことなどを強調し、同法成立による教員の「萎縮効果」にも疑問を呈している[57]。森田は、「旭丘中学事件の歴史的意義をひとことでいうならば、国会審議に大きなインパクトを与えて、かえって教育二法案の成立を後押ししたという皮肉な成り行きにあったということになるだろう[58]」と述べており、この点で旭丘中学校事件の影響を重視する貝塚の研究と認識を共有している。

以上が本書全体に関わる主要な先行研究である。教育二法の制定過程全般を扱う本書では先行研究に負うところがあり、その叙述内容については先行研究との重複が避けられない。しかし本書は、先行研究を踏まえながらも、二法案が政府原案として確定するまでの具体的な法案作成経緯、「教員の政治的中立性維持に関する答申」をまとめた中教審の動向と論議の具体的様相、国会審議過程における本会議の論議や諸政党（特に改進党）の動き、教育関係団体の構想と行動、「世論」の一側面である国会請願・陳情など、先行研究では対象とされていない点や、十分に掘り下げられていない点などについて詳細な検討を行うことで、同法制定に関して新たな知見を得ることを試みることにしたい。

第三節　分析視角と方法

本書では前節で言及した先行研究を踏まえながら、教育二法の制定過程を総体的かつ実証的に解明していくが、その際の分析視角と方法について述べておく。

前述したように、教育二法の成立は、戦後の教育史において「保革対立」あるいは「文部省対日教組」という対立図式が最も鮮明化した事例である。同法が「日教組対策立法」という性格を有していたことから、その制定をめぐっては、日教組に批判的な保守勢力と日教組に親和的な革新勢力が鋭く対立した。したがって、同法をめぐる通史の叙述で明らかなように、従来の研究の多くが「保革対立」に焦点を当ててきたのは、ある意味で必然的なことであった。ただ、同法の制定過程は、多様なアクターが対立と妥協を繰り返したダイナミックな過程であり、「保革対立」の図式だけでは説明できないことも事実である。

例えば、教員の政治活動制限構想や二法案をめぐって、「保守」政党である自由党と改進党[59]の両党には対立状況が見られた。いわば「保保対立」である。さらに、改進党内は「保守派」と「革新派」に分かれており、この「革新派」が二法案に批判的であった。また、自由党は改進党だけでなく、同じく「保守」の日本自由党、「保守」と親和的な緑風会とも折衝し、対立と妥協を繰り返している。そして、緑風会が提案した二法案の修正案には、参議院の採決において、「保守」である自由党が反対するとともに、「革新」である両派社会党や日本共産党等が賛成しているのである。

戦後日本の教育システムの形成過程を政治学の立場から分析した徳久恭子は、戦後の教育史において、「『国民の教育権』VS.『国家の教育権』もしくは『日教組・革新政党』VS.『文部省・保守政党』という二項対立」の状況があったことを認めながらも、あらゆる政策をこの観点から説明することは困難であるとしている。その理由として、「保革対立の一極とされる『保守』の側を一枚岩的に理解することの妥当性がまず疑われるから[60]」と述べているが、これは教育二法の制定過程にも当てはまる。制定過程に登場する「保守」のアクターは、決して一枚岩ではない。

そこで本書では、「保革対立」という分析視角を相対化し、教育二法の制定過程における諸アクターの構想や行動、アクター間の対立と妥協、合意といった政治過程のダイナミクスに着目する。同法成立に至るまでのプロセスで登場するアクターは、文部省、法務省、人事院、法制局、保守政党（自由党、改進党、日本自由党）、緑風会、革新政党（両派社会党、日本共産党等）、中央教育審議会、教育関係団体（日教組、信濃教育会、校長会、教育委員会関係団体等）、新聞等のマス・メディア、知識人など多様である。これらのアクターが政治的中立や二法案をめぐっていかなる構想をもち、どのような行動をとったのか。そこでいかなる論議が展開され、どのような考え方が提示されたのか。諸アクター間でどのような相互交渉がなされ、同法の成立に至ったのか。このような観点を重視しながら、同法の制定過程を実証的に再検討することにしたい。本書の主題を「『教育の政治的中立』の政治過程」としたのはそのためである。[61]

とはいえ、本書は特定のモデルや理論を用いて政治現象を分析しようとするものではない。政治過程分析は、かつて、「事実発見的で、政治的出来事の個別的な記述に関心があり、（中略）多くは理論的一般化の乏しい実態分析にとどまっていた」が、「今日の政治過程論は、現実の分析や説明の手段としてできるだけ明示の共通の枠組、モデル、理論を利用して政治現象を実証的に分析し、さらに逆にそうした実証研究を通してそれらの枠組、モデル、理論を発展、洗練さらには修正させていこうとする志向をもつ」[62]と指摘されて久しい。しかし、本書は理論的一般化を目指す政治過程論的アプローチによる研究というよりも、史的事実の因果関係を解明し、記述することに軸を置いた史的研究である。二法案についての詳細な法的検討や厳密な法解釈、あるいは二法案の思想的含意の分析等を意図しているわけでもない。

そのため、史的事実の解明に重点を置く本書では一次史料を重視しており、行政文書や議事録（会議録）等の丹念な分析に努めた。特に、山口県文書館等所蔵の山口日記事件関係史料、国立教育政策研究所に保管されていた『「義務教育諸学校における教育の政治的中立の確保に関する臨時措置法」に関する行政文書史料』（原文書は国立公文書館所蔵）、同研究所教育図書館所蔵の『石川二郎旧蔵資料』、国立公文書館所蔵の『文部省関係審査録綴（法律）』、『教育二法案（第一九国会）』（「佐藤達夫関係文書」）等の教育二法関係史料や『中央教育審議会総会速記録』、公安調査庁の『公安調査月報』（各史料についての説明は当該章を参照）など、従来の研究でほとんど用いられることのなかった新史料を多く活用して検討を行う。

次に、検討の対象範囲について述べておく。本書は、教育二法の制定過程を対象としているが、この制定過程とは、一九五三（昭和二十八）年五月中旬に問題化し、二法案立案の直接的な契機となった山口日記事件以降、一九五四（昭和二十九）年五月二十九日の同法成立に至るまでのプロセスをいう。しかし本書では、一九四七（昭和二十二）年三月に成立した教育基本法の制定過程と、一九五三（昭和二十八）年二月に第十五回国会に提出された義務教育学校職員法案（以下、適宜、義教法案と略）をめぐる政治過程も扱っている。というのも、教育二法制定の目的である「政治的中立の確保」は、政治的中立を規定した教育基本法第八条の擁護を意味していることから、同法の制定過程にまで遡って、そこでの政治的中立（同法第八条）をめぐる論議を確認しておく必要があるからである。また、義教法案は「教育二法の布石」[63]ともいわれ、教員の政治活動制限を意図していた点で二法案との密接な関連性が指摘されている法案である。そのため、義教法案をめぐる政治過程を明らかにし、そこで展開された教員の政治活動制限論議を検討しておくことが不可欠である。

したがって、本書では教育基本法の制定過程、具体的には一九四六（昭和二十一）年九月の教育刷新委員会総会での論議から叙述をはじめているものの、もちろんそれは教育二法の制定過程の起点がそこにあるという意味ではない。教育基本法の制定過程における政治的中立論議と、義教法案をめぐる政治過程での教員の政治活動制限論議の検討は、教育二法の制定過程を検討する上での「予備的作業」である。

検討の対象範囲に関わって、「教育の政治的中立」という概念についても説明しておく必要があろう。本書の主題に「教育の政治的中立」を含めているように、「教育の政治的中立」[64]は鍵概念である。「教育の政治的中立」

を厳密に解した場合、政治と教育が密接不可分の関係にある以上、教育の絶対的な政治的中立などあり得ないということになるが、「教育の政治的中立」という概念は多義的である。そこで、その概念を整理するとともに、本書ではその意味するところを限定しておく必要がある。ただし、政治的中立概念の理論的検討、原理論的な考察は本書の目的とするところではないので[65]、ここでは、市川昭午の著書・論文に基づき、政治的中立の概念について簡単に整理しておきたい。

市川によれば、現代公教育の中核をなす原理である「教育の中立」は、直接教育内容に関わる「宗教的中立」（教育の宗教的中立）と「政治的中立」（教育の政治的中立）、さらには「教育の中立」を制度的に保障する「行政的中立」（教育行政の政治的中立）に分類される。「中立」（neutrality）とは、本来国際法上の概念であり、戦時に戦争に参加しない非交戦国の国際法上の地位のことである。中立国は全ての交戦国に対し、「公平不偏」（impartiality）の態度と無援助を原則とする。つまり、「教育の政治的中立」は、学校教育が多元的な政治主体、諸々の政治勢力に対して不偏不党の立場を堅持することを意味し、自由・民主社会において必要とされる。政治的中立が必要な主な理由は、学校による特定の政治的イデオロギーの注入が子供とその保護者の権利を侵害すること、もう一つは、諸政党による政権交代を前提とするリベラル・デモクラシーの原理を危うくするからである[66]。この政治的中立を規定しているのが、現行の教育基本法（平成十八年法律第一二〇号）第十四条（旧法第八条）[67]第二項である。

学校教育に対する政治的中立の要請は、教育活動の実質的な担い手である教員に対しても求められる。教員はその立場を利用して児童生徒に自己の政治的なイデオロギーを一方的に押し付けたり、特定の政治的判断をうのみにさせたりしてはならない。これが「教員の政治的中立」と呼ばれるものである。「教員の政治的中立」は、直接的な学校教育活動だけでなく、間接的な学校教育活動でも必要とされ[68]、また、学校の教育活動を離れていたとしても、教員の政治的行為は様々な制限を受けている[69]。その制限については、公立学校の教員の場合、地方公務員法第三十六条[70]、教育公務員特例法（以下、各章において、適宜、教特法と略）第十八条[71]、公職選挙法第一三六条の二[72]などに規定されており、さらに公職選挙法第一三七条は、公立学校の教員だけに限らず、私立学校の教員も含めて、教育者が教育上の地位を利用して選挙運動をすることを禁じている[73]。ただし、教員の政治的行為の制限は、行政の政治的中立の必要と公務員の「全体の奉仕者的性格」（日本国憲法第十五条）の要請からなされるもので、教育活動自体を対象とするものではないから、「教育の中立」の必要から直接由来するものではない。教員の政治活動の禁止や政治的行為の制限[74]は、それが教育活動に影響を及ぼす限りにおいて必要とされるのである[75]。

教育二法は、教育基本法第八条第二項に規定する政治的中立の確保を目的としていることから、本書が対象とする「教育の政治的中立」は、「教員の政治的中立」を指す。つまり、学校教育活動において政治的に一方に偏した教育、党派的なインドクトリネーションが行われてはならないという意味として限定的に捉えており、これには前述の「行政的中立」＝「教育行政の政治的中立」を含めていない。「教育行政の政治的中立」は、「教育の政治的中立」の制度的保障として重要な意味をもち、本書の内容とも関連するが、これは別に追究されるべきテーマであり、本書では対象外とした。

以上のことを踏まえれば、本書の主題を「『教員の政治的中立』をめぐる政治過程」とすることも考えられよう。しかし、本書ではあえて「教育の政治的中立」を用いている。その理由の一つは、教育二法の一つである中確法の名称に「教育の政治的中立」が含まれており、それもあって、制定過程における諸論議では、「教員の政治的中立」よりも「教育の政治的中立」の方を用いることが多いからである。二法案と関係する中央教育審議会答申の名称は、「教員の政治的中立性維持に関する答申」であり、国会審議でも「教員の政治的中立」を用いている場面が見られるものの、「教育の政治的中立」の方が一般的である。もう一つの理由は、逸見博昌が指摘するように、「教員の政治的中立」は「教育の政治的中立」という言葉の意味を、教員を主体として解釈したものと同一であり、「教育の政治的中立」とは別に「教員の政治的中立」という言葉を用いるのは、「スローガンとしてならともかく、理論的にはあまり意味がない」からである。[76]

第四節　本書の構成

本書は、第三章以下の各章において教育二法の制定過程の諸側面について検討し、全体を通して同法制定過程の全体像を明らかにできるような内容構成とした。前節で言及した「教育基本法の制定過程」と「義務教育学校職員法案をめぐる政治過程」については、教育二法の制定過程には含まれないので、補論あるいは補章として別建てにすることも考えたが、本書が史的研究であることに鑑みて時系列に沿った構成とし、それぞれ第一章及び第二章で扱うこととした。各章の内容は次のとおりである。

第一章では、一九四七（昭和二十二）年三月に成立した教育基本法の制定過程における政治的中立論議、具体的には、教育刷新委員会（総会及び第一特別委員会）及び第九十二回帝国議会（衆議院教育基本法案委員会及び貴族院教育基本法案特別委員会）での教育基本法第八条関連の論議について検討し、その具体的内実を明らかにする。

第二章では、二法案との密接な関連性が指摘されている義教法案をめぐる政治過程、具体的には、同法案の立案経緯、同法案に対する日教組の対応、中教審の動向、マス・メディアの反応（新聞論調）及び国会審議の動向を明らかにし、そこで展開された教員の政治活動制限に関する論議の内実について、第十五回国会における論議を中心に検討する。

第三章では、二法案の立案過程、すなわち国会審議以前の段階における二法案の作成経緯について検討する。ここではまず、二法案の立案契機となった山口日記事件に論及し、その動向を明らかにする。その上で、「秘密裏」に立法作業が進められたとされる二法案が、どのような経緯を経て政府原案として閣議決定されるに至ったのかを、『「義務教育諸学校における教育の政治的中立の確保に関する臨時措置法」に関する行政文書史料』や『文部省関係審査録綴（法律）』、「佐藤達夫関係文書」の『教育二法案（第一九国会）』等の一次史料を用いながら検討し、文部省内で構想された法案の具体的内容や関係官庁との折衝の様相などを明らかにする。

第四章では、二法案立案の一つの拠り所となった「教員の政治的中立性維持に関する答申」をまとめた中央教育審議会の動向と論議の内実について検討する。同審議会でどのような動きがあり、政治的中立の問題をめぐっていかなる論議が展開されたのかを、主に『中央教育審議会総会速記録』や『石川二郎旧蔵資料』の「中央教育審議会関係資料」等の分析を通して明らかにする。

第五章では、主に国会会議録と新聞記事の分析を通して二法案の国会審議過程、すなわち二法案の国会提出から教育二法成立までの具体的経緯を明らかにする。ここでは、主要な論点となった政治的中立の考え方と中確法案の教唆・煽動をめぐる論議に焦点を当てるとともに、二法案をめぐる政党・会派の動向、特に自由党と同じ保守政党である改進党の動きに着目しながら検討を行うことで、法案審議をめぐる政治的ダイナミクスの具体的様相を浮き彫りにする。

第六章では、教育二法の制定過程における教育関係団体の動向について、日教組の活動に焦点を当てながら検討する。諸団体の年史や機関誌（紙）、『公安調査月報』等の資料を手がかりに、教員の政治活動制限構想あるいは二法案に対する個々の団体の対応や活動の実態等を明らかにし、教育関係団体が政治アクターの一つとしていかなる役割を果たし得たのかについて検証する。

第七章では、教育二法の制定過程における「世論」の動向と内容について、新聞記事及び国会請願・陳情の検討を通して明らかにする。教員の政治活動制限構想あるいは二法案をめぐる新聞記事（社説、コラム、投書欄、識者の意見等）及び先行研究で扱われてこなかった国会請願・陳情の量的把握を試みながら、その動向と内容を検討し、同法をめぐる「世論」の全体像に迫るための手がかりを得ることを試みる。

終章では、本書のまとめとして各章の検討結果、すなわち得られた知見を整理するとともに、それに基づき、教育二法制定の意味について考察する。そして、本書の意義について論じ、最後に今後の研究課題を提示する。

註

（1）「教特法」は教育公務員特例法の略称であることから、より正確には、「教特法一部改正法」と表記すべきであろう。しかし本書では、煩瑣を避けるために、教育公務員特例法と、この「教育公務員特例法の一部を改正する法律」（昭和二十九年法律第一五六号）のいずれも「教特法」と略記する。本書で「教特法」がこの二つのうちのどちらを指すかは、文脈に応じて区別し得る。「中確法」については、「政中法」（新井恒易「教育二法案の成立まで――国会の審議をみる」『カリキュラム』第六十八号、一九五四年、八四頁）や「中立確保法」（長谷川正安・森英樹「中立確保法」有倉遼吉編『別冊法学セミナー№33　基本法コンメンタール　新版　教育法』日本評論社、一九七七年、九五頁）等の略称も用いられているが、本書では「中確法」とした。

（2）「偏向教育」は法定用語ではないものの、政治的に偏向した教育、党派的政治教育を意味する用語として、政治的中立の問題を論じる際にしばしば使用される。この用語は、「実際には極めて多義的かつあいまいで主観的、恣意的に濫用される場合が多い」と指摘されているが（永田照夫『教育基本法第八条（政治教育）小史――教育法社会学的考察序説』西村信天堂、一九八五年、五頁）、教育二法をめぐる諸論議において頻繁に用いられていることから、本書でも使用する。

（3）「煽動」は、「扇動」あるいは「せん動」とも表記される。「煽動」は「煽る」ことを意味していることから、本書では引用を除き、「煽動」と表記する。

（4）有倉遼吉の解説によれば、教特法は、「教員が政治行為に深入りすることが現場の教室における教育の中立を侵すおそれがあるとして定められたもの」であり、中確法は、偏向教育を行うことの「教唆せん動を罰することにより偏向教育をなくそうと」するものである。偏向教育と教育二法の関係は「間接的」であり、「偏向教育と直接の関連をもつもの」は旧教育基本法第八条第二項である（有倉遼吉編『教育と法律（増訂版）』新評論、一九六四年、一三九頁）。

（5）教育二法は、日教組のみを対象とした法律ではない。しかし、教育二法案立案の経緯からして、その主要なターゲットが日教組であったことは明らかである。文部省で同法案の立案を担当した犬丸直は、同法案について、「直接教育の中身に言及するのではなく、教唆煽動を規制することによって特定の運動組織の勢力に歯止めをかけようとするものであった。日教組を意識していたことは否めない」と述べている（犬丸直『志をもって生きる――行雲流水八十余年』清流出版、二〇〇五年、四一頁）。

（6）新井、前掲論文、八二頁。

（7）五十嵐顕・伊ヶ崎暁生編著『戦後教育の歴史』青木書店、一九七〇年、一三五～一三九頁。

（8）引用されているのは、大達茂雄『私の見た日教組――教育二法案を繞る国会論争』（新世紀社、一九五五年）の「教育の自由とは何か――序にかえて」に書かれた「平和と独立のための教育であるが、一口にその正体を洗えば、アカ（平和）と反米（独立）のための教育である（中略）民族的課題とやらを解決するために教育を道具に使うことだけは、絶対にやめて貰わねばならぬ。いな、絶対にやめさせなければならぬのである」（五～六頁）という部分である。

（9）大田堯編著『戦後日本教育史』岩波書店、一九七八年、二一〇～二一六頁。

（10）久保義三『新版　昭和教育史――天皇制と教育の史的展開』東信堂、二〇〇六年、九六〇～九七七頁。

（11）一九五三（昭和二十八）年十月、ＭＳＡ（Mutual Security Act：相互安全保障法）協定交渉のために日本政府特使として訪米した池田勇人（当時、自由党政調会長）とロバートソン米国務次官補との間で行われた会談。日本の防衛力増強計画の協議を中心に、数日にわたり会談が行われた。会談の成果として日本側がまとめた草案要旨によれば、会談当事者は、「日本国民の防衛に対する責任感を増大させるような日本の空気を助長することが最も重要」とし、日本政府が「教育および広報」を通じて、「愛国心と自衛のための自発的精神」を育成していくことに同意したとされる。

（12）小玉重夫「政治――逆コース史観のアンラーニング」森田尚人・森田伸子編著『教育思想史で読む現代教育』勁草書房、二〇一三年、三七頁。

（13）羽田貴史「戦後教育史像の再構成」藤田英典ほか編『教育学年報6　教育史像の再構築』世織書房、一九九七年、二

一五～二一七頁。小山静子・菅井凰展・山口和宏編『戦後公教育の成立——京都における中等教育』世織書房、二〇〇五年、i～ii頁。なお、戦後教育史分析の通説である「逆コース」論を再検討したものとして、明神勲「占領教育政策と『逆コース』論」（『日本教育史研究』第十二号、一九九三年、六五～八一頁）を参照のこと。

(14) 鈴木英一『教育行政（戦後日本の教育改革3）』東京大学出版会、一九七〇年、四〇四頁。

(15) 鈴木英一『現代日本の教育法』勁草書房、一九七九年、二三四頁。

(16) 星野安三郎『戦後日本の教育と憲法——その歴史的展開（上）』新評論、一九七一年、一二三頁。

(17) 他にも、通史同様の批判を展開したものに、前芝確三「『教育二法案』と日本の国際的立場」（『立命館法學』第七号、一九五四年、一五～三六頁）、伊藤恒夫「新教育二法の背景」（『松山商大論集』第七巻第二号、一九五六年、七一～一一三頁）、柳久雄・川合章編『現代日本の教育思想　戦後編』（黎明書房、一九六三年、二七八～二九六頁）等がある。

(18) 森田尚人「旭丘中学事件の歴史的検証（下）——第2部：教育二法案をめぐる国会審議と『事件』の政治問題化」『教育学論集』第五十一集、中央大学教育学研究会、二〇〇九年、三七～一一一頁。

(19) 同右、五六～五七頁。

(20) この点に関し、大達は次のように述べている。「今日、この法律案（二法案—筆者註）に関連して、いろいろと議論が行われているが、私のもっとも遺憾とすることは法律案について、十分にその内容が検討せられず、一種の推測または先入観に基いた、したがって全く違った内容を前提とした議論が行われていることである」（大達茂雄「教育二法案のねらい」『人事行政』第五巻第四号、一九五四年、六頁）。

(21) 森田はその理由について、「教育政策の『反動化』が対米従属の吉田内閣のもとで強行されたことをあくまで強調する共産党史観に強く拘束されているからとしかいいようがない」と述べている（森田、前掲論文、九二頁）。

(22) 一九四七（昭和二十二）年の第一回参議院議員通常選挙で無所属当選した議員らが結集した参議院の会派。第一回国会召集時の緑風会議席数は九十二であり、参議院の最大（第一）会派となった。同会所属の山本勇造（有三）によれば、緑風会は「普通の政党とちがい、参議院独自の会派であり、みずから起って政府を倒そうとしたり、内閣をつくろうとするものではな」く、「ひたすら、第二院たる参議院の使命を達成しようとする、中正公明な団体」であった。緑風会の「緑」は「七色のなかの中央の色」であり、「右にも偏せず左にも傾いていない」ことを意味している（野島貞一郎

編『緑風会十八年史』緑風会史編纂委員会、一九七一年、二一〜四三頁）。
(23) 一九四五（昭和二十）年十一月に結成された日本社会党は、結成当初から左右の派閥対立が絶えず、一九五一（昭和二十六）年に講和条約と日米安全保障条約の賛否をめぐって左右両派社会党に分裂した（中村昭雄「日本社会党」猪口孝ほか編『縮刷版・政治学事典』弘文堂、二〇〇四年、八四七頁）。本書では、左派社会党、右派社会党を合わせて「両派社会党」と表記する。
(24) 森田、前掲論文、八七〜九八頁。
(25) 緒方信一「序」斎藤正『政治的中立の確保に関する教育二法律の解説』三啓社、一九五四年、一頁。
(26) 斎藤、同右書。同書は、政治的中立の意味や二法案立案の動機、国会審議の経過等について叙述し、教特法、中確法それぞれの内容について解説を加えている。二法案立案の当事者がまとめた教育二法に関する数少ない体系的な解説書という意味で重要である。この他、同法に関する斎藤の論説として、斎藤正「教育二法律について」（『文部時報』第九二四号、一九五四年、四〜九頁）、同「教育の政治的中立のための二法案――話題の法律案の立法趣旨を明らかにする」（『時の法令』第一二七号、一九五四年、二〇〜二四頁）等がある。
(27) 斎藤、同右書、三頁。ただし、斎藤は同書で展開される解説について、「公権的解釈」あるいは「文部省の解釈」ではないと断っている（四頁）。
(28) 犬丸直「教育の政治的中立を確保するための二法律」『教育技術』第九巻第八号、一九五四年、一一〇頁。なお、教育二法に関する犬丸の論説として他に、犬丸直「教育二法律に関する質問に答える」（同前、一一八〜一二一頁）、同「教育二法の解説」（『教育行政』第十六号、一九五四年、五〇〜六八頁）、同「真意を語る」（『教育広報』第六巻第九号、山口県教育委員会、一九五四年、四〜五頁）、同「続・教育二法の真意を語る――質疑に答えます」（『教育広報』第六巻第十号、山口県教育委員会、一九五四年、三〜七頁）、同「教育二法律の要点」（『初等教育資料』第五十二号、一九五四年、二二〜二五頁）、同「禁止される行為の諸要素――教育二法案の内容概説」（前掲『人事行政』第五巻第四号、一九七〜一一頁）等がある。
(29) 小玉重夫『教育政治学を拓く――18歳選挙権の時代を見すえて』勁草書房、二〇一六年、i頁。
(30) 近年の主権者教育に関する議論を中心に、政治的中立をめぐる動向と課題を論じたものとして、藤田祐介「『教育のの一部について、この論文の内容と重複がある。
ンプライアンス研究の現在』教育開発研究所、二〇二三年、五〇～六三頁）がある。なお、本書の序章及び終章の叙述
政治的中立』をめぐる動向と課題――主権者教育を中心に」（日本スクール・コンプライアンス学会編『スクール・コ

（31）例えば新藤宗幸は、政治的中立が「『主権者教育』と表裏一体で強調」されており、「指導資料」はそれを順守するよう繰り返していると批判し、政治的教養の育成と政治的中立の強調は整合するものであるのか、との問題提起を行っている（新藤宗幸『「主権者教育」を問う』岩波書店、二〇一六年、五～六頁）。

（32）著書としては、有倉遼吉・天城勲『教育関係法Ⅱ』（日本評論新社、一九五八年）、有倉遼吉『公法における理念と現実』（多磨書店、一九五九年）等がある。また、論文には、長谷川・森、前掲論文、坂田仰「義務教育諸学校における教育の政治的中立の確保に関する臨時措置法」（『季刊教育法』第一一〇号、一九九七年、六三～六六頁）等がある。

（33）初出は『法律時報』第二十六巻第四号（日本評論社、一九五四年、三四〇～三四六頁）である。

（34）初出は『法律時報』第二十六巻第八号（日本評論社、一九五四年、八二八～八三三頁）である。

（35）有倉、前掲『公法における理念と現実』一九七～二二五頁。

（36）同右、二一二頁。なお、教育二法制定後間もない時期の有倉の論文として、有倉遼吉「権力者の恣意に任すな――教育二法とわれわれ」（『世界』第一〇四号、一九五四年、一〇八～一一三頁）がある。また、同じく制定後間もない時期に、設問形式で同法を解説したものに、有倉遼吉「教育二立法――設問に答えて」（『教育二立法・秘密保護法――解説と批判（別冊　法律時報）』日本評論新社、一九五四年、四六～九一頁）がある。

（37）有倉、同右書、一九七頁。

（38）同右、二二四頁。

（39）鈴木、前掲『教育行政（戦後日本の教育改革3）』三九〇～四〇八頁。

（40）同右、三九一頁。

（41）同右、四〇三頁。

（42）永田、前掲書。

（43）同右、七七～七八頁。

(44) 同右、八一～八三頁。
(45) 小玉、前掲書、一〇六頁。
(46) 永田、前掲書、八一頁。
(47) 森田、前掲論文。
(48) 貝塚茂樹「文相大達茂雄と教育二法」『戦後教育史研究』第十九号、二〇〇五年、一五～三一頁。後に、藤田祐介・貝塚茂樹『教育における「政治的中立」の誕生――「教育二法」成立過程の研究』（ミネルヴァ書房、二〇一一年、二二七～二五六頁）に収載（「文相大達茂雄と『教育二法』」）。
(49) 貝塚茂樹「第十九国会における『教育二法』（一九五四年）の成立過程――衆参両院文部委員会での審議を中心に」『戦後教育史研究』第二十号、二〇〇六年、二七～五二頁。後に、藤田・貝塚、同右書（九三～一三四頁）に収載（「第一九回国会における『教育二法』の成立過程――衆参両院文部委員会での審議を中心に」）。
(50) 貝塚茂樹「教育の政治的中立性をめぐる論議と『世論』――『教育二法』を中心に」藤田・貝塚、同右書、一八三～二二五頁。
(51) 大達、前掲書。
(52) 大達茂雄伝記刊行会編『大達茂雄』大達茂雄伝記刊行会、一九五六年。
(53) 貝塚、前掲「教育の政治的中立性をめぐる論議と『世論』――『教育二法』を中心に」一八六頁。
(54) 森田、前掲論文、九五頁。
(55) 藤田祐介「教育二法と中教審――教育の政治的中立性をめぐる論議の検討」『戦後教育史研究』第二十号、二〇〇六年、一～二五頁。
(56) 森田、前掲論文、五九頁。
(57) 同右、八七～九八頁。
(58) 同右、三八頁。
(59) 改進党は一九五二（昭和二十七）年二月、国民民主党と新政クラブ、農民協同党の三党が合併して結成された保守政党である。結成の背景には、講和条約の調印後、再軍備等で吉田茂内閣に対する不満があったとされ、修正資本主義、協同主義を掲げた（中村昭雄「改進党」猪口孝ほか編、前掲書、一六〇～一六一頁）。日本の「自由独立の完成を使命とする独立党たろうとしたところ」に改進党の一つの特色があり、「進歩的な新保守党として中庸を得た政策を実施し、これによって福祉国家の建設を社会主義によらないで実現しようとする意図をもっていたこと」にも同党の特色があった（自民党史編纂委員会編『自由民主党史』自民党史編纂委員会、一九六一年、五四頁）。

(60) 徳久恭子『日本型教育システムの誕生』木鐸社、二〇〇八年、二九頁。

(61) 政治過程とは、「政治現象を法的政治的制度そのものよりも、諸制度を所与とした、諸アクターの相互交渉の過程としてとらえる」ものである（宮本太郎「政治過程」猪口孝ほか編、前掲書、五八〇頁）。

(62) 伊藤光利ほか『政治過程論』有斐閣、二〇〇〇年、i頁。

(63) 長谷川・森、前掲論文、九五頁。

(64) 「教育の政治的中立性」と表記する場合もあるが、内容的に差異はない（永田、前掲書、七頁）。ただし、中確法の名称として「教育の政治的中立の確保」が使用されていることもあり、本書では、引用等を除き、原則として「教育の政治的中立」と表記する。

(65) 「政治的中立」の概念については、田中耕太郎『教育基本法の理論』（有斐閣、一九六一年、五九九～六二二頁）、鈴木安蔵「教育の政治的中立と学問の自由」（『静岡大学文理学部研究報告・社会科学』第五号、一九五七年、九三～一一四頁）、星野安三郎「教育の政治的中立・政党的中立・政治的独立」（『青山法学論集』第十六巻第一号、一九七四年、七一～九五頁）、市川昭午『教育行政の理論と構造』（教育開発研究所、一九七五年、八五～八七頁及び九〇～一〇四頁）、同「教育の政治的中立性について」（『教育と文化』第六十七号、二〇一二年、五九～六八頁）等を参照のこと。

(66) 市川、同右書、八五～八七頁。市川、同右論文、六〇～六二頁。なお、ここでは、「教育の中立性」、「教育の政治的中立性」というように、「中立性」が用いられている。

(67) 教育基本法では政治教育や政治的中立について、旧法では第八条、現行法では第十四条に規定しており、条文内容はほぼ同様である。

(68) 文部省大臣官房総務課長通達「教育基本法第八条の解釈について」（昭和二十四年六月十一日　委総第一号）を参照のこと。同通達については第一章第四節で言及する。

(69) 市川、前掲書、九四頁。

(70) 地方公務員法が職員の政治的行為に一定の制限を課しているのは、近代的公務員制度の理念の一つである公務員の政治的中立の確保を目的としているためである。この公務員の政治的中立は、①全体の奉仕者としての性格、②行政の中立性と安定性の確立、③職員を政治的影響から保護すること、という三つの見地から要請されている。なお、政治的行為の制限については、憲法で保障された職員の市民的自由ないし権利と、職員の公務員としての立場からの要請とをどのように調整するかが問題となる。これについて判例は、職員は政治的中立を維持することによって全体の奉仕者であるゆえんが全うでき、法律で一党一派に偏する政治的行為を制限していることは公共の福祉の要請に適合し、公務員が一般の国民と異なる扱いを受けていることは憲法第十四条（法の下の平等）及び第二十一条（集会、結社、表現の自由）に反するものではないとしている（橋本勇『新版　逐条地方公務員法（第6次改訂版）』学陽書房、二〇二三年、七三三～七三六頁）。

(71) 同条では、「公立学校の教育公務員の政治的行為の制限については、当分の間、地方公務員法第三十六条の規定にかかわらず、国家公務員の例による」と規定している。すなわち、公立学校の教育公務員（以下、教育公務員と略）は、地方公務員法第三十六条ではなく、国家公務員法第一〇二条とこれに基づく人事院規則一四―七によって政治的行為が制限される。教育公務員は、教育を通じて国民全体に奉仕するというその職務と責任の特殊性に基づき、その政治的行為の制限は、国家公務員と同様とされているのである。つまり、教育公務員は一般の職員と比較して政治的行為の制限内容が厳重であり、また、一般の職員の場合は、原則として地域を限定して特定の政治的目的のもとに行われる一定の政治的行為の制限がなされるが、教育公務員のそれは全国的に禁止される。ただし、国家公務員については、政治的行為の制限違反について、懲戒処分だけでなく刑罰の適用もあるが、教育公務員には刑罰の適用はない（同右、七四九頁）。教特法第十八条の規定は、当初の教特法にはなく、教育二法の制定によって追加された規定（旧教特法第二十一条の三。ただし、「国家公務員の例による」の部分は、「国立学校の教育公務員の例による」となっていた）である。

(72) 同条第一項では、公務員が「その地位を利用して選挙運動をすることができない」と規定している。これは、公務員がその職務を通じて公職の選挙に強い影響力を行使しうる場合があることに鑑みてのことである（同右、七五二頁）。

(73) 同条は、「教育者（学校教育法（昭和二十二年法律第二十六号）に規定する学校及び就学前の子どもに関する教育、保育等の総合的な提供の推進に関する法律（平成十八年法律第七十七号）に規定する幼保連携型認定こども園の長及び教員をいう。）は、学校の児童、生徒及び学生に対する教育上の地位を利用して選挙運動をすることができない」と規定している。

(74)「政治活動」と「政治的行為」は内容的に多くの共通部分を含む。地方公務員法や教特法では、「政治的行為」が用いられ、人事院規則一四―七には禁止される政治的行為が詳しく列挙されている。また、現行の教育基本法第十四条（旧法第八条）では「政治的活動」を用いているが、「政治的活動」と「政治活動」の区別について明確な基準があるわけではない。どちらも「政治的問題に対し政治的目的を持って行なう活動で、前者は後者より若干政治性が弱いか目的がいくぶん不明瞭な場合など、限定的に考えにくい場合も含めて使用される場合が多い」（永田、前掲書、四頁）。

(75)市川、前掲書、八六頁及び九四～九五頁。

(76)逸見博昌「教員は政治的に中立でありうるか（三）―完―『教育の政治的中立』との関連において」『教育委員会月報』第十九巻第十号、一九六八年、二九頁。さらに、逸見は次のように述べている。「『教育の政治的中立』ということばから解釈によって引き出さなければならないもっとも根本的な意味は、児童、生徒が政治的に一方に偏した教育を受けることがあってはならないということである――これは『教育の政治的中立』を確保する目的である――が、『教員の政治的中立』ということばが、（中略）教員は児童、生徒に対して政治的に一方に偏した教育を与えてはならないということである――これは『教育の政治的中立』を確保する手段である――ならば、それも同じく『教育の政治的中立』ということばから解釈によって引き出すことができるのである」（二九頁）。なお、政治的中立の問題等について論じた逸見の著書として、逸見博昌『こんな教師になってほしい――戦後の歴史から学んでほしいもの』（悠光堂、二〇一七年）がある。特に同書、一二九～二〇一頁を参照のこと。

第一章　教育基本法制定過程における「教育の政治的中立」論議
――教育刷新委員会・第九十二回帝国議会での審議に焦点を当てて

第一節　はじめに

本章の目的は、一九四七（昭和二十二）年三月に成立した教育基本法の制定過程における「政治的中立」をめぐる論議について、教育刷新委員会及び第九十二回帝国議会での審議に焦点を当てて検討することである。

序章で述べたように、教育二法の制定は、「法律に定める学校は、特定の政党を支持し、又はこれに反対するための政治教育その他政治的活動をしてはならない」と規定した教育基本法第八条第二項の趣旨を貫徹するための措置というのが、教育二法の立法を企図した政府・文部省関係者の見解であった。日教組による過度の政治活動や偏向教育の実態は、政治的中立を規定した教育基本法の理念を著しく蹂躙しているというのが政府・文部省関係者の認識であり、その理念を擁護すべく、二法案は立案されたのである。

教育二法の一つである中確法の第一条には、「この法律は、教育基本法（昭和二十二年法律第二十五号）の精神に基き」という文言が含まれている。この「教育基本法（中略）の精神に基き」という部分について、教育二法制定に注力した大達茂雄文相は、国会審議の場において、「教育基本法に掲げられておるすべての精神ということではないのでありまして、教育基本法の八条に掲げられておる政治教育に関する精神」とその意味を説明している。大達はこの「精神」、すなわち政治的中立が「破壊される危険にさらされておる」と述べて、中確法の制定がこの「精神」の擁護にあることを繰り返し強調したのであった。[1][2]

一方、教育二法を「反動立法」として批判する立場からすれば、同法は教育基本法の趣旨を逸脱したものと把握される。鈴木英一は、中確法を制定するという発想が「一九四九年頃の教員の政治活動制限とレッド・パージをめぐる教育基本法第八条問題、とりわけ第八条そのものの『改正』案をうけつぐものであった」と述べ、教育二法の制定を「実質的な教育基本法改正」と位置付けている。[3][4]

このように、教育二法に対する評価は異なるにせよ、いずれも教育基本法第八条との関連が明確に意識されているのである。したがって、教育二法の制定過程を検討する上で、教育基本法の制定過程にまで遡り、教育基本法（案）第八条（以下、適宜、第八条と略）に関してどのような論議が展開されたのかを確認しておくことが必要であろう。もっとも、教育基本法の制定過程についてはこれまでに豊富な研究の蓄積がある。特に第八条をめぐる論議については、これらのうち、鈴木英一の研究が比較的詳しく扱っており、政治教育研究においても、第八条の成立過程が検討されている。しかし、政治的中立の問題を考究するという観点から、教育基本法制定過程での第八条に関連する論議を総体的に検討するという作業は十分になされていない。[5][6][7]

そこで本章では、先行研究を踏まえながら、これまで十分に検討されてこなかった教育基本法制定過程における政治的中立論議、具体的には、教育刷新委員会（総会及び第一特別委員会）及び第九十二回帝国議会（衆議院教育基本法案委員会及び貴族院教育基本法案特別委員会）での第八条関連の論議の内実を明らかにし、示唆を得ることにしたい。もっとも、第八条の立法者意思を深く理解するためには、同法制定過程における諸論議の内実だけでなく、同法制定に中心的役割を果たした田中耕太郎の構想等についても詳細に検討する必要があり、これについてはすでに先行研究の成果がある[8]。しかし本章の直接的な目的は、第八条をめぐる立法者意思の解明ではなく、同法制定過程での政治的中立論議の内実を明らかにし、教育二法の制定過程を検討する上での手がかりを得ることにある[9]。

第二節　教育刷新委員会における「政治的中立」論議

(1) 教育刷新委員会の設置と教育基本法の具体的構想

教育刷新委員会は、「教育に関する重要事項の調査審議」を目的として、一九四六(昭和二十一)年八月十日の勅令第三七三号「教育刷新委員会官制」の公布により、内閣総理大臣所轄の機関として設置された(一九四九年六月に教育刷新審議会と改称)。同年三月に来日した米国教育使節団に協力するために組織された「日本教育家の委員会」[10](委員長は南原繁)を母体としており、政治、教育、宗教、文化、経済、産業等の各界における代表者の委員をもって構成された。同年九月七日に開催された第一回総会では、委員長に安倍能成、副委員長に南原繁を互選し、第一回総会以降、一九五一(昭和二十六)年十一月八日に至るまでに一四二回の総会が開催されている(一九四七年十一月からは南原が委員長)。

この間、総会と並行して二十一の特別委員会が設置された。特別委員会では、総会で取り上げられた課題について集中的な検討を行い、その検討結果が総会に報告され、総会での決議を経て内閣総理大臣に報告または建議・建言された。特別委員会は教育刷新委員会の建議策定の実質を担うという重要な役割を果たしており、特別委員会での審議内容が教育刷新委員会の政策決定をほぼ方向付けていたとされる[11]。このうち、教育基本法案を担当したのが第一特別委員会である。第十三回総会で第一回建議事項「教育の理念及び教育基本法に関すること」

が採択されるまでに、五回にわたる総会の討議、十二回にわたる第一特別委員会の討議を経たのであった[12]。教育基本法の制定問題については、教育刷新委員会において「とくに白熱した論議が繰り広げられた[13]」といわれる。

田中耕太郎文相によって、教育基本法の全体構想が詳細に提示されたのは、一九四六（昭和二十一）年九月二十日の第三回総会の席上である。第三回総会では、「教育の理念」に関する自由討論がなされたが、この討論が一段落したところで、議長である南原が田中文相に対し、同法についての説明を求めた。ここで田中は、同法の構想に言及し、「政治教育の問題」として、「政治的の識見を涵養することは教育上最も必要なことであると同時に、併し学園内に特定の党派的政治的活動が入って来て、学園を政党政派の闘争場裡に化するようなことは好ましからぬことでありまして、政治教育を強調するのあまりそういうことに陥らぬようにする必要があるのではないかと思って、この点を考慮致しました[14]」と述べている。ここでは「学校」ではなく「学園」が用いられているが、いうまでもなくこの構想は、第八条の規定に繫がるものである。田中文相による同法の全体構想の提示に続いて、同法案の具体的検討は第一特別委員会に委ねられた。

（2）第一特別委員会における論議

第一特別委員会では、一九四六（昭和二十一）年九月二十三日に第一回会合が開催され、十一月二十九日にかけて、先述のとおり、計十二回の審議が行われた。第一特別委員会の委員は、芦田均（衆議院議員）、天野貞祐（第一高等学校長）、河井道（恵泉女学園長）、島田孝一（早稲田大学総長）、関口鯉吉（東京天文台長）、羽渓了諦（龍谷大学長）、務台理作（東京文理科大学長兼東京高等師範学校長）、森戸辰男（衆議院議員）の八名であり、第一回会合で、羽渓が主査に選出されている。

第一特別委員会では、文部省大臣官房審議室が一九四六（昭和二十一）年九月二十一日付で作成した「教育基本法要綱案」（以下、適宜、要綱案と略）を事実上の原案として審議が進められ、第七回会合までは教育勅語の問題や教育の基本理念に関わる事項（前文、「（一）教育の目的」、「（二）教育の方針」等）についての討議、第八回会合以降は、「（三）教育の機会均等」以下の各項目について審議がなされた。要綱案のうち、政治的中立を規定しているのは「（六）政治教育」であり、その内容は次のとおりである。[15]

（六）政治教育
政治的教養の啓培は、教育上、これを尊重しなければならないこと。
但し、学校は、特定の党派的政治教育及び活動をしてはならないこと。

要綱案が配布された九月二十七日の第三回会合では、「（六）政治教育」の内容をめぐって若干のやりとりがあったものの、政治的中立に関する具体的な討議はなされていない。[16] 討議が認められるのは、十一月一日に開催された第八回会合である。この会合では、まず、「（六）政治教育」の但書のうち、「学校」という部分について討議がなされた。ここで務台委員が、「学校はという所は相当苦心していますね。これは一般に学校はどういう学校でもいけないという意味ですね」と質問し、これに文部省係官（氏名不明）は、「各種学校はどうするか、共産党で各種学校を作った場合に、どうするかということですが……」と答えている。[17]

続いて、案文の別の箇所について討議がなされた後、河井委員が、「共産党の人が自分の主義で以て学校を立てて来たらどうですか」と尋ねた。これを止めることはできないと答えた田中二郎（文部大臣官房審議室参事事務取扱）に対して河井は、「学校」でなく、「（七）宗教教育」の場合と同様、「官公立の学校」とすることを提案している。[18] 河井の提案からは、私立学校での特定の党派的政治教育及び政治的活動が認められるという解釈が導かれるが、ここでは河井の提案について、具体的な討議はなされていない。

田中と同じく文部省側の出席者である関口隆克（文部大臣官房審議室長）は、この「学校」には各種学校は含まれず、各種学校ならば党派的政治教育及び政治的活動をしてもよいとの見解を示し、例えとして、「進歩党（日本進歩党―筆者註）で学校をお立てになって、所謂政府の決めた規格によるところの六三案というようなことに拘泥しないで学校を立てられて、そこでやられるならば、ちっとも差支えない」と説明した。田中も、各種学校については政党が立てる場合もあり、原則として自由放任とし、特に必要な場合に「一定の教育法の定めを準用することを認める」という考えを示している。[19] このように、ここでは、要綱案にある「学校」には各種学校が含まれず、各種学校には、政治的中立の原則が適用されないという見解が文部省関係者によって示されたのであった。

この他に、第八回会合では、学校の教員（教職員）及び学生生徒の政治運動が論議の対象となっている。これは要綱案の「（六）政治教育」のみならず、「（八）学校の公共性」、「（九）教員の身分」にも関連しており、要綱案中の「『一　教育の目的』や『二　教育の方針』とならんで大きな問題になった[20]」事項であった。十月十八日の第六回会合で、教員の団結権や成人学生の政治的権利がいかなる制約を受けるのかを教育基本法で明らかにすべきと主張した森戸委員の発言[21]を受け、ここで政治運動に関する討議がなされたのである。田中から、政治運動の制限について、「基本法の中に何等かの形で規定するのが穏当ではないか」との提案がなされるとともに、関口から、配付資料に基づいて、これに関する文部省案の説明がなされた。[22] 関口の説明によれば、文部省案には二通りあり、これは、『辻田力旧蔵資料』に含まれる関連文書の案文[23]と同様である。以下にその案文を示す。

一、A　教職員並に学生生徒は一般に政治運動[註一]を行つても差支ない。
　　但し学園内[註二]に於ては之を行つてはならない。

註一、政治運動とは特定政党政派を支持又は攻撃する諸活動を謂ひ、政治上の自由討議を含まない。

註二、学校の施設を政治運動に供与することはこの限りでない。

B　教職員並に学生生徒は学園の秩序（に反しない限り、を紊さない限り、）政治運動を行つても差支ない。

二、教職員並に学生生徒は学園の秩序に反しない限り、集会結社及び言論、出版その他一切の表現の自由を有する。

教職員は団結又は団体交渉その他の団体行動をなすことを妨げられない。

但しそれは教員身分法の定めるところによらなければならない。

「一」の「A」にある「註」は、当日の会議の参考のために付記されたものであり、これを教育基本法に盛り込むことが意図されていたわけではない。[24] 関口は、「一」案について、「政治運動」かどうかの判定、「秩序を紊さない限り」や「秩序に反しない限り」という部分についての判定を誰が行うのかという問題を指摘するとともに、「二」案については、「憲法から導き出して来て」考案された案文であり、討議の結果、「一のA」が明確でよいという意見が多数であったと報告している。[25]

「二」案に関しても議論がなされた。務台委員は、「教員身分法」（後述）に規定する制限事項について、「課業をストライキの対象にしてはいけないとか、そういうことが出るのですか」と質問するとともに、同法が反動的なものになり、教員の自由が抑制されることへの懸念を示している。これに対して田中は、ストライキは制限すべきとしながら、「教員という特殊の身分」からして不適当と思われるものについて若干の修正的な規定を設けるという趣旨であり、反動的にはならないと否定している。また関口は、教員組合による「学校管理」を制限する必要性について指摘した。[26] 後述するように、教員身分法に関しては、次回の第九回会合でも論議されている。

さて、「二」案では「教職員」及び「学生生徒」が「政治運動」の主体とされているが、この会合では、もっぱら学生の政治運動について討議が行われている。まず務台が、選挙権を有する学生が支持政党のグループを作って政党研究を行うことがあり得るというケースを示し、「そういう研究会というものが、政党的色彩を持って来る。そういう時に、学校自身がその学園の秩序を維持する為に、つまり非常に公正な立場を取る為に、それを禁ずるということが起るわけですね」と発言した。これに対して田中は、「政治運動ということの意味並びに限界の問題になる」と述べ、ある政党の政策に関する研究討議は禁止できないが、特定政党の立場に立って学内で運動したり、一党一派の政策を支持または攻撃したりするような、「研究討議の範囲を超えて、政治運動という形に於て行われること」が問題との認識を示した。[27] しかし田中は、「私達もこういうことをやるのが、良いかどうか、勿論疑問を持っております」[28] とも述べており、学生の政治運動の制限についての文部省の見解が定まっていないことが窺える。

また、天野委員は、学生の政治運動を制限することについて、「よく分らない」と留保しながらも、「東京帝大を例に取りますと、勝手にやらした方が、却って学生の気分がもっと活発になっていいんじゃないかというような気がするのです」というように、学生の政治運動の自由が望ましいという趣旨の発言を繰り返した。[29] 務台も学生の政治運動には寛容であり、田中文相が学生の政治運動を制限する意向を示した事実を引き合いに出しながら、「殊に高学年の生徒に於ては、或る点迄学校の責任を負って自治的な行動を許すというようなことを、附け加える必要があると思う」[30] と述べている。

一方で島田委員は、「政党に働きかけられて前面に躍らされてしまう」ことを問題視し、学生の政治運動に対して「多少の制限」が必要との見解を示した。務台も、学生の政治運動を政党が利用することには懸念を示しており、その場合、学校が自主的に政治運動の限度を判断するしかないと指摘している。天野も、政治運動の自由について、「大学以外は駄目ですね、勿論」と述べており、大学以外の学校における政治運動の規制の必要性は認めていた[31]。

結局、この問題は、十一月八日の第九回会合に持ち越された。この会合で関口は、文部省案は学生生徒を抑圧するような印象を与えるために不適当であり、「それよりも積極的に、教育の使命を達成する為の、或は学園の秩序を保持する為の規則を定めることが出来るという言い方をして、その規則の内容で、よくないものは排除するとか、危険を防止するというような方法[32]」を考慮した旨述べている。『辻田力旧蔵資料』には、この会合の二日前、すなわち十一月六日の省議において、文部省案（「一」及び「二」）の内容を教育基本法中に規定しないことを決定したとする文書が残されており[33]、これは関口の発言を裏付けるものである。

そして関口は、要綱案の「（八）学校の公共性」において、「学校は、教育の使命を達成し、学園の秩序を保持するために必要な規則を定めることが出来るものとすること」という規定を盛り込む案を報告した[34]。この案に対して羽渓主査は、「一方では学内に於て政治運動を許す学校があり、他方では許さんということも出来るわけですね」と質している。これに対して関口は、学校（校長）が政治運動制限の限度を判断すればよいが、仮に学校が政治運動を認めても社会が許容しない場合もあり、その場合は学校も判断を変更しなければならないことがあり得るという見解を示した[35]。つまり、政治運動への対応については、学校の自主性が発揮されることを期待したのである。さらに、羽渓が「六の政治教育の方は、どういう風に変るのですか」と尋ねると、関口は次のように答えた[36]。

それは構わないわけです。学校の教育としては党派的なものをやってはいけない、そういう言い方で、こちらは学校の教育から離れて、生徒自身、或は先生自身が政治運動をする場合を扱おうとしたわけです。けれども前の案のような取扱い方をするということは、兎角抑圧的なものになるから、そういう消極的、抑圧的な態度を執らないで、学園の自主性の尊重という形で、学校に一切を委ねて行く。六（「政治教育」―筆者註）の方は所謂教育の中の部分であって、この八（「学校の公共性」―筆者註）の方はそれ以外のものを含めております。この規則というのは、決して政治に限るわけではなくて、あらゆることが決められるわけで、包括的なものです。

務台は、関口に賛意を示しながらも、「必要な規則」は「公に指示されて、それがものを言うというような感じがある」と懸念を示し、「何か自主的な意味を含んだ規則というような、そういう感じが出来ればいい」と発言している。[37] また関口は、教員の団結権の問題については教育基本法に盛り込まず、「教師身分法」（教員身分法―筆者註）で扱うことが妥当という見解を示した。教員身分法によって教員の待遇改善や身分保障を行いつつ、必要があれば同法で団体交渉等について規定する方針を示したのである。[38]

なお、教員身分法案[39]については、教員の身分、待遇及び教員組合に関する事項を扱った教育刷新委員会第六特別委員会で集中的に審議がなされている。第六特別委員会で展開されている教員組合運動や教員の労働基本権（団結権、団体交渉権、争議権）等に関する議論は政治的中立の問題と無関係ではないものの、教員の党派的政治教育・政治的活動、あるいは政治活動制限についての議論はほとんど見られない。[40]

（3）総会における論議

第一特別委員会では、それまでの討議を踏まえ、十一月十五日の第十回会合において「教育基本法前文案」及び「教育基本法要綱案」がまとめられ（＝第一特別委員会案）、同日午後に開催された第十一回総会での審議経過報告の中で第一特別委員会案が紹介された。同要綱案のうち、「六、政治教育」の案文は次のとおりである。[41]

政治的教養の啓発は、教育上これを尊重しなければならないこと。但し、法律に定める学校は、特定の党派的教育及び活動をしてはならないこと。

第一特別委員会の第八回会合で議論の対象となった「学校」という文言が、ここでは「法律に定める学校」に修正されている。「学校」が各種学校以外の学校（正系校）であることを明確にしたのである。また、第九回会合で提案された「学校は、教育の使命を達成し、学園の秩序を保持するために必要な規則を定めることができるものとすること」という規定については、同要綱案の「八、学校の公共性と自由性」に盛り込まれた。[42]この第十一回総会では、羽渓了諦委員（前出）が、「六、政治教育」を規定した理由を説明し、その意義を強調している。羽渓は、政治教育と宗教教育は、「従来の教育に較べて重要性を持つ革新的なもの」なので、第一特別委員会において、「是非茲に挙げなければならぬという議論」があったと説明した。[43]

同月二十二日の第十二回総会でも、第一特別委員会の報告と同要綱案をめぐる討議が行われている。この総会では政治的中立に関する論議として、円谷光衛委員（衆議院議員・日本自由党）と羽渓とのやりとりに注目しておきたい。第一特別委員会の報告について意見を求めた安倍委員長に対し、円谷は、「六、政治教育」それ自体の必要性に疑義を呈した。宗教教育を重視する円谷は、同要綱案で官公立学校における宗教教育の禁止（宗教的中立）を規定することは、宗教教育を尊重することにならないと懸念を示しており、これと同様、政治的中立の規定が政治教育の尊重に繋がらないと考えていたようである。[44]

円谷の意見に対して羽渓は、「政治教育にしろ、宗教教育にしろ、但書の方がむしろ意味がある」としながら、

「政治教育の方は、『但し、法律に定める学校は、特定の党派的政治教育及び活動をしてはならないこと。』（中略）とありまして、ここに重点がある訳なんであります」と述べている。[45]「六、政治教育」について、政治的中立の規定にこそ積極的な意義が存するとの見解を示したのであった。

しかし円谷は、「私が変に感ずるのは但書」と述べながら、「現在の学校では政治教育も宗教教育もやってはならぬという考えから、非常に先生方が恐慌を来して居る事情」があると説明し、政治教育や宗教教育に対して教員が消極的になっているという問題を指摘した。これに対して羽渓は、「法文としてはこういうことしか書けない」と応じるのみであった。[46]「六、政治教育」をめぐっては、この他に、川本宇之介委員（東京聾唖学校長）から「政治教育」という言葉の妥当性を疑問視する意見が出されたが、[47]これに関し、政治的中立に関わる論議は特になされてはいない。

十一月二十九日の第十三回総会では、「政治教育に付ても相当意見があります」と述べた及川規委員（日本社会党・衆議院議員）が、ある党派が労働学校等を作って党派的教育をする場合について質問し、「六、政治教育」の案文にある「法律に定める学校」の不明瞭さなどを指摘した。[48]及川には「広い意味で、政治教育や党派的、宗教活動をしてはならないということを書かれては不穏当」[49]という考えがあったようである。

及川の質問に関して、関口泰委員（元文部省社会教育局長）は、宗教教育の場合、国公立学校で宗派教育はできないが、ある宗派が教育学校（ママ）をもつことはできるとして、政党が設立する学校もこれと同様に考えられる旨の見解を示し、「殊に私立の労働学校など当然許さざるを得ないと思う」というように、党派的政治教育を行うことが可能な学校を例示した。そして、「そういう場合に共産党の思想を鼓吹するだろう。社会党は社会党、又保守陣営はそれに対抗するものが出来る。文部省としては或はお困りになるかも知らんが、それを法律に依って或方を許して或方は法律に認めない学校だというようなことは出来ないと思う」と続けている。[50]

山崎匡輔文部事務次官も、関口のこの発言を踏まえながら、党派的政治教育の扱いは、私立学校における宗派宗教教育と同様であるとの見解を示した上で、「公立の学校若しくは官立の学校に於て特定の政党の主義主張を教育する、或は特定の宗派宗教の宣伝に使うということは許されない[51]」と説明した。及川はこれに理解を示しているものの、山崎の説明内容には若干わかりにくい点がある。というのも、これだと、各種学校に限ることなく、私立学校での党派的政治教育も宗派宗教教育と同様になし得ることになるからである。山崎が政治教育と宗教教育を併せて説明したためと考えられるが、第一特別委員会の論議では、各種学校に限って党派的政治教育及び政治的活動が認められるとの確認がなされており、山崎の説明はそういう意味に解釈すべきであろう。

さて、この第十三回総会では、教育刷新委員会の第一回建議事項「教育の理念及び教育基本法に関すること」を採択し、これ以降、この建議事項をもとに文部省で教育基本法案の立案活動が進行していった。

（4）第二十五回総会における「教育基本法案（要綱）」の承認

教育基本法案が法案としての体裁を整えたのは、一九四七（昭和二十二）年一月十五日付で文部省が作成した「教育基本法案」（＝一月十五日案）であった[52]。一月十五日案では第七条が「政治教育」条項となっており、その条文は「良識ある公民たるに必要な政治的教養は、教育上これを尊重しなければならない。但し、学校教育法に掲げる学校は、特定の政党を支持又は反対するための政治的偏見を教え、又は政治的活動をしてはならない」というものであった。この法案では、第一特別委員会案にあった「八、学校の公共性と自由性」の「学校は、教育の使命を達成し、学園の秩序を保持するために必要な規則を定めることができるものとすること」という規定は削除されている[53]。削除の理由は、この規定が学問の自由や大学の自治との関係から問題視されたためであり、特に南原繁（前出）の反対が原因であったという[54]。ただ、仮にこの規定が教育基本法案に盛り込まれていたとしても、それは法的に問題であった[55]。

教育基本法案については、その後も法制局との折衝等を経ながら修正作業が進められ、教育刷新委員会では、同年二月二十八日の第二十五回総会に「教育基本法案（要綱）」（丸括弧内の「要綱」は書き込み—筆者註）が提出された。「教育基本法案（要綱）」では第八条が「政治教育」条項となっており、その条文は次のとおりである[56]。

第八条　政治教育

良識ある公民たるに必要な政治的教養は、教育上これを尊重しなければならない。

法律に定める学校は、特定の政党を支持し又はこれに反対するための政治教育その他政治的活動をしてはならない。

いうまでもなくこの条文は、後に成立した教育基本法の条文とほぼ同一となっている[57]。「教育基本法案（要綱）」は同総会で承認され、同法案は三月一日の閣議に提出された。

第三節　第九十二回帝国議会における「政治的中立」論議

（1）教育基本法案の帝国議会上程

閣議での論議、一部修正を経た教育基本法案は、一九四七（昭和二十二）年三月四日に閣議決定され、同月六日に枢密院に付された[58]。枢密院では翌七日、「教育基本法案帝国議会へ提出の件」を審議する審査委員会が開催されている。具体的なやりとりは定かでないものの、枢密院の委員会録によれば、ここでは審査委員である林頼三郎顧問官が教育基本法案に関し、「第八条の趣旨は、教員が特定の政党を批判したり、自己の識見に基いて教育する場合をも禁止するものであるか、政治的活動の意義如何の諸点」について質問している。これに対して、文部省学校教育局長の日高第四郎は「学童を政治闘争に捲込むことのない様に教育内容が中立たるべきことを規定したものであり、例示の如きものは、政治学の講義などを除いて、規定の趣旨に反することになると思う旨」答弁している。(59) 審査委員会では、本件について可決すべき旨を全会一致で議決し、(60) 同月十二日の枢密院会議において一部修正の上、これが可決された。(61)

こうして教育基本法案は三月十三日、政府提出法案として第九十二回帝国議会衆議院に上程され、同日の第一読会において高橋誠一郎文相から同法案の提案理由が説明された。(62) そして、同月十四日、十五日、十七日の三日間にわたる衆議院教育基本法案委員会の審議を経て、(63) 同月十七日の衆議院本会議で可決されている。(64)

一方、貴族院では、同月十九日に教育基本法案が上程され、第一読会が開催された。(65) 衆議院本会議と同様、高橋文相が同法案の提案理由を説明した後に質疑に入ったが、ここで、第八条の規定に関し、澤田牛麿（同和会）が「第八条に特定の政党を支持してはいけない、第九条に特定の宗教の活動をしてはいけない、斯う云ふことがありますが、是等も法的の性質を持つものでありまするが、是は併し随分禁止的な事柄であって、自由主義とか、或は活動とかと云ふやうな点から言へば寧ろ是はちょっと考へ物ぢゃないか(66)」と述べているのが注目される。澤田は旧内務官僚の議員であったが、自由主義を尊重する観点から、第八条第二項の内容を疑問視したのである。

そして、同月十九日、二十日、二十二日、二十三日の四日間にわたる貴族院教育基本法案特別委員会の審議を経て、(67) 同月二十五日に教育基本法案は貴族院本会議を通過した。(68) こうして、教育基本法は同月三十一日、法律第二十五号として公布・施行された。

第九十二回帝国議会は、「教育基本法について、もっとも根本的に、その制定の意義・効果まで含んで審議した」[69]といわれており、この議会で特別に設置された教育基本法案（特別）委員会における論議は特に重要である。以下では、衆議院教育基本法案委員会及び貴族院教育基本法案特別委員会での教育基本法案をめぐる審議過程で、政治的中立に関してどのような論議が展開されたのかを見ていくことにしたい。

（2）衆議院教育基本法案委員会における論議

三月十四日に開催された衆議院教育基本法案委員会では、高橋文相より教育基本法案の提案理由等が説明された後、審議に入った。最初に質疑を行った上林山栄吉（自由党）は、教育基本法の「施行によって、あるいは本法の説明によって、あるいは本法によらなければならぬということを単に指示するものだけでは、今日の混乱せる教育界の大部分の者を、一定の方向に向けていくことはむずかしかろうと考える」と述べ、「教育界」に対する文部省の強力な指導力の必要性を指摘した。その上で、「往々にして待遇改善に名をかりて政治運動、はなはだしきは教育界の混乱、あるいは日本の混乱をも希望するかのごとき態度をもつ一部共産主義的ないしは極左翼的思想をもった教員諸君が、今日国民学校あるいは中等学校、青年学校あるいは大学専門学校等にも非常に多い」と述べて、教員の政治運動を批判している。そして、「自由なる人格の尊重」は認めなければならないと断りながらも、教員が「職場まで放擲していわゆる争議あるいは闘争という方面のみに専念するという傾向」を問題視し、このような活動についての「程度あるいは基準」を文部省が明確化する必要性を主張して、文相の考えを質した[70]。質問の背景には、教員組合の組織化に伴い、教員の政治活動・政治運動が次第に活発化していったという当時の社会状況があったと考えられる。

これに対して高橋文相は、「矯激な思想を抱いておる者が一部にあることも事実」と認め、第八条第二項の規定を根拠にしながら、「むろん思想の自由は尊重いたすのでありますが職場を利用して、ある一定の政党を支持する。たとえば共産主義のごときものを支持するというようなことがあるならば、断じてこれを許可することはできない」と答弁している。高橋は、「この点は強硬なる態度をもって臨みたい」とも述べており[71]、政治的中立の確保を重視する姿勢を強調したのであった。

上林山はまた、日本共産党が学校あるいは児童や保護者を通じて、党の細胞を組織する指令を出していることを問題視し、この点に関する文部省の見解や具体的対応について答弁を求めた。政府委員の辻田力（文部省調査局長）は、教員の地位を利用した選挙運動その他政治活動はおよそ禁止されることになり、この趣旨は「選挙法の改正」、すなわち、当時国会に上程されていた「衆議院議員選挙法の一部を改正する法律案」の規定で明確になる旨の答弁をしている[72]。さらに上林山が、日本共産党の指令、すなわち指令文書が各学校や教員組合に配布されている事実を文部省が把握しているかどうかを質したところ、政府委員の剱木亨弘（文部省学校教育局次長）は、指令文書の「写し」について承知しているものの、学校から正式な報告は一度も受けておらず、詳細な事実は把握していない旨の答弁を行った[73]。

この答弁に対して上林山は批判的な態度を示した。「一片のこういう法律を出しても、あくまでもこれは単なる法律である。これを積極的に活用しなければ何にもならぬ」と指摘した上で、文部省側の答弁は「非常な心細さを感ずる」と批判し[74]、同省の積極的な対応を求めている。高橋文相は、思想の自由を侵さないことを第一に考えなければならないと述べながらも、「職場を利用して自己の支持する政党のために運動をするというようなものがありました場合には、殊にこの法律の施行せられました後においては、断固たる態度をもってこれに臨みたい[75]」というように、政治的中立の確保を再度強調した。

この日、上林山以外に第八条第二項の規定について質問したのは、永井勝次郎（日本社会党）と中田栄太郎（国民協同党）である。永井による質問の一つは、「教員が政党を支持する、あるいは学校生徒が一つの研究機関をもつ、あるいは一つの自分の政治的信念に基いて、その主張を徹底するために政治活動をするというような事柄に対して、ここにある条文とそういう実際的な行動面との限界点を正確にどういうところにおいて、どういうようにこれを区分してお考えになっていられるのか」というものであった。これには辻田が、教員や一定年齢に達した学生生徒が個々において政治的活動をすることは許容されており、学校全体としての党派的な政治活動を禁止している旨の答弁を行っている。[76]

中田は、第八条第二項の規定の意義を認めながらも、実際上、一党一派に偏向した教育と「公正なる教育」をどう見分け、偏向教育をどのように取り締まるのかという点が「重大な問題」であると指摘し、その方法の具体案を文部省側に尋ねた。[77]答弁に立った劔木は、「この（教育基本法の―筆者註）規定から直ちにこの具体的ないろいろな取締りという問題は、たとえば憲法におけるがごとく同様の関係があると考えておるのであります」と説明した上で、次のように述べている。[78]

この問題は、要するに各教育者に対しまして、この心構えをもって教育者に自発的に自主的に、これを良識をもって決定してもらうことが、第一の目標であると考えます。これに対していたずらに干渉し、あるいは警察的な取締りを及ぼすということは、それ自体が教育上望ましくないことと考えます。しかしなお法律上ここに明定されました、この法の精神に反してなおかつこの法律で禁止せられておりますようなことをやる者がある場合におきましては、やはり教育を分担します官庁といたしまして、あるいは校長といたしまして、これは具体的にその教師の活動につきまして何らかの制約をするような方法も講じていかなければならぬと考えております。

このように、剱木は、教員の自主的判断に基づいて公正な教育が行われることを期待しつつも、法に反して政治的中立が侵された場合に、教員の活動を制約する可能性を示唆した。この点は、高橋文相のいう「強硬なる態度」あるいは「断固たる態度」と軌を一にしているが、偏向教育か否かの判断基準などについては特に言及していない。中田は、政治教育について「大いに激励してしかるべきもの」があるとしながら、教員の活動の制限については、「一片の通牒くらいでは、なかなかその目的を達成できない」と懸念を示している。[79]

翌十五日に開催された委員会では、及川規（前出）が質問を行った。前述したように、及川は教育刷新委員会第十三回総会でも政治的中立に関して積極的に発言している。及川は、前日の委員会における永井と政府委員との質疑を踏まえながら、「問題は学校としてではないが、学校の学生、生徒あるいは教職員が、学園内において、ある政党を支持する、あるいは政党の政策を支持する、あるいはそれを批判する。あるいはさらにそれを強調する、他の人に説得する、さらに宣伝するようなものは、この条文からでは一向に禁止しておるか許されておるかわからない」[80]と述べて、第八条第二項の規定の不明確さを批判した。

これに対して高橋文相は、教員の場合については第八条第二項の趣旨を述べるに留まり、特に具体的な答弁は行っていない。学生の場合については、思想の自由を尊重しつつも、教育目的の達成や学園の秩序維持のための政治運動制限は「申すまでもないこと」と述べた上で、この制限がいかなる限界を有するかについては学校段階で異なり、その判断は「学生そのものの自覚と、学校長、学校当局の判断に任せらるべきもの」という見解を示した。[81]

さらに及川は、政治運動が制限される「学校内（学園内）」が何を指すのかについても執拗に質問を繰り返している。答弁に立った政府委員の日高第四郎（前出）は、学園の内外の区別は非常に微妙であり、「一概にきめがたい」と述べながら、選挙演説等を校内で認める場合もあり、場所でもって明確に内外を区分することは困難との認識を示した。そして、「要は学校の教育の内容が、政治的に中立でなければならない。それから学校の教育そのものの中に、政治的な闘争が導き得られてはならないというような趣意も徹底させまして、各学校長にそのときどきの場合によって、その標準できめてもらうという方針を立てております」と説明している。[82]

しかし及川は、文相及び政府委員が「政治闘争」を悪と見なしていると批判し、「今日の政治闘争は、世界観の闘争であり、階級間の闘争」として、特に大学等では活発な政治闘争がなされなければならないと指摘した。そして、「学園が政治闘争の圏外にあるべきだ、中立的であるべきだという根本観念が、既に誤りではないかと思う」と述べている。[83] 政治的中立をめぐる文部省の見解を批判し、「政治闘争」の意義を積極的に主張したのである。学校（学園）の秩序を乱す動きは制限しなければならないが、「事実上これは政治闘争には直接関係のないもの」というのが及川の認識であった。[84]

政治闘争の意義を積極的に主張した及川は、一九四六（昭和二十一）年九月六日の第九十回帝国議会貴族院予算委員第三分科会において、学園内の学生生徒の政治運動を制限すべきとした田中耕太郎前文相の発言[85]を「きわめて反動的な思想」と批判し、高橋文相が田中の見解を踏襲しているのかどうかについて尋ねている。高橋は、「学園は政治的闘争の上に超然と立つべきもの」としつつも、「いささか前文相とは意見を異にする」と断りながら、学徒が「未完成」という理由で政治運動を禁じることは考えていないが、「学徒本来の面目によりまして、静かに研究を行うべきものであって、政治運動に狂奔すべきものではない。そこに限界がある」との考えを示した。[86] 高橋の答弁に対して及川は、正しい政治闘争によって学校教育が歪められたり、秩序が乱れたりすることはあり得ないとして従来の主張を繰り返した。

(3) 貴族院教育基本法案特別委員会における論議

前述のとおり、貴族院における第一回目の教育基本法案特別委員会は三月十九日に開催された。委員会の冒頭、法案の提案理由を説明した高橋文相は、第八条に関して、「此の条文などは是迄の委員会其の他に於きまして最も活発な意見の表明があった所のものであります」[87]と述べている。

翌二十日の同委員会では各委員から教育基本法案について質問がなされた。子爵の田中薫(研究会)は第八条第二項に関して、政党が学校を創設して政治教育を行う場合、その学校は「法律に定める学校」として認められるかということを質問し、高橋文相は各種学校での党派的教育は可能との見解を示している[88]。伯爵の橋本実斐(研究会)も同項の解釈について質問し、政府委員の辻田が「法律に定める学校」には、私立学校であっても、学校教育法で規定された学校は全て包含されると説明した[89]。当日の委員会ではこれ以上、政治的中立に関する質問は出されていない。

二十二日の委員会では、佐々木惣一(無所属倶楽部)が政治的中立に関し、学校で「社会党の此の政策は自分は賛成する、或は又自由党の此の政策はいけないと云ふやうなことを言ふこと」が第八条第二項に該当するのかと質問した[90]。これに対して、政府委員の日高は従来の見解を繰り返し、「是は其の場合に依って多少違ふかと思ひますが、大学等に於て政治学を教へるやうな場合に、或党派の政策を批判するやうなことは私は一向差支ないと思ひます(中略)どの程度でそれが此の条文に抵触するかしないかは、寧ろ学校長並に学校の教員達の判断に委せるより、致し方がない」と述べながら、同項の趣旨について、「特定のものを支持したり、特定のものを排斥したりすると云ふやうな、政治的な偏頗な意見を強いる、其処の強いるか強いるに近いやうな態度がいけないと云ふことであって、自由な批判検討は許さるべきものだと思います」と答えている[91]。

日高の答弁を受けて佐々木は、さらに、次のように一つの具体例を示しながら、同項の解釈について質した[92]。

例へば社会主義一般と云ふものは良いものだ、併しそれは現在の我が国の社会の支持する社会主義と云ふやうなことを言っても、今の御話で差支ないのであるが、そこですよ、問題は……社会主義一般と云ふやうな理論を言ふことだけを許されると云ふことであるが、今日社会主義と云ふものを政党が支持して居る、或は一般社会主義より少し修正を加へて、此の政党が支持する社会主義を言って居るかと云ふことです、但しそれはどうも、さう云ふ主体を離れて主義だけを批判すると云ふことはなかなかむづかしいことでありますから、大学だらうが何処だらうが……、併し此の故に此の社会党が日本では良いのだと言ったら、之に抵触するか、社会主義、此の社会党の支持して居る社会主義が良いと云ふことを言っても差支ないと云ふのでないと、何も言へぬことになる、主義一般と云ふことは、抽象的の人間と云ふものはないと云ふことを仰っしゃったと同じことであって、現実に行はれ、存在する主義は誰かが把持して居りますから、でありますから、其の社会主義を執って居るから此の社会党は良いのだと云ふ解釈ではいけませぬか、此の第二項は……、是は大切な問題ですよ

これに対して日高は、「学問的な立場から為すことは差支ない」とし、「学問的な立場でなくして、寧ろ実際運動と云ったやうな所に行く所に、けじめがあるのではないかと云ふ風に考へる」と応じたが、佐々木は、「実際社会党が良いと言ったらどうですか、社会党に投票するとかそんなことぢゃない、だから社会党が良いのだ……将来是は必ずありますよ、此の問題は十分御研究になって置くことを希望するのであります」と述べ[93]、必ずしも納得した態度は示していない。佐々木の質問は、政治的中立についての本質的で重要な問題提起となっているが、委員会ではこれ以上、議論が深められることはなかった。

第四節　小括

これまで見てきたように、第八条をめぐっては、高橋文相によって「最も活発な意見の表明があった[94]」と説明されているとおり、教育刷新委員会及び第九十二回帝国議会両院の教育基本法案（特別）委員会（以下、教育基本法案（特別）委員会と略）の討議において、委員の間で積極的なやりとりが見られた。特に同条のうち、第一項よりも第二項に関わる論議が活発になされており、政治的中立の規定に対する委員の関心の高さが見て取れる。

この背景として、教員（教員組合）及び学生生徒の政治活動・政治運動の高まりという当時の時代状況を指摘することができよう。終戦後における労働（組合）運動の高揚の一環として、一九四五（昭和二十）年十一月頃から全国各地で教員組合の結成が相次ぎ、教員（教員組合）の政治活動が活発化するとともに、終戦後、「学園の民主化」を目指して出発した学生運動は、次第に学生自治機構の確立運動となって発展し、政治運動の性格を強めていった[95]。このような状況において文部省は、一九四六（昭和二十一）年一月十七日付で、文部次官通牒「教職員及学生生徒ノ政治運動及選挙運動ニ関スル件」を各学校長及び各地方長官宛に発し、注意を喚起したのであった。同通牒では、「特ニ学校内ニ於ケル教職員及学生生徒ノ政談演説若ハ特定政党、特定者ノ支持乃至推薦行為等（文書ニ依ルモノヲ含ム）ハ厳ニ之ヲ禁止スルコト[96]」（発学一〇六号）とされており、教育基本法の制定過程では、この通牒の内容も意識されつつ、政治的中立に関する論議が展開されたと考えられる。

本章では教育刷新委員会及び第九十二回帝国議会における政治的中立論議を明らかにしたが、論議の内容は、おおよそ①政治的中立の規定が及ぶ「学校」の範囲、②教員の政治教育・政治的活動（政治運動）、③学生生徒の政治運動、の三つに整理できる。このうち①については、最終的に文部省関係者によって「学校教育法に規定する学校」（＝一条校）とされた。すなわち、論議の中で何度も確認されたように、政党が設立した学校や労働学校なども含めて、各種学校における党派的政治教育・政治的活動は原則として自由であり、許容されるとの解釈が示された。また、③に関しては、本来、第八条が「学生生徒の政治運動については直接関係していない[97]」とされている。そこで本章の目的に照らし、主に②について述べておきたい。

教育基本法案の政治的中立の規定については、教育刷新委員会での円谷光衛、貴族院本会議での澤田牛麿の発言に見られるように、政治教育の振興や自由主義の尊重という観点から、規定そのものを疑問視する意見も出されたが、論議の内容からは、文部省関係者が政治的中立の規定を相当重視し、積極的な意義をもつものと捉えていたことが窺える。教育基本法案（特別）委員会では、文部省関係者から第八条第二項の趣旨が繰り返し説明されるとともに、同項の違反行為に対しては、高橋文相が「強硬なる態度」あるいは「断固たる態度」という表現で説明したとおり、厳格な措置を講じるという姿勢が示された。この姿勢の背景に、教員組合の組織化に伴う教員の政治活動の活発化という事情があったことはいうまでもないだろう。一方で、文部省関係者は、教員の「思想の自由」を尊重することを強調しており、学校教育活動としてではなく、個人的立場で行う党派的な政治的活動や学問的立場からの政治批判等は特に問題視していない。

しかし、政治的中立の規定が重視されてはいたものの、議論の過程では、教員の政治教育・政治的活動（政治運動）の限界について、その明確な基準が示されたわけではなかった。例えば、自由党の上林山栄吉、日本社会党の及川規、無所属倶楽部の佐々木惣一などの発言に見られるように、多くの委員から党派的政治教育・政治的活動の判断基準が不明確であることが度々指摘されたにもかかわらず、文部省関係者は明確な判断基準を示すことなく、その判断を学校（校長）に委ねる、あるいは教員の自覚に訴えることに留まったのである。これは学生生徒の政治運動についても同様であった。このことは、学校や教員の自主性を尊重する文部省の姿勢の表れとも評価し得るが、他方、ここでは政治的中立をめぐる議論が深化しなかったことを意味している。この点に関し大坪國益は、「衆議院、貴族院とも、文部委員会でも本会議でも、この法案（教育基本法案―筆者註）審議に当り、委曲をつくした論議をしていなかった」と指摘し、「当時の委員会並びに本会議の速記録をみても、教育の中立性について、深く論及し、この条文（旧教育基本法第八条、第九条及び第十条―筆者註）解釈上の手がかりとなるものを、何等残していないといっても過言ではない」と述べているが[98]、そのとおりである。

したがって、教育基本法案の立案に関わった文部省の安達健二が、第八条について、「その規定が抽象的であるだけ、実際の問題となると種々の問題が起ってくることはいうまでもない[99]」と指摘したとおり、同法制定以後、教員の党派的教育・政治的活動をめぐる問題事例の発生という事態に際して、第八条第二項の解釈上、疑義が生じることになった。この疑義に対して文部省が示した「公式見解[100]」が、一九四九（昭和二十四）年一月に発生した「多田小学校事件[101]」に関連して出された同年六月十一日付の文部省大臣官房総務課長通達「教育基本法第八条の解釈について」（委総第一号[102]）である。同年二月十二日、東京都教育委員会は宇佐美毅教育長名で、多田小学校の教員等の行動と第八条第二項の解釈上の問題点を十項目にわたって文部省に照会した（教職発第四号）。同通達はこれに対する回答であり、都道府県の知事や教育長、国公私立大学長等にも参考として送付された。

同通達では、第八条第二項について、その趣旨は「学校の政治的中立性を確保するところ」にあるとし、「ここに規定されているのは教育活動の主体としての学校の活動について」であり、「学校をはなれた一公民としての教員の行為について」ではないとする。そして、「教員が学校教育活動として、または学校を代表してなす等の行為は、学校の活動と考えられる」としながら、「教員の個々の行為が法第八条第二項に抵触するか否かは、上記の立法趣旨にのっとり、具体的実情を精査して、大学以外の公立学校にあっては、所轄庁たる教育委員会において適切な判断がなさるべき」と述べて、十の質問（具体的事例）に回答している。

同通達は、政治的中立の規定に抵触するか否かの判断基準を具体的に例示したという点で意義がある。しかし、これに対する評価も分かれており[103]、第八条第二項をどう解釈するか、ひいては政治的中立をどう考えるかという問題は、その後も常に問われ続けることになるのである。

註

（1）一九五四（昭和二十九）年三月一日の衆議院文部委員会における喜多壯一郎委員の質問に対する答弁（『第十九回国会衆議院文部委員会議録』第十一号、一九五四年三月一日、一二頁）。
（2）同右、一二頁。
（3）鈴木英一『教育行政（戦後日本の教育改革3）』東京大学出版会、一九七〇年、四〇二頁。教育基本法第八条の「改正案」については、同書三五〇～三五一頁を参照のこと。
（4）同右、三九〇～四〇八頁。
（5）代表的な研究として、同右（一二一～五五四頁）、杉原誠四郎『教育基本法――その制定過程と解釈（増補版）』（文化書房博文社、二〇〇二年。旧版は一九七二年、協同出版より刊行）、同『教育基本法の成立――「人格の完成」をめぐって（新訂版）』（文化書房博文社、二〇〇三年。初版は一九八三年、日本評論社より刊行）等がある。教育基本法研究の動向については、鈴木英一「教育基本法総説」鈴木英一・平原春好編『資料　教育基本法50年史』（勁草書房、一九九八年、六～一二頁）等を参照のこと。
（6）鈴木、同右書、二一三～三四七頁。
（7）例えば、上原直人「戦後教育改革と政治教育の歴史的展開」（『生涯学習・社会教育学研究』第二十八号、二〇〇三年、一～九頁）などがある。
（8）田中耕太郎の教育思想と教育基本法の関係については、勝野尚行『教育基本法の立法思想――田中耕太郎の教育改革思想研究』（法律文化社、一九八九年）が詳しい。
（9）教育基本法の立法者意思（文部省見解）の要点については、教育法令研究会『教育基本法の解説』（国立書院、一九四七年）で確認できる。

(10) 同委員会は他に「日本側教育委員会」、「日本教育者委員会」等と呼称されている（佐藤秀夫「解題」日本近代教育史料研究会編『教育刷新委員会　教育刷新審議会　会議録』第一巻、岩波書店、一九九五年、vii頁）。

(11) 同右、xvi頁。

(12) 鈴木、前掲書、二一三頁。

(13) 佐藤秀夫「教育改革の原点を照射するもの――『教育刷新委員会・教育刷新審議会　会議録』を読む」『図書』第五九七号、一九九九年、三五頁。

(14) 前掲『教育刷新委員会　教育刷新審議会　会議録』第一巻、五九頁。

(15) 「教育基本法要綱案」（一九四五年九月二十一日）『辻田力旧蔵資料』15―40、国立教育政策研究所教育図書館所蔵。『辻田力旧蔵資料』については、貝塚茂樹・藤田祐介編『国立教育政策研究所教育図書館所蔵　辻田力旧蔵資料目録（戦後教育改革資料14）』（国立教育政策研究所、二〇〇二年）を参照のこと。本章で『辻田力旧蔵資料』を参照・引用する場合、この目録にもある「資料番号」を記載している。

(16) 政治的中立に関しては、山崎匡輔文部次官から次のような発言があった。「『政治教育』も『宗教教育』も特定の党派的政治教育及び活動は、公の学校としてはいけないということは、例えば自分は日蓮宗を信じておるにも拘らず、真宗の教義を広める学校に金が行って使われるというのじゃ都合が悪いという意味に於て、政治教育と宗教教育というものは余程似ておりますので、ここに特にこういう風に挙げた関係であります」（日本近代教育史料研究会編『教育刷新委員会　教育刷新審議会　会議録』第六巻、岩波書店、一九九七年、四一頁）。

(17) 同右、一〇八頁。

(18) 同右、一一〇頁。

(19) 同右、一一〇～一一一頁。

(20) 鈴木、前掲書、二二四頁。

(21) 前掲『教育刷新委員会　教育刷新審議会　会議録』第六巻、八一～八二頁。

(22) 同右、一一六頁。

(23)「〔省議にて教育基本法中に左記事項は規定しないことに決定する〕」(一九四六年十一月六日)前掲『辻田力旧蔵資料』15―12―3Z。
(24) 前掲『教育刷新委員会　教育刷新審議会　会議録』第六巻、一一七〜一一八頁。
(25) 同右、一一六頁。
(26) 同右、一一七頁。関口は、「学校の先生が組合を拵えて、その中で学校教育を管理してしまうというような、教育の内容迄管理してしまうというようなこと、校長の方針と違い、学校で決めた方針と違って管理してしまうというようなこと、そういうようなことは、やはり制限されなければならない」と述べている。
(27) 同右、一一八頁。
(28) 同右、一一八〜一一九頁。
(29) 同右、一一八頁。
(30) 同右、一一九頁。
(31) 同右、一一九頁。
(32) 同右、一二五頁。
(33) 前掲「〔省議にて教育基本法中に左記事項は規定しないことに決定する〕」。
(34) 前掲『教育刷新委員会　教育刷新審議会　会議録』第六巻、一二五〜一二六頁。
(35) 同右、一二六頁。
(36) 同右、一二六頁。
(37) 同右、一二六〜一二七頁。
(38) 同右、一二七頁。
(39) 教特法の前身である教員身分法案は、教員にも裁判官と同様の身分保障が必要であると主張した田中耕太郎文相(法案発案時は、文部省学校教育局長)の構想に基づくものであり、大学の教員であるか初等中等学校の教員であるかを問わず、教員に対して高度な身分保障を行おうとするものであった。一九四六(昭和二十一)年十二月に最初の案として「教員身分法案要綱案」が文部省内で作成され、翌一九四七(昭和二十二)年四月に、教育刷新委員会が「教員の身分、待遇及び職能団体に関すること」の決議を採択し、「教員身分法」の立案を提案した。教員身分法案については、羽田貴史「教育公務員特例法の成立過程」（そのI〜そのIII）（『福島大学教育学部論集』第三十二号の三、一九八〇年、三七〜四八頁。『福島大学教育学部論集　教育・心理部門』第三十四号、一九八二年、二一〜三一頁。同第三十七号、一九八五年、二九〜四一頁）、高橋寛人『教育公務員特例法制定過程の研究——占領下における教員身分保障制度改革構想』（春風社、二〇一九年）等を参照のこと。

(40) 日本近代教育史料研究会編『教育刷新委員会　教育刷新審議会　会議録』第八巻、岩波書店、一九九七年、四三七〜五六七頁。

(41) 「教育基本法要綱案」（一九四六年十一月十五日）前掲『辻田力旧蔵資料』5—95—3Z。

(42) 同右。

(43) 前掲『教育刷新委員会　教育刷新審議会　会議録』第一巻、二五二頁。

(44) 同右、二六四頁。

(45) 同右、二六五頁。

(46) 同右、二六五頁。

(47) 同右、二七〇〜二七一頁。川本は、特定の政党や労働団体等が主体となる場合は「政治教育」が適当であるが、「国が規定するところの学校教育」ではそれが不適であるとし、「国民教育」や「公民教育」を例示した。これに関して、第十三回総会では羽渓が、第一特別委員会での論議を踏まえ、「それから政治教育でありますが、前回の総会（第十二回総会—筆者註）で公民教育にしたらどうかという御意見が出ましたが、御承知の通り今は公民科というものがあります。之を公民教育とすると、公民科だけを何だか重視するようになって面白くない。もっと広い意味に政治教育とした方が宜かろうということに落着いたのであります」と述べている（同右、二八八頁）。

(48) 同右、二九六頁。

(49) 同右、二九七頁。

(50) 同右、二九七頁。

(51) 同右、二九七頁。

(52) 鈴木、前掲書、二五〇頁。
(53) 「教育基本法案」(一九四七年一月十五日)前掲『辻田力旧蔵資料』2―13。
(54) 鈴木英一は、この規定の削除について、「学校教育法案や同法施行規則案との関係、すなわち、設置者の学校管理権との衝突、あるいは同法施行規則における児童等の懲戒基準との関係も考えられるが、削除の基本的な理由は、なによりも、学問の自由・大学の自治との関係であり、とくに、南原繁の反対にもとづくものであったといわれている」と指摘し、その根拠として関口隆克の証言を紹介している(鈴木、前掲書、二五七頁及び二九八～二九九頁)。
(55) 杉原誠四郎は、この規定は「田中耕太郎の教育基本法に対する感覚からも外れ」ており、「このままの表現では、法的に見てまったく無意味なもの」と述べている(杉原、前掲『教育基本法――その制定過程と解釈(増補版)』一六六頁)。
(56) 「教育基本法案(要綱)」(「昭二二・二・二八 第二十五回総会ニ於テ承認サル」の書き込みあり―筆者註)前掲『辻田力旧蔵資料』2―18。なお、条文に項番号は付されていないが、「法律に定める学校は」以下が第二項である。
(57) 第二項に若干の違いがあり、「教育基本法案(要綱)」の「支持し又は」の部分が教育基本法では「支持し、又は」となっている。
(58) 鈴木、前掲書、二六七～二七〇頁。
(59) 「教育基本法案帝国議会へ提出の件」(一九四七年三月七日)『昭和二十二年・[枢密院]委員会録』国立公文書館所蔵。なお、この委員会録では本文中に「日高(日高第四郎―筆者註)文部省学校教育局長」が出てくる。しかし、委員会録の別の箇所に記載された同委員会への「出席者」一覧に日高の名前は見当たらず、出席した「説明員」の一人として、「釼木(劔木亨弘―筆者註)文部省学校教育局次長」が挙げられている。そのため、「日高文部省学校教育局長」は、「釼木文部省学校教育局次長」の誤りである可能性がある。
(60) 「教育基本法案帝国議会へ提出の件審査報告」(一九四七年三月十日)『昭和二十二年・[枢密院]審査報告』国立公文書館所蔵。
(61) 「教育基本法案帝国議会へ提出の件」『枢密院会議筆記・昭和二十二年三月十二日』国立公文書館所蔵。鈴木、前掲書、二七〇～二七五頁。

(62) 『官報号外・第九十二回帝国議会衆議院議事速記録』第十七号（一九四七年三月十四日）二二四～二二五頁。
(63) 教育基本法案をめぐる質疑は十四日、十五日の二日間行われた。十七日に採決が行われ、同法案は政府原案どおり可決すべきものとされた。
(64) 『官報号外・第九十二回帝国議会衆議院議事速記録』第十九号（一九四七年三月十八日）二七一～二七二頁。
(65) 『官報号外・第九十二回帝国議会貴族院議事速記録』第十九号（一九四七年三月二十日）一五九～一六八頁。
(66) 同右、一六六頁。
(67) 教育基本法案をめぐる質疑は二十二日でほぼ終了し、二十三日に同法案は政府原案どおり可決すべきものとされた。
(68) 『官報号外・第九十二回帝国議会貴族院議事速記録』第二十三号（一九四七年三月二十六日）二五五～二六三頁。
(69) 杉原、前掲『教育基本法――その制定過程と解釈（増補版）』六三頁。
(70) 『第九十二回帝国議会衆議院教育基本法案委員会議録（速記）』第一回（一九四七年三月十四日）三頁。
(71) 同右、三頁。
(72) 同右、三頁。
(73) 同右、四頁。
(74) 同右、四頁。
(75) 同右、四頁。
(76) 同右、一一頁。
(77) 同右、一四～一五頁。
(78) 同右、一五頁。
(79) 同右、一五頁。
(80) 『第九十二回帝国議会衆議院教育基本法案委員会議録（速記）』第二回（一九四七年三月十五日）二四頁。
(81) 同右、二五頁。
(82) 同右、二五頁。
(83) 同右、二六頁。

(84) 同右、二六頁。

(85) 田中は、同分科会で学生の政治運動について質問した担当外委員の河井彌八に対して、「学園ト云フノハ政治的闘争ノ圏外ニナケレバナラナイモノダト云フコト、(中略)学生ナリ、生徒ナリハ未完成、自己ヲ完成シナケレバナラナイ過程ニアルモノデスカラ、勿論言論ノ自由モ、政治的結社ノ自由モ認メラレテ居リマスケレドモ、学校ノ学生トシテハ学園内ニ於キマシテ政治運動ノ稽古ヲ致スベキデハナイト云フ建前デ居ルノデアリマス」と答弁していた(『第九十回帝国議会貴族院予算委員第三分科会(内務省、文部省、厚生省)議事速記録』第一号、一九四六年九月六日、一五頁)。

(86) 前掲『第九十二回帝国議会衆議院教育基本法案委員会議録(速記)』第二回、二六頁。

(87) 『第九十二回帝国議会貴族院教育基本法案特別委員会議事速記録』第一号(一九四七年三月十九日)一頁。

(88) 『第九十二回帝国議会貴族院教育基本法案特別委員会議事速記録』第二号(一九四七年三月二十日)五頁。

(89) 同右、一三頁。

(90) 『第九十二回帝国議会貴族院教育基本法案特別委員会議事速記録』第三号(一九四七年三月二十二日)一〇頁。

(91) 同右、一〇〜一一頁。

(92) 同右、一一頁。

(93) 同右、一一頁。

(94) 前掲『第九十二回帝国議会貴族院教育基本法案特別委員会議事速記録』第一号、一頁。

(95) 教員及び学生生徒の政治活動の活発化については、安達健二『教員の政治活動――附・学生生徒の政治活動』(文教情報社、一九五〇年、一〜一三頁)、永田照夫『教育基本法第八条(政治教育)小史――教育法社会学的考察序説』(西村信天堂、一九八五年、二二〜三二頁)等を参照のこと。

(96) 教育法令研究会、前掲書、一一三〜一一四頁。

(97) 同右、一一九頁。

(98) 大坪國益「純粋な教育的検討を望む」『人事行政』第五巻第四号、一九五四年、五八頁。

(99) 安達、前掲書、四頁。

(100) 永田、前掲書、三二頁。

(101)　この事件は、東京都多田小学校の教員三名が受けもち児童の家庭訪問をして、「入党に際しての御挨拶」というビラを配布し、共産党への入党の趣旨と同党の教育政策、入党と子供の教育の関係について話したことが、東京軍政部によって問題とされたものである。同事件については、鈴木、前掲書（七二〜七五頁）、明神勲「東京都における教員レッド・パージ前史——多田小学校事件の研究」（『釧路論集——北海道教育大学釧路校研究紀要』第三十六号、二〇〇四年、六五〜七五頁）等を参照のこと。

(102)　同通達に関する一次史料は、国立公文書館所蔵の『教育基本法（運用基準・解釈）S23年度』及び『教育基本法（運用基準・解釈）S24年度』の二つの簿冊に収められている。前者の簿冊には、堀江邑一東京都教育委員より高瀬荘太郎文相に出された質問書「共産党員たる教員の政治活動と教育基本法第八条の解釈について」や「多田小学校事件調書」（「極秘」のメモあり）等も含まれている。ここでは、同通達の説明に際し、上記の一次史料のほか、安達、前掲書（三四〜四三頁）、鈴木、同右書（三七四〜三七八頁）、永田、前掲書（三三一〜三三四頁）、明神、同右論文を参照した。なお、同通達の全文については、資料編を参照のこと。

(103)　永田、同右書、三三三〜三三四頁。同通達について日教組は、「文部省は同法第8条第2項の極めて特殊的な場合のみを一方的に歪曲強調し、政治的教養の向上どころか、逆に政治的教養の低下に敢えて努力せんとする暴挙」と厳しく批判する見解を発表し（明神、同右論文、七一頁）、鈴木英一も、「第八条第二項を詳細に論じることによって、教育基本法第八条悪用の道を開くこととなった」と非難している。一方で鈴木は、「学校の活動と認められない教員の活動は、教育基本法第八条第二項に抵触しないとした」点を「通達内容の積極面」と評価している（鈴木、同右書、三七五〜三七六頁）。明神勲は、鈴木のこの評価に言及しつつ、同通達における限定的解釈の背景にあったのは、「当時の文部省が持していた憲法が保障している『思想の自由』の規定にたいする一定の配慮であり、これとの関連で教育基本法第8条第2項を解釈しようとするバランスのある姿勢であったと考えられる」（明神、同右論文、七一頁）と述べている。

第二章　義務教育学校職員法案と教員の政治活動制限論議
――第十五回国会における論議を中心に

第一節　はじめに

本章の目的は、「義務教育学校職員法案」（以下、適宜、義教法案と略）をめぐる政治過程を明らかにし、そこで展開された教員の政治活動制限に関する論議の内実について、第十五回国会における論議を中心に検討することである。[1]

「義務教育に対する国の責任を明らかにし、義務教育に従事する教職員を国家公務員とするとともに、あわせてその教職員の給与を直接国が負担支給し、もって義務教育の水準の維持向上をはかること」[2]を目的とした義教法案は、一九五三（昭和二十八）年二月十九日に、第十五回国会に提出されたものの、審議未了で廃案となった法案である。「二十八年前半の教育界を大揺れさせた問題」[3]といわれる同法案は、義務教育に従事する教員の身分を地方公務員から国家公務員に変更することを要点の一つとしていたため、国による身分上の監督が強化され、教員の政治活動が大幅に制限されるとして激しい論争の対象となった。そこで同法案をめぐる種々の論議においては、この問題に関連して教員の政治活動（制限）のあり方、ひいては政治的中立に関する議論が活発に展開されたのである。

そして、この義教法案の延長線上に二法案を位置付け、両法案を結び付けて論じるということがしばしばなされてきた。奥平康弘は義教法案について、「真の目的とするところは小、中学校教員を国家公務員としてその政治的活動を封殺し、かつ財政、人事権を文部省が掌握することによる文教の集権化政策をねらったことは余り(ママ)も明瞭である」と批判し、二法案の「直接的な萌芽をなすもの」と指摘している[4]。また、鈴木英一は、「義務教育学校職員法案の意図したものをうけつぐ形で、教育の国家統制という権力の宿願を実現すべく登場した[5]」のが二法案であるとし、長谷川正安・森英樹は、義教法案は「教育二法の布石」であり、二法案の一つである教特法案は「義務教育学校職員法案の復活版」と述べている[6]。義教法案と二法案の立法趣旨は異なるものの、いずれも教員の政治活動制限を意図していた点で共通していることから、このように、両法案の密接な関連性が指摘されているのである。したがって、教育二法の制定過程を検討する上で、義教法案をめぐる動向とその論議を確認しておくことが必要である。

しかし、義教法案は、「教育史上、一エポックを画するほどの意義を有する法律案[7]」、「歴史的な重要度はきわめて高い[8]」などと指摘されてはいるものの、未成立で廃案になったこともあり、同法案に関する研究は数少ない[9]。同法案については戦後教育史の通史的叙述において言及されるか[10]、教育財政(史)研究において義務教育費国庫負担制度との関連で論及・検討されることが多いものの[11]、特に政治的中立の問題との関連から同法案をめぐる動向を詳細に検討したものはほとんど見当たらない。そこで本章では、義教法案をめぐる政治過程、具体的には、同法案の立案経緯、同法案に対する日教組の対応、中央教育審議会の動向、マス・メディアの反応(新聞論調)及び国会審議の動向を明らかにし、そこで展開された教員(日教組)の政治活動制限に関する論議について詳細に検討することを課題とする。同法案をめぐる実質的な論議が行われた舞台は第十五回国会(特に衆議院文部委員会）であることから、この動向と内実を検討することが中心となる。

なお、本章は教育二法の制定過程を検討する上での手がかりを得ることを意図しており、義教法案をめぐる動向を網羅しつつ、同法案の歴史的性格などを明らかにすることは本章の目的とするところではない。そのため、同法案に関連する義務教育費国庫負担制度や教育委員会（以下、各章において、適宜、教委と略）制度をめぐる論議、さらに同法案と一括して議題とされた「義務教育学校職員法の施行に伴う関係法律の整理に関する法律案」など[12]については検討の対象外である。

第二節　義務教育学校職員法案の立案とその反応

（1）教員身分の国家公務員化構想と義教法案の立案

一九五二（昭和二十七）年七月三十一日、公立義務教育諸学校の教職員給与費等の実支出額の二分の一を国が負担することを規定した義務教育費国庫負担法が成立した。シャウプ勧告に基づき、一九五〇（昭和二十五）年に地方財政平衡交付金制度が創設されると、義務教育費国庫補助制度は全てこの制度に吸収され、旧義務教育費国庫負担法（一九四〇年制定）は廃止されたが、地方財政において大きな比率を占める義務教育費を平衡交付金制度のみによって保障することには多くの問題があるため、新たに義務教育費国庫負担法が公布されたのである[13]。

しかし大蔵省は、同法に基づく制度の実施の一年延長を主張し、昭和二十八年度予算案の内示において、国庫負担金をゼロ査定とした。岡野清豪文相は一九五三（昭和二十八）年一月六日、閣議後の記者会見で大蔵省のこの対応に疑義を呈し、義務教育費を全額国庫負担とするとともに、義務教育諸学校の教員身分を国家公務員とする考えを示したとされる。これは文部省にとって「寝耳に水」の構想であったが、これ以降、義務教育費全額国庫負担制度の確立に向けて、立法化に向けた動きが進展することになる。[14]「教員身分の国家公務員化」（以下、国家公務員化と略）については、本多市郎自治庁長官が「地方自治の破壊」と難色を示し、岡野文相と対立した。そのため、緒方竹虎官房長官（兼副総理）の調停によって吉田茂首相に一任されるなど、閣内での調整が図られた。[15]

岡野の指示を受けた文部省は法案作成に着手し、一月十七日に義教法案のもとになる「公立義務教育諸学校教職員の身分及び給与の負担の特例等に関する法律案要綱」が閣議で内定し、[16]同月二十七日に閣議決定された。[17]同要綱は、「一（目的）義務教育について、国の責任を明確にし、教育の機会均等とその水準の維持向上とを図る」、「二（義務教育諸学校の教職員の身分）義務教育諸学校の教職員の身分は国家公務員とし、文部大臣が任免すること。但し文部大臣はその権限を市町村教育委員会に委任できること（後略）」など、同法案の「骨子となるべき事項」[18]を定めており、[19]「教員身分法的な性格を多分にもつもの」[20]であった。

二月三日には、文部事務次官（以下、適宜、次官と略）の剱木亨弘が全国教育長協議会において、国家公務員化と教委制度は矛盾しないこと、国家的事業である義務教育に従事する教職員には国家公務員としての身分保障が必要であることなどを説明している。[21]同月五日には、「次官会議」で「義務教育学校職員法案要綱」が検討された。しかし、教職員の任免や法案の経過措置などをめぐって、文部省と自治庁等との意見が対立したため、両者間で折衝が行われた。[22]同月十二日には義教法案の成案が得られ、その後、自治庁等の関係者と最終的な協議を行うこととなった。[23]このような経緯を経て、同法案は同月十七日の閣議で正式に決定し、[24]同月十九日に第十五回国会に提出された。[25]

（2）義教法案をめぐる日教組の対応

義務教育諸学校の教員身分を国家公務員とする義教法案に対しては、全国知事会、全国市長会、全国町村会等の自治体関係団体が、主として中央集権化を危惧する観点から反対の姿勢を示すとともに[26]、日教組等の教職員組合、全国都道府県教育委員会委員協議会（全教委）等の教委関係団体、全国連合小学校長会、日本教育学会（有志）等の教育関係団体が反対し、陳情活動や反対声明の発表などを行った[27]。特に日教組は、自らの政治活動が大幅に制限されることになる同法案に強く反発し、「大衆動員による文部省交渉」や「宣伝戦」、「ハンスト」、教育防衛全国大会の開催[28]といった強硬手段を用いて同法案への反対活動を積極的に繰り広げている[29]。

同法案の骨子が明らかになった頃から活動を活発化させた日教組は、一九五三（昭和二十八）年一月二十日に第二十七回臨時中央委員会を緊急招集した。ここでは、同法案に関して、「教育を再軍備政策に従属させせんとするファシズムの再現であることを確認」するとともに、これを「粉砕」するため、「一斉休暇をふくむ強力な実力行使を支柱として広汎な大闘争を行う」などの「闘争方針[30]」が提案された。さらに、「日教組結成いらい最大の決意をもって本政策に対決する」という「闘争宣言」が出されている。義教法案に対する日教組の危機意識がいかに強かったかが窺えるだろう。同月二十四日から高知で開催された第二回教育研究大会では特別委員会が設置され、そこでは同法案に関して「教員の身分の変更を通じてやがては教育内容もかえ、権力の確立を図ろうとするもの」、「日教組の団結をくずし、その活動を弾圧しようとするもの」といった結論が示されている[31]。

事実、義教法案が国会審議中である三月十日、日教組は同法案の阻止を目指し、同月十二日を期して一斉休暇（賜暇）闘争（以下、「三・一二闘争」と略）に突入することを全国の組合員に指令した（指令第八号「一斉休暇突入に関する件」）。これに呼応して、日本労働組合総評議会（総評）や日本官公庁労働組合協議会（官公労）も「傘下組合員児童」の登校の拒否を命じる電報指令を出したものの、文部省の同月十一日正午現在の調査によれば、十二都県が闘争の中止（スト回避）を決定し、[32]最終的に「三・一二闘争」は実施されなかった。これは、「三・一二闘争」決行の指令を行った同月十日に、日本教職員政治連盟（日政連）[33]の議員団から、「吉田内閣不信任決議案」可決の公算が高く、「三・一二闘争」を実行すれば野党三派（右派社会党、左派社会党、改進党）の足並みが乱れて「吉田内閣打倒」が困難になる、という申し入れがあったためである。これを受けて同月十一日の日教組中央闘争委員会で採決を行った結果、中止二十二票、決行二十一票のわずか一票差で「三・一二闘争」は中止となったのであった。これは、日教組中央闘争委員会内部の「慎重論」と「強硬論」が拮抗しており、前者が後者を抑えたことを意味する。

この点に関し、『時事通信・内外教育版』は、日教組が闘争の決行を中止した背景として、日政連議員団の申し入れの他に、①義教法案の国会審議を有利に導くこと（例えば、参議院でキャスティング・ボートを握っていた緑風会は野党に近かったが、「三・一二闘争」の決行によって与党寄りになる懸念があった）、②次期参議院選挙において、日教組推薦立候補者の票数獲得に及ぼす影響が大きいこと、③四月の教員定期異動を目前に控え、下部組織の足並みが揃わなかったこと、④決行予定日の三月十二日は地方において卒業式等を行う学校が多く、闘争参加が困難であったこと、の四つを挙げている。[34]

しかし、「三・一二闘争」は中止されたものの、東京都教職員組合（以下、都教組と略）は同闘争の決行予定日（三月十二日）に、「組合員二万五千人」を動員して国会へ集団陳情することを再確認した。都教組は、日教組中央闘争委員会の中止決定以前に同闘争の中止を決定していたが、[35]独自の立場で実力行使を行うことにしたのである。このため、都内の小・中学校の授業は同月十二日午後一時で打ち切られ、一斉早退が実施された。[36]

（3）義教法案に対する新聞論調

では、義教法案に対し、マス・メディアはどのような反応を示したのであろうか。ここでは、高木鉦作の論説[37]を踏まえながら、義教法案に対する主要紙の論調（社説）を確認しておきたい。高木によれば、同法案の内容が具体化するにつれて、各新聞の社説も具体的に法案を批判するようになったとされる。

例えば、二月七日付の『朝日新聞』は、法制化を急ぐことについて批判し、「教員の身分を国家公務員でしばろうとする意図のみが露骨にうかがわれるところに、政府のねらいがとかくの批判をうけてもやむをえないものがあるのではなかろうか」と述べている[38]。また、同日付の『毎日新聞』は、国家公務員化により日教組を中心とする教員の政治的活動が制限され、教育の中央集権化が強化されると分析した。そして、日教組の過度の政治活動への対応は「堂々と正面からとりくむべき問題」としながら、「表面は美しい教育擁護の看板をかかげて、実は組合活動を押え、選挙対策を考えるやり方には反対である。このようなやり方が、ますます日教組の活動を政治的にし、真に教育のことを考える教師や父兄まで、政府の文教政策を信頼させせなくしている」というように、同法案に日教組対策の側面があることを指摘し、これを批判している[39]。

同法案の国会提出が近付くと、法案に対する新聞各紙の態度もより明確になっていく。同月十八日には『読売新聞』が国家公務員化について、「折角発足した地方自治制度の成長を阻む危険性がある」と指摘し、「政府の態度は、戦前の画一教育主義へ逆行する危険を感じさせる」と批判した。自治体関係団体による義教法案批判と同様の論理である。その一方で野党の反対についても、「あまりにも倒閣運動の色彩が露骨」と批判し、「国家の将来に影響する重大にして神聖な問題に、純粋でない政治的意図のあまりにも強くにじみ出ることに、われわれは悲しみを覚える。意地や利害を捨てゝ、堂々と議論をつくすべきではないか」と主張した[40]。また、『朝日新聞』は同日付で、同法案の本来の目的が「教職員の身分を国家公務員にしばり、中央集権的文政の回復をはかろうと

する」点にあると批判した上で、国会審議での「野党の冷静かつ合理的な検討」を期待した。(41)

以上のように、主要紙の論調は義教法案に対して総じて批判的であり、同法案の真の目的が教育の中央集権化や教員の政治活動制限にあることを強調することでほぼ一致しているといえよう。ただ、同法案に対する批判的論調が目立つ中で、『日本経済新聞』は他紙とスタンスが異なっていた。例えば、二月十八日付の同紙は、義教法案とは明示していないものの、同法案の内容（義務教育費国庫負担の考え）に対する日教組の「極端な反対運動」に焦点を当て、これが「義務教育教職員の政治活動禁止を正当なものとする以外の何物でもない」などと主張している。法案批判よりも、日教組批判に重きを置いている点が注目される。(42)

第三節　中央教育審議会の動き

（1）中央教育審議会への諮問

次に中央教育審議会（以下、中教審と略）の動きを見ておく。(43)一九五三（昭和二十八）年一月二十一日、中教審は第一回総会を開催し、剱木次官から、義務教育費全額国庫負担の方針に関して、近く閣議決定を行う予定である旨の発言がなされた。さらに剱木は、「本日開かれます地方制度審議会（地方制度調査会か―筆者註）によりましてもそのことが提案をされる予定でございますので、非常に差迫った問題でございますが、このことにつきまして多少お時間を拝借していろいろ御意見を承ることがいいかと思います」と述べるとともに、諮問事項等に関する具体的な説明を省略している。(44)

二月十一日には第二回総会が開催され、ここでの主たる議題の一つが義教法案であった。(45)まず、文部省調査局長の久保田藤麿は、「義務教育の国庫負担法」が「非常に迫った問題」になっており、中教審の了解を得て「大臣が自由に又この際そういうふうに勇敢に一つやって頂かなければならん理由がございます」と説明した。そして、委員に配布された「義務教育学校職員法案要綱[46]」について、「大綱だけは一応御承認願って大臣がこの際動けるようにその立場を作って頂きたい」と委員に要望し、「一応の御快諾を頂くようにお取運び下されば非常に結構」と述べている[47]。久保田の発言は、第一回総会における剱木の発言と同様、義教法案が切迫した問題であることを委員に印象付けるものとなっており、ここからは、同要綱についてあらかじめ委員の承認を取り付けておきたいという意向が読み取れる。

これに続いて、文部省初等中等教育局（以下、各章において、適宜、初中局と略）の田中義男局長が同要綱の趣旨及び内容について説明した[48]。ここで田中は、同要綱の表題にある「義務教育学校職員法案」という名称について、これが適当ではあるものの、この段階では確定的ではなく、法制局と十分協議をした上で変更になる可能性があるとしている。そして、国家公務員化については、「非常な論議がある」と述べながら、義務教育の維持向上は国の事務・義務であり、その事務に従事する教員を国家公務員とし、その生活保障や身分の安定を図ることも国として考えるべきという見解を示した。また、教員が官吏（待遇官吏）であったという経緯にも触れながら、「義務教育について根本的な刷新改善を図ろうというような考え方からこれ（教員—筆者註）を国家公務員にするというような運びに相成った」と説明している。

（2）「義務教育学校職員法案要綱」をめぐる質疑

田中初中局長のこの説明に対し、各委員から質疑が行われた。中教審会長の亀山直人（日本学術会議会長）は、国家公務員化が政治活動禁止の手段ではないかという疑念について文部省の考えを質した。これに対して、まず田中は、教員組合の行き過ぎた活動が世間の非難の対象となっており、日教組は勤務条件や福利厚生の問題以外に「相当政治的な動き」をしていると指摘した。その上で、国家公務員化によって教員が国家公務員法の適用を受けることになった場合、その活動は勤務条件や福利厚生の問題に限定され、違反した場合の罰則も同法に規定されていることから、「相当強い政治活動の拘束を受けるという結果に相成る」と述べている。(49)

田中の説明を受けて、林頼三郎委員（中央大学総長）は、「義務教育学校職員法案要綱」について、「これ（同要綱―筆者註）だけを切離して特に急がれる理由はどういう点にありますか」などと述べて、この点についての文部省側の「真意」を尋ねた。岡野文相は義務教育費全額国庫負担の意義を説きながら、「半額国庫負担法を四月一日に施行しなければならん立場になっておりますので、それを全額にしてまあ理想通りに行きたい、こういうわけで実は急いでいるわけなのであります」とその理由を説明している。(50)

矢内原忠雄委員（東京大学総長）は、先の久保田の発言に疑義を呈し、「ここで審議しますことに予め線が示されて原案に賛成しろというふうなお考えなのか、或いは我々ここで自由に意見を述べて大臣の諮問の参考にしたいというのか」と質問した。久保田は、時間的余裕がない事情を述べつつ、「大綱としての全額負担を、又国家公務員とするということの大綱だけをご承認願って、大臣にこれからの御活動に十分なる足場を作って頂けないだろうかということ」と説明する一方、「個々の意見を排したような意味合い」はないと弁明した。(51)野口彰委員（愛宕中学校長）も矢内原と同様、「国家公務員という身分だけはここではっきり打出そうと思っている。何かそこに非常にあせっていらっしゃるような、何か特異の御要求があるのじゃないかという感じがする」などと述べて、国家公務員化に反対している。(52)

八木沢善次委員（東京都教育委員長）は、国家公務員化には、「その行う事務が国の公務であるということ」、「その費用は国家が補償するということ」、「その職員は国の機関中の地位を占める者であるということ」、「その任免権は国に帰属するということ」という四つの条件が必要であるが、「義務教育学校職員法案要綱」はこれら

の条件を満たしていないとして、国家公務員化は「非常な不当」との見解を示した。(53)

このように、第二回総会では同要綱の提案に対して不信感を抱く委員が多かったため、議論の大半は同要綱の内容ではなく、審議のあり方をめぐるものとなった。会長の亀山も、審議の進め方についての文部省側の要望に対して疑問を呈し、「この委員会は何のために存在しているのかというような大問題にこれはなると思う（中略）この委員会はこの委員会で独自の考え方があって然るべき」と発言している。児玉九十委員（明星中学校・同高等学校長）は、急ぐ問題については臨時会を開催し、慎重に審議することを提案した。また、副会長の前田多門（日本育英会会長、元文相）は、岡野の諮問に理解を示しながらも、それが「審議の全体の方針から行けば実は迷惑なこと」であり、すでに閣議決定された事項について中教審の賛成を取り付けようとしても理解が得られないとして、審議の打ち切りを提案した。これは、前田によれば、「もうこの審議会が問題にしない」ということではなく、この問題を将来的な検討に向けた「宿題」にするという意味である。中井光次委員（大阪市長）や矢内原など多くの委員が前田の提案に賛成したものの、岡野は必ずしも納得せず、なおも「国会に提案するということだけは御承諾を得たものとしていいのですか」と食い下がった。(54)これに対し矢内原は、国会提案を拒否し、「提案することを審議会が了承したというふうにとられては事実に反する」と反発している。(55)

結局、総会では同要綱についての結論は出ず、実質的な審議はほとんどなされなかった。そして岡野は、散会前に、「私の立場といたしましては、一方的に申しますよ、皆さんの御同意を得る、得んの問題ではございません。ここまで進んで来ているのでありますから、私は皆さんの結論が出なくてもこの国会に出すということを一方的に皆さんに申上げます」と述べ、中教審の結論に関係なく、義教法案を国会に提出するという強硬な姿勢を示したのであった。(56)中教審の承認を取り付けるという岡野の思惑は「完全に失敗」したともいわれており、(57)中教審での同意を得ずに同法案が国会提出に至ったことは、国会審議の場でも度々問題視されることになる。

なお、義教法案をめぐる主要な論点であった義務教育諸学校の教員身分の問題については、義教法案が国会で審議未了となった後の六月十二日の第八回総会で議論がなされている。(58) ここでは、小汀利得委員（日本経済新聞社顧問）が教員の政治活動の規制が可能になるという理由で、国家公務員化に「大賛成」という意見を表明しているものの、前田や安井誠一郎委員（東京都知事）、八木沢、野口など多くの委員は国家公務員化に反対しており、最終的には、教員身分を地方公務員（都道府県の公務員）とすることで意見が一致している。(59)

第四節　第十五回国会における教員の政治活動制限論議の展開

（1）本会議での義教法案をめぐる質疑

先述のとおり、義教法案は一九五三（昭和二十八）年二月十九日に第十五回国会に提出された。義教法案をめぐる国会審議の過程では、国家公務員化という問題に関連し、教員の政治活動制限についてどのような論議が展開されたのであろうか。

衆議院本会議において岡野文相から同法案の趣旨説明がなされたのは同月二十一日である。岡野は、義務教育は国家として最も意を注ぐべき国民の基礎教育であり、この振興を図ることが「わが国文教の基本」であることから、義務教育について必要な改正を行うために法案を提出したと説明した。そして、「国は、義務教育の機会均等と、その水準の維持向上という義務教育の基本的事項を確保し、市町村には個々の学校の具体的経営を託することが望ましいあり方」とし、このような観点から、「義務教育の教育活動に従事する教職員の身分を国家公務員とし、一方その給与を国が負担して、義務教育に対する国の責任を明確にしようといたす次第」と述べている。(60)

同月二十三日の本会議では、この趣旨説明に対する質疑が行われた。最初に質疑を行ったのは坂田道太（自由党）である。与党議員である坂田の質疑は、当然ながら義教法案に賛成の立場からなされている。坂田は、同法案の反対論には、「内容がほんとうにわかって反対されておる」場合、「政府の決定が遅れたため、説明が不十分なため誤解に基いて反対されておる」場合、「故意に何らかの政治的意図をもって反対されている」場合の三つがあると指摘し、政府が「きわめて率直に、大胆に、不明確なる点を明らかにし、善良なる国民の誤解を一掃する必要がある」との意見を表明した。また、教育基本法の「教育の中立性という精神」からして、「教職員の野放しの政治活動」という現状を文相がどう考えているかと質問するとともに、教職員が「一部の極端なる、いわゆる容共的な考えの人たち」の指令を鵜呑みにして倒閣運動をさせられている事実は、「教育の中立性から考えて、決して教職員のあるべき姿ではない」と厳しく批判した。そして、「善良なる大多数の教職員の方々を、この不当なる支配から解放いたしまして、はげしい政治運動の渦中から救い出して、真に教育を守り、子供を守ること」が同法案提出の眼目の一つと述べている[61]。

坂田の質疑に対して岡野は、「教職に身をまかすところの人が、一党一派に偏し、もしくは一部の者の利益のため、もしくは一部の者を倒そうとか、そういうような意見を発表するのは、もってのほか」と応じ、「ただいまの日教組の活動というものは、われわれはまことに好ましくない運動だと思います」などと述べて、教員（日教組）による行き過ぎた政治活動を批判した。その一方で、国家公務員化によって日教組が「国家公務員法上の、公法上の保護を受けるところの団体」になり、「むしろ日教組としては非常に強力」になるため、義教法案は日教組にとって好都合であるとの見解を示している[62]。

岡野清豪
提供：朝日新聞社

次に質疑を行った笹森順造（改進党）は、教員の政治活動の禁止が本来の目的であるならば、国家公務員法等の改正で足りるとし、義教法案は「奇怪しごくの立法」であると批判した。その上で、「義務教育学校職員の政治活動の特権を法の力によって奪取しようとしている」、「教育家の正常な政治関心を失わせ（中略）民主政治の発達を停滞させ」るなどと批判し、同法案の必要性を吉田首相に質した。改進党は自由党と同じ保守政党であるものの、立法化による教員の政治活動制限に批判的であったことがここから窺えよう。会議を欠席した首相に代わって答弁を行った緒方副総理は、同法案は教職員の政治活動の「封鎖」を意図したものではないとし、政治活動の制限は「国家公務員としての身分の保障の確保に伴う裏づけ」との見解を示している。(63)

続いて松本七郎（右派社会党）は、国が義務教育に対して責任を有しているという理由で国家公務員化するのは文相の「独善的なこじつけ」と批判し、憲法あるいは教育基本法のどの条項によって国家公務員化しなければならないのかと法的根拠を問い質した。この点について答弁した本多自治庁長官は、「憲法にも教育基本法にも反するものではない」と述べるにとどまり、具体的根拠を示していない。これに続いて質問を行った坂本泰良（左派社会党）も同法案を批判し、同法案は「教職員をして時の政府の政治権力に屈服させるもの」であり、「教育は、政府の意見政策に奉仕するものではなく、科学的な真理と理想とを有するものでなければならない」と主張した。そして、中教審での十分な検討と「決議」を待つべきであり、中教審と対立した状況での法案の「強行」は違法であり、独善的の謗りを免れないと批判している。政府側出席者は、松本や坂本の見解を真っ向から否定し、同法案の意図について説明を繰り返した。(64)

参議院本会議でも二月二十三日に岡野文相による義教法案の趣旨説明が行われた。その内容は衆議院での説明とほぼ同様である。(65) 趣旨説明をめぐる質疑は、同日及び翌二十四日に行われ、矢嶋三義（左派社会党）、木村守江（自由党）、堀越儀郎（緑風会）、相馬助治（右派社会党）、岩間正男（日本共産党）、松原一彦（改進党）、木内キヤウ

(民主クラブ)、堀眞琴(労農党)の八名(登壇順)が質疑を行っている。ここでは、教員の政治活動制限に言及した発言のうち、主なものに限って見ておくことにする。

八名のうち、義教法案に賛成しているのは、与党の木村守江のみである。木村は、国家公務員化により政治活動が抑制され、「教壇を抛擲して政治活動に狂奔するような非常識なことはできなくなる」と同法案に賛意を示した。教職員が特定政党に偏向し、政治活動に狂奔することは教育者の本分に背反するのではと問いかけながら、政治活動の抑制という観点からの反対は理由にならないと野党の対応を批判している。その上で、「無邪気な生徒児童を使って(中略)誇大虚妄な政治活動をするごとき教員には、即刻(中略)政治活動を抑制せねばならん」と主張し、この点についての文相の考えを質した。これに対して岡野は、教員(日教組)による署名運動などの政治活動に疑問を呈しつつ、その自制を求めている[66]。

一方、義教法案に反対した矢嶋は、十八点もの多岐にわたる質疑を行った。矢嶋は、多くの先進諸国では教職員の政治活動が全面的に制限されていないとして、「先進国のならわしに背いてまで強行される理由と必要性」を問い質している。緒方副総理は、「学問的に」政治を研究することは決して妨げないものの、学問の名をかりた現実の政治問題の恣意的な批判は学問研究を逸脱しているとして、国家公務員化による政治活動制限の意義を説いた[67]。

相馬は、政治活動が「教育の振興上、道義の高揚上、教職員の基本的人権として与えられて」いるものとし、その政治活動(日教組の活動も含めて)について、岡野の見解を求めた。岡野は、国家公務員化により、「副次的に日教組あたりの政治活動が阻止されるということは、これは事実」と述べながら、坂田への答弁と同様、義教法案は教員組合(日教組)にとってむしろ有利なものであることを強調した。日教組の活動に批判的な岡野は、この答弁においても、「いろいろ教員を使いまして家庭に呼びかけてみたり、又ときによるというと、大会と称する名前の下に或る一党一派を支持し、又一党一派を打倒するというようなことを公々然と言われる。これは教員としてはあるまじきことであると同時に、地方公務員であろうが、国家公務員であろうが、それは慎しむべきこと」と付け加えている。[68]

政府の教育政策全般を「逆立ち政策」などと批判した岩間は、義教法案をその一環に位置付け、同法案の撤回を要求した。そして、「日教組五十万の教員」は国民の大多数の支持を受けており、「この平和の砦の力を官僚化し、自由を奪い、政治活動を骨抜きにすることなくして、再軍備、戦争体制の達成はできない相談」と批判するとともに、教員の特殊性を認め、「教権の自由」を確保するためには、教特法の改正を行うべきと主張している。これに対し緒方は、「故意に曲げられた御批判と解す以外に解しようがない」と応じ、岡野は教特法改正の提案に賛同して、「若し政治活動だけを禁止することが目標でありましたならば、一本条文を教育公務員特例法に書けばいいのです。こんな苦しい思いをして閣内で憎まれ役になってまで予算を取る必要はない」と述べ、義教法案が教員の政治活動制限のみを目的としたものではないことを改めて強調したのであった。[69]

（2）衆議院文部委員会における論議

次に文部委員会の論議である。衆議院の文部委員会では義教法案をめぐって実質的な論議が行われているものの、同法案は国会解散によって審議未了となったため、参議院ではあまり論議が行われていない。したがってここでは、衆議院文部委員会を対象として、その論議の内容を見ておく。

衆議院文部委員会では、二月二十六日に岡野文相が義教法案の提案理由を説明し、[70]同月二十八日の会議で同法案についての公聴会開催（三月十一日）を決定した。[71]同法案をめぐる本格的な論議が始まったのは、三月三日からである。同日の会議では、井出一太郎（改進党）、辻原弘市（左派社会党）が質疑を行っているが、辻原が教員の政治活動制限に詳しく言及するのは同月五日の会議である。

三日の会議で井出は、教育者が「自由人」であることを要求し、国家公務員化による教員の政治活動制限は「最も大きな自由の侵害」と述べて義教法案を批判した。日教組の活動の行き過ぎを認めつつも、教員は「普通の人々よりも知識の水準の高い人々」であり、その良識に訴えることで政治活動のあり方が改善するとの期待を表明している。これに対して岡野は、教員が政治活動によって教育活動に専念できないことを問題視し、政治活動は「法の許す範囲内においてやるべき」であり、「教員の中立性を侵される、巻き込まれるというようなことからは、救って差上げなければならぬ」と主張した。そして、教員（日教組）の良識に訴えることについては、現在の情勢では困難との考えを示している。(72)

五日の会議では、辻原に加え、松本七郎（前出）、菊地養之輔（右派社会党）、笹森順造（前出）が質疑を行った。最初に質問に立った松本は、三日の井出の質疑と同様、日教組の自主的な反省と良識に委ねることの期待を表明したが、岡野は、日教組幹部の活動実態を批判し、「日本の義務教育の中立性というものがなくなってしまうという考え方から、今回のような措置をとった」と応じている。このやりとりをめぐって「関連質問」を行った菊地は、国家公務員化し、その人事権を有する文相が党員であることは、中立性の理念に矛盾しないかと質したが、岡野は、政党政治である以上、党員であっても「何も弊害はない」と述べている。(73)

その次に質疑を行った辻原は、特に教員の政治活動制限に関して詳細な質疑を展開しており、注目される。(74)これは彼が日教組中央執行委員を歴任していたことと無関係ではないだろう。ここで辻原は、憲法や教育基本法、教育委員会法の立法精神に言及しながら、不当な国家権力の排除と教育の自由を強調している。自由に限界があることを認めつつも、「自由を守るということに常にウエイトを置いて考えることがより教育を中立性に持っていく」と指摘し、国家権力という問題を抜きに、教員の問題のみを捉えて政治的中立が失われていると考えるのは、本来の意味での政治的中立を守ることにはならないと主張した。これに対して岡野は、「教育というものは日本の国家から離れてしまって、独立しておればいいというようにも受取れぬこともない」と批判し、民主的手続きを経て成立した政権の正当性に触れながら、政府が国民全体の利益になることを考えるならば、それは一つの「民主的方針」であり、その枠内で政治的中立を保つべきと主張している。辻原は、政党政治が民主主義的ルールに基づいていることと、行政の実際が民主的であるかどうかの判断は別だと食い下がったが、岡野は義教法案の正当性を主張し続けた。

質疑では、教育基本法第八条の解釈も論点となっている。辻原は、同条第二項の政治的中立の規定が教職員の政治活動禁止を含んでいるなら、「他の法律によって教職員の政治活動を禁止する何らの理由も生れて来ない」と述べて、同条文の解釈について質した。田中初中局長は、同条は教員の「私人」としての政治活動を対象としたものではないとし、「公人」としての、すなわち学校の教育活動の一環としての政治活動を制限するものという解釈を示している。この解釈は、第一章第四節で言及した文部省大臣官房総務課長通達「教育基本法第八条の解釈について」（委総第一号）にも示されており、国会審議での同条の解釈をめぐる政府側の答弁は、基本的にはこの通達に依拠していたと考えられる。さらに辻原は、一部の教職員や日教組の政治活動が教育基本法のどこに抵触するのか、好ましくない政治活動とは具体的に何かといった点について質問したが、「いろいろ批判が社会にあることは御承知の通り」（田中）、「常識的に考えまして、日教組の幹部がやっておられることは、どうしてもこれは教員としては慎むべきこと」（岡野）というように、答弁は具体性に欠けるものであった。これに対して辻原は明確な根拠を求めるとともに、日教組の活動には何ら問題がないという見解を示している。

また、政府による「政治活動」も批判の対象になった。辻原は、文部省が『文部広報』の記事に「好ましくない政治活動」と掲載し、同広報を大量に配布したことを違法で不当な政治活動と批判している。ここで辻原が批判したのは、『文部広報』第四十二号と考えられる。同広報には義教法案の趣旨を伝える記事が掲載され、国家公務員化については、「身分」という項目において「教員の政治活動封殺を目的とするのではない。なお現在教員の一部において行われているような政治活動は教育者として、はなはだ好ましくないものがある」と明記されていた。[75]岡野は、「日教組がいろいろ間違ったところのビラをあちらこちら持ちまわりまして、そうしてわれわれが考えておることより逆な方向に進んでおりますから、これを是正する意味」で同広報を出したと答えている が、辻原は、「広報の問題については行政府のあり方に相当問題がある」と述べて、納得していない。

そして笹森は、義教法案は全体の政治活動を抑制し、良識ある教員の政治意識や政治教育に対して、かえって邪魔になると批判した。また、公人としての教員が「教壇からいろいろインフルエンスを与えて選挙等に干渉する」ことを問題視しつつも、「政治活動の良識の範囲を広げて行く方がむしろよい」と主張している。岡野は、教員の政治活動について、「大部分の教員は非常に純朴」と述べながらも、従来どおり、日教組幹部の動向を問題視する旨の答弁を繰り返した。[76]

三月九日の会議では、山崎始男（左派社会党）を中心に質疑が行われた。山崎は、義教法案を究明する上で教育基本法第八条が「重大なるポイント」と指摘し、同条の解釈の問題にこだわっている。教員の政治活動制限の問題は「教育の中立性を究明する以外に手がない」と述べる山崎は、教育基本法第八条をめぐる従来の政府側の答弁を「拡張解釈」と批判し、教員の政治活動制限の理論的根拠を質した。岡野は、文部省による従来の解釈を繰り返すとともに、自身が以前に日教組の新潟大会（第九回定期大会：一九五二年六月十六日〜十八日）の実態を問題視したことに触れながら、改めて日教組の活動を批判した。政府側答弁に納得しない山崎は、日教組の活動をめぐる政府見解は「感情論」と批判しながら、「あくまで児童、生徒にいかなる影響があるか、悪影響があるかないかということでわくを置かなければならない、そこが一つの限定線」と主張している。[77]しかし、教員（日教組）の政治活動が児童生徒に悪影響を及ぼしているか否かについては、岡野ら政府側と山崎の判断は分かれており、両者の見解は対立したまま、その溝が埋まることはなかった。

（3）衆議院文部委員会公聴会の開催

衆議院文部委員会では、義教法案をめぐる利害関係者や識者の意見を聴取するため、三月十一日に公聴会を開催した。出席した公述人は、山本敏夫（慶応大学助教授）、徳永アサ（神奈川県社会教育委員）、田中忠吉（長野県中部中学校校長）、友末洋治（茨城県知事）、鈴木久芳（全国地方教育委員会連絡協議会常任理事）、小汀利得（前出。日本経済新聞社顧問）、松澤一鶴（全国教育委員会連絡協議会）、矢田勝士（日本教職員組合調査部長）、村上儀憲（P・T・A関係）の九名（発言順。職名等は会議録記載のとおり）である。(78) 以下、国家公務員化や教員の政治活動制限に関する部分に焦点を当てながら、各公述人の見解とそれに対する質疑の一部を見ていく。

①各公述人の見解

同法案に反対の態度を表明した山本は、その理由の一つに、「教員の自由、主体性の束縛、拘束はできる限りこれを避けるべき」ということを挙げた。国家公務員化による政治活動の制限は弊害が多いとし、「ことに教員の場合は、教員の主体性、知性、人間性を伸び伸びと展開できるような方法で指導、助成をはかるべき」と主張している。次に公述を行った徳永は、同法案に対する賛否を明確にしていない。「国家公務員の問題につきましては、なお釈然としないものがございます」と述べているものの、教員の政治活動制限については詳しく言及していない。

田中は、同法案の目的を評価しつつも、法案には不賛成の意思を表明した。国家公務員化には中央集権復活の意図があるとし、日教組による過度の政治活動については、教育者の知性や良識に訴えることが重要との認識を示している。そして友末は、教員の政治活動について、「行き過ぎは当然是正さるべき」と指摘しながらも、田中と同様、「教職員の良識と自己反省並びに地方住民の輿論と政治意識の高揚に期待いたしまするこことが賢明な策」と述べている。午前には以上四名の公述が行われた(79)。

午後には残り五名の公述が行われた(80)。まず鈴木は、教育委員の立場から、教育委員会法の精神に反するとして同法案に反対したが、教員の政治活動制限については特に言及していない。次の小汀は、他の多くの公述人と異なって同法案に積極的に賛成しており、注目される。「教員の政治活動を押えることができる、これを改めることができるという点において、私はこれを大いに支持します」と同法案に賛成した小汀は、「小さな子供、しかも先生というものをほとんど百パーセント尊敬し、信用しておる生徒をつかまえて、そこに政治的な意図を持って教育し、あるいは導くということははなはだおもしろくない」と述べて、教員（日教組）の政治活動を厳しく批判した。小汀は、義務教育の改善・振興のために「特に必要と思われること」の一つとして、「義務教育の政治的中立を堅持すること」を挙げ、「公費によって支持される学校の教師が特定の政党の支持または反対のための政治教育や政治活動を行うことは、子弟の父兄のみならず、その他の国民にとっても甚だ迷惑千万なこと」と批判した上で、次のように述べている。

　これ（教員の政治活動―筆者註）はますます悪くなる方の傾向が強い。これはやはり一つの転機を与えなければ直るものではありません。（中略）また教師自身の利害、教師の立場から考えましても、政治活動は必ずしも教師にとって有利ではありません。ある教師が特定の政党を支持することは、必ず反対党側からの反感反抗を招き、その身分を不安定ならしめ、安んじて教育に専念することができなくなります。

このように小汀は、同法案を教員による過度の政治活動を改善するための「転機」と捉えた。そして、教員は地方公務員であるがゆえに政治活動制限の範囲が狭く、「政治的中立を保つことが困難となり、いよいよ弊害を生じておることは明らか」であり、「現状を顧みながら、その現状をいかにして打開するかということをまず基礎として考えなければいかぬ」と主張して、同法案への賛意を示したのである。

また松澤は、同法案が教育基本法等に抵触し、「憲法の自治の精神」にも相反するとして、「全面的に反対」の意を表明した。子供への影響を考えて、教職員のストライキ等に反対しつつも、問題は「無責任な政策」をとる政府側にあるとの認識を示している。日教組の矢田（今村彰日教組副委員長の代理出席）も、当然ながら同法案に反対した。矢田は、「民主的国家」の多くは教員の政治活動が自由であると指摘し、政治活動の制限は「教育規制の第一歩」と批判している。ただ、批判の対象とされた日教組の政治活動自体については、ほとんど言及していない。

最後に公述を行った村上は、「私個人としての所見」と断わりつつ、「大体において本案に賛成」と賛意を示した。教育基本法に規定する「中立性が保たれないような政治活動は、父兄、児童、生徒にも多大の迷惑をかけるようなことになりやすい」と述べ、国家公務員化によって政治的中立が確保されるという見解を示している。このように、公聴会では義教法案への賛成が二名、反対が六名、中立が一名という状況であった。[81]

②公述人に対する質疑

公述終了後は各公述人に対する質疑が行われた。[82]午前の公述については、坂田道太（前出）が徳永に対し、日教組の「三・一二闘争」や署名活動について意見を求めている。徳永は、非合法ではないストに対しては圧迫を加えてはならず、日教組の「経済的な面」での主張や行動は理解できるとしながらも、「政治的に教育が中立性を持たなきゃならないと私どもは教えられて、学校でもそう教育されて来たが、どうもこれでは了解できないということを子供が申します」と述べ、「教育のことは子供によい効果が上らなければならない」と指摘して、日教組による政治活動の自重を要望した。[83]

次に午後の公述に対する質疑である。[84] 教員の政治活動制限に関する質疑はほとんどが午後の公述に対するものであった。まず、松本七郎（前出）は、義教法案に賛成した小汀が教員の政治活動制限の意義を強調したことに注目し、同法案にそれを含めるのではなく、教特法等の改正でよいのではと質問した。小汀は、「この法案に多少の欠陥があっても、教員の政治活動を規制することができる点は、副産物ではあるかもしれませんが、非常に大きな所得」であり、「これだけをもってしてもこの法案に賛成する価値がある」と述べながら、他の法律でも規制は可能との見解を示している。また、教員の政治活動制限を基本的人権の問題と捉え、この点についての見解を求めた辻原弘市（前出）に対して、小汀は、教員が一定の制約を受けることはやむを得ず、身分が変われば政治活動の制約もなくなるとして、「基本的人権に関係のない問題」と答弁している。

義教法案に反対する公述を行った矢田に対しては、与党委員からの質問が相次いだ。「三・一二闘争」の指令など日教組の活動全般に関わる質問を行った坂田に対して、矢田は、指令の事実を認める一方、他の詳細な事実は関知していないと答弁している。また、北昤吉（自由党）は、教員個人の政治活動は認めながらも、教員組合による政治活動を厳しく批判し、「口では中立性を唱えて、実際にはある党派を応援しておることは、衆目の見るところであります。そんなごまかしはいかぬ」と述べて、矢田の見解を求めた。矢田は、日教組として政治活動をしたり、特定政党を推すなどの決定を行ったりしたことはないと北の質問内容を否定し、同じく日教組の政治活動を取り上げた水谷昇（自由党）の質問に対しては、「合法的な活動をするという点では慎重を期して」いるとしながら、政治活動に関する費用を強制的に徴収したり、日教組の指示で教職員個人の自由な判断を拘束したりする措置はとっていないと答えている。

矢田と同様、同法案に反対した山本に対しても、松本、水谷、永田亮一（無所属）が教員の政治活動制限と教員組合の政治活動の実態に関する質問を行った。山本は、日教組が特定の政党や政策に態度を示すことは問題ないとの認識を示す一方、組合による政治活動の「弊害」を指摘し、「教室に何らかの政治活動的なもの、あるいは一つの政治教育的なもの、ある一党一派的なものが入り込みました場合におきましては、それは学校教育法（「教育基本法」の誤りか―筆者註）の違反であります」と指摘している。子供には批判力がないことから、「教員の主体性を守ると同様に子供の主体性、知性を守る意味におきまして、その面のけじめを考えることが大事」というのが山本の見解であった。

（4）予算委員会における論議

最後に、衆参両院の予算委員会でも、義教法案に関連して教員の政治活動制限について議論がなされているため、その内容を見ておきたい。ただし、本会議及び衆議院文部委員会と同内容の論議については、できるだけ重複を避け、詳述しない。

二月二十五日の衆議院予算委員会第三分科会の会議では、永山忠則（自由党）、小島徹三（改進党）、和田博雄（左派社会党）、中曽根康弘（改進党）の四名の委員が質疑を行っている。(85) まず永山は、義教法案に対する反対運動の「指導の中心」が日教組であり、同法案の内容を十分に理解せず、誤解に基づいて諸種の宣伝が行われていることが事実かどうか確認した。これに対し、初中局長の田中義男は「相当な誤解」があり、「誤解に基く反対も相当ある」と答弁している。この点に関して和田は、日教組は真実を知りたいと考えており、文部省が誤解を解く努力を積極的にすべきと反論し、小島も同法案の目的が教員の政治活動禁止であるという誤解を解くことの重要性を指摘した。

さらに小島は、国家公務員の政治活動については人事院規則によって規制されているため、人事院の問題であり、政府は干渉できないと主張した。前述のとおり、改進党は立法措置による教員の政治活動制限に批判的な立場に立っており、小島の主張もその立場を反映したものといえる。ここでは、同じく改進党の中曽根も、国家公務員化は「相当人権に対する制限が加わる」と指摘しており、「教育職員については、この政治行為の制限というのをお解きになったらどうですか」とまで述べたのであった。一方、岡野は、教員の政治活動制限が義教法案の主目的ではないことを強調している。国家公務員化は教員身分の安定のためであり、「政治活動を禁止するために国家公務員にするということになると、私自身としては非常に良心的にいや」と述べつつ、教員の政治活動制限が目的であれば、義教法案提出の必要はなく、教特法等の改正で対応が可能であることなど、従来の主張を繰り返した。

二月二十七日の会議では、受田新吉（右派社会党）が質疑を行い、教員の政治活動制限に関する諸外国の事例についての資料を提出するよう求めた[86]。また、文部省が義教法案をめぐる広報活動として、『文部広報』を通常よりも大量に印刷して各地に配布した事実について、これが同法案の反対意見を抑える政治目的をもった活動であり、国家公務員の政治的行為の制限を規定した国家公務員法第一〇二条違反にあたると指摘している。さらに、劔木次官がその地位を利用して政治活動や選挙運動を行っており、岡野がこれを黙認して、自由党の政治目的の達成に利用していると批判した。『文部広報』の配布について田中は、政治目的をもった行為でなく、「きわめて事務的にその事柄についての真相を、周知徹底せしめるための措置」と答えている。岡野は受田の質疑に対し、「党人大臣」であるものの、「文教の方をあずかります以上は、公平無私にやっております」と簡潔に答弁している[87]。

三月一日の会議では、尾崎末吉（自由党）が、教員が生徒を利用して義教法案反対の署名運動を行うという日教組の活動のあり方は、吉田首相の意図する「道義の高揚」に反すると批判し、その善処策を質した。岡野は、「普通ならば局長通達をもって出すべき筋合のものを次官通牒をもってして」各教委に注意を促していると答弁しているが、[88]この「次官通牒」とは、文部事務次官通達「教員児童生徒を利用する教科外の諸活動について」（文初地第七十五号）[89]と推測される。同通達は、「職員団体その他の団体等が、特定の主義政策を支持し又はこれに反対する等学校の教育活動に関係のない活動を行うために教職員を通じ児童生徒を利用し、署名運動その他の活動を行い又は行わせることは、教育上好ましくないと考えられるし、又行為いかんによっては、地方公務員法にも抵触する場合も生ずると思われる」として、このような活動が行われないよう、各教委に注意を促している。

一方、参議院の予算委員会では三月十一日に公聴会が開催された。衆議院文部委員会公聴会と同じ日である。ここでは、中教審委員の八木沢善次（前出）が教育財政に関して公述し、この中で義教法案に反対する陳述を行った。[90]ただ、この公聴会では教員の政治活動制限に関する論議はほとんどなされていない。翌十二日の会議では、相馬助治（前出）が義教法案阻止のための実力行使を行う日教組の活動について質問した。吉田首相はこの実力行使を「教育の欠陥」と批判し、岡野は「ああいうストをするということは、法の規定に完全に違反する」と指摘したが、先述のとおり、この日に予定されていた「三・一二闘争」は中止となったことから、岡野はこれを「非常に喜ばしいこと」と評価している。[91]

そして、矢嶋三義（前出）は、国家公務員化の目的が政治活動の制限ではないことが文相の真意ならば、教員が国家公務員となった場合も、その政治活動を自由とするような法改正、あるいは立法化の意思があるかと質した。岡野は、現状でも国立学校の教員は政治活動が制限されているとし、政治活動制限は「何ら世間的に（中略）邪魔になることではな」く、同法案の「副次的の効果」と述べて、その正当性を主張したのであった。[92]

第五節　小括

一九五三（昭和二十八）年三月十四日、衆議院本会議で「吉田内閣不信任決議案」が可決され[93]、同日、衆議院が解散となった。いわゆる「バカヤロー解散」である。この解散により、義教法案は審議未了となり、先に成立していた義務教育費国庫負担法が同年四月一日から施行されることになった。解散後の総選挙を経て、五月二十一日には第五次吉田内閣が成立し、文相には岡野に代わって大達茂雄が就任する。審議未了となった義教法案について吉田首相は、「同じ改正の必要はいまなお存在いたしております」と述べて法案提出の意向を示したが[94]、同法案は復活することなく廃案となり、この後、教員の政治活動（制限）をめぐる論議は教育二法の制定過程において継続されることになる。

本章で見てきたように、義教法案をめぐる論議において、同法案に反対した野党や教育・自治体関係団体、マス・メディア（新聞）は、法案本来の目的が教育の中央集権化と教員の政治活動制限、日教組の分断などにあることを主張し、中教審などの承認を得ずに拙速に同法案が提出された事実や法案自体の不備を批判した[95]。一方、同法案の提案者側（政府・自由党、文部省）は法案の第一義的目的が教員の政治活動制限ではないこと、そして国家公務員化の理由が教員の身分と待遇の安定のためであることを一貫して主張している。同法案に対する反対意見は同法案本来の目的を十分に理解せず、「誤解」に基づいて表明されたものであり、教員の政治活動制限は法案の主目的でなく「副次的効果」に過ぎないというのが法案提案者側の見解であった。

本章で対象とした国会論議等の内容を窺う限りでは、義教法案の第一義的目的が教員の政治活動制限にあったと断定するのは難しい。教員の政治活動制限のみを目的とするのであれば、あえて義教法案を準備せずとも、教特法の改正等で対応可能というのも首肯できる指摘である（事実、教育二法の場合がそうであった）。しかし、教員の政治活動制限が同法案の第一義的目的ではないとしても、重要なねらいの一つであったことは、岡野ら法案提案者側の発言などから明らかであろう。この点に関し、例えば当時、文部省大学学術局庶務課長であった内藤誉三郎は同法案をめぐる座談会において、国家公務員化の理由の一つに「教職員の政治活動の問題」があることを指摘し、自らの著書でも同法案が「日教組の力を殺ぐ効果を狙うものだった」と明言している[96]。また、文部事務次官を務めた日高第四郎は、同法案について、「義務教育の教職員の身分を、地方公務員から形式上国家公務員に移すことによって、その政治的活動を国家公務員なみに制限しようという企てとみられる」と指摘し、その理由として、「一方で教育行政組織を極端に分権化しながら、他方で教育財政はまた極端に中央集権化するという、明白な理論的矛盾をあえてすることは、政府および与党の日教組への対策以外には理解しえないからである」と述べている[97]。

江口の研究でも、同法案が教員の政治活動制限を「主眼としたものとは言い難い」としながら、それを意図したものであることは明らかと結論付けているが[98]、本章での検討結果はこれを裏付けるものである。政府・自由党は、一党一派に偏った教員（日教組）の政治活動が度を越していると厳しく批判し、教員（特に日教組幹部）の良識に訴えることは困難と判断して、何らかの措置を講じる必要性を認識していた。教員（日教組）の政治活動制限は義教法案の「副次的効果」に過ぎないとしても、同法案の意義をその点に見出していたことは間違いない。

教員の政治活動制限について、同法案に反対した側は、これが基本的人権に関わる問題であり、その法的制約は望ましくないとし、過度の政治活動の抑制については教育者の知性や良識に訴えることが重要と主張した。また、法案提案者による教員の政治活動に関する説明は「感情論」に過ぎず、好ましくない政治活動とは何か、いかなる政治活動が政治的中立を規定した教育基本法第八条に抵触するのか、といった点についての説明が不十分であると批判した。確かに、この点に関する法案提案者側の説明は具体性に乏しく、政府・自由党関係者の発言はほとんど日教組批判に終始している。その意味では、義教法案をめぐる政治過程において、法案提案者と法案反対論者との議論は十分に噛み合っておらず、政治的中立に関する議論が深められたとはいい難い。

さらに、ここで指摘しておきたいのは、義教法案の反対論者であっても、教員（日教組）による過度の政治活動については批判的な者が少なくなかったという事実である。同法案に反対した野党議員や公述人も当時の教員（日教組）の政治活動のありようを相当問題視しており、同法案に対して全面反対の論陣を張った新聞ですら、この点については批判の眼を向けていた(99)。このような、教員（日教組）の過度の政治活動に対する「世論」の厳しい批判は、教育二法の制定過程においても展開された。これについては、第七章で詳しく論及する。

註

（1）義教法案の対象は「教職員」であるが、本章では主に義務教育諸学校の「教員」の政治活動を扱うことから、発言内容の説明や引用の場合等を除き、原則として「教員」の呼称を用いた。
（2）一九五三（昭和二十八）年二月二十一日の衆議院本会議での岡野清豪文相による法案趣旨説明（『官報号外・第十五回国会衆議院会議録』第二十九号、一九五三年二月二十一日、四二四頁）。
（3）日本教育新聞編集局編著『戦後教育史への証言』教育新聞社、一九七一年、三〇〇頁。
（4）奥平康弘「戦後教育政策の素描――『国体擁護』から『MSA受諾体制』まで」『法律時報』第二十六巻第四号、一九五四年、三六頁。
（5）鈴木英一『教育行政（戦後日本の教育改革3）』東京大学出版会、一九七〇年、四〇四頁。
（6）長谷川正安・森英樹「中立確保法」有倉遼吉編『別冊法学セミナー№33　基本法コンメンタール　新版　教育法』日本評論社、一九七七年、九五～九七頁。なお、ここでは義教法案が「公立学校義務教育諸学校職員の身分及び給与の負担の特例等に関する法律案」（原文ママ）とされている。

（7）今村武俊「義務教育学校職員法案について」『中学校』第二号、一九五三年、一五頁。
（8）鈴木、前掲書、四六五頁。
（9）鈴木英一は、義教法案について「詳細な考察」を行っているものとして、松尾良一『義務教育学校職員法案の研究』（一九六八年度北海道大学教育学部卒業論文）を紹介しているが（同右、四八四頁）、内容の詳細は不明である。
（10）義教法案をめぐる動向を比較的詳しく記述したものとして、鈴木、同右書（三八三～三九〇頁）のほか、中島太郎『戦後日本教育制度成立史』（岩崎学術出版社、一九七〇年、八一五～八四一頁）等がある。
（11）瀬戸山孝一『文教と財政』（財務出版、一九五五年、一五二～一七四頁）、相澤秀之『教育費――その諸問題』（大蔵財務協会、一九六〇年、三五八～三七五頁）、市川昭午・林健久『教育財政（戦後日本の教育改革4）』（東京大学出版会、一九七二年、四三一～四三五頁）、江口和美「義務教育費負担法としての一九五三（昭和二十八）年『義務教育学校職員法案』再考――石川二郎旧蔵資料をてがかりに」（『早稲田大学大学院教育学研究科紀要』別冊第二十五号―一、二〇一七年、一三～二三頁）、井深雄二『現代日本教育費政策史――戦後における義務教育費国庫負担政策の展開』（勁草書房、二〇二〇年、六八七～七三〇頁）等を参照のこと。
（12）これらの点については、井深、同右書が比較的詳しく論じており、義教法案が廃案となった歴史的意味についても論及している。井深は同法案に関して、「戦後教育改革の基本理念たる教育の地方自治に反することが明瞭」で、「戦前回帰的な発想が色濃かった」と述べる一方、「曲りなりにも国民の教育を受ける権利と義務教育に対する国の責任論に基づいていた」ため、「単なる反動法案と特徴づけることもまた一面的な評価となろう」と指摘している（井深、同右書、七三〇頁）。
（13）高倉翔「義務教育費国庫負担法」細谷俊夫ほか編集代表『新教育学大事典』第二巻、第一法規、一九九〇年、一四三～一四四頁。
（14）日本教育新聞編集局編著、前掲書、三〇五～三〇六頁。
（15）『時事通信・内外教育版』第三九五号（一九五三年一月十六日）七頁。
（16）「義務教育費全額国庫負担制度の要綱（昭和二十八年一月十七日閣議内定）」内閣総理大臣官房総務課長『昭和二十八年二月五日　次官会議資料綴』国立公文書館所蔵。

(17)「義務教育費全額国庫負担制度の要綱」(一九五八年一月二十七日)『公文類集［聚］・第七十八編・昭和二十八年・巻百三十五・学事二』国立公文書館所蔵。
(18) 文部省初等中等教育局地方課「義務教育学校職員法案の概要」『学校事務』第四巻第三号、一九五三年、二頁。
(19) 前掲「義務教育費全額国庫負担制度の要綱」。
(20) 中島、前掲書、八一八頁。
(21)［文部省］調査局広報課「義務教育学校職員法案について」『中等教育資料』第二巻第三号、一九五三年、三〇頁。文部省「義務教育学校職員法案に関する資料」『教育月報』第三巻第三十三号、栃木県教育委員会、一九五三年、二四頁。
(22)『読売新聞』(朝刊)一九五三年二月六日。『時事通信・内外教育版』第四〇二号(一九五三年二月十日)六頁。
(23)『朝日新聞』(夕刊)一九五三年二月十二日。『読売新聞』(夕刊)一九五三年二月十二日。
(24) なお、十七日の閣議決定後、法案中の規定について自由党から異論が出されたため、法案は一部修正されることになった。その異論とは、教職員の任免について、市町村教委と市町村長の協議が整わない場合、都道府県教委が裁定するところによるという規定(第十条第六項)に関し、都道府県教委の権限が強すぎるというものであった。そこで、十八日に岡野が愛知揆一大蔵政務次官、佐藤達夫法制局長官らと協議を行い、「都道府県教委の裁定」が「文部大臣の裁定」と改められた(『読売新聞』朝刊、一九五三年二月十九日)。
(25)『文部広報』第四十三号(一九五三年二月二十三日)一頁。『第十五回国会衆議院文部委員会議録』第十一号(一九五三年二月二十六日)一頁。この会議録には、義教法案の全文が掲載されている(同前、二〜四頁)。なお、国立公文書館に所蔵されている「佐藤達夫関係文書」の『義務教育学校職員法案(第一五国会)昭二八』と題する簿冊には、同法案やその立案に関する史料がまとまって収載されている。ここには、当時、法制局長官であった佐藤達夫の直筆と思われるメモ書きも多く見られる。
(26) 例えば、義教法案に対する全国知事会の見解(義教法案に関する決議及び質問書)については、『時事通信・内外教育版』第四〇八号(一九五三年三月三日)一二〜一四頁を参照のこと。
(27) 例えば、義教法案に対する東京都教職員組合(都教組)の対応については、東京都教職員組合「義務教育学校職員法案に対する反対斗争方針」(『労働法律旬報』第一二〇号、一九五三年、一七〜二〇頁)を参照のこと。また、日本教育学会有志の名で表明された意見については、「日本教育学会有志の法案に関する意見」（『戦後日本教育史料集成』編集委員会編『戦後日本教育史料集成』第四巻、三一書房、一九八三年、八九～九〇頁）を参照のこと。

(28) 同大会は、二月二十八日、義教法案撤廃を訴えて、日教組、東京都教職員組合連合（都教連）、都教組、東京都労働組合連合会（都労連）の四団体及び各府県の教員組合代表から成る約四万人が東京の隅田公園で開催したものである（『読売新聞』朝刊、一九五三年三月一日）。

(29) 義教法案に対する日教組の動きについては、『時事通信・内外教育版』第四一二号（一九五三年三月十七日、二～五頁）、日本教職員組合編『日教組十年史』（日本教職員組合、一九五八年、二三七～二四二頁）、同『日教組20年史』（労働旬報社、一九六七年、一九五～二〇八頁）を参照のこと。日教組の動向に関する本章の記述も主にこれらの文献に依拠した。

(30) 「教育防衛闘争に関する件」「戦後日本教育史料集成」編集委員会編、前掲書、八六～八七頁。

(31) 前掲『日教組20年史』一九七～一九八頁。第二回教育研究大会での義教法案に関する声明書等については、「義務教育学校職員法案に関する日教組第二回教育研究大会声明書」及び「義務教育学校職員法案に関する第二回教研大会講師団声明」（同右書、八七～八八頁）を参照のこと。

(32) 『読売新聞』（夕刊）一九五三年三月十一日。

(33) 日本教職員政治連盟（一九五四年十一月に日本民主教育政治連盟に改称。略称はいずれも日政連）は、一九五二（昭和二十七）年八月に結成された。同年十月一日の第二十五回衆議院議員総選挙に際し、日政連は「再軍備に反対し平和教育を守る立場を明らかにした立候補者」（大半は左派社会党）五十九名を推薦して選挙運動を支援した。その結果、日政連推薦のうち三十八名が当選し、このうち八名が教組出身者、日政連議員は衆参両院で十八名となった。なお、当時、教委制度は公選制であったが、同月五日に実施された教育委員選挙では、日政連推薦の都道府県及び五大市教委の候補者七十名が当選している（前掲『日教組十年史』二三四～二三五頁）。日政連については、今宮小平『日教組――機構とその性格』（新紀元社、一九五七年、一四九～一六二頁）、米田俊彦「戦後教育改革期における教員の国政進出」（『人間発達研究』第三十五号、二〇二一年、一九～四〇頁）、同「一九五〇年代教育史研究の意義と課題」（一九五〇年代教育史」研究部会『一九五〇年代教育史の研究』野間教育研究所、二〇二二年、一三～一〇六頁）の付論「政治団体としての日本教職員組合──日本民主教育政治連盟の誕生と政治活動」（六七～一〇六頁）を参照のこと。
(34) 前掲『時事通信・内外教育版』第四二二号、二頁。
(35) 都教組に所属していた内田宜人によれば、「三・一二闘争」は「あとからみれば、よくも思い切った計画を立てたものと呆れるような話」であり、「闘争態勢の問題としては突入できるような状況ではなかった」という。内田は、「下部職場では一斉休暇などまともに議論されてはいなかった。日教組が上の方で大きなアドバルーンをあげたなという感じ」とも述べている（内田宜人『戦後教育労働運動史論──わたしの日教組　光と影』績文堂出版、二〇〇四年、六五頁）。
(36) 『読売新聞』（夕刊）一九五三年三月十二日。
(37) 高木鉦作「義務教育学校職員法案に対する新聞論調」『市政』第二巻第四号、一九五三年、四六～五〇頁。
(38) 「社説・『その都度文政』を憂う」『朝日新聞』（朝刊）一九五三年二月七日。
(39) 「社説・不明朗な義務教育費の問題」『毎日新聞』（朝刊）一九五三年二月七日。
(40) 「社説・不徹底なる義務教育費案」『読売新聞』（朝刊）一九五三年二月十八日。
(41) 「社説・義務教育学校職員法の矛盾」『朝日新聞』（朝刊）一九五三年二月十八日。
(42) 「社説・義務教育費問題と教組の反対運動」『日本経済新聞』（朝刊）一九五三年二月十八日。
(43) 中教審のメンバー等については、第四章第二節（1）を参照のこと。
(44) 『中央教育審議会第一回総会速記録』（一九五三年一月二十一日）国立公文書館所蔵、六～九頁。
(45) 義教法案に関する第一回及び第二回総会の論議については、石田雅春「戦後教育改革と中央教育審議会──第一回答申（義務教育に関する答申）の形成過程を中心に」（『広島大学文書館紀要』第十一号、二〇〇九年、二四～二八頁）にも詳しい言及がある。
(46) 「義務教育学校職員法案要綱」（一九五三年二月十一日）『中央教育審議会総会配布資料・昭28年1月〔～〕4月』国立公文書館所蔵。
(47) 『中央教育審議会第二回総会速記録』（一九五三年二月十一日）国立公文書館所蔵、一九～二二頁。
(48) 同右、二二～五八頁。

(49) 同右、五九～六二頁。
(50) 同右、六二～七五頁。
(51) 同右、七五～八〇頁。
(52) 同右、八九～九七頁。
(53) 同右、一〇二～一〇六頁。
(54) 同右、一〇九～一三六頁。
(55) 同右、一五〇頁。
(56) 同右、一五四～一五五頁。
(57) 日本教育新聞編集局編著、前掲書、三〇七頁。
(58) 『中央教育審議会第八回総会速記録』（一九五三年六月十二日）国立公文書館所蔵、一五二四～一五五二。なお、この速記録には頁番号がなく、通し番号が付されているのみである。したがって、本史料の引用・参照にあたっては、通し番号を示した（以下、同様）。また、石田、前掲論文、三三頁を参照のこと。
(59) 速記録には、亀山が教員身分について、「都道府県の公務員で意見の一致を見た」ということでよいかと委員に確認したところ、「『異議なし』と呼ぶ者あり」との記載がある（同右、一五五二）。
(60) 前掲『官報号外・第十五回国会衆議院会議録』第二十九号、四二四～四二五頁。
(61) 『官報号外・第十五回国会衆議院会議録』第三十号（一九五三年二月二十三日）四三一～四三三頁。
(62) 同右、四三三～四三四頁。
(63) 同右、四三四～四三七頁。
(64) 同右、四三八～四四五頁。
(65) 『官報号外・第十五回国会参議院会議録』第二十四号（一九五三年二月二十三日）四六三～四六四頁。
(66) 同右、四七〇～四七三頁。
(67) 同右、四六四～四六七頁。
(68) 同右、四七五～四八〇頁。

(69) 同右、四八〇～四八二頁。なお、岩間による義教法案批判については、上原専祿ほか「逆行する文教政策」(『解放』第一巻第一号、一九五三年、八六～一〇二頁)を参照のこと。これには、義教法案等をめぐる岩間と坂田のやりとりが含まれている。
(70) 前掲『第十五回国会衆議院文部委員会議録』第十一号、七～一〇頁。
(71) 『第十五回国会衆議院文部委員会議録』第十二号(一九五三年二月二十八日)二頁及び九頁。
(72) 『第十五回国会衆議院文部委員会議録』第十三号(一九五三年三月三日)一二～一三頁。
(73) 『第十五回国会衆議院文部委員会議録』第十四号(一九五三年三月五日)四～五頁。
(74) 同右、六～一一頁。
(75) 『文部広報』第四十二号(一九五三年二月十三日)一～二頁。
(76) 前掲『第十五回国会衆議院文部委員会議録』第十四号、一〇～一一頁。
(77) 『第十五回国会衆議院文部委員会議録』第十六号(一九五三年三月九日)七～一〇頁。
(78) 『第十五回国会衆議院文部委員会公聴会議録』第一号(一九五三年三月十一日)一頁。
(79) 同右、一～七頁。
(80) 同右、一四～二三頁。
(81) 「中立が一名」というのは徳永公述人のことである。ただ、徳永が「『是々非々の立場』からこの問題に臨んでいると考えられることから、条件付き賛成と評価すべき」という見解もある(井深、前掲書、七五二頁)。ここでは、徳永が賛否を明確にしていないという意味で「中立」とした。
(82) 前掲『第十五回国会衆議院文部委員会公聴会議録』第一号、七～一四頁及び二三～三〇頁。
(83) 同右、七～九頁。
(84) 同右、二三～三〇頁。
(85) 『第十五回国会衆議院予算委員会第三分科会(外務省、文部省、厚生省及び労働省所管)議録』第一号(一九五三年二月二十五日)一～九頁。
(86) 諸外国(アメリカ、イギリス、フランス、西ドイツ)における教員身分や教員の政治活動制限等に関する文部省の調査報告書として、文部省調査局調査課『教育調査・第37集　欧米各国における教育の政治的中立維持の問題』（文部省調査局、一九五四年）がある。同書は二法案の国会提出と同時期に刊行されており、これには「資料の提供その他に関し、初等中等教育局地方課の犬丸事務官から、多大の助力をうけた」（二頁）との記述が見られる。

(87)『第十五回国会衆議院予算委員会議録』第三十号（一九五三年二月二十七日）四～七頁。『文部広報』の発行数について、受田は通常三万部のところ、二十万部発行されたと述べているが、田中初中局長は、通常約一万部のところ、約八万部近く増刷したと述べている。

(88)『第十五回国会衆議院予算委員会議録』第三十二号（一九五三年三月一日）八頁。

(89)「教員児童生徒を利用する教科外の諸活動について」（一九五三年二月十一日）『文部省人事規則（服務）・自昭26年3月　至昭35年11月』国立公文書館所蔵。なお、本史料は決裁文書であり、文部省罫紙に手書きされた通達の案文である。同通達の実際の発出状況は不明である。

(90)『第十五回国会参議院予算委員会会議録』第三十四号（一九五三年三月十一日）九～一〇頁。

(91)『第十五回国会参議院予算委員会会議録』第三十五号（一九五三年三月十二日）一三～一四頁。

(92)同右、二二頁。

(93)『官報号外・第十五回国会衆議院会議録』第四十一号（一九五三年三月十四日）六七七～六八六頁。

(94)第十六回国会衆議院特別委員会における川島金次委員（右派社会党）の質問に対する答弁（『第十六回国会衆議院昭和二十八年度一般会計暫定予算につき同意を求めるの件外六件特別委員会議録』第五号、一九五三年五月二十六日、四頁）。

(95)識者等による義教法案批判として、勝田守一「教育は誰のものか――義務教育学校職員法案の批判」（『新日本文学』第八巻第四号、一九五三年、七一～七五頁）、濱田冬彦「義務教育学校職員法という法律」（『人物往来』第二巻第四号、一九五三年、一〇一～一〇三頁）等がある。

(96)宗像誠也ほか「義務教育学校職員法と地方教育委員会の諸問題（座談会）」『教育技術』第八巻第一号、一九五三年、八九頁。内藤譽三郎『戦後教育と私』毎日新聞社、一九八二年、九一頁。

(97)日高第四郎『民主教育の回顧と展開』学習研究社、一九六六年、八一～八二頁。国会論議の内容は別として、日高のこの見解のみに着目すれば、義教法案の第一義的目的が教員の政治活動制限にあったと解釈することも可能である。

(98)　江口、前掲論文、一八～二一頁。

(99)　例えば、『朝日新聞』の「天声人語」は、日教組の「三・一二闘争」について、「教師の自殺行為みたいなことはやめたがよい。（中略）せっかく学校職員法（義教法案のこと―筆者註）に反対していた世論もかえって逆効果となって、教員にソッポを向くようになるだろう。（中略）学校をストの場として利用するのは行き過ぎである。（中略）教育が逆行か前進かの重要な岐路に立っている時、中央集権化に絶好の口実を与えるような軽挙盲動をしては、自らの足下に穴を掘るようなものだ。（中略）子供を争議や政治闘争の中に巻きこむなどは断じてよろしくない」と厳しく非難している（「天声人語」『朝日新聞』朝刊、一九五三年三月十二日）。

第三章　教育二法案の立案過程

――国会審議以前における法案作成の経緯について

第一節　はじめに

前章で検討したように、「義務教育学校職員法案」（以下、義教法案と略）をめぐる政治過程では、教員の政治活動制限や政治的中立に関する議論が活発に展開されたものの、同法案は審議未了で廃案となった。同法案の廃案以降、その論議が再び活発化したのは、一九五三（昭和二十八）年五月に問題化した山口日記事件以降のことである。同月に文部大臣に就任した大達茂雄は、八月三十一日に車中談で同事件を非難し、政治的中立を維持するための立法措置（以下、各章において、適宜、立法措置と略）の可能性を示唆した。

大達文相のこの対応が端緒となり、文部省では教員の政治活動制限に関する立法構想が徐々に具体化し、同省での検討、中央教育審議会での論議、関係官庁との折衝等を経て、二法案が作成されるに至った。二法案は、一九五四（昭和二十九）年二月十六日の閣議で政府原案として正式決定し、同月二十二日に第十九回国会に提出され、これ以降は、国会を舞台に同法案をめぐる論議が交わされることになる。

さて、教育二法の制定過程について叙述した従来の研究の多くは、二法案をめぐる国会審議の動向に焦点を当てきた[1]。しかし他方、制定過程のうち国会審議以前の段階、すなわち二法案の立案過程（法案の作成経緯）については、ほとんど明らかにされていない。その理由として、国会審議の動向に関心が向けられるあまり、立案過程が視野に入りにくかったということの他に、立案過程を検討する上での史料の存在が十分に把握されていない状況があったことが挙げられよう。二法案の立案作業は秘密裏に進行したこともあり、二法案をめぐる関係官庁の動向を記録した史料は限られているものの、制定過程の全体像を解明する上で、立案過程の実証的検討は不可欠である。

そこで本章では、二法案の立案過程について検討することを課題とする。二法案の立案過程を叙述した数少ない著書・論文[2]と『「義務教育諸学校における教育の政治的中立の確保に関する臨時措置法」に関する行政文書史料』（以下、各章において、『行政文書史料』と略）を主に用いながら、国会審議以前の段階における二法案の作成経緯を跡付け、文部省内でどのような法案が検討されたのか、関係官庁といかなる折衝がなされたのか等といった点について明らかにすることにしたい。

『行政文書史料』は、文部省（現・文部科学省）大臣官房総務課記録班（当時）が「永久保存文書」を対象として、一九七五（昭和五十）年度からマイクロフィルムに収録した教育関係法の立案・制定等に関する行政文書（＝「文部省マイクロフィルム文書」）のうち、中確法（教特法も含む）に関する行政文書の史料群であり[3]、国立教育政策研究所に保管されていたものである[4]。同史料の原文書は国立公文書館に所蔵されており、その大部分が公開されている[5]。

二法案の立案過程に関する一次史料としては、『行政文書史料』以外にも、『文部省関係審査録綴（法律）』（以下、『審査録綴』と略）[6]や「佐藤達夫関係文書」の『教育二法案（第一九国会）』と題する簿冊があり[7]、いずれも国立公文書館に所蔵されている。前者は、法制局（現・内閣法制局）での法案審査過程に関する史料である。その多くは『行政文書史料』と重複しているものの、『行政文書史料』には見られない史料や情報（メモ書き等）も含まれている。後者は、法制局長官として二法案の立案作業に関与し、大達文相とも懇意であった佐藤達夫が残した史料であり、この中には、法案作成関連史料や国会関連史料（会議録の抜粋や国会答弁等）、「偏向教育の事例」に関する史料等が含まれている。特に法案作成関連史料には多くの案文やメモ等が残されており、これらは立案過程を分析する上で興味深い対象である。ただ、この法案作成関連史料は『審査録綴』と同様、『行政文書史料』との重複も多く見られる。したがって本章では、基本的には『行政文書史料』に依拠することにし、必要に応じて『審査録綴』や『教育二法案（第一九国会）』を活用することとした。(8)

なお、二法案の立案過程を検討するにあたり、まずは次節において、二法案の立案契機となった山口日記事件について検討する。(9) 同事件は、二法案立案の直接の契機となった重要な事象である。(10) しかし、同事件を叙述した文献はいくつかあるものの、(11) その本格的な研究は乏しい。(12) 同事件の全体像の解明は戦後教育史研究の重要な課題であるが、本章では本書の課題と関わって必要な範囲で実証的検討を行い、同事件をめぐる動向を明らかにしておきたい。

第二節　教育二法案の立案契機——山口日記事件

(1)　大達茂雄文相の就任と「事件」の発生

一九五三（昭和二十八）年五月、第五次吉田内閣の文部大臣に大達茂雄が就任した。吉田首相から「組閣工作の下拵へ」を依頼された副総理の緒方竹虎が「新内閣の筋金として」選出したのが大達である。(13) 吉田は、教員の政治的偏向や教員組合による政治活動の激化という状況を懸念しており、緒方はこの状況に対処すべく、「剛直の聞え高い」大達を文相に推薦したのである。[14]後に吉田は、文相として大達の手腕を高く評価しているが、[15]大達と対立した日教組の関係者でさえも、大達の「強力な指導力」に対して一定の評価を与えている。[16]まずは、大達の経歴を述べておこう。[17]

大達は一八九二(明治二十五)年一月五日、島根県那賀郡浜田町(現・浜田市)生まれ。一九一六(大正五)年、東京帝国大学法科大学政治学科を卒業後、内務省に入省。医務課長・行政課長などを経て、一九三二(昭和七)年に福井県知事となる。一九三四(昭和九)年に満州国法制局長、一九三六(昭和十一)年に満州国総務庁長に就任するが、同年末に協和会問題で関東軍首脳部と対立して辞任。一九三七(昭和十二)年に北支方面軍司令部付、翌年に中華民国臨時政府法律顧問、さらに一九三九(昭和十四)年には阿部・米内両内閣の内務次官となり、太平洋戦争開始後の一九四二(昭和十七)年には昭南特別市(シンガポール)市長、翌一九四三(昭和十八)年に初代東京都長官、その翌一九四四(昭和十九)年に小磯内閣の内務大臣に就任した。敗戦後に戦犯容疑者として巣鴨に収容され、一九四七(昭和二十二)年に釈放。一九五二(昭和二十七)年に追放解除となり、翌一九五三(昭和二十八)年に自由党に入党、参議院議員に当選し、第五次吉田内閣の文相に就任した。

大達は、文相就任から一九五四(昭和二十九)年十二月に吉田内閣が総辞職するまでの一年半の間、全精力を注いで教育二法の成立に取り組んだ。当時の大達は、「体の具合が悪く、胃を押さえながら執務する状態」であり、「何回か徹夜を重ねることもあって、まさに昼夜兼行、寝食を忘れ、精魂を傾けて、この法律の通過に努力」していたとされるが、同法成立・施行後の一九五五(昭和三十)年九月二十五日に六十三歳で亡くなった。同法はまさに「大達文相の生命と引き換えに成立したようなもの」であったのである。[18]

そして、大達の文相就任とほぼ同じ時期に、いわゆる「山口日記事件」[19](以下、「事件」と略)が発生した。「稀に見る全国環視の大問題となった」[20]といわれるこの「事件」は、日教組の下部組織である山口県教職員組合(以下、県教組と略）文化局が自主教材として編集した『小学生日記』及び『中学生日記』（以下、各章において、二つの日記を併せて『日記』と略）の一九五三（昭和二十八）年五～八月号の欄外記事が反米・親ソの内容となっており、政治的に偏向しているとして問題化したものである。

『小学生日記』は小学校五年生、『中学生日記』は中学校一年生を標準として記事の内容等が編集されており、山口県学校生活協同組合を通じて、希望児童生徒に販売・配布されていた。[21]『日記』は、一九四九（昭和二十四）年五月から発行されているが、一九五〇年代の県教組による平和教育（運動）の高まりに伴って、欄外記事の内容も次第にシリアスになっていったといわれる。[22]県教組は、「事件」前年の一九五二（昭和二十七）年三月に「平和教育の具体的計画」を定めており、[23]当時、県教組執行委員長であった綿津四郎によれば、『日記』にはこの「平和教育の具体的計画」の方針が反映されたのであった。[24]

文部省が第十九回国会に提出した「偏向教育の事例」には、『小学生日記』掲載の「平和憲法」、「日本の貿易」、「死んだ海」、「日印平和条約」、「再軍備反対の声がつよいのはなぜか」、「気の毒な朝鮮」、「ソ連とはどんな国か」、「ポツダム宣言」、「再軍備と戸じまり」の九つの欄外記事が「明らかに政治的偏向がみられ」たものとして列挙されている。[25]これ以外にも『中学生日記』掲載の「日本とアジヤ貿易」や「原爆」など、いくかの欄外記事が問題視された。[26]

大達茂雄
出典：国立国会図書館「近代日本人の肖像」

このうち、日本在留の米軍を泥棒にたとえた「再軍備と戸じまり」は「最も議論を呼んだ」[27]記事であり、戦後教育史に関する多くの文献でしばしば言及されるものである。[28]しかしここでは、『日記』の特徴を把握するために、党派性が顕著に現れている例として、「ソ連とはどんな国か」の内容の一部を示しておく。[29]

「ソ連」というのは「ソビエト社会主義共和国連邦」の中から二字をとったので「ソビエト」という意味は、「会議」ということで、いっさいの政治は、「会議」によってきめるということです。「社会主義」というのは、労働者と農民の幸福を第一とする主義なのです、工場をもっている資本家が、安いお金で労働者を使って自分のふところをこやしたり、安い米のねだんにして農民を苦しめたりしている「資本主義」とは反対です。土地・鉱山・工場・森林などをすべて人民ぜんたいのものとして産業はすべて国営です。個人が自由に土地や工場をもって、利益をわがものにすることは許されません。

アメリカや日本の「資本主義国」と、どこがちがうか、どこがよいかしらべてみて下さい。

このように記事は、その当否は別としても、「あからさまな党派的な言辞が弄されていたことを示す[30]」ものであったことは確かである。[31] 教育二法の制定過程を検討し、同法を批判した有倉遼吉でさえ、「同日記を肯定するものではなく、むしろその相当部分は偏向的であると考える[32]」と述べている。県教組は京都、高知と並び、日教組の中でも最左翼とされ、共産党色の強い平和教育を強力に推進したといわれており、[33] その影響が『日記』の欄外記事に反映されたと考えられよう。[34]

（2）「事件」の展開

では、以上のような内容と特徴をもつ『日記』の欄外記事はどのように問題化していったのだろうか。先行研究でも指摘されるように、「事件」の発端は岩国市であった。同市の保護者が欄外記事の偏向性を岩国市教委に申し出たのである。この点に関して綿津は、「平和教育の具体的計画」や一九五三（昭和二十八）年五月の組合大会で決議した「岩国軍事基地反対」等の県教組の方針が「基地に依存して生きる市の有力者を刺激し、市教委へ〝ご注進〟に及んだのが原因」と推察している[35]。また、元岩国市議の安田与八は、自分たちが事件の火付役であったとし、同月に『日記』の政治的偏向性について安田に相談をもち込んだのは、同市教委の委員である岡部忠と「岩国市青年協会幹部」である錦見朝雄の二人であったと証言している[36]。また綿津は、欄外記事の偏向性を岩国市教委に申し出たのは、実は岡部自身ではないかとも推測しているが[37]、真相は不明である。

保護者からの申し出を受け、市教委や校長会、ＰＴＡ正副会長の会合では協議が重ねられ[38]、市教委は『日記』が不適当であるとして、各学校（校長）に対し適切な対応を要請するとともに、各ＰＴＡ会長に協力を求めた[39]。この結果、各学校では最終的に『日記』回収等の措置が取られた[40]。これを「教組弾圧、平和教育に対する挑戦」と捉えた県教組は市教委に抗議し、「果敢な闘争を展開する方針」を決定しており[41]、県教組岩国支部も『日記』をめぐる市教委の対応に反対している[42]。

「事件」は六月三十日の岩国市議会定例会議でも取り上げられた。ここでは、森重辨一議員の質問に対し、市教委の委員でもあった塩井亮吉議員が、市教委は慎重に「事件」の対応方針を決定した旨を述べた上で、経過を詳細に説明している。塩井は、市教委が「事件」の円満な解決を期待していたことを繰り返し述べるとともに、『日記』が「教育法（教育基本法または学校教育法か—筆者註）の精神に反するもの」であり、「見たら分りますが殆んど一方的です」とその政治的偏向性を批判した。これに対して森重は、『日記』が「純真なる児童に悪影響を与へる」ことに懸念を示しつつ、市教委の善処を要望している[43]。

しかし、事件の発端は岩国市だけではなかった。このことは、先行研究でほとんど言及されていないが、岩国市とほぼ同時に、山口市でも『日記』が問題化していたのである[44]。これは当時、山口県教委教育長であった野村幸祐が、自身の子が所持していた『日記』の偏向性を問題視し、山口県教委に『日記』をもち込んだことが発端であった。野村は、県教委の指導課長に対して『日記』に関する通達の起案を指示し、その一日後に、岩国市教委教育長から岩国での『日記』問題化について電話報告を受けたとされる[45]。

「個人の思想の自由は認めるが、義務教育中に偏向した思想を押しつけることは、正しい教育を破壊するものだ」というのが野村の信念であり[46]、県教委では野村を中心として、『日記』をめぐる情報収集や政治的中立確保のための具体的施策を講じたのであった[47]。野村は、第十九回国会参議院文部委員会の「偏向教育の事例」に関する証人喚問で「事件」について証言を行っている[48]。この証言内容と「小・中学生日記問題の真相の紹介」[49]や「山口県教連結成」[50]など、複数の史料から判断すると、岩国市と山口市のいずれにおいても、『日記』は五月十日～十五日の間に問題化したと考えられる。

『日記』について注意喚起を行うため、六月五日には、山口県教委教育長名で、県下の各出張所長、各市教委教育長宛に、「学校における教材資料の選定について」（教指第三六四号）という通達（以下、教指第三六四号通達と略）が出された。同通達は、各学校が「有益適切」な教材資料を選定するよう各小・中学校長への周知徹底を依頼し、「付記」として、『日記』の「記載事項のうちには、児童生徒の発達段階に必ずしも即応しないものや、国際理解の教育の観点から望ましくないと考えられるものがあるので、これを使用している学校に対しては、じゅうぶん検討吟味して適当に措置するよう指導されたい」と要請している[51]。この教指第三六四号通達に関し、県教委は同月十六日付で文部省に見解を求め、同省は同月二十日付で山口県教育長宛に、田中義男初中局長名の「小学生日記及び中学生日記に関する照会について（回答）」を示した。これは、教指第三六四号通達を支持するもので、「児童生徒に学校が用いさせる教材として適当でない」との見解を示している[52]。

同月九日には、「県教組委員長外三名」が県教委を訪問し、「教組としては、日記は現在の教科書との有機的関連のもとに適切であるとし、今後も編集方針を変更しない」と伝えるとともに、教指第三六四号通達の撤回を申し入れた(53)。県教委と県教組はこの後も会談を数回行っているが、県教組は「次第に教材の解釈を変更し法的な教材ではなく広い意味の教材として日記を考えようとしてきた」という。七月二日には日教組の調査団が県教委を訪問した。これに対して県教委は「調査は受けないが、質問には答える態度で臨んだ」とされる(54)。

県教組及び『日記』に対する批判は県内で次第に強まり、六月十九日には、山口県市町村教委協議会理事会が『日記』は望ましくないとして、県教委に「厳重指導監視方」を要望し、翌二十日には山口県小学校長会が同会大会で「教組執行部の在り方について大反省を要する決議」を行った。同月二十二日には山口県町村教育長会議で『日記』問題が「道徳教育上ゆゆしい問題」として取り上げられている。同月二十五日には山口県中学校長会理事会が、同小学校長会同様、県教組執行部に対して「その在り方の大反省を要すること」を申し入れたものの、県教組は受け付けなかったという(55)。さらに翌月、山口県教育会が「事件」に関する声明書を同会の機関紙である『山口県教育』に発表した（七月十六日付）。その内容は、『日記』及び県教組の政治的偏向性を厳しく批判したものである(56)。県教組と「親しい兄弟関係(57)」にあった同会だけに、ほぼ全面的に『日記』の偏向性を認め、政治的中立を要求したことは注目される(58)。

七月十一日には山口県議会で「事件」が取り上げられ、「激しく質疑の応酬が繰り広げられた(59)」。ここでは、近間忠一議員（自由党）と朝枝俊輔議員（日本社会党）の質問に対し、県教委の河村四朗教育委員長が答弁に立っている(60)。質疑応答では、近間が「事件」を憂慮し、「県教育委員会、市町村委員会相携へて抜本的の指導をされたい」と述べて県教委の対応を支持する一方、朝枝は、「教育委員会が必要以上のそしりなり何か対立的な或いは対抗的な気分をもって、力をもってこれを抑えんとするが如き臭いを見る」と述べて、県教委の対応を批判している。朝枝議員に対して河村は、「教育はただ主義主張、政治的の観点或いは政党的観点というようなものでなさるべきものでなく中道を行くべきものである。以上はそこにいやしくも誤ったものがあるならばこれに対して指導助言をすることこそ本当の親切ではないか」などと述べて、「事件」に対する県教委の毅然とした対応を示した。河村は、県議会におけるこのやりとりを、同月三十日に開催された教委の定例会議で取り上げ、その内容を報告している[61]。

(3) 文部事務次官通達(文初地第四〇五号)の発出

先に述べたように、山口県教委は、六月十六日に『日記』に関して文部省に見解を求めているが、第十六回国会の衆議院予算委員会(七月二日)及び文部委員会(七月七日)での大達の発言によれば、県教委の野村教育長は大達文相と面談し、「事件」について直接、報告を行ったようである[62]。大達は、国会での質疑に対する答弁の中で、『日記』について、「明らかに政治的意図を持って教育に及ぼそうとしたものであると断定していい[63]」、「明らかに教育の中立性を害するおそれがある[64]」、「教材として使ったか使わぬかということよりも、私のこの問題を相当重く考えまする点は、その内容に現在の政治的な問題をとらえて、そうして特定政党が主張する、つまり政治的な主張を、そのまま写して生徒、児童の脳裡に印せんとしておることが(中略)はっきりわかる[65]」などと述べており、『日記』は政治的中立を逸脱しているとして、厳しく批判したのであった。

「事件」を重視した文部省は、「事件」から約一ヶ月後、西崎恵文部事務次官名で、各都道府県教委及び知事宛に「教育の中立性の維持について」(文初地第四〇五号)と題する通達を発した(七月八日付)。同通達は、県教組の対応に苦慮する野村教育長の要請に基づいて発出されたともいわれており[66]、その内容は、「最近山口県における『小学生日記』『中学生日記』の例に見るごとく、ややもすれば特定政党の政治的主張を移して、児童、生徒の脳裏に印しようとするごとき事例なしとしないのは、甚だ遺憾」と『日記』を明確に批判し、特定の政治的立場などによって教育が利用され、歪曲されることのないよう注意を喚起するものであった[67]。同通達は、初中局地方課で作成されたが[68]、これには大達自らが訂正・加筆を行ったといわれる[69]。

同月の国会衆参両院の文部委員会では、同通達や「事件」、政治的中立をめぐって議論がなされた[70]。例えば、同月十一日の衆議院文部委員会では、同通達に関して質問した野原覺委員に対し、大達は、政治的主張それ自体の良し悪しを判断しているわけではなく、仮に政治的主張の良し悪しという自らの考えに基づいて同通達が出されたとすれば、「私自身が教育の中立性に対して危険な行動をとった、こうお考えになってよろしいのであります」と述べている。その上で、同通達が示すとおり、「特定政党の政治的主張を移して、教育の材料にしてはいけない」ことを強調し、「これは共産党であろうと、自由党であろうと、改進党であろうと、社会党であろうと、これはすべて通用する意味の文句」であり、『日記』の例については、「共産党の主張と一致するもの」と答弁した[71]。

同通達をめぐる国会論議に関し、「この通達についての大達文相の答弁は、挑戦的ではなかったが、さりとて守勢に回ることもなく、説得力に富むものであった」と評価しているのは、大達が文相に就任した頃、文相秘書官であった安嶋彌である。安嶋は続けて、「通達は、政治的立場そのものの当否を問題とするものではなく、政治的立場であれば、与党のものといえども教育の場に持ちこんではならないという基本的な姿勢であったから、決して身勝手な議論ではなかったのである。居合わせた私どもも、大臣の答弁には胸のすく思いであった」と述べている[72]。

同通達の発出から二ヶ月近く経過した八月三十一日、大達は郷里に向かう列車内で記者団と会見（車中談）を行い、「事件」が教育の中立性を脅かす一例であり、明らかに組織的、計画的なものであると非難した。そして大達は、教員の政治活動制限に慎重な姿勢を示しながらも、立法措置を講じる可能性に言及したのである[73]。

第三節　「文部省案」作成の経緯

（1）文部省内における人事の刷新と立法構想の具体化

大達文相は、立法措置を示唆したのと時を同じくして、一九五三（昭和二十八）年八月二十八日と九月二日の二度にわたり、文部省内の大幅な人事異動を断行している。文部事務次官には西崎恵に代わって初中局長の田中義男が、初中局長の後任には宮崎県総務部長の緒方信一が起用され、初中局地方課長には同課長補佐の斎藤正が昇格した。このうち田中と緒方はいずれも旧内務官僚であり、ここに「大達―田中―緒方の旧内務省ライン」が形成された(74)。田中は内務省で主として警察畑を歩み、緒方は大達が昭南特別市（シンガポール）市長時代に警察部長として彼に直接仕えたという経歴をもつ(75)。「文相が党内（自由党内―筆者註）一部幹部の反対をすら押切って断行した(76)」といわれるこの人事異動によって、大達はまず、立法化に向けて自身の意向を反映しやすい仕組みを構築したのである(77)。

この後、大達は斎藤に対して、教員の政治活動制限について研究するよう指示し、九月初めには斎藤が教職員の組合結成・活動に関する法令、選挙運動に関する法令、公務員の政治活動に関する根拠規定といった関連法令等をまとめて提出した(78)。九月七日には、大達、田中の他に、福井勇文部政務次官と竹尾弌自由党文教部長の四名が文相公邸で協議し、次期通常国会までに教員の政治活動制限に関する法案を準備するという申し合わせを行った(79)。翌八日には、教員の政治活動制限の措置について、事実上、閣議で了解を得た形となった(80)。つまり、八月三十一日に大達が立法措置の可能性に言及してから、わずか一週間で法案作成をめぐる合意形成がここでなされたことになり、これ以後、立法化に向けた構想が具体化していくのである。また、九月二十二日の閣議では、大達が日教組の動向と政治的中立確保の方策について説明し、これに関わる対策の具体化が大達に一任された。[81]

さらに、大達は斎藤に対し、「偏向教育」を阻止するための方策を検討するよう指示し、これに対して地方課はまず、教室内での特定の政治教育を禁じ、違反者に刑罰を科すという案を提出した。この案について大達は、以下の「真意」を述べて、案の再検討を要請したとされる。[82]

第一、教員が教室の中で行ふ教育活動そのものに対して刑罰を以て臨むことは、仮令必要があっても、してはいけないことだ。これは教育基本法のやうな倫理規定に委せておけばよいのであって、刑罰を以て臨むとなれば教員を萎縮させ教育活動を不活発にする。角を矯めんとして牛を殺すことになる。

第二、教育活動の中心を保つためには、教員個人の政治行動の行過ぎを抑制して、これによって教育そのものを正すやうにするのがよくはないか。

「偏向教育」を厳しく批判し、政治的中立を確保するための立法化を意図した大達であったが、このように、教員の教育活動自体を直接規制し、その違反者に対して刑罰を科すことには反対の態度を示したのであった。[83]この点に着目した森田尚人は、「『教育二法』のわかりにくさを解く鍵は、こうした大達のリベラルな信念に求められるかもしれない」[84]と指摘しているが、後述するように、確かに大達にはリベラリストとしての一面があり、それが法案作成に影響を与えた可能性は否定できない。

この後、地方課では九月下旬から国公立学校の教育公務員の政治的行為の制限について検討を開始し、[85]田中、緒方、斎藤の他、文相秘書官（事務取扱）であった今村武俊など、事務官ら数名による立案作業が省外で極秘裏に進められた。[86]この辺りの事情について、『戦後教育史への証言』は次のように記述している。[87]

ことは秘密を要する。省内でやっていては、いつ新聞記者にかぎつけられるかわからない。するとチエ者がいて、省外でやろうという提案をした。田中次官、緒方初中局長、斎藤地方課長らごく少数のものは、きのうは渋谷の大臣公邸、きょうは斎藤課長の自宅と、人目をさけてひそかな会合を続けた。当時、斎藤課長が住んでいたのは新宿の公務員アパートだった。家族は実家に戻っていたので秘密の会議場所としては格好のアジトだった。（中略）文相の秘書官・今村武俊氏（中略）も同じアパートだった。文相との連絡も密にいったわけである。

この記述がどの程度正確なのかにわかに判断し難いが、いずれにせよ、立案担当者が法案の性格を考慮し、きわめて慎重に作業に当たったことは確かだろう。作成された法案について大達は、「細かに注意を与へ、字句の使ひ方まで気を配った」といわれている[88]。大達はこの間、自由党内の文教関係議員と頻繁に連絡をとりつつ、旧内務省時代の部下で改進党の衆議院議員である古井喜実、町村金五らと連携して対策を練った。また、内務官僚時代に警察畑を歩んだ緒方は、国家地方警察本部や公安調査庁との関係を活かし、教員の政治活動の実態調査に力を注いだとされる[89]。

この実態調査の一環が、十二月二十三日付で全国の都道府県教委に出された初中局長名の通達「教育の中立性が保持されていない事例の調査について」（文初地第九三九号）であろう。同通達は、教委管下の「公立学校等において、特定の立場に偏した内容を有する教材資料を使用している事例又は特定の政党の政治的主張を移して児童生徒の脳裡に印しようとしている事例、その他一部の利害関係や特定の政治的立場等によって教育を利用し、歪曲している事例等、教育の中立性が保持されていない事例について」調査を依頼するものであり、「該当事例の有無ならびに該当事例があれば、その関係資料添付の上、できるかぎり具体的に、至急報告願います」と要請している。[90] 後に、この通達に基づいて調査を行った茨城県教委の対応が教員の「思想調査」であるとして問題化することになるが、[91] 大達も、初中局長の緒方も「思想調査」であることを否定しており、緒方は、茨城県教委の場合、通達の趣旨の取り違えだと語ったという。[92] これに関して日教組は翌年二月、全国で「思想調査」が実施されていると指摘し、この茨城県のケースを含めて各都府県の事例をまとめている。[93] しかし検証材料が乏しく、これらの事例の真偽は定かではない。

さて、法案の「文部省試案」は十二月半ばにほぼ完成したと推定されており、[94] 当事者であった斎藤の回想によれば、本格的な立案作業は一九五四（昭和二十九）年の年明けに開始されたようである。[95] 元日から地方課のメンバーである犬丸直、波多江明などに「非常召集」をかけ、斎藤の官舎に泊まり込みながら、立案作業を進めた。[96] この結果、一月上旬には「教育公務員特例法の一部を改正する法律案（政治的行為の制限）要綱」（以下、「教特法案要綱」と略）を脱稿した。[97] 以下の記述では、この「教特法案要綱」と後述する教特法案の草案を合わせて「文部省案」と称することにする。[98]

（2）「文部省案」の草案

『行政文書史料』には、「文部省案」に関する複数の草案等が存在する。次の【①】〜【④】の史料（【　】内の番号は筆者による。以下同様）であり、[99]「教特法案要綱」はこのうち【③】に含まれている。

【①】「『国立又は公立学校の教育公務員の政治的行為の制限』案」[100]

【②】「教育公務員特例法の一部を改正する法律（案）」[101]

【③】「教育公務員特例法の一部を改正する法律（案）――経過案２――」[102]

【④】「教員の政治的行為の制限に関する法的措置要綱（案）[103]」

まず、【①】は三種類（【①―A】～【①―C】）の草案から成る。いずれも罫紙を使用した未清書の草案であり、法令名や条番号も未記入である。これらの点から判断して、おそらく立案作業の初期段階で作成されたものと推測される。このうち、並び順で最初のものは、次の草案（【①―A】）である。

【①―A】「（国立又は公立学校の教育公務員の政治的行為の制限）」

第〇条　国立又は公立学校の教育公務員（以下本条中職員という。）は、左に掲げる政治的行為をしてはならない。

一～七（略）

2　前項の政治的目的とは左に掲げるものをいう。

一～三（四）（略）

3　何人も第一項に規定する政治的行為を行うように職員をそそのかし、若しくはあおってはならない。

4　第一項および前項の規定に違反した者は、三年以下の懲役又は十万円以下の罰金に処する。

5　本条の規定は、職員が、本来の職務を遂行するため、当然行うべき行為を禁止又は制限するものではない。

6　本条の規定は、職員の政治的中立性を保障することにより、学校教育の公正な運営を確保すると共に職員の利益を保護することを目的とするものであるという趣旨において、解釈され、および運用されなければならない。

【①—A】の特徴は、他の草案と比較して、推敲箇所やメモの記入が多いことである。本条は六項構成で、第一項で制限対象となる「政治的行為」を七項目、第二項では制限対象となる「政治的目的」を三項目列挙している（その内容は後述の【②】の草案と類似しているため、ここでは引用を省略する）。[104] これも含め、法文については主に地方公務員法第三十六条や人事院規則一四—七が参考にされているようである。当時、教育公務員の政治的行為については、公立学校の教育公務員の場合は地方公務員法第三十六条、国立学校の教育公務員の場合は国家公務員法第一〇二条及びこれに基づく人事院規則によってそれぞれ別個の制限を受けていた。[105]【①—A】はそれを改め、いずれの学校の教育公務員も、一つの法律によって国家公務員並みに政治的行為を制限することを意図しているのである。そして、これに違反した場合は、国家公務員法に定める罰則にならい、「三年以下の懲役又は十万円以下の罰金」に処するとしている（第四項）。[106]

また、【①—B】は引用を避けるが、九項構成となっており、内容的には後述する【②】の草案に最も近いものである。その次の【①—C】は六項構成であり、第二項～第五項については【①—A】とほぼ同様である。法文の表現が異なる第一項及び第六項の部分のみ、以下に引用する（傍線部は筆者による。以下同様）。

【①—C】「（国立又は公立学校の教育公務員の政治的行為の制限）」

第〇条　国立又は公立学校の教育公務員（以下本条中職員という。）は、その勤務する学校の幼児、児童、生徒又は学生（以下児童等という。）に対する教育上の地位を利用して、左に掲げる政治的行為をしてはならない。

一、政治的目的をもって、児童等を使用して公の選挙又は投票において投票をするように又はしないように勧誘運動をすること

二、政治的目的をもって、児童等を使用して署名運動、寄付金その他の金品の募集、文書及び図画の作製、

頒布及び掲示、陳状（ママ）並びに示威運動を行うこと

三、政治的目的をもって児童等を演説会その他の集会若しくは催物又は演劇、映画等に参加させ又はこれを観覧若しくは聴取させること

四、特定の政党その他の政治的団体（以下、特定政党という。）を支持し若しくはこれに反対する目的、又は特定政党の推進し、支持し若しくは反対する政治上の主義若しくは施策を支持し若しくはこれに反対する目的を有する図書その他の教材を使用すること

五、児童等に対し、特定政党を支持し若しくはこれに反対する意見又は特定政党の推進し、支持し若しくは反対する政治上の主義又は施策を支持し若しくはこれに反対する意見を述べること

2〜5（略）

6　本条の規定は、教育基本法第八条第二項に規定する学校教育の政治的中立性を保障することを目的とするものであるという趣旨において、児童等の心身の発達に応じた判断に基き、解釈され運用されなければならない。

【①—C】では、傍線で示したように、「児童等を使用して」等の文言が用いられており、この点が他の草案にはない特徴となっている。公職選挙法の規定（教育者の地位利用の選挙運動の禁止）も参考にされていると思われるが、草案の作成者は、特に児童等を直接関与させる形での政治的行為の禁止を強調すべく、こういった文言を盛り込んだと推測される。

次に、【②】の草案を確認しておく。これは【①】の複数の草案を踏まえて作成されたと推測されるもので、法令名や条番号が記され、教特法の改正案であることが明確になっている。以下に全文を引用する。

【②】「教育公務員特例法の一部を改正する法律」

教育公務員特例法（昭和二十四年法律第一号）の一部を次のように改正する。

第二十一条の三の次に次の一条を加える。

（国立又は公立の学校の教育公務員の政治的行為の制限）

第二十一条の四　国立又は公立の学校の教育公務員（以下本条中職員という。）の政治的行為の制限については、国家公務員法第百二条又は地方公務員法第三十六条の規定にかかわらず、本条の定めるところによる。

2　職員は、政治的目的をもって、左に掲げる政治的行為をしてはならない。

一　政党その他の政治的団体の構成員となるように若しくはならないように勧誘運動をし、これらの団体の役員となり又はこれらの団体の結成に積極的に関与すること。

二　政党その他の政治的団体の機関誌紙又は政治的目的を有する文書若しくは図画を頒布し若しくは掲示し又はこれらの用に供するために著作し若しくは編集すること。

三　公の選挙又は投票において、投票をするように又はしないように勧誘運動をすること。

四　署名運動、示威運動又は金品の募集を企画し又は主宰する等これらに積極的に関与すること。

五　政治的目的を有する意見を、公然と述べ又は聴取させること。

六　国又は地方公共団体の施設、資材又は資金を利用し又は利用させること。

3　前項の政治的目的とは、左の各号に掲げるものをいう。

一　公の選挙又は投票において、特定の人又は事件を支持し又はこれに反対すること。

二　特定の政党その他の政治的団体又は特定の内閣もしくは地方公共団体の執行機関を支持し又はこれに反対すること。

三　国又は地方公共団体の機関が決定した施策の実施を妨害すること。
四　日本国憲法又はその下に成立した政府を暴力で破壊することの正当性又は必要性を主張し又はこれを支持すること。

4　何人も第二項の規定により禁止される政治的行為を行うように、職員をそそのかし若しくはあおってはならず、又は職員が第二項の規定により禁止される政治的行為をなし若しくはなさないことに対する代償若しくは報復として、任用、職務、給与その他職員の地位に関して、何らかの利益若しくは不利益を与え、与えようと企て若しくは約束してはならない。

5　職員は、前項に規定する違法な行為に応じなかったことの故をもって、不利益な取扱を受けることはない。

6　国家公務員法第八十二条又は地方公務員法第二十九条の規定は、これらの条の各号に定める場合の外、職員が本条の規定に違反した場合においても、職員に適用するものとする。

7　第二項及び第四項の規定に違反した者は、三年以下の懲役又は十万円以下の罰金に処する。

8　本条の規定は、職員の政治的中立性を保障することにより、学校における教育の公正な運営を確保するとともに、職員の利益を保護することを目的とするものであるという趣旨において解釈され、及び運用されなければならない。

附　則

1　この法律は、公布の日から施行する。

2　地方公務員法（昭和二十五年法律第二百六十一号）の一部を次のように改正する。

第三十六条第二項中「公立学校（学校教育法（昭和二十二年法律第二十六号）に規定する公立学校をいう。以下同じ。）に勤務する職員以外の職員は、」及び「公立学校に勤務する職員は、その学校の設置者たる地方公共団体の区域（当該学校が学校教育法に規定する小学校、中学校又は幼稚園であって、その設置者が地方自治法第百五十五条第二項の市であるときは、その学校の所在する区の区域）外において、」を削る。

この草案では、国公立学校の教育公務員の政治的行為の制限については教特法第二十一条の四で新たに規定するとしている。【①】と比較すると、「附則」も含めて追加あるいは削除された規定があり、制限対象となる「政治的行為」や「政治的目的」の項目数、法文の表現が異なっているが、内容的に大きな違いがあるわけではない。そして【③】である。これは表題に「経過案2」と記されていることから、【①】及び【②】より後の段階で作成された史料と推測される。この中に含まれる教特法案の草案の一つ（【③―A】）は【②】と同様である（以下、【②】という場合には【③―A】をも意味する）。[107]また、【③】には「修正案」と題する次のような案文（【③―B】）も含まれ、ここで【②】の条文について修正を要する箇所が指示されている。

【③―B】修正案

第二項第三号を次のように改める。

三　公職選挙法（昭和二十五年法律第百号）第二号に定める公職の選挙又は公の投票において投票をするように又はしないように、勧誘運動をすること。

第二項第五号を次のように改める。

五　集会に参同する者その他多数の人に対し、公然と政治的目的を有する意見を述べること。

（代案A）

五　集会その他多数の人に接し得る場所で、公に政治的目的を有する意見を述べること。

（代案Ｂ）

五　集会その他多数の人に接し得る場所で又は拡声器、ラジオその他の手段を利用して、公に政治的目的を有する意見を述べること。

第三項第一号

一　第二項第三号に定める選挙における特定の候補者又は公の投票における特定の人若しくは事件を支持し又はこれに反対すること。

第四項の次に次の一項を加える。

5　何人も、職員が特定の政党その他の政治的団体（以下特定政党という。）を支持し又はこれに反対するために左に掲げる政治教育を行うように、職員をそそのかし又はあおってはならない。

一　特定政党又は特定政党の推進し、支持し若しくは反対する政治上の主義若しくは施策を支持し又はこれに反対する目的を有する図書その他の教材を学校において使用すること。

二　職員の勤務する学校の幼児、児童、生徒又は学生（以下児童等という。）に対する教育上の地位を利用して、児童等に対し、特定政党又は特定政党の推進し、支持し若しくは反対する政治上の主義若しくは施策を支持し、又はこれに反対する意見を述べ又は聴取させること。

この「修正案」（【③―Ｂ】）に従って作成されているのが、教特法案のもう一つの草案（【③―Ｃ】）である。[108] そして、【③】に含まれる「教特法案要綱」（【③―Ｄ】）は【②】の草案の内容を概略的に示したものであり、【②】と【③―Ｄ】が一つの組み合わせになっていると考えられる。【③―Ｂ】には、後述する中確法の草案（【⑤―Ｄ】等）の内容と類似した法文が含まれていることから、一つの仮説としては、「教特法案要綱」（【③―Ｄ】）に合わせて【②】が作成され、【②】が【③―B】のとおり修正されて【③―C】となり、この【③―C】を踏まえて【⑤―D】等が作成されたということが考えられよう。なお、【④】は「教特法案要綱」(【③―D】)の要点をまとめたものである。

第四節　「文部省案」の修正から教育二法案の国会提出までの経緯

(1) 中央教育審議会の答申と文教懇話会の見解

「文部省案」が作成された頃、中央教育審議会(以下、中教審と略)でも二法案に関係する重要な動きがあった。次章で詳述するように、中教審では、「事件」後の一九五三(昭和二十八)年九月十二日に開催された第十四回総会で「事件」が論議の対象となり、これ以降、文部省内での立案作業とは別に、教員の政治活動制限のあり方等について審議が重ねられた。そして、一九五四(昭和二十九)年一月九日、中教審第三特別委員会は「教員の政治的中立性に関する答申案」をまとめ、同審議会はこれを同月十八日の第二十一回総会で検討・修正し、最終的に「教員の政治的中立性維持に関する答申」を決定する。この答申には、「教員の組織する職員団体およびその連合体が、年少者の純白な政治意識に対し、一方に偏向した政治的指導を与える機会を絶無ならしむるよう適当な措置を講ずべきである」という提言が盛り込まれたのであった。

一月十四日には、文教懇話会の会合が首相公邸で開催され、ここで教員の政治活動制限の問題が中心的な話題となった[109]。文教懇話会は、一九五一(昭和二十六)年に「学制その他文教に関し、内閣総理大臣が必要と認める重要事項について随時懇談する」ことを目的として設置されたもので、その前身は一九四九(昭和二十四)年に発足した文教審議会である[110]。同懇話会は「教育についての吉田首相のブレーン」であり、メンバーは安藤正純、長谷川如是閑、板倉卓造、和辻哲郎、東畑精一、中田薫、高瀬荘太郎[111]、中山伊知郎、羽田亨、小泉信三の十名であった[112]。会合の内容は「極秘」ともいわれている[113]。

十四日の会合には、十名のメンバー（このうち安藤は国務大臣）に加えて、大達文相と緒方副総理が出席し、この場で大達は政治的中立維持のために、教特法と地方公務員法の改正案を国会に提出したい意向を示した。委員の間では「日教組を現状のまゝ放置するのは不可であるとの点で一致」し、一部では「文相の方針は不十分であり、日教組などの現状からみて、団体としての政治活動一切を封じなければ効果はあがらないとの強硬意見も出た」という[114]。この会合について大達は、おおよそ次のように述べている[115]。

政府側としては何も具体的案など示さず、教員の政治活動制限について自由に懇談が行われた。具体的に「こうすべきだ」という意見はなかったが、全会員ともなんらかの措置をとることには賛成であった。学校教育の中に、今日のように正常でないものが持ち込まれるのは、その前提として日教組の動きから来ている。だから組合の動きそのものを自粛させることが問題の本拠をつくることになるのではないかといった意見がきかれたが、非常に参考になる意見と思った。また教員個人としての政治的自由は尊重すべきではないかという意見もあった。

つまり、中教審答申も文教懇話会の見解も大達の方針を援護するものであった。特に中教審答申は、すでに法案の立案作業を進行させていた文部省にとって、強力な後ろ盾になったことは間違いないだろう。同答申を受けて、同月十九日に大達は、田中文部事務次官、福井文部政務次官、緒方初中局長、稲田清助大学学術局長、斎藤地方課長、福田繁総務課長ら[116]を文相官邸に招き、法案作成の方針を具体的に検討した。大達は休会明けの国会冒頭の法案提出を目指しており、早急な結論を期待していたものの、当日の会議では異論があって結論は出なかったようである。[117]

さらに翌二十日には、大達が緒方副総理と会見し、「教育公務員特例法改正案要項案」について説明を行うとともに、警察法案に先立って教特法案を国会に提出するよう要望した。緒方は、予算措置を伴わない教特法案は昭和二十九年度本予算の衆議院通過後に提出し、予算措置が必要となる警察法案を優先させたいと考えていた。そこで大達は、教特法案の重要性に鑑みて緒方に再考を促したのである。同じ日に大達は、衆議院文部委員長の辻寛一及び参議院文部委員長の川村松助を文部省に招き、要項案の内容を説明し、協力を求めた。[118]法案の国会提出に向け、大達が周到に準備を進めたことが窺えよう。

（2）「文部省案」に対する法制局・人事院の反対

ところが、「文部省案」については、法制局及び人事院が反対の態度を示していた。まず、「教特法案要綱」脱稿後の一九五四（昭和二十九）年一月十四、十五日の両日、都内の旅館において、文部省、法制局及び人事院の担当者が非公式の会合をもち、「教特法案要綱」[119]について協議を行った。公式の会合となると、折衝に時間を費やし、国会への法案提出が遅れるという理由から、非公式に懇談を行うことになったのである。[120]この背景には、大達文相と佐藤達夫法制局長官との個人的な親交がある。佐藤が大学卒業後、内務省に入省して配属された課の課長が大達であり、「閣内にあってもこの二人は特に親密であるので、互いに相はばからず自説を主調（主張―筆者註）し得る仲であった」という。[121]会合には、文部省から緒方初中局長、斎藤地方課長、犬丸直事務官が、法制局から野木新一第二部長、[122]林修三参事官、角田礼次郎参事官が、そして人事院からは宮崎正巳法制課長が出席した。[123]

ここでは、「教特法案要綱」の説明を行った文部省側に対して、法制局・人事院側が「公立学校の教育公務員の政治的行為の制限について、国家公務員の例による旨の規定を設けるに止め、教育公務員は総て人事院規則によって規制すればよい」との意見を出した。「文部省案」によれば、国家公務員の政治的行為の制限は二種類(国立学校の教育公務員の場合と一般の国家公務員の場合)できることになる。この場合、両者の差異の理由付けが困難であり、人事院規則を再検討しなければならなくなるとして、これに難色を示したのである。法制局・人事院側の意見に対して文部省側は、「人事院規則の規定を更に整理したものを作る方が、運用が明確になる」と反論し、結局、この協議では結論が出なかった。(124)

この法制局・人事院側の見解を裏付けるものとして、「教育公務員の政治的行為の制限に関する文部省案に対する疑問点」と題する文書が『教育二法案(第一九国会)』に存在する。(125) 同文書は法制局の用紙に手書きで記され、第一に、「制限すべき政治的行為を、国家公務員たる教育公務員をも含めて、一般国家公務員の場合よりも寛大にして独自に列挙する立て方は、適当でない」とし、第二に「公立大学の教授等まで規制の対象とすることは、行き過ぎではないか検討を要する」としている。第二の点から先に述べると、ここでは、「学問研究の自由と政治的行為の制限の限界は、具体的事案においては甚だ微妙である」という理由で、「教育の国家的重要性の観点からするならば、義務教育諸学校の教員にとどめるべきではないか」と提案されている。

第一の点については、国家公務員の中でも教育公務員は、特に政治的中立を確保する必要があり、「制限すべき政治的行為の範囲を一般国家公務員よりも拡大するというならばともかく、却って、この際これを縮少(ママ)することとなるような措置をとることは、十分説明ができない」というのがその理由であった。この理由に続けて、次のような説明もなされている。

一般国家公務員に対する政治的行為の制限を現行のまま存置し、教育公務員についてのみ制限の範囲を縮少(ママ)する結果となる部分を含む案を提案することは、一面少くとも教育公務員については現行の規制に行き過ぎの部分があることを政府として公に認めることとなり、他面、このことは、現在特に問題となっていない一般国家公務員に対する政治的行為の制限につき、各種公務員ごとに区別しこれに応じて規制すべしとの論をひきおこし、さらに、政治的行為の制限は、人事院規則に委ねないで法律で直接定めるべきであるとの議論に発展するおそれが多分にある。地方公務員たる教育公務員を国家公務員の例によるとしても、政治的行為の制限に関する現行の人事院規則は議論の対象となることを免れないであらうが、この場合は、間接的であり、且つ、一括して一般的になるのであって、個々に比較して議論されることもないから、議論の深刻さ、精ち(ママ)さ、及び派(ママ)及の範囲は、はるかに、浅く、おおまかでせまいものと予想される。

そして、一月二十二日の閣議後、佐藤は大達と会談を行い、意見の申し入れを行った。非公式協議で出された意見及び「教育公務員の政治的行為の制限に関する文部省案に対する疑問点」の内容と同様の部分もあるが、佐藤の見解を確認しておこう。[126]

①国立公共(ママ)大学（国公立大学か―筆者註）の教職員をも教育公務員特例法一本で規制することには反対である。国立学校職員は現行国家公務員法による規制で十分である。特に教唆煽動の取締範囲を国公立大学や私学にまで拡大するのは不適当である。[127]

②制限の対象となる特定の政治的目的や政治的行為の内容を特例法改

佐藤達夫

提供：朝日新聞社

正案中に列挙することは国会審議上まことにわずらわしい。現行国家公務員法にもとづく人事院規則中に「政治的目的の定義」「政治的行為の定義」が行われており、これらを規制しているから地方公務員たる教職員にもこの規定を適用するような措置をとるだけで十分である。

③教育公務員特例法中に第三者による教唆煽動に対する罰則を入れることは法制上きわめて不合理である。

佐藤は以前にも、「文部省案」作成の準備段階で大達と密かに会い、「規制の対象を義務教育諸学校のみに限るべきこと」と、「教唆、煽動の方式を限定すること」の二点について考慮することを要請していた[128]。しかし、「文部省案」は佐藤の要請を反映しておらず、前述のように、他にも法制局から見て問題と思われる点があったため、大達に対して再考を求めたのである。この会談で大達は、「自説を固執してゆずらなかった」とされ、一方で佐藤も、「最後まで頑強に主張した」といわれる。しかし、佐藤を信頼していた大達は、結局は佐藤の意向を受け入れ、「文部省案」を修正することとした[129]。

(3) 教唆・煽動を禁止する単独法(=中確法)の構想と立案

大達文相は法制局の意向を受け入れたものの、法案が骨抜きになることだけは回避したかった。大達は特に日教組の組織的影響力を警戒しており、教員に対して一定の手段によって党派的教育を行うよう働きかける行為、すなわち第三者による教唆・煽動に対して厳格に対処するという信念は強固であった。

そして、このような大達の信念が、第三者による教唆・煽動を規制する単独法を制定するという構想に繋がっていくのである。それまで教特法一本で規制することを検討していた文部省は、教育公務員の政治活動を規制する法案(教特法案)と第三者による教唆・煽動を規制する法案(中確法案)の二つを作成することになり、これ以降、二つの法案（二法案）の立案作業が進行することとなった。

『行政文書史料』には、この段階で作成されたと考えられる草案が、【⑤】「教育公務員特例法の一部を改正する法律（案）―経過第3案―」として整理されており、これには、教特法案の草案が三つ（【⑤―A】～【⑤―C】。法案名は全て同じ）と中確法案の草案が五つ（【⑤―D】～【⑤―H】）含まれている。[130] まずは、【⑤―A】から確認しよう。

【⑤―A】「教育公務員特例法の一部を改正する法律」

教育公務員特例法（昭和二十四年法律第一号）の一部を次のように改正する。

第二十一条の三の次に次の一条を加える。

（公立学校の教育公務員の政治的行為の制限等）

第二十一条の四　公立学校の教育公務員の政治的行為の制限については、地方公務員法第三十六条の規定にかかわらず、国立学校の教育公務員の例（罰則を含む）による。但し、国家公務員法第百二条第一項の規定に基く人事院規則をそのまま公立学校の教育公務員に適用することが適当でないものについては、政令で、必要な定をすることができる。

附　則（略）

この草案では、政治的行為の制限の対象者を公立学校の教育公務員に限定し、制限対象となる政治的目的・行為も具体的に列挙せず、端的に「国立学校の教育公務員の例」によると規定している。人事院規則の適用で足りるとした法制局の意向が反映されているのである。[131]「国立学校の教育公務員の例」という文言から明らかなように、公立学校の教育公務員については、自らが勤務する地方公共団体の区域の内外を問わず、全国にわたって政治的行為を制限し、一般の地方公務員の場合よりも厳しく規制することが構想されていた。この草案以外の二つの草案も内容的にはほぼ同じである。そのうちの一つである【⑤—B】は、政治的行為の制限等を「第二十一条の三」で規定したものであり、[132]もう一つの【⑤—C】は、後に国会に提出されることになる教特法案（後述の【⑧—A】）とほぼ同様である。

一方、中確法案の草案として、まず作成されたと推測されるのは、「学校における教育の政治的中立の確保に関する法律」（【⑤—D】）と「学校における政治教育の政治的中立の確保に関する法律」（【⑤—E】）と題するものである。[133]両案を以下に示す。

【⑤—D】「学校における教育の政治的中立の確保に関する法律」

第一条　何人も学校教育法（昭和二十二年法律第二十六号）第一条に規定する学校の職員（以下、職員という。）が、その勤務する学校の幼児、児童、生徒又は学生（以下児童等という。）に対する教育上の地位を利用して、左に掲げる方法により政治教育を行うように、職員に求め、職員をそそのかし又はあおってはならない。

一　児童等に対し、特定の政党その他の政治的団体（以下特定政党等という。）又は特定政党等の推進し、支持し若しくは反対する政治上の主義若しくは施策を支持し又は反対する言動をなすこと。

二　児童等に特定政党又は特定政党の推進し、支持し若しくは反対する政治上の主義若しくは施策を支持し又はこれに反対させるような図書その他の教材を使用すること。

第二条　前条の職員とは左に掲げるものをいう。（以下、略）

第三条　第一条の規定に違反した者は、三年以下の懲役又は十万円以下の罰金に処する。

附則（略）

【⑤―E】「学校における政治教育の政治的中立の確保に関する法律」

第一条　何人も、学校教育法（昭和二十二年法律第二十六号）第一条に規定する学校の学長、校長、園長、教授、助教授、教諭、助教諭、講師又は助手に対し、その勤務する学校の学生、生徒、児童又は幼児に対し、特定の政党その他の政治的団体を支持し、若しくはこれに反対させるに足りる陳述をし、又はこれを支持し、若しくはこれに反対させるに足りる文書、図画等を教材として使用して政治教育を行うことを教唆し、又はそのような陳述若しくは教材の使用による政治教育を行わせる目的をもって、そのような政治教育を行うことをせん動してはならない。

第二条　前条の規定に違反した者は、三年以下の懲役又は十万円以下の罰金に処する。

附則（略）

両案は、条項の書き方は異なるものの、内容的に大きな違いがあるわけではなく、いずれも教員に対して党派的教育を行うよう外部から教唆・煽動することを禁じ、その違反者に対して「三年以下の懲役又は十万円以下の罰金」を科すというものである[134]。大達は当初、「外部の第三者―教職員たると一般人たるとを問わず、また団体及び団体をはなれた個人をも含めた―が公私立を問わず学校の政治的中立を侵するため煽動教唆を行った場合はこれを罰する」と考えていたというが[135]、両案には大達のこのアイデアが反映されている。これらの中確法案の草案は一月二十五日までに作成されたと考えられ、大達は同日、緒方副総理と会見し、与党内の意見調整や改進党への働きかけ、提案時期等について打ち合わせを行った[136]。

ところがこの草案についても、憲法で保障した言論の自由が制限されるとの批難が免れないなどとして、法制局からこの点についての進言がなされることになる。(137) これを受けて作成されたと考えられるのが、以下に引用する草案（【⑤—F】）である。

【⑤—F】「義務教育諸学校における教育の政治的中立の確保に関する法律」

第一条　何人も、義務教育諸学校の教育職員を主たる構成員とする団体又はその連合体の組織を通じ、又は活動を利用し、これらの者に対し、その勤務する義務教育諸学校の教育において、当該学校の児童又は生徒に対し、左の各号に掲げる行為をすることを教唆し、又はせん動してはならない。

一　特定の政党又は政治的団体（以下政党等という。）を支持し若しくはこれに反対する陳述をなし、又はこれを支持し若しくはこれに反対する旨を表示する文書、図画等を使用すること。

二　特定の政党等が推進する政治上の主義又は施策で、政党等の間においてこれを推進し、支持し又はこれに反対することにつき対立しているものを一方的に支持し又は反対すること。

第二条　前条の義務教育諸学校とは（以下、略）

第三条　第一条の規定に違反した者は、三年以下の懲役又は十万円以下の罰金に処する。

附　則（以下、略）

【⑤—D】あるいは【⑤—E】（第一案）と異なり、この草案には、「教育職員を主たる構成員とする団体又はその連合体の組織を通じ、又はその活動を利用し」という文言が盛り込まれている。いうまでもなくこの文言は、特に日教組及びその活動を想定して書かれたものであろう。このように、教唆・煽動の方式を限定するとともに、規制の対象を義務教育諸学校に限定した。これは前述のとおり、「文部省案」作成の準備段階で、佐藤法制局長官が大達に申し入れたことであった。

なお、【⑤―F】と同名の別案である【⑤―G】や【⑤―H】は法文上の表現や条項の書き方が異なっている。【⑤―G】には【⑤―F】の第一条第二号に相当する法文がない。[138]【⑤―H】には、【⑤―F】には見られない「児童等の政治に関する考え方に著しくかたよった先入観を植えつけ、若しくはこれに党派的偏向を生じさせ、もって良識ある公民たるに必要な政治に関する公正な判断力の養成を著しく阻害する効果をもたらす教育を行うことを教唆し、又はせん動してはならない」（第一条）という法文や、後述する【⑧―B】（政府原案）と類似した法文が見られる。

また、『行政文書史料』には二法案の構想を示した【⑥】「教育の中立性を確保するための法的措置要領」[139]と、二法案の要点を示した【⑦】「教育の中立性維持のための法的措置要領」[140]が存在する。このうち、【⑥】は自由党関係者に対する法案構想の説明に用いられたようである。[141]【⑦】は、「第一　教育公務員特例法の一部改正」と「第二　学校教育の政治的中立の確保に関する法律の制定」の二点を掲げ、その概要を示している。【⑥】と【⑦】はいずれも義務教育段階に限定した記述とはなっていないことから、【⑤―F】ではなく、【⑤―D】や【⑤―E】の草案が作成された際にまとめられたものと推測される。

（4）法務省の反対

叙上のように、二法案の草案は法制局の意向を反映した形に修正された。ところが、法務省からも中確法案の構想に対して異議が申し立てられることになる。それは、党派的教育を行った教員自体を罰することなしに、教員に対して教唆・煽動を行った者だけを罰するのは刑法の原則に反する、というものである。先述のとおり、大達文相は教員の教育活動自体を直接規制し、その違反者に対して刑罰を科すことには反対であった。法務省の見解は、大達の考えと真っ向から対立することになるのである。

この法務省の見解が具体的に示された文書が『教育二法案（第一九国会）』に含まれている。「『学校における教育の政治的中立の確保に関する法律案』に対する意見」と題する文書である[142]。ここでは、「五、実行行為を犯罪とせず、その教唆又はせん動のみを処罰することは類例に乏しい」として、次のような見解を示している。

> 憲法第二十一条の保障する言論の自由は、公共の福祉に反する場合のみ制限しうるのであり、しかも、とくに、政治的言論は自由の本体であるから、これを処罰の対象とするのは、その言論が明らかに公共の福祉に反し、しかも、明白かつ現在の危険がある場合に限られるべきものと考える。
>
> 従って、原案については、かかる政治教育自体が可罰性のある行為であることを認めざるを得ず、しかるにその行為者自身を処罰の対象としないことについては、それが教唆・せん動以上に直接の危険性をもつ行為である以上、単に行政処分に委ねるとか、学生、生徒又は児童に対する悪影響を防ぐとかいう程度の説明では不十分であると考える。現に本案においても教唆又はせん動した者はたとえ教員であっても処罰されるのであり、又政治的行為の制限に違反した教員は処罰の対象となるわけである。

法務省の見解に対して、大達の考えを支持したのが佐藤法制局長官である。佐藤は、「実行者を罰せずにその教唆煽動だけを罰するというケースはすでに国家公務員法による国家公務員のストライキ禁止規定にその先例がある」、「教員を直接罰するとなると教壇の神聖を害することになるし、教室内に警察権力を導入し、スパイ活動を結果するようなことにもなり、教員を萎縮させる恐れがある」という見解を示し、法務省側に反論した。文部省、法務省及び法制局の折衝は、二月八日の深夜まで続けられ、法務省は「しぶしぶ納得した」という。[143]

ところで、前述の「『学校における教育の政治的中立の確保に関する法律案』に対する意見」には、中確法案の構想に対して、他にも四点の意見が提示されている。これは法務省の見解が窺える重要な史料なので、長くなるが、以下に引用しておく。[144]

一、取締らうとする対象が明確になっていない。

（イ）「特定の政党その他の政治団体の支持、反対」につき、「特定の政党」と云うのは、政党名が明示されているか又は客観的に判断してその対象が確定し得る場合に限られる。（人事院規則運用方針参照）

従ってある政党等の政策を支持、反対する内容を含むものであっても、その政策が二、三の政党に共通であってその何れの政党の支持、反対に該当するか明白でないものは、ここに云う特定の政党の支持、反対に該当しないと解せられる。

即ち本案によれば、形式上政党名をあげ又は政党を特定できる程度にその綱領政策をあげて教育する場合のみを取締の対象とすることとなり、悪意の者は巧妙に法網をくぐり到底所期の目的を達し得ぬであらう。

なお、現在迄の資料ではこれに該当する事例は見当らない。（山口県教組の小学生日記も右構成要件に該当しない）

（ロ）「支持又は反対させるに足りる」につき「足りる」と云うのが「十分である」と云う意味ならば右に述べたように動かない規定となり、然らずして他の行為が加われば支持又は反対になり得ると云う意味ならば著しくその範囲が拡張せられ危険この上もなく、刑事法規たり得なくなる。

（ハ）「団体の組織を通じ又は活動を利用し」の文言がきわめて曖昧でそのねらいが判らない。どう云う行為を取締らうとするのかその検討が十分でないばかりでなく、かかる要件の立証は困難な場合が多い。

二、政治教育の本来のあり方及び限界が不明確である。政治的中立が学生、生徒又は児童の政治的思想を白紙の状態におくものとすれば外部からの働きかけにすぐ染まることになり教育の目的を達せず、もし中道主義を教えることにあるとすれば極左、極右を排除すれば足りる。

従って、政治的中立が侵されたかどうかの判定は困難であり、かかる不明確なものを刑罰の対象とはなし得ない。

三、著しく政治的中立を害する教育としては、

(1)著しく偏頗な世界観を抱かしめるもの

(2)国家の存立を危うくするような思想を植えつけるもの

(3)未成年者をして直接に政治的行動に駆りたてるようなもの

等が考えられるが、かかる抽象的基準を犯罪の構成要件とすることは罪刑法定主義の趣旨に合わない。

四、最終的基準としては、「朝憲」又は「日本国憲法の基調」ということが考えられるが、政治的中立侵害の極度のものであって、しかもその基準の明確なもののみを対象とする法規では、実際上取締の効果をあげ得ず、刑罰法規制定の意義が認められない。又かかる違反行為発生の現実の危険が少い（ママ）。

以上に続き、前述の「五、実行行為を犯罪とせず、その教唆（後略）」の文章が記されているのであるが、同文書の内容から明らかなように、法務省は文部省で検討中の中確法案に批判的であり、刑罰法規としての不備を厳しく指摘したのであった。

文部省と法務省が対立しているという情報は、二法案の立案を警戒していた日教組にも伝わっており、同月一日及び二日開催の日教組中央闘争委員会の秘密会では、「教員の政治活動制限法案をめぐり、文部、法務両省間の対立が深刻化して、法案提出時期のメドがつかず政府、与党は弱りきっている」との情勢分析が報告されたという。[145] 日教組のこの動きについて情報を得た政府及び自由党首脳部は事態を憂慮し、同党の衆議院文部委員が奔走して大達や緒方副総理、犬養健法相らと連絡をとり、法案の仕上げに拍車をかけたとされる。吉田首相も二法案の早急な国会提出を期待しており、同月六日には、緒方副総理から大達に対し、二法案を同月九日の閣議に間に合わすよう要望している。[146]

（5）中確法案をめぐる文部省・法務省・法制局の三者間折衝

このような経緯を経て、二月九日の閣議では、まず二法案の要綱のみが提出され、閣議決定された。中確法案の要綱については佐藤法制局長官が「自ら執筆して案を作成するほど熱意を傾倒」したという。[147] 二法案の要綱は次のとおりである。[148]

〈教育公務員特例法の一部を改正する法律案要綱〉

公立学校の教育公務員の政治的行為の制限については、地方公務員法第三十六条の規定にかかわらず、国立学校の教育公務員の例によるものとすること。

〈義務教育諸学校における教育の政治的中立の確保に関する法律案要綱〉

第一　何人も、学校教育法（昭和二十二年法律第二十六号）第一条に規定する学校の職員を主たる構成員とする団体又はその連合体の組織を通じ、又は活動を利用し、義務教育諸学校の教育職員に対し、その勤務する義務教育諸学校の児童又は生徒に対し、教育基本法（昭和二十二年法律第二十五号）第八条第二項の規定により禁止される政治教育を行うことを教唆し、又はせん動してはならないものとすること。

第二　前項の規定に違反した者について相当の罰則を規定すること。

ところが、この要綱の閣議決定後も、文部省と法務省は再び対立することになる。翌十日及び十一日、文部省、法務省及び法制局の三者間で会合が行われ、中確法案の要綱のうち、「教育基本法（中略）第八条第二項の規定により禁止される政治教育を行うことを教唆し、又はせん動してはならない」という部分をいかに法文化するかが検討された。法務省側は、この部分が犯罪構成要件として漠然としており、このままの法文化は無理であるという「強硬意見」を出したとされる[149]。ここで文部省側は、作成中の中確法案草案を提示したと思われるが、法務省側はこれに対し、規定に不明確な点があり、罰則を適用する際の明確な基準がなくなると反対した。先述の『学校における教育の政治的中立の確保に関する法律案』に対する意見」のような主張がなされたのであろう。この点では、法制局も法務省と同様の見解であったが、文部省は不満の意を表明し、ここでは合意に至ることができなかった[150]。

『教育二法案（第一九国会）』には、中確法案の手書き案文が複数含まれており、その中に、「2―12　野木案」[151]（以下、「野木案」と略）、「2―12　文部省」、「2―14　法務省案」、「2―14　大達案」（以下、「大達案」と略）のように日付と作成主体と思われるメモが記された案文（いずれも法制局の用紙に手書きで記入されている）がある[152]。『審査録綴』にも同様の案文が含まれている（ただし、メモ記載のあり方が異なる）[153]。これらの案文は、そのメモの内容や日付、形式等から判断して、文部省、法務省及び法制局の三者間折衝の過程で法制局が作成したものと推測され、前述の【⑤―D】～【⑤―F】にはない法文表現が見られる。その例として、「野木案」と「大達案」を以下に示しておく。

【野木案】

第一条　何人も、義務教育諸学校の児童又は生徒に、日本国憲法、日本国の締結した条約又は法律（以下日本国憲法等という。）に反対する気持を植えつけ、又は特定の政党を支持させ若しくは反対させその他児童若しくは生徒に党派的にかたよった気持を植えつける目的をもって、学校教育法（中略）第一条に規定する学校の職員を主たる構成員とする団体（この団体を主たる構成員とする団体を含む。）の組織又は活動を利用し、義務教育諸学校の教育職員に対し、これらの者が、義務教育諸学校の児童又は生徒に対して、日本国憲法等に対する反対又は特定の政党若しくはこれが推進する政治上の主義若しくは施策に対する支持若しくは反対をこ吹し、もって、児童又は生徒に日本国憲法等に反対する気持を植えつけ又は特定の政党を支持させ若しくはこれに反対させその他児童若しくは生徒に党派的にかたよった気持を植えつける教育を行うことを教唆し又はせん動してはならない。

【大達案】

この法律は、義務教育諸学校における教育の自主性を擁護し、その政治的中立を確保するため、これに及ぼす不当な政治的影響力を排除することを目的とする。

「野木案」では、教唆・煽動の目的や内容として、党派的教育のみならず、「日本国憲法等に反対する気持を植えつけ」ることや、「日本国憲法等に対する反対」を鼓吹するといったことを要件として示しているのが特徴的である。[154] 一方、「大達案」は中確法案の目的規定に関する案文であり、案文中の「教育の自主性を擁護」する、「不当な政治的影響力を排除する」という部分について、文言は異なるものの、その趣旨が次項で示す政府原案に反映されることになる。

(6) 二法案の最終調整と国会提出

文部省、法務省及び法制局の折衝はその後も続けられ、三者の最終調整を経た二法案は、一九五四（昭和二十九）年二月十六日の閣議において、政府原案として確定した。『行政文書史料』にある【⑧】「教育公務員特例法の一部を改正する法律（案）・義務教育諸学校における教育の政治的中立の確保に関する法律案―以上昭39（29―筆者註）・2・16閣議決定―」から、この政府原案を引用する（教特法案を【⑧―A】、中確法案を【⑧―B】とする。「（政府原案）」の表記は筆者）。[155]

【⑧―A】「教育公務員特例法の一部を改正する法律（案）」（政府原案）

教育公務員特例法（昭和二十四年法律第一号）の一部を次のように改正する。

第十一条第二項中「同法第三十一条から第三十八条まで及び第五十二条」を「第二十一条の三第一項並びに地方公務員法第三十一条から第三十五条まで、第三十七条、第三十八条及び第五十二条」に改める。

第二十一条の三を第二十一条の四とし、第二十一条の二の次に次の一条を加える。

（公立学校の教育公務員の政治的行為の制限等）

第二十一条の三　公立学校の教育公務員の政治的行為の制限については、地方公務員法第三十六条の規定にかかわらず、国立学校の教育公務員の例による。

2　前項の規定によりその例によるものとされる国家公務員法第百二条第一項に規定する政治的行為の制限に違反した者は、同法第百十条第一項の例によるものとする。

附　則

1　この法律は、公布の日から施行する。

2　地方公務員法（昭和二十五年法律第二百六十一号）の一部を次のように改正する。

第二十九条第一項第一号中「この法律」を「この法律若しくは第五十七条に規定する特例を定めた法律」に改める。

第三十六条第二項但書中「公立学校（学校教育法（昭和二十二年法律第二十六号）に規定する公立学校をいう。以下同じ。）に勤務する職員以外の職員は、」及び「公立学校に勤務する職員は、その学校の設置者たる地方公共団体の区域（当該学校が学校教育法に規定する小学校、中学校又は幼稚園であつて、その設置者が地方自治法第百五十五条第二項の市であるときは、その学校の所在する区の区域）外において、」を削る。

第五十七条中「公立学校」を「公立学校（学校教育法（昭和二十二年法律第二十六号）に規定する公立学校をいう。）」に、「学校教育法に」を「同法に」に改める。

理　由（略）

【⑧—B】「義務教育諸学校における教育の政治的中立の確保に関する法律（案）」（政府原案）

（この法律の目的）

第一条　この法律は、教育基本法（昭和二十二年法律第二十五号）の精神に基き、義務教育諸学校における教育を党派的勢力の不当な影響又は支配から守り、もって義務教育の政治的中立を確保するとともに、これに従事する教育職員の自主性を擁護することを目的とする。

（定義）

第二条　この法律において「義務教育諸学校」とは、学校教育法（昭和二十二年法律第二十六号）に規定する小学校、中学校又は盲学校、ろう学校若しくは養護学校の小学部若しくは中学部をいう。

2　この法律において「教育職員」とは、校長（盲学校、ろう学校又は養護学校の小学部又は中学部にあっては、当該部の属する盲学校、ろう学校又は養護学校の校長とする。）、教諭、助教諭又は講師をいう。

（特定の政党を支持させる等の教育の教唆及びせん動の禁止）

第三条　何人も、教育を利用し、特定の政党その他の政治的団体（以下「特定の政党等」という。）の政治的勢力の伸長又は減退に資する目的をもって、学校教育法に規定する学校の職員を主たる構成員とする団体又はその団体を主たる構成員とする団体[156]の組織又は活動を利用し、義務教育諸学校に勤務する教育職員に対し、これらの者が、義務教育諸学校の児童又は生徒に対して、特定の政党等を支持させ、又はこれに反対させる教育を行うことを教唆し、又はせん動してはならない。

2　前項の特定の政党等を支持させ、又はこれに反対させる教育には、良識ある公民たるに必要な政治的教養を与えるに必要な限度をこえて、特定の政党等を支持し、又はこれに反対するに至らしめるに足りる教育を含むものとする。

（罰則）

第四条　前条の規定に違反した者は、一年以下の懲役又は三万円以下の罰金に処する。

（処罰の請求）

第五条　前条の罪は、当該教育職員が勤務する義務教育諸学校の設置者の区別に応じ、左の各号に掲げるものの請求を待って論ずる。

一　国立の義務教育諸学校にあっては、当該学校が附属して設置される国立大学（当該学校が国立大学の学部に附属して設置される場合には、当該国立大学）の学長

二　公立の義務教育諸学校にあっては、当該学校を設置する地方公共団体の教育委員会（当該地方公共団体が特別区である場合には、都の教育委員会、地方公共団体の組合であってこれに教育委員会が置かれていないものである場合には、当該学校を所管するその執行機関）

三　私立の義務教育諸学校にあっては、当該学校を所轄する都道府県知事

2　前項の請求の手続は、政令で定める。

附　則

この法律は、公布の日から施行する。

理　由（略）

政府原案となった二法案のうち、教特法案（【⑧—A】）については、法文の表現に違いがあるものの、これ以前に作成された草案（【⑤—C】）とほとんど差違はない(157)。以前に作成された草案と異なる部分が多いのは、中確法案（【⑧—B】）の方である。まず、第一条で法律の目的が規定されている。前述のとおり、この目的規定に関する条文は大達文相の案を反映したものとなっている。そして、特に注目されるのは傍線を付した箇所である。これらはいずれも、文部省、法務省、法制局の三者による折衝の最終段階で決定したとされる条文である。

中確法案の規定をめぐって対立し、合意に至っていなかった文部省と法務省は、二法案が閣議決定される前日

の二月十五日に、法制局も加えて詰めの折衝を行った。そこで法務省と法制局から出された妥協案が、第五条の「処罰の請求」に関する規定であった。つまり、法務省と法制局は、学長、教委、知事から処罰の請求がない限り、検察官が公訴提起できないという訴訟条件を中確法案に盛り込むことによって、司法官憲が不必要に動くことを回避しようとしたのである。(158)

しかし、この妥協案についても大達文相は相当不満で、閣議欠席も辞さないという意思を示したという。そこで、佐藤法制局長官が考案したのが、第三条第二項の規定を挿入することであった。大達は、この規定が挿入されることによってようやく納得したとされる。また、「罰則」についても変更がなされており、「三年以下の懲役又は十万円以下の罰金」が「一年以下の懲役又は三万円以下の罰金」に軽減された。(159) ここに文部省、法務省及び法制局の三者間で合意が成立し、同月十六日の閣議決定に至ったのである。

このような経緯を経て閣議決定された二法案の政府原案は、同月二十二日に第十九回国会に提出された。文部省は、二法案を「重要法案」と位置付け、その国会提出にあたって、「法案の真意を国民に周知徹底させ、誤解や疑問を一掃して、法案への正しい認識を与える」ための計画を作成し、組織的な世論喚起を意図した。(160)「法案の真意」がどの程度浸透したかは別として、二法案の国会提出以降、世間はこの法案に高い関心を示し、次章以降で詳しく見るように、国会のみならず多方面で二法案をめぐる論議が活発に展開されていくのである。

第五節　小括

前章で検討した義教法案をめぐる論議でも明らかなように、二法案を立案した政府・自由党や文部省は、かねてから教員（日教組）による「偏向教育」や政治運動の激化を懸念しており、(161) このことを背景として二法案は立案されることとなった。しかし、二法案立案の直接的な要因は「事件」であり、「教育二法が発案される際の有力な契機を供することになった」[162]ことは間違いない。本章で述べたとおり、『日記』の内容には明らかに政治的偏向性が認められ、これが岩国市のみならず、ほぼ同時に山口市でも問題化して、教委や議会、校長会、教育会、PTAなど多方面で『日記』をめぐる議論が展開された。山口県内では『日記』や県教組に対する批判が次第に高まることになり、こういった動向が文部事務次官通達（文初地第四〇五号）の発出や大達による立法措置の構想に発展していったのである。

これまで見てきたように、「事件」を直接の契機として、文部省地方課が中心となって秘密裏に進められたとされる二法案の立案には、他の関係官庁や政党関係者といったアクターも関与しており、その過程は決して単調なものではなかった。二法案が政府原案として最終決定するまでには、これら諸アクター間での度重なる交渉を通じて、対立調整と合意形成が図られ、その結果、内容・形式の異なる複数の草案が作成されることになった。『行政文書史料』等の分析を通じて明らかになった二法案の作成経緯は、おおよそ、①「国立又は公立学校の教育公務員の政治的行為の制限」案の作成→②「教特法案要綱」及び教特法草案（＝「文部省案」）の作成→③教特法案草案の修正及び中確法案草案（＝「学校における教育（政治教育）の政治的中立の確保に関する法律」案）の作成→④中確法案草案の修正（＝「義務教育諸学校における教育の政治的中立の確保に関する法律」案の作成）→⑤二法案要綱の作成及び閣議決定→⑥二法案草案の最終修正→⑦二法案政府原案の確定（閣議決定）、ということになる。

法案作成にあたっては、特に文部省と関係官庁、すなわち法制局、人事院及び法務省との折衝が重要な意味をもっており、この折衝を通じて文部省の構想、法案の「文部省案」はしばしば修正・変更することを余儀なくされた。党派的教育活動を行った教員自体は罰しないという文部省（大達文相）の意向を批判し、中確法案の規定に疑義を呈した法務省が、最終的にその意向を受け入れたことは事実である。しかし、法案の規制の対象範囲が限定されたことや中確法案の「教唆・煽動の禁止」違反に対する罰則が軽減されたこと、同法案に「処罰の請求」規定が盛り込まれたことなどは、文部省側にとっては「後退」を意味したといえる。二法案の政府原案は大達文相や文部省の意向がそのまま反映されたものではなく、立案過程における当初の構想からすれば抑制的な内容の法案となっているのである。ただ、当初の「文部省案」も最終的に政府原案として確定した二法案も、その趣旨に大差があるわけではない。法制局等による修正の要点は立法技術上の問題でもあることから、折衝を通じて二法案の精緻化が図られたという側面も指摘できる。

そして、二法案立案のプロセスにおいては、当然ながら大達文相が重要な役割を果たすことになった。大達は、立案作業を直接担当した地方課に対して指導力を発揮するとともに、その人脈を生かしつつ、政党関係者への根回しや関係官庁との交渉等を積極的にこなし、二法案の国会提出に向けて周到に準備を進めた。「偏向教育」や教員（日教組）による過度の政治活動を批判し、政治的中立を確保すべくそれに厳格に対処することを意図した大達であったが、立案過程における大達の構想として特に留意しておきたいのは、教員の教育活動自体に対する直接的な規制、すなわち、党派的教育活動の禁止に違反した教員に対して刑罰を科すという方法に反対したことである。大達のこの意向は、地方課に対する指示や法務省との折衝において示され、これが二法案立案に際してのいわば「原則」であった。二法案をめぐる国会審議においても、大達は自ら次のように発言している。「教育者が自由な立場で、偏らざる立場で以て、この政治的な或いは思想的な教育をされることは、これは極めて望ましいのであって、真中に立竦んでいて手も足も出ないという状態であってはならんと思うのであります。であるからして、このたびの法律案におきましても、教育者の教育活動そのものを直接対象として、これに刑罰を以て臨むというようなことは特に避けました。避けましたのは只今申上げるような意味において、教育者のそういう教育意欲というものを、これがために減殺するという結果があってはならん、かように考えたからであります」(163)。

このことから、大達には、教員の自主性や教育の自由を重んじるリベラリストとしての一面があったことが窺えるのである。

この点に関し、例えばジャーナリストの高宮太平は、大達について、「決して、所謂軍国主義者、超国家主義者、右翼反動の頑固者ではなかった。明治の中期に生れ、大正の初頭にかけて育った典型的なリベラリストであった」と評し[164]、一九五三（昭和二十八）年八月から翌年十二月まで、大達の秘書官事務取扱の任にあった今村（前出）も、大達を「徹底的なリベラリスト」と呼んでいる[165]。そして何より大達自身が、国会審議の場において、「私は自由主義者として一貫して来た」と述べているのである[166]。教育二法制定の意味を考察する上で、このような、大達のリベラリストとしての一面は考慮に入れておく必要があろう[167]。

註

（1）この点については、序章第二節及び第五章第一節でも言及している。

（2）渡辺恒雄「教育二法案提出の経過とその内幕」（『人事行政』第五巻第四号、一九五四年、四八〜五三頁）、大達茂雄伝記刊行会編『大達茂雄』（大達茂雄伝記刊行会、一九五六年）及び日本教育新聞編集局編著『戦後教育史への証言』（教育新聞社、一九七一年）が比較的詳しい。また、鈴木英一『教育行政（戦後日本の教育改革3）』（東京大学出版会、一九七〇年）や森田尚人「旭丘中学事件の歴史的検証（下）――第2部：教育二法案をめぐる国会審議と『事件』の政治問題化」（『教育学論集』第五十一集、中央大学教育学研究会、二〇〇九年、三七〜一一一頁）もこれらの文献を参照しつつ、立案過程に言及している。

（3）「文部省マイクロフィルム文書」は個別の法律ごとにリールに収録されており、収録件名等の検索ナンバー（ページ番号とは異なる）が各史料に付されている。この検索ナンバーについては、文部省編『文部省マイクロフィルム文書目録（第1集）』（文部省、一九七六年）で確認できる。ただし、『行政文書史料』の各史料に付された検索ナンバーについては、ナンバリング修正の形跡があり、新しい番号も記されている。本書での『行政文書史料』の参照・引用にあたっては、この新しい番号を示すことにする。

(4) 国立教育政策研究所教育政策・評価研究部が二〇〇二(平成十四)年度から四ヶ年計画で実施した「戦後教育法制の形成過程に関する実証的調査研究」では「文部省マイクロフィルム文書」について調査が行われ、筆者はこの研究プロジェクトで同文書に収められている中確法に関する行政文書(『行政文書史料』)を調査・活用する機会を得た。その際に作成された『行政文書史料』の目録等は結城忠監修・青木栄一編『戦後教育法制の形成過程に関する実証的調査研究最終報告書』(国立教育政策研究所、二〇〇六年)に収載されている(貝塚茂樹・藤田祐介「『教育二法』関係資料」同前、三~二五頁)。

(5) 原文書は、『政治的中立の確保法』と題する三冊の簿冊(『自昭二十九年二月至昭二十九年二月　政治的中立の確保法第1冊』、『政治的中立の確保法　第2冊』及び『自昭二十九年六月至昭二十九年十月　政治的中立の確保法　第3冊』)に収められている。ただし、『行政文書史料』にある国会会議録等が『政治的中立の確保法』には含まれていない。

(6) 『文部省関係審査録綴(法律)8』、『文部省関係審査録綴(法律)9』、『文部省関係審査録綴(法律)10』、『文部省関係審査録綴(法律)11』(いずれも一九五四年)。

(7) 『教育二法案(第一九国会)1(昭二九)』、『教育二法案(第一九国会)2(昭二九)』及び『教育二法案(第一九国会)3(昭二九)』の三冊。

(8) 本章では立案過程を検討対象とするため、『行政文書史料』等から法案(草案)の類をしばしば引用する。その際、煩瑣を避けるために、一部を省略している場合がある。また、引用する法案(草案)の類の多くは、日付記載がなく作成日不明という難点があるが、原則として原史料の整理順に従い、他の史料とも照合しながら検討を進める。

(9) 同事件の展開を跡付けるにあたり、ここでは、従来の研究で参照されることがなかった新史料も用いる。また、同事件に対する日教組の対応については、第六章第二節(1)で論じているので、ここでは詳論しない。

(10) 二法案立案の要因は、同事件以前の日教組の政治的活動にも求められる。ただ、同事件が「『教育二法』制定の導火線」(八木淳『文部大臣の戦後史』ビジネス社、一九八四年、一〇一頁)となったことは間違いない。

(11) 戦後教育史の関連文献では、同事件については概略的な叙述に留まっており、包括的に同事件を論じた文献は数少ない。同事件について比較的詳しく叙述したものとして、山口県商工労働部労政課『山口県労働運動史』第二巻（山口県、一九七五年、一五三〜一六一頁）、人民教育同盟中央本部編『山口日記帳事件――教師の戦後出発と戦争反対闘争の教訓』（人民教育同盟中央本部、一九八七年）、外山英昭「平和教育への弾圧に抗して――山口日記事件」（播磨信義編著『続・憲法をいかす努力――平和と自由と平等を守る人々の記録』四季出版、一九八八年、四九〜九五頁）、綿津四郎「山口日記をめぐる三六年前の回想――臭いの論理と、見せかけの心理」（播磨信義編著、同前書、九七〜一一三頁）、同「山口日記事件」（『山口県史　史料編　現代2　県民の証言　聞き取り編』山口県、二〇〇〇年、六一八〜六三七頁）等が挙げられる。

(12)　同事件を直接対象とした研究としては、外山英昭「『山口日記帳』事件に関する予備的考察」（『地域研究山口』第三号、一九七九年、四一〜五四頁）がある。これは、県教組の動向を中心に事件の背景や展開、日記の編集方針や指導実態等を明らかにしたものであるが、外山自身が述べているように、同論文は、「事件に関する予備的考察と基礎資料の整理をしたに過ぎない」（四二頁）。なお、同論文では県教組が発行した『小学生日記・中学生日記に関する問題について』と題する冊子が参照されているが、同冊子の所在は不明である。筆者が県教組に確認したところ、県教組では同冊子を所蔵していないとのことであった。また、同論文等を再構成して加筆したとされるのが、同右「平和教育への弾圧に抗して――山口日記事件」である。

(13)　大達茂雄伝記刊行会編、前掲書、三三三〜三三四頁。

(14)　緒方竹虎伝記刊行会編著『緒方竹虎』朝日新聞社、一九六三年、一九二頁。

(15)　吉田は、「特に私の心配したのは、教職員の思想的偏向と、これらの人々より成る教員組合の政治運動が次第に激化して行くことであった。そのような事態に対処して第五次内閣の大達茂雄君などは、実に好適の文部大臣だったと思う」と述べている（吉田茂『回想十年』第一巻、新潮社、一九五七年、二六〇頁）。

(16)　当時、日教組中央執行委員であった槇枝元文は、「学識経験者を文部大臣に任命していた一九五二年の天野貞祐氏までを除けば、その後の政権政党所属の国会議員文相の中で、いい悪いは別として自らが方針と政策をもち、文部官僚を駆使しつつ強力な指導力を発揮した文部大臣といえば、後にも先にも大達茂雄氏唯一人とさえいえるのではないだろうか」と述べている（槇枝元文『文部大臣は何をしたか――私の目で捉えた戦後教育史』毎日新聞社、一九八四年、一一〇頁)。

(17) 大達茂雄伝記刊行会編、前掲書、四九七~五一九頁。伊藤隆「大達茂雄」臼井勝美ほか編『日本近現代人名事典』吉川弘文館、二〇〇一年、一九二頁。

(18) 内藤譽三郎『戦後教育と私』毎日新聞社、一九八二年、九七~九八頁。

(19) 他に「山口日記帳事件」、「山口県小中学生日記事件」、「赤い日記帳事件」等の呼び方もあるが、本書では使用例の多い「山口日記事件」という呼称を用いる。

(20) 岩国市史編纂委員会編『岩国市史 史料編三―二 近代・現代』岩国市役所、二〇〇四年、三三三頁。

(21) 「山口日記帳事件についての県教組の報告」「戦後日本教育史料集成」編集委員会編『戦後日本教育史料集成』第四巻、三一書房、一九八三年、一一四~一一六頁。

(22) 外山、前掲「平和教育への弾圧に抗して――山口日記事件」五八頁。

(23) 「平和教育の具体的計画」については、「平和教育の具体的計画――平和教育委員会の中間報告として」(『新光』第十七号、山口県教職員組合、一九五一年、三一~四七頁)、同右(八五~九二頁)等を参照のこと。また、外山英昭「一九五〇年代初頭における山口県の平和教育運動」(『研究論叢』第二十八巻第三部(芸術・体育・教育・心理)、山口大学教育学部、一九七八年、四七~六三頁)、同「一九五〇年代平和教育の具体的展開――愛宕小平和教育実践を中心に」(『研究論叢』第二十九巻第三部(芸術・体育・教育・心理)、山口大学教育学部、一九七九年、五一~六七頁)が詳しい。

(24) 綿津、前掲「山口日記事件」六二一頁。綿津は、県教組文化局長として『日記』の編集にあたり、続いて同執行委員長として「事件」に対応した「渦中の」人物である(同前、六一八頁)。

(25) 「偏向教育の事例」『行政文書史料』一四七五~一四七六。「偏向教育の事例」として挙げられた『日記』の欄外記事は各方面で関心を呼び、例えば、『日本週報』は「反米親ソ教育斗いとる〝赤い小学生日記〟の全文」と表紙に銘打って、『小学生日記』の内容を掲載した(「山口県教組で作った『日記』」『日本週報』第二八一号、一九五四年、二一~二七頁)。

(26) 問題化した欄外記事の内容については、「資料編」を参照のこと。

(27) 永田照夫『教育基本法第八条（政治教育）小史——教育法社会学的考察序説』西村信天堂、一九八五年、七一頁。
(28) 山口県文書館には、県教組書記長を務めた段安忠が所有していたと思われる「再軍備と戸じまり」の原稿（「日記帳の原文」と記載された封筒に封入）と「事件」に関する若干のメモが残されている（「『小学生日記』欄外掲載文原稿并日記帳事件メモ」山口県文書館所蔵、一九五三年）。なお、段安による「事件」の回想記として、「『昭和』聞き語り・『赤い』日記（中）」（『毎日新聞』朝刊・西部版、一九八九年十二月二十一日）がある。
(29) 山口県教職員組合編『小学生日記　一九五三　五月～八月』山口県学校生活協同組合、一九五三年、五〇～五一頁。
(30) 森田、前掲論文、四六頁。
(31) 『日記』の内容の党派性を批判したものは少なくない。例えば、『時事通信・内外教育版』の編集長を務めた塚原嘉平治は『日記』の内容について、「〝民主教育〟といわれるものの普通の概念からは、およそかけ離れているものであることは誰の目にも明らかであり、革命の予備教育とみられても仕方ないようなものばかりである」と指摘している（塚原嘉平治『日教組——その実体と動向』創美社、一九五九年、三三一～三三三頁）。
(32) 有倉遼吉『公法における理念と現実』多磨書店、一九五九年、二〇九頁。
(33) 森田、前掲論文、四六頁。
(34) 県教組の活動については、その機関誌である『新光』を参照のこと。同誌第二十八号は「教育の中立性とは」を特集しているが、「事件」についての具体的言及は見られない（「特集・教育の中立性とは」『新光』第二十八号、山口県教職員組合、一九五三年、一～四六頁）。また、県教組の運動史をまとめたものに、県教組50周年記念事業委員会編『山口県教組結成50年の歩み』（山口県教職員組合、一九九六年）がある。この年史では、「事件」が「県教組弾圧」であり、「『教育二法』『防衛二法』を一気に成立させる為のシナリオの中で山口県の『日記帳』を偏向教育の照準にして事件に仕立てた」と記述されている（一三一～一四頁）。
(35) 吉村達二『教育山脈——日本の教育激動の100年』学陽書房、一九七四年、七七頁。
(36) 『毎日新聞』（朝刊・山口版）一九五四年十一月十日。
(37) 『時事通信・内外教育版』第四六三号（一九五三年九月十五日）四頁。なお、岡部が「事件」や県教組を批判した記事として、岡部忠「山口日記以前の出来事」（『山口県教育』第三十二号、一九五四年、二頁）がある。

(38) この経緯については、『防長新聞』(一九五三年六月六日及び六月十日)、『岩国市報』第一二五号(一九五三年六月二十五日)に報じられている。

(39) 市教委は六月十五日、教育長名で市内各小中学校長に対して、「小学生日記及中学生日記について」と題する通達を発し、「当委員会においても学校教育法に照して同日記は不適当と認めたからこれを使用している学校においては速かに校長の責任において措置されたい」と要請した。各PTA会長に対しても同通達の趣旨について協力を求めている(同右『岩国市報』第一二五号)。

(40) この措置に関し、岩国市青年協議会は『日記』について、「青少年指導の立場から回収することが至当であり、このための協力は惜まない」という趣旨の決議文を市教育長に手交したとされる(同右)。

(41) 山口県商工労働部労政課、前掲書、一五五頁。

(42) 岩国市史編纂委員会編『岩国市史 下』岩国市役所、一九七一年、八〇九頁。

(43) 『昭和二十八年六月三十日 第六回岩国市議会定例会会議録』第二号、岩国市議会図書室所蔵、一九五三年、頁記載なし。本会議録には「第六回」と記載されているが、これは「六月」を意味すると考えられる。

(44) 綿津は、後に「事件」を振り返り、「日記帳に対する非難のルート」には、「岩国ルート」と「山口ルート」の二つがあったと指摘した上で、「今まで私は岩国ルートが起こり、それから山口ルートに発展したものとばっかり思うていましたが、それは間違い」と述べて、これら二つのルートが「同時に口火を切っています」と証言している(綿津、前掲「山口日記事件」六二二～六二三頁)。

(45) 「『昭和』聞き語り・『赤い』日記(上)」『毎日新聞』(朝刊・西部版)一九八九年十二月二十日。

(46) 柳本見一『激動二十年――山口県の戦後史』毎日新聞西部本社、一九六五年、一五六～一五七頁。なお、野村の評伝である野村幸祐伝記編集委員会『野村幸祐伝』(山口放送株式会社、一九九二年)には、野村の行動を含めて、「事件」の概要が記述されており(一五五～一六五頁)、この部分も引用されている(一五八頁)。

(47) 松永祥甫「佐藤さんと私」佐藤一人『一人のあし跡』私家版、一九八三年、三〇三頁。本書の著者である佐藤一人は「事件」当時、県教委管理課に勤務しており、野村教育長とともに「事件」の対応に当たった。

(48) 『第十九回国会参議院文部委員会会議録』第二十号(一九五四年四月十三日)二五～二六頁。ここで野村は、「日記に問題があるということが五月中下旬頃からぽつぽつ私どもの耳に入って来るようになった」と述べている。野村の証言については、第五章第三節（3）でも言及している。

(49)「小・中学生日記問題の真相の紹介」『教育広報』第五巻第八月号、山口県教育委員会、一九五三年、四一～五一頁。この文書は山口県教委が「極めて厳正公平な立場から」、「日記の内容」や「いきさつの真相」を紹介するために作成したものである。一九五三（昭和二十八）年八月二十六日の全国都道府県教委指導部課長会議では、山口県教委の弘津徹也指導課長が「事件」を説明する際に、同文書が配布された（前掲『時事通信・内外教育版』第四六三号、一一～三頁）。同文書によれば、『日記』は一九五三（昭和二十八）年五月十日前後に採用希望校（約百校）に届いたが、『日記』に問題があるため、その数日後に県教育庁で検討を開始したようである。

(50)「山口県教連結成」山口県教職員団体連合会所蔵。県教組は後に「事件」を一つの契機として分裂し、新組合として「山口県教職員団体連合会」が結成された（結成大会は、一九五四年一月十七日）。本史料はこれに関する非公開文書であり、表紙に㊙の押印がある。これには、「五、一〇頃　各小、中学校に教組編集の日記帳到着配布された模様」、「五、一五頃　日記帳について指導課で、問題があるので検討開始」という記録がある。

(51)「学校における教材資料の選定について」（教指第三六四号、一九五三年六月五日）『昭和二十八年　日記問題資料』山口県文書館所蔵。前掲「小・中学生日記問題の真相の紹介」四四～四五頁。なお、山口県教委指導課長の弘津（前出）は、後にこの通達について、「是非ともとられねばならない措置であった」とし、「この通達をきっかけとして、教材資料に対する認識が一段と高められ、教育全般についても中正妥当な在り方を深く考えるようになったようです」と述べている（「課長が語るこの一年」『教育広報』第六巻第三号、山口県教育委員会、一九五四年、八頁）。

(52)「小学生日記及び中学生日記に関する照会について（回答）」（委初第二七四号、一九五三年六月二十日）同右『昭和二十八年　日記問題資料』。同右「小・中学生日記問題の真相の紹介」四七頁。

(53)「㊙　昭和二十八年七月十日現在　一　日記問題の経過はどのようになっているか」同右『昭和二十八年　日記問題資料』。同右「小・中学生日記問題の真相の紹介」四三～四四頁。なお、教指第三六四号通達が出された翌六日に県教組が県教委に抗議し、措置の撤回の申し入れを行うとともに、同日、山口県労働組合評議会が県教委と岩国市教委に対して「抗議書」を提出したという記録もある。県教組はこの後も度々、県教委や岩国市教委に対して抗議活動を行って

いる（山口県商工労働部労政課、前掲書、一五六～一六〇頁）。

(54) 同右「㊙ 昭和二十八年七月十日現在 一 日記問題の経過はどのようになっているか」。

(55) 同右。同県の小・中学校長会の動向については、『防長新聞』にも記載がある。六月二十二日付同紙は、六月二十日午後から二十一日午後にわたって開催された県小学校長会の「理事会」で『小学生日記』について意見交換がなされ、これが「不適当」という結論に達したと報じている（『防長新聞』一九五三年六月二十二日）。また、同月二十八日の記事によれば、「二十五日の県中学校長会についで二十六日小郡中学校で開いた同幹事会」でも『中学生日記』が取り上げられ、「幹事会名で教組にたいし自粛の申入れを行い反省を要請した」という。「申入れ」の内容は、同日記が「適切を欠くうらみがある」とし、「県下中学校の一部においてこれを不用意の間に採用したことにたいしては校長としても責任を感じているが、編集者としてもまた反省してもらいたい、公教育としてはすべからく純正中立を保たなければならないので、今後日記帳その他編集にあたっては細密周到な用意をもってこれに臨まれたい」などというものであった。県教組は、理由不明としてこの「申入れ」を受け付けなかったとされる（『防長新聞』一九五三年六月二十八日）。

(56) 「問題の『学生日記』に関する本会の声明」『山口県教育』第二十五号（一九五三年七月十日）。同声明書は、一九五三（昭和二十八）年七月十六日付の『防長新聞』にも掲載されたが、これにより、声明書に対する読者の意見が同教育会に寄せられた。それらの意見は、『山口県教育』第二十六号に「読者の声」として公表されている（「本会の『学生日記に関する声明』に対して寄せられた読者の声」『山口県教育』第二十六号、一九五三年九月一日）。ここには、十五名の意見が掲載されており、いずれも声明書の内容を強く支持するものである。そのほとんどは匿名であるが、元内務大臣の安倍源基の意見も含まれている。

(57) 同右「問題の『学生日記』に関する本会の声明」。

(58) この声明書を収載した『山口県教育会誌』は、「県教組成立以来協力的態度で対応していた山口県教育会も日教組、県教組の偏向に対して日記帳問題を契機に公然とこれを批判する態度に出ざるを得なくなったことは、同じ屋根の下で教育団体として活動するものとして、決して望むところではなかったが、まことにやむを得ないことであった。この声明書を見て『防長になお教育あり』と喜ぶ父兄の声や現職、退職の教職員からも賛同意見が多数寄せられ、県教組批判の世論がわき起こった」と記している（山口県教育会編『山口県教育会誌』山口県教育会、一九九九年、三二五頁）。

(59) 山口県議会編『山口県議会史　自昭和二十二年至昭和三十年』山口県議会、一九七八年、五八七頁。

(60)『昭和二十八年七月　山口県定例議会会議録』(一九五三年七月十一日) 一二〜二一頁。なお、この質疑応答を記録した「昭和二十八年七月　山口県定例議会に於ける　日記問題に関する質疑応答」と題する文書が『教育二法案(第一九国会)』に含まれている(前掲『教育二法案(第一九国会) 3 (昭二九)』)。

(61)「昭和二十八年七月　定例山口県教育委員会議事速記録」『昭和二十八年七月三十日　七月定例教育委員会会議録』山口県文書館所蔵、頁記載なし。本史料は従来、所在不明であった。山口県教委に確認したところ、山口県文書館に未公開のまま保管されていることが判明し、筆者の請求によって、順次公開されることが決定した。

(62) 大達は次のように発言している。「山口県の小学生日記、それから中学生日記、これは先日山口県の教育長から詳しいことを私直接聞いたのであります」(『第十六回国会衆議院予算委員会議録』第十三号、一九五三年七月二日、一九頁)、「山口県の教育長が直接私に面会を求めまして、教育長から大体話を聞いたのであります」(『第十六回国会衆議院文部委員会議録』第八号、一九五三年七月七日、八頁)。

(63) 衆議院文部委員会(六月三十日)における高津正道(左派社会党)の質疑に対する答弁(『第十六回国会衆議院文部委員会議録』第五号、一九五三年六月三十日、八〜九頁)。

(64) 衆議院予算委員会(七月二日)における羽田武嗣郎(自由党)の質疑に対する答弁(前掲『第十六回国会衆議院予算委員会議録』第十三号、一九頁)。

(65) 衆議院文部委員会(七月七日)における辻原弘市(左派社会党)の質疑に対する答弁(前掲『第十六回国会衆議院文部委員会議録』第八号、八頁)。

(66) 前掲『時事通信・内外教育版』第四六三号、五頁。

(67)「教育の中立性の維持について」『昭和21年(ママ)9月　教育基本法　第1冊』国立公文書館所蔵。通達の全文は、資料編を参照のこと。

(68)「事件」への対応に関し、初等教育課や中等教育課は消極的であったとされる。「当時の責任者」である文部省関係者(氏名不詳)は、「事件」について、「本省でタッチすべき問題ではないと思った。教育委員会の自主的解決を促すのが、本省の役目で、〃次官通達〃は事件を一そう混乱させただけだ」と語ったという(前掲『時事通信・内外教育版』第四六三号、五頁)。この点に関し、綿津は次のように述べている。「のちに、ある文部省のOBの方から聞きましたが、『山口からこんなことを言うて来たけど、地方のことは地方で始末してくれと言ったけれども、教育長が泣き付いて、どうしても文部省の通達を出してくれと言うから、仕方なしに出した』と」(綿津、前掲「山口日記事件」六二六頁)。ただし、いずれも文部省関係者の氏名が不詳であり、真偽のほどは定かではない。

(69) 大達茂雄伝記刊行会編、前掲書、三四九頁。

(70) 『第十六回国会衆議院文部委員会議録』第十号(一九五三年七月十一日)九~一三頁。『第十六回国会参議院文部委員会会議録』第十一号(一九五三年七月二十三日)四~六頁。

(71) 同右『第十六回国会衆議院文部委員会議録』第十号、一〇頁。

(72) 安嶋彌『戦後教育立法覚書』第一法規、一九八六年、一八一~一八二頁。

(73) 『読売新聞』(夕刊)一九五三年八月三十一日。大達の談話要旨は、次のとおり。「教職員の政治活動禁止問題は教育が如何になされているかを十分つかまぬ限り結論は出ない。すなわち教育基本法にいう教育の中立性がおびやかされているかどうかが判断の基準となる。そうして教員に政治活動を許していることのために中立性が保持されていないという事になれば何らかの措置を取らざるを得ない。政治活動と教育の中立性との関係は、関係的には別だが事実は相重なっており立法措置もその一つだ。なお教育の中立性をおびやかすものとして明かにされた一例としては山口県下の日記教材問題があるがこれは一地区に偶発的に起った事件では断じてない。すなわち県教組の編集になるもので、しかも問題となるや日教組は大会で抗議している。明かに組織的、計画的なものだ。ただしこの一事をすぐ禁止措置と結びつけているわけではない。教育基本法にいう政治活動と政治教育の関係はデリケートであるが明確化するよう同法を改正する意思はない。また政治活動に対しては地方教委の設置、公正な運営にも期待をかけている」。

(74) 八木、前掲書、一〇五頁。時事通信社編『教育年鑑 一九五五年版』時事通信社、一九五四年、二七〇~二七一頁。

(75) 八木、同右書、一〇五頁。緒方信一「遺徳を偲ぶ」大達茂雄伝記刊行会編『追想の大達茂雄』大達茂雄伝記刊行会、一九五六年、二一八~二二一頁。なお、田中については、大達が満州国国務院総務庁長時代に文教部次長を務めていたという記述がある(例えば、日本教育新聞編集局編著、前掲書、三四五頁)。大達が同庁長を務めた期間は、一九三六(昭和十一)年四月から十二月までであり(前掲『大達茂雄』五〇七頁。アジア経済研究所図書資料部編『旧植民地関

係機関刊行物総合目録　満州国・関東州編』アジア経済研究所、一九七五年、一七七頁）、この間、田中は文部省思想局思想課長（在任期間：一九三五年五月～一九三七年七月）であった（秦郁彦編『日本官僚制総合事典　一八六八―二〇〇〇』東京大学出版会、二〇〇一年、一一九頁）。

(76) 時事通信社編、前掲書、二七〇頁。

(77) 当時、初中局地方課に勤務していた木田宏へのインタビューにおいて、インタビュアーの小池聖一が「日教組と関係が良かった西崎（恵）事務次官とか、久保田（藤麿）調査局長とかという人が外に出されて……」と述べたことに対し、木田は「良かったどうか知りませんけれども、大達さんが西崎次官や久保田さんを外したわけです」と答えている（『C.O.E.　オーラル・政策研究プロジェクト　木田宏（元文部事務次官）オーラルヒストリー』上巻、政策研究大学院大学、二〇〇三年、一四一頁）。

(78) 前掲『大達茂雄』三六四頁。

(79) 時事通信社編、前掲書、二七一頁。『朝日新聞』（朝刊）一九五三年九月八日。

(80) 『読売新聞』（夕刊）一九五三年九月八日。同記事によれば、この閣議で大達は「事件」に言及しつつ、「教員、特に日教組の学校教育上におよぼす政治的影響は看過出来ないものがある」と述べ、「この面における文教行政を一歩前進させる必要を強調」したとされる。

(81) 時事通信社編、前掲書、二七一頁。この閣議で大達は、地方公務員法第三十六条第二項但書の削除が「最も妥当」であることを示唆したという（『読売新聞』夕刊、一九五三年九月二十二日）。

(82) 前掲『大達茂雄』三六四～三六五頁。

(83) 大達は、漫画家の近藤日出造によるインタビューにおいてもこの点を強調し、「学校の先生の教室における日々の片言隻句に関して、どうこうというなんてこたできませんしそれがまたあまり厳しくなると権力をもって教育をするという行き過ぎになります」、「仮に学校で妙なことをいったらすぐ罰せられる、ということになると、先生が震えちゃって手も足もでやしませんよ」、「間接ではあるけれども、職務の公正を保証するというか確保するというか、そこのところをうまくやろうと考えている」と述べたという（近藤日出造「僕の診断書・2　大達茂雄」『中央公論』第六十九巻第三号、一九五四年、四四頁）。

(84) 森田、前掲論文、五〇頁。

(85) 前掲『大達茂雄』三六五頁。ここでは、「公立学校の教育公務員の政治行為の制限について検討を始めた」と記述されている。後述するように、立案作業の初期段階では、国立学校の教育公務員も制限の対象者に含めているので、「公立学校」の部分は「国公立学校」とするのがより正確である。

(86) 同右、三六五〜三六六頁。時事通信社編、前掲書、二七一頁。

(87) 日本教育新聞編集局編著、前掲書、三四八〜三四九頁。

(88) 前掲『大達茂雄』三六六頁。

(89) 時事通信社編、前掲書、二七一頁。

(90) 「教育の中立性が保持されていない事例の調査について」「戦後日本教育史料集成」編集委員会編、前掲書、一一七頁。

(91) 『読売新聞』(朝刊) 一九五四年二月十四日。茨城県教委の対応については、「教育の中立性が保持されていない事例の調査について——茨城県の場合」(同右、一一七〜一一八頁) を参照のこと。これによれば、調査依頼は一九五四(昭和二十九) 年一月二十八日、「茨城県教育庁学務課長」から県下教委の「各出張所長」に対して行われている。

(92) 同右『読売新聞』(朝刊) 一九五四年二月十四日。

(93) 日本教職員組合『教師の弾圧事件資料集【そのⅡ】教壇をけがすものは誰か——特高そのままの思想調査、全国に及ぶ』日本教職員組合、一九五四年、二〜一七頁。ここには、各県教組からの報告に基づき、一九五四(昭和二十九) 年二月二十日現在の全国の状況が記されている。

(94) 時事通信社編、前掲書、二七一頁。

(95) 斎藤は、「考えてみると、法律の準備を始めたのは二十九年の正月です」と述べている (木田宏監修『証言　戦後の文教政策』第一法規、一九八七年、二七一頁)。前述のように、地方課ではすでに一九五三(昭和二十八) 年九月下旬から立法作業に着手しているので、斎藤の言う「法律の準備」とは、作業が一定程度進行した後の本格的な立案段階を意味していると考えられる。

(96) 同右、二七一頁。

(97) 前掲『大達茂雄』三六六頁。

(98)　文部省内で構想・作成された原案という意味では、「教特法案要綱」のみでなく、条文化されている「教特法」の草案を含めて「文部省案」と称するのが適当である。その教特法の草案は、後述の【②】や【③―C】が該当する。
(99)　史料の表題は、史料【⑦】を除き、『行政文書史料』に含まれる「目次」のとおりである（以下同様）。
(100)　「（国立又は公立（の）学校の教育公務員の政治的行為の制限）」（三種類）『行政文書史料』二二五六～二二六八。
(101)　「教育公務員特例法の一部を改正する法律」『行政文書史料』二二六九～二二七三。「緒方」というメモの記入あり。
(102)　「教育公務員特例法の一部を改正する法律」（二種類）、「修正案」及び「教育公務員特例法の一部を改正する法律案（政治的行為の制限）要綱」『行政文書史料』二二八八～二二九九。
(103)　「教員の政治的行為の制限に関する法的措置要綱」『行政文書史料』二三〇〇～二三〇二。
(104)　第二項では制限対象となる「政治的目的」を四つ（第一号～第四号）挙げており、そのうち第三号の番号に「×」を付し、第四号の番号が「三」に修正されている。
(105)　地方公務員法第三十六条、国家公務員法第一〇二条及び人事院規則一四―七の内容については資料編を参照のこと。
(106)　確認のため述べておくが、この罰則は、教育公務員としての「政治活動」を対象としたものであり、教員の「教育活動」を対象としたものではない。
(107)　ただし、【③―A】には「次官」というメモが記入されている。
(108)　ただ、【③―C】は条文の第四項以降が欠損しており、全体の内容が不明である。
(109)　『読売新聞』（夕刊）一九五四年一月十四日。
(110)　「文教懇話会の設置について（昭和二六、四、六）閣議決定案」（一九五一年四月六日）『公文類集［聚］・第七十六編・昭和二十六年・巻十六・官規三・総理府・法務府』国立公文書館所蔵。
(111)　高瀬は文相時代、教員の政治活動を批判し、政治的中立性の重要性を説いた論説（高瀬荘太郎「教育自由への反省」『文部時報』第八七〇号、一九五〇年、二～三頁）を発表している。
(112)　『新しい学校』編集部編「教育の政治的中立」『新しい学校』第六巻第三号、一九五四年、一六～一七頁。これによれば、文教懇話会は一九五二（昭和二十七）年五月二十一日の開催以降、一年以上会合を開いていなかったが、一九五三（昭和二十八）年九月十七日に再開している。また、『石川二郎旧蔵資料』（第四章第三節（1）を参照）には、「文教懇話会についての資料」(一九五三年九月十七日)及び「文教懇話会名簿」(一九五三年十月十三日)が収められている。

(113) 同右「教育の政治的中立」一七頁。

(114) 『読売新聞』(朝刊)一九五四年一月十五日。

(115) 『文部広報』第七十三号(一九五四年一月二十八日)一頁。

(116) 政治的中立に関する福田の論説に、福田繁「教育の中立性について」(『学校時報』第四巻一月号、一九五四年、一〇〜一四頁)がある。

(117) 渡辺、前掲論文、四九頁。

(118) 同右、五〇頁。ただし、渡辺のいう「教育公務員特例法改正案要項案」(以下、「要項案」)が何を意味するのか定かではない。ここで「要項案」の内容も紹介されてはいるが、少なくともこれと同名の草案は『行政文書史料』には含まれていない。「要項案」の趣旨・内容は『行政文書史料』中の「文部省案」の草案とほぼ同じであるので、一応、これも「文部省案」と捉えておく。『読売新聞』の記事では「要項案」でなく、「大綱」とされている(『読売新聞』朝刊、一九五四年一月二十一日)。

(119) 『審査録綴』には、「(二九・一・一四)」のメモが記載された教特法案の草案(前述の【②】と同様)及び「教特法案要綱」(前述の【③—D】と同様)が存在する(「教育公務員特例法の一部を改正する法律」、「教育公務員特例法の一部を改正する法律案(政治的行為の制限)要綱」前掲『文部省関係審査録綴(法律)8』)。

(120) 前掲『大達茂雄』三六七〜三六八頁。

(121) 渡辺、前掲論文、五一頁。

(122) 二法案に関する野木の論説に、野木新一「教育二法案について」(『法律のひろば』第七巻第五号、一九五四年、二二〜二五頁)がある。

(123) 前掲『大達茂雄』三六八頁。法制局のメンバーについては内閣法制局史編集委員会『内閣法制局史』(大蔵省印刷局、一九七四年、五七六頁)も参照した。なお、斎藤の回想によれば、角田は二法案の「直接の担当」であった(木田宏監修、前掲書、二七一頁)。

(124) 同右『大達茂雄』三六八頁。

(125)「教育公務員の政治的行為の制限に関する文部省案に対する疑問点」前掲『教育二法案（第一九国会）1（昭二九）』所収。

(126)渡辺、前掲論文、五〇～五一頁。

(127)当初、大達文相及び文部当局は、私立学校を含む全ての学校（の教員等）に対する外部からの教唆・煽動の禁止規定を教特法の改正案の中に盛り込むことを構想していたという（同右、四九頁。「解説・教育二法案とその背景」『朝日新聞』朝刊、一九五四年二月八日）。ただ、この点については、『行政文書史料』に存在する教特法の草案では確認できなかった。全ての学校（の教員等）に対する外部からの教唆・煽動を禁止するというアイデアは、後述する中確法の草案（【⑤―D】及び【⑤―E】）に反映されている。

(128)渡辺、同右論文、四九～五〇頁。

(129)同右、五一頁。

(130)「教育公務員特例法の一部を改正する法律」（三種類）、「学校における教育の政治的中立の確保に関する法律」、「学校における政治教育の政治的中立の確保に関する法律」、「義務教育諸学校における教育の政治的中立の確保に関する法律」（三種類）『行政文書史料』一二三〇三～一二三二一。

(131)『読売新聞』は、人事院規則の適用を定めた教特法改正案について、文部省が「最終案」の作成を終えたのは、一月二十七日であったと報じている（『読売新聞』朝刊、一九五四年一月二十八日）。

(132)この草案では、従来の教特法第二十一条の三を第二十一条の四とし、第二十一条の二の次に政治的行為の制限等を規定した「第二十一条の三」を加えるとしている。なお、【⑤―A】と異なり、「但し」以下の文章は次のようになっている。「但し、国家公務員法第百二条第一項の規定に基く人事院規則については、政令で、地方公務員たる性質上必要な読み替えを定めることができる」。

(133)『審査録綴』には、「二九・一・二二」と記された【⑤―D】と同様の草案（修正箇所・メモの記入あり）、「二九・一・二三」と記された【⑤―E】と同内容の草案（法制局の用紙に手書きされたもの）、「二九・一・二五」と記された【⑤―E】と同様の草案がある（前掲『文部省関係審査録綴（法律）8』）。

(134)【⑤―D】には、第一条第一項の「代案」が付されている。また、【⑤―E】には、第一条についての「第一案」、「第二案」及び「第三案」の三案が記されており、ここでは「第一案」を示した。なお、「第三案」は、「何人も、（中略）教諭（中略）を主たる構成員とする団体又はその連合体の組織を通じ、又は活動を利用し、（中略）政治教育を行うことを教唆し、又はせん動してはならない」となっているが、教唆・煽動の方式を限定している点では、後述する【⑤―F】の草案と共通している。

(135) 渡辺、前掲論文、五一頁。

(136) 『読売新聞』（朝刊）一九五四年一月二十六日。

(137) 渡辺、前掲論文、五一頁。

(138) 『審査録綴』には「二九・二・六」と記された【⑤―F】と同様の草案に続き、「長官案（二九・二・七）」と記された中確法案の手書き案文、「二九・二・八」と記された【⑤―G】と同様の草案が存在する（前掲『文部省関係審査録綴（法律）8』）。

(139) 「教育の中立性を確保するための法的措置要領」『行政文書史料』二三五八。

(140) 「教育の中立性維持のための法的措置要領」『行政文書史料』二三五九～二三六一。「秘」の記入あり。

(141) 前掲『大達茂雄』三六九～三七〇頁。表現に若干異なる点はあるが、ここに【⑥】の全文が掲載されている。

(142) 「『学校における教育の政治的中立の確保に関する法律案』に対する意見」前掲『教育二法案（第一九国会）1（昭二九）』。同文書は法務省の用紙に手書きで記されたものであり、「2―5」のメモがあることから、二月五日付と思われる。この文書のタイトルには、「学校における教育の政治的中立の確保に関する法律案」とあるが、意見の内容には、【⑤―D】だけでなく、【⑤―E】や【⑤―F】に関するものも含まれている。したがって、この意見の対象となっている中確法案は定かではなく、複数の草案を対象にしている可能性もある。

(143) 渡辺、前掲論文、五一～五二頁。

(144) 前掲「『学校における教育の政治的中立の確保に関する法律案』に対する意見」。

(145) 前掲「解説・教育二法案とその背景」。

(146) 同右。

(147) 前掲『大達茂雄』三七〇～三七一頁。

(148)「教育公務員特例法の一部を改正する法律案要綱」『行政文書史料』一〇〇二。「義務教育諸学校における教育の政治的中立の確保に関する法律案要綱」『行政文書史料』八七六。なお、『石川二郎旧蔵資料』にも、中教審関係資料（「教育の政治的中立性の問題（第3特別委員会）」）の一つとしてこの要綱案が含まれており、それには直筆のメモが付されている（「［教育二］法律案要綱（及）メモ」一九五四年一月、前掲『石川二郎旧蔵資料』）。

(149) 時事通信社編、前掲書、二七二頁。

(150) 渡辺、前掲論文、五二〜五三頁。

(151) 法制局第二部長である野木新一（前出）の案と思われる。

(152) 前掲『教育二法案（第一九国会）1（昭二九）』。

(153)『審査録綴』所収の案文には、「斉藤案」、「（二・一四）長官案」など、『教育二法案（第一九国会）』所収の案文にはないメモが見られる（前掲『文部省関係審査録綴（法律）8』）。

(154) 同様に、「2―12文部省」の記載のある案文では、「日本国憲法に盛られた政治の基本原則に反する政治理念を植えつけ」という表現、「2―14法務省案」の記載のある案文では、「日本国憲法と本質的に相容れない政治上の主義又は施策を支持すること」という表現が見られる（前掲『教育二法案（第一九国会）1（昭二九）』）。

(155)【⑧】には、二法案要綱（二月九日に閣議決定されたもの）と三種類の二法案が含まれている（『行政文書史料』二三六二〜二三八七）。これらの法案はいずれも内容（法文）は同じである。このうちの一つである手書きの法案に二月十六日に閣議決定された旨が記載されている。

(156) ただし、「学校の職員を主たる構成員とする団体又はその団体を主たる構成員とする団体」の部分は、「学校の職員を主たる構成員とする団体（その団体を主たる構成員とする団体を含む。）」に訂正されている（「義務教育諸学校における教育の政治的中立の確保に関する法律案中誤植訂正」『行政文書史料』二三八八）。訂正のタイミングは不明である。

(157) ただし、【⑤―C】には第二十一条の三第一項に「但し、国家公務員法第百二条第一項の規定に基く人事院規則については、政令で、地方公務員たる性質上必要な読み替えを定めることができる」という法文があるが、【⑧―A】にはない。

(158) 渡辺、前掲論文、五三頁。『教育二法案（第一九国会）1（昭二九）』には、法制局の用紙に手書きされ、「2―11」

のメモが記入された中確法案の案文が存在する。これには、「第四条　前条の罪は、義務教育諸学校の監督庁の請求を待ってこれを論ずる（以下、略）」という法文があるため、二月十一日の時点で、「処罰の請求」に関する規定が構想されていたことが窺える（「中確法案案文（2―11）」前掲『教育二法案（第一九国会）1（昭二九）』）。

(159)　同右論文、五三頁。この罰則規定の変更は、二法案要綱の閣議決定（二月九日）の頃には検討されていたようである。『審査録綴』にある「二九・二・八」のメモが記された中確法案を見ると、その罰則規定（第三条）の条文にある「三年」の「三」が「二」に、「十万円」の「十」が「三」に修正された形跡がある。また、「（二九・二・一二）」のメモが付された中確法案の罰則規定（同）の条文は、「第一条の規定に違反した者は、一年以下の懲役又は三万円以下の罰金に処する」となっている（いずれも「義務教育諸学校における教育の政治的中立の確保に関する法律」前掲『文部省関係審査録綴（法律）8』）。

(160)　「『重要法案』の趣旨徹底に関する広報計画（案）」前掲『石川二郎旧蔵資料』（㊙の印あり）。これによれば、「関係局課」が「緊密な連絡をとり、最大の効果をあげることを目標として」、文部省内に連絡委員会（委員長：事務次官、副委員長：調査局長、初中局長）を設置し、広報や情報収集活動を行うことが計画されている。実施時期は三期に分けられ、実施内容は、第一期（法案の国会提出まで）が「世論の喚起につとめる」こと、第二期（衆議院審議期間）が「法案の趣旨徹底」、第三期（参議院審議期間）が「法案の趣旨徹底」と「末端への徹底」である。委員は、「〇福田総務課長、〇斎藤地方課長、天城財政課長、宮地企画課長、〇伊藤調査課長、〇蒲生社会教育課長、〇原視聴覚教育課長、〇西森広報課長、田中庶務課長、小沼視学官、二宮社会教育官」（〇は常任の実行委員）であり、「常任委員は、定期的に調査局長室に集り実施上の連絡、対策の実行、推進の協議を行う」とされている。

なお、『石川二郎旧蔵資料』には、小学校長を対象にした全国レベルの会議での田中文部事務次官による二法案の説明要旨をまとめた文書（「全国小学校長会議で田中文部次官が『教育の政治的中立確保』に関する二法案についての説明要旨」）がある。この文書は、一九五四（昭和二十九）年二月二十三日の全国連合小学校長会第二十七回理事会会議（二日目）で田中次官が行った講演に関するものと推測される。これも文部省による「法案の趣旨徹底」の活動を示すものといえよう。

(161)　この点に関する自由党の考えをまとめたものとして、自由党政務調査会編『教育上の当面の諸問題――附　自由党の文教政策』（自由党政務調査会、一九五三年）を参照のこと。同書では、第一に「教育の中立性をめぐる諸問題」を取り上げ、この中で「教育の中立性の意義」、「赤い教員の追放と学問の自由」、「日教組の政治的偏向」、「教員と政治活動」、「教育の自主性と地方教育委員会」の五点について論じており、「日教組の政治的偏向」（一一～一三頁）では『日記』についても言及している。

(162) 佐藤全「政治教育と教育の政治的中立性との問題史」『教育学研究』第六十五巻第四号、一九九八年、四四頁。

(163) 『第十九回国会参議院文部委員会会議録』第二十三号、一九五四年四月十九日、九頁。

(164) 高宮太平「筆者のことば」前掲『大達茂雄』四頁。

(165) 今村は、「戦争中は、軍閥と意見が合わず、文部大臣としては、日教組の動きのなかに見られる組織的偏向教育が日本教育の障害であると判断された先生の背骨には、リベラリズムの筋がとおっていたと思う」と述べている（今村武俊「今日の昼食は」前掲『追想の大達茂雄』二三三頁）。

(166) 教育公務員の政治活動の制限等に関する質疑が行われた衆議院人事委員会（一九五四年三月二十日）での発言。右派社会党の受田新吉が、「大臣は戦時中は、内務大臣として、あるいは昭南市長として、あらゆる角度から内地において、あるいは大陸において、時局の先頭に立って軍国主義の手先に使われた最高幹部です」と発言したことに対し、大達は次のように述べて「軍国主義者の手先」と呼んだ受田を厳しく非難し、自らが自由主義者であることを強調した。
「私の過去の経歴だけをごらんになって、そうして私を軍国主義の手先である、こう断ぜられることは、私ははなはだ心外です。（中略）何をもって私を軍国主義々々々とおっしゃるか（中略）私を軍国主義の手先とは、どういう根拠によって御断定になりますか。私はそんなことを言われるわけはありません（中略）私の過去をほんとうに調べていただけばわかる。私は自由主義者として一貫して来たつもりです。戦前右翼の盛んなときには、私は右翼と闘って来たつもりです。今日は左翼が出て、それが国をめちゃくちゃにしそうだから、やはりそれを押えるだけのことであって、それを軍国主義の手先だとか―おっしゃってもかまわないが、そういう前提でこの法律をごらんになることはやめていただきたい」（『第十九回国会衆議院人事委員会議録』第六号、一九五四年三月二十日、五～七頁）。

(167) 大達の伝記（前掲『大達茂雄』）には、大達が満州国国務院総務庁長在職時に関東軍と対立して同職を辞任した経緯や、東條英機内閣下で初代東京都長官に親任された大達が、一九四四（昭和十九）年に入って東條内閣の倒閣運動に乗り出し、憲兵隊に付けまわされた事実（大達の女婿で兵庫県知事を歴任した坂井時忠の回想）など、戦前・戦時期の大達による体制・軍部批判に関する記述が散見される（一二〇～一四〇頁）。これをもって直ちに大達がリベラリストであると断定することは難しいとしても、大達にリベラリストとしての一面があることを物語るエピソードである。

この点に関して森田尚人は、「陸軍の軍人さんと戦ってきたひとですからね」という歴史学者・伊藤隆の大達評を紹介するとともに、次のように述べている。「満州国時代の大達は、関東軍による『協和会』組織による満州国の統治構想に反対して、真正面から戦いを挑んでついには辞任に及んだ。ヒトラーやムッソリーニに倣った一国一党的な全体主義的な統治組織は、複数民族国家である満州国の独立を表面的なものとする欺瞞にすぎない、と考えたのである。また、東條内閣の自発的退陣の希望をすてて倒閣運動に乗り出したために憲兵隊にマークされていたことは、吉田（吉田茂――筆者註）の戦時体験と通じるところがあった」（森田、前掲論文、四四頁）。すなわち大達には、保守的でありながらも、軍部に批判的な戦前の自由主義者（いわゆる「オールド・リベラリスト」）に共通する姿勢を見出すことができるのである。

第四章　教育二法案と中央教育審議会
――「教育の政治的中立」をめぐる論議の検討

第一節　はじめに

本章の目的は、教育二法の制定過程における中央教育審議会（以下、中教審と略）の動向と論議の内実について、すなわち、二法案の「立案のきっかけ」[1]といわれる「教員の政治的中立性維持に関する答申」（以下、「答申」と略）を提出した中教審においてどのような動きがあり、政治的中立の問題をめぐっていかなる論議が展開されたのかを、主に議事録を中心とする一次史料の分析を通じて明らかにすることである。

ここで用いる議事録とは、国立公文書館所蔵の『中央教育審議会総会速記録』（以下、『速記録』と略）である。かつて、鈴木英一は、「もっとも重要かつ基本的な資料とみられる中央教育審議会議事録および配布資料（総会・特別委員会、文部大臣官房所蔵）が公開されていない現在、将来の研究に委ねられているといわなければならない」[2]と述べ、中教審の議事録等を分析することの重要性を示唆した。この点を意識すれば、この議事録（＝『速記録』）等がすでに公開されている現在において、まずはその丹念な分析が中教審の動向と論議の内実を検討する上で必要かつ有効な方法といえる[3]。

さて、中教審で政治的中立をめぐる論議が本格化するのは、当然のことながら山口日記事件以降のことである。中教審の各総会のうち、政治的中立に関わる問題を直接議題としているのは、同事件以降に開催された第十五回～第十八回、第二十回、第二十一回総会（いずれも議題は「教員の政治活動について」）及び第二十五回総会（議題は「教員の政治的中立について」）の七つの総会であり、このうち第二十一回総会で、政治的中立について中教審の一応の結論を示した「答申」が決議された。七つの総会以外では、第十四回、第二十二回～第二十四回総会においても、この問題をめぐる論議がある程度行われている。

そこで本章では、これらの総会を主たる対象として、その動向と論議の内実について検討することにしたい[4]。叙述にあたっては、前半が山口日記事件前後の動き、後半が「答申」をめぐる動き、というように大きく二つの段階に区分している。なお、同事件以前の段階でも、中教審では政治的中立に関する論議が行われている。第二回総会では義務教育学校職員法案との関連で論議が行われ[5]、第四回～第七回総会（このうち、第七回総会は「六三制義務教育を中心としての制度、教員の問題、財政について」を議題とする公聴会）では、教員身分の問題や教委制度をめぐる論議の中で、政治的中立の問題が取り上げられている。第四回～第七回総会の論議を検討することも、中教審委員の政治的中立に関する認識を把握する上では一定の意味があるが、これらの総会の論議は教育二法の制定と直接は関係していないため、本章では検討の対象外とした。

第二節　山口日記事件前後の動き

（1）中央教育審議会の発足と山口日記事件

中教審は、文部省に恒常的な諮問機関を置く必要性を指摘した教育刷新審議会の最終（第三十五回）建議（一九

表4－1　中央教育審議会委員（第1期）一覧

氏名	職名等	氏名	職名等
天野貞祐	前文相	野口彰	愛宕中学校長
石川一郎	昭和電工株式会社社長	林頼三郎	中央大学総長
小汀利得	日本経済新聞社顧問	原安三郎	日本化薬株式会社社長
亀山直人	日本学術会議会長	藤山愛一郎	大日本製糖株式会社社長
河原春作	大妻女子大学学長	前田多門	日本育英会会長、元文相
小泉信三	日本学士院会員	諸井貫一	秩父セメント株式会社社長
児玉九十	明星中学校、同高等学校長	八木沢善次	東京都教育委員長
島田孝一	早稲田大学総長	安井誠一郎	東京都知事
鈴木虎秋	白金小学校長	矢内原忠雄	東京大学学長
中井光次	大阪市長	山本杉	評論家・医学博士

出典：「中央教育審議会委員名簿」等をもとに筆者作成

五一〈昭和二十六〉年十一月十二日[6]に基づき、一九五二（昭和二十七）年六月に設置された。中教審の委員（第一期）は表4－1のとおりである（五十音順）[7]。

一九五三（昭和二十八）年一月二十一日の第一回総会では、岡野清豪文相から「戦後の教育全般の改善について」の「包括的諮問」がなされた。これ以降、中教審では総会を定期的に開催して、教育政策に関わる重要事項について審議を重ねていくことになる。第二回総会（二月十一日）では「会長・副会長選挙」が行われ、会長に亀山直人、副会長に前田多門が互選された。第三回総会（三月十一日）では、義務教育を中心とする諸問題から審議を開始するという方針が定められ、第四回総会（四月八日）から実質的な審議に入った。そして第六回総会（五月十一日）と第七回総会（五月二十九日）の間に文相は岡野から大達茂雄に交代し（五月二十一日就任）、この頃、山口日記事件（以下、「事件」と略）が発生した。「事件」以降、政治的中立をめぐる問題は多方面で取り上げられ、活発な議論が展開されることになるが、中教審でも重要な議題の一つとされている。以下、「事件」後の中教審の動きを見ていきたい。

まず、第八回総会（六月十二日）と第九回総会（六月二十六日）

について、『速記録』には、審議の過程で「事件」が取り上げられた形跡は認められない。教員身分や教員給与三本建ての問題に関連して教（職）員の政治活動をめぐる論議が行われているものの、それらは「事件」と直接関連しないものである。

「事件」が初めて言及されたのは第十回総会（七月十一日）である。総会が開催される直前の七月八日、文部省は「事件」を重視し、文部事務次官通達「教育の中立性の維持について」（文初地第四〇五号）を発出した[8]。文部事務次官（以下、次官と略）の西崎恵は、この総会で「事件」に言及し、同通達の趣旨を説明している。さらに西崎次官は、当日、日教組と会議を行う予定があることを報告し、「向う（日教組—筆者註）がいろいろ言って来るかも知れませんが、我々としては当然のことを言うたまでである、これを不思議に思うほうが間違いだというような考え方を持っている[9]」というように同通達の正当性を主張するとともに、日教組との対決姿勢を示した。この総会では、このように「事件」について言及されたものの、具体的な論議はなされていない。

第十一回総会（七月二十五日）では、中教審の第一回目の答申となる「義務教育について」と題する答申がまとめられた。この答申案を検討する過程で、天野と西崎次官との間で教員の政治活動をめぐる議論が若干なされているものの[10]、これも「事件」とは直接関連しないものである。これから約一ヶ月後の八月二十八日、次官は西崎から初中局長であった田中義男に交代する。同月三十一日には大達が「事件」を非難して立法措置を示唆するが[11]、中教審では、この後に開催された第十四回総会（九月十二日）以降、「事件」が論議の対象となった。

（2）「事件」をめぐる論議

第十四回総会では「義務教育について」という議題で審議が行われた。冒頭、亀山から、「まだ答申まで行かない事項」として「政治活動の問題」、「財政の問題」、「教員の給与の問題」の三つを検討することが示された[12]。

同総会で亀山は、新聞報道された「事件」についての詳細な説明を文部省側に求め、地方課長の斎藤正が経緯の説明を行っている。また、委員に対しては、問題となった『日記』の実物が回覧された[13]。ただ、『速記録』からは、この総会において「事件」や政治的中立をめぐる論議がどの程度なされたのか判断し難い。というのも、亀山より「この審議会としての政治活動に対するフリイトーキングをして、いずれ答申案を作る用意に是非かかりたい[14]」との提案がなされていることから、ここで自由討議形式での議論がなされたと考えられるが、この発言後は「速記中止」となっているのである。

『速記録』において、「事件」をめぐる実質的な論議が認められるのは第十五回総会（九月二十八日）である。先に述べたように、この総会の議題は「教員の政治活動について」であり、「事件」以外にも、日教組の組織構成や活動状況、教委やＰＴＡの問題、地方公務員法第三十六条第二項の但書などをめぐる論議が行われている。そしてこの総会から、河原春作、鈴木虎秋、山本杉の三名が委員として新たに加わった。このうち河原は、大達文相とは大学と内務省の同期であり[15]、大達にとって「気心の知れた友人[16]」であった。ここに、大達の意向が河原を通じて中教審に反映され得る関係が成立したのである。ただし、河原自身は大達と頻繁な交渉があったことを否定している[17]。

総会の冒頭、教員の政治活動の実態について意見を出し合いながらその対策を講じていくことが亀山から提案された。その後、山口県教委が「事件」の真相を伝えるために作成した「真相紹介のために」と題した小冊子等に基づく資料が各委員に配付され[18]、それをもとに論議が進められた。論議を開始して間もなく、大達と日教組代表者とが懇談を行ったという新聞報道[19]を野口が取り上げ、その内容について文部省側に見解を求めた。斎藤地方課長の説明によれば、この懇談で日教組側は「事件」に触れて、「山口県ではもう一回問題の点を作り直して出しているはずだ。そういう直したのもよく見てくれないか」と『日記』がすでに修正されたことを訴えたという[20]。

また、田中次官が「日教組の委員長以下が来て、私ども参りませんでしたが、大臣のところに来て、くれぐれも問題にしてくれては困ると言ったということを聞きました」[21]と述べていることから、日教組側が『日記』の事例を問題化しないよう依頼したことが窺える。この時点で文部省側は『日記』の修正をめぐる日教組側の動きを完全に把握し得てはいないが[22]、この懇談の内容は、『日記』に問題があることを日教組自身が認めていたことを意味しており、これは「山口日記は極端なものだったんですね。日教組本部でさえ、びっくりしちゃう、そんな感じさえあったと思います」[23]という斎藤地方課長の述懐とも一致するところがある。

さて、この総会で委員からは「事件」についてどのような見解が示されたのだろうか。結論からいえば、教員組合の行き過ぎた行動を批判しつつも、文部省側に慎重な対応を求める委員が少なくなかった。例えば、児玉は、「教員のこういったような問題については一つ慎重にやって頂きたいと思います。恐らく今後こういうことは連続して起ると思う、思想問題でありますとか、だからこういう審議会が簡単に事務的に個人的なものとしてやるということはいかんと思います。そのために慎重に事態を掴むということが必要だと思います」[24]と述べている。野口は、一部の「尖鋭な活動」を取り締まるための対策として「相当強い」政策を実施した場合、そのような活動をしていない一般の教員もこの政策に対抗することになるという趣旨を述べた上で、「やはり慎重にやるべき」と主張した[25]。他にも、「山口県は日本の四十何県のうちの一つでそれ以外はどうなっているかということは我々はちっとも知らない。それだけを対象にして法律を作るということはできない」[26]（原）などの発言が見られた。

また、文部省側に慎重な対応を求めたというよりも、むしろ「事件」に対する文部省側の対応を批判する委員もいた。矢内原委員である。矢内原は田中次官に対し、『日記』について「組合が採用しろと強制するわけじゃないのですね」[27]と確認しつつ、「教育の中立性を維持するという当面の責任者は校長」と述べている。そして、『日記』の採用・使用について、「非常に中立性に抵触するとすれば、教育委員会なり文部省がその当該学校の校長の責任を追及すべき」と主張した[28]。

「事件」の第一義的な責任が校長にあることを指摘し、『日記』を作成した教員組合をまず批判の対象としなかった点は、矢内原が教員組合に寛容的であったことの一つの表れといえる。教員組合に対する認識は矢内原と必ずしも同じではないものの、校長の対応に問題があったという点については野口や八木沢も指摘しており、例えば八木沢は「校長なり校長会がこのことについて断固反対すべき」と述べ、校長等の対応を「不勉強」、「冷淡」、「事なかれ主義」と批判した[29]。

また矢内原は、「或る国立大学の教授がこれこれの図書を書いた。どうも面白くない。それを書いた教授の思想はどういうものであるか。それを置いている大学はどういうものか。そういうことを中央教育審議会で取上げるのは少しおかしいのじゃないか」とも述べている[30]。教員組合による『日記』編纂を大学教授の著書執筆にたとえながら、中教審で「事件」が論議の対象となること自体を問題視したのである。「事件」の舞台は義務教育段階の学校であり、矢内原のたとえは必ずしも妥当とはいえないが、この発言に対して亀山は、「事件」が思想上の問題でなく教育問題であるとの認識を示した。その上で、「山口県の問題が、その問題一つじゃなしに座り込みとかストライキとか幾つかの問題があって、それらが仮によくないとすればそのよくないことを防ぐのには制度上どうしたらいいかということを、そういうことをこの中央教育審議会で考えるべき」と述べたのである[31]。

（3）日教組への対応をめぐる論議

中教審での政治的中立をめぐる論議は「事件」を契機として本格化した。そのためここでは、当然のことながら教員の政治活動、とりわけその背後において組織的影響力を発揮した日教組をめぐって活発な論議が展開された。以下では、日教組に対する中教審の委員の認識を確認しつつ、日教組への対応をめぐってどのような議論がなされたのかについて見ておくことにしたい。

日教組への対応については第十五回総会でも何人かの委員が言及しているが、これが論議の中心となったのは第十六回総会（十月十二日）である。[32]ただし、はじめに亀山が、「文部省のほうでいろいろデリケートな問題があるのでときには速記をやめてもらって自由にお話したいと申しますので、そのつもりで[33]」と断っているように、この総会については「速記中止」とされた箇所が少なくない。

総会では、「日教組の組織等に関する資料[34]」が各委員に配布され、まず、緒方初中局長が資料内容に関わる説明を行った。次に亀山から、日教組幹部が亀山を訪問した事実が報告された。この報告によれば、十月十日に日教組の中央執行委員長である小林武、同情宣部の矢田勝士[35]が亀山を訪問し、日教組が共産党に支配されているという「誤解」があることを説明するとともに、文部大臣室の占拠といった「行き過ぎた」行為の背景や理由等について弁明したという。[36]亀山は小林委員長らの意見を聞いた時の印象や様子について、「適当な時期に日教組の言うことをよく聞いて、彼らの言うところや何かもよく聞いたほうがいいだろう、こういうふうな感じを受けました[37]」、「我々今まで自然に受けていた、新聞や何かの影響と非常に違ったことを述べておりました[38]」と述べ、日教組側の主張に一定の理解を示している。

これに対して小汀は、日教組側の真意について疑義を呈した上で、中教審が日教組幹部と公式に会談すること（以下、「公式会談」と略）には反対という立場を繰り返し表明している。[39]反対理由について、小汀のここでの発言内容を筆者なりに解釈すれば、「公式会談」は日教組に対する中教審の寛容な対応を意味しており、それが結果として日教組の行き過ぎた行動を許容し、世間に誤ったメッセージを発することになる、というものである。「公式会談」については、すでに前回の第十五回総会で前田が提言し、その是非とあり方が議論されており、[40]この第十六回総会でも議論が行われた。

例えば八木沢は、前回の総会では「公式会談」の是非について必ずしも明確な態度を示していなかったが、[41]この総会では、「日教組は非常に政治的なもの[42]」であり、「中央教育審議会はこういう意見をもっているとかその片鱗を掴まえて自分たちの有力なほうに機関紙を通じて宣伝する、その具に供せられる危険が多分にある[43]」という理由で明確に反対している。このように、日教組の政治性を警戒するなどの理由で「公式会談」に否定的な委員も少なくなかった。

ただ総会では、日教組の政治性を批判しながらも、それに対して厳しい対応をとるべきという空気は希薄であった。これは、日教組の小林委員長に対する委員の人物評にも表れている。例えば野口は、小林について、「相当まじめな而も穏健な男らしい[44]」と述べており、亀山も「私が一時間半ぐらい会った印象で申述べるとこれは非常に誤解があるかもしれませんが、中央執行委員長という人は非常にまじめらしい人で穏健な人らしいのであります[45]」と小林の人柄を肯定的に見ている。さらに八木沢も「そういうふうな人が委員長に選出されて来ているということそれ自体が大分日教組の内部反省が行われているのじゃないか[46]」と述べている。このうち野口は、前回の総会で、日教組の活動について「伝えられるものは非常に針小棒大に伝えられる。実態をよく究明してみるとそれほどでもないといったような事柄が往々にして多い」と述べるとともに、「今日の発達段階における教員組合というものはやはり幹部に引きずられる傾向が多いのじゃないか」というように、一部の急進的分子（日教組幹部）こそが問題であるという認識を示している。[47]

また矢内原は、日教組の実態把握のため、日教組幹部との会談も一つの選択肢として認めながら、日教組への慎重な対応を求めた。矢内原はここで、「日教組に対する根本的な態度は私は天野委員と全く同感[48]」、「根本の考え方は天野さんと同じように私は考えておりまして、決して扱いについては十分慎重にあらゆる手を尽して頂きたい[49]」と述べ、天野と日教組に対する認識を共有していることを強調している。しかし、矢内原が同意した天野の発言内容については「速記中止」となっており[50]、その詳細は不明である。天野は、別の場面で次のような日教組観を披瀝している[51]。

（日教組は―筆者註）個人の自由意志によって一つの政治上の意見を述べるとかというのじゃなくて、それ以上に一つの団体として政治活動的な、政党的な色彩を持ってやっているということが現状だと思います。だからこれをできるならば純然たる経済問題、又同時に文化的なこととかそういうようなところにとどまらしめて、そうしてそれを健全に発達させるほうがいいのじゃないかというのが私の意見でございます。

天野は、文相時代の経験を踏まえて、当時の教員組合の活動のあり方を問題視する一方、教員組合自体については、「健全に発達させることが日本のためである」としてその意義を認めていた[52]。この発言はそのことを直截に示すものといえる。総会では、以上のように、日教組に対する慎重な対応を求める意見が目立ったが、その一方で、河原のように、教員（日教組）の政治活動に対して厳しい対応を求める委員もいた。河原は、「私の個人的な考えでありますが、少くとも義務教育学校の職員の政治活動は私は法律上禁止すべきだと思う[53]」と主張し、その理由を次のように述べている[54]。

なぜならば、ほかの労働組合は大概成年の男であり女であり、おのずから政治上の判断についてその人は法律上許されているのであります。今日は二十才以上はみんな選挙権を持っておりますから、それはその個人の判断に任してやる運動をするのだからそれは構わない。併しながら教員諸君というものは相手方が小さい子供で白くなるのも赤くなるのも先生次第。その先生が若し自由党の政治活動に参画し、そうして学校内ではそういうことをしないとか、学校教育とは明白に切離して行動していると仮に言うてもこれはちょっと信用ができないのですね。私は共産党のみを言っているのじゃない。自由党でも改進党でもそういうものの活動をすることによって片言隻句が教室内においては子供に及ぶし、影響が子供に及ぶ。そういう観点からも少し研究してみたいと思うのであります。

そして河原は、この発言に続けて、総会で論議の対象としているのは教員の中立性の問題なのか、それとも日教組対策であるのかという趣旨の質問を行った。亀山は「（教員の──筆者註）政治活動を制限するかしないか、するならばどうするか、そういう問題であります。そこで日教組を研究しないといけなくなって来た、ですから日教組を別にどうこうするという目的じゃない」(55)と答え、中教審の論議の主眼が日教組対策ではないことを説明している。

この後、論議の内容は、日教組の下部組織の活動状況に及び、総会の終盤では、緒方初中局長が日教組の綱領等をもとに日教組の活動目的や日本教職員政治連盟（日政連）との関係を説明した(56)。この説明に続けて亀山は「日教組をどうしてももう少し研究しなければならない」として、そのための小委員会の設置を提案し、委員に了承された。小委員会について亀山は、「文部省でお調べできないような方法でも調べ得るのじゃないか」というように、独自の役割を果たすことを期待している(57)。この小委員会が「第三特別委員会」である。

第三節 「教員の政治的中立性維持に関する答申」をめぐる動き

(1) 第三特別委員会の設置と審議内容

第三特別委員会(以下、特別委員会と略)の設置については、第十七回総会(十月二十六日)の冒頭に亀山会長から報告された。特別委員会の委員は、河原春作、児玉九十、鈴木虎秋、野口彰、諸井貫一、八木沢善次の六名であり、主査には河原が互選されている(そのため、特別委員会は「河原委員会」と呼ばれた)(58)。特別委員会の開催日と主な議題は表4－2のとおりである(59)。

特別委員会は、一九五三(昭和二十八)年十月二十八日から翌一九五四(昭和二十九)年一月九日までに計七回の会議を開催し、一月九日に「教員の政治的中立性に関する答申案」をまとめた。河原は、文部省側が特別委員会に対して「資料や情報を提供してくれなかった。私は、主査として同僚諸君と協議して、公にされている事実のみによって、答申をまとめることにした(60)」と述べており、特別委員会は文部省と一線を画しながら独自に答申案を作成したとされる。

答申案を作成した特別委員会は、中教審での政治的中立をめぐる論議を方向付ける実質的な役割を担ったという点で、中教審総会よりもある意味で重要な存在であったかもしれない。したがって、その動向と論議を詳細に検討することが不可欠であるが、残念ながら特別委員会については「議事録」が現段階では公開されておらず、その存在も不明である。しかし、『石川二郎旧蔵資料(61)』の「中央教育審議会関係資料」には、「教育の政治的中立性の問題(第3特別委員会)」として分類された史料があり、その中に審議内容に関する記録・メモや第三特別委員会で配布されたと思われる文書が存在している。以下、これらの史料に基づき、特別委員会での論議の一端を

表４－２　第三特別委員会の審議経過

回	開催日	主な議題
第１回	1953（昭和28）年 10月28日	教員の政治的活動に関する戦前・戦後における法令および通達について
第２回	11月12日	校長の職務権限および地位について
第３回	11月19日	（日教組幹部の日教組に関する説明聴取）
第４回	11月25日	第１・２回の継続審議
第５回	12月10日	教員の政治的活動の現状について
第６回	12月24日	前回までに提起された問題点の検討
第７回	1954（昭和29）年 1月９日	教員の政治的中立性に関する答申案について

出典：文部省調査局『中央教育審議会要覧　第５版』文部省調査局、1966年、14頁

明らかにしておきたい。

「中央教育審議会第三特別委員会　第1回概要」（以下、「第1回概要」と略）と題する文書によれば、十月二十八日に文部省調査局長室で開催された第一回会議には、河原、野口、鈴木の三名の委員、文部省の小林行雄調査局長、宮地茂企画課長、斎藤地方課長が出席した。ここでは主査の河原から、特別委員会が教員の政治活動のみならず、広く「教員の政治的中立性」について検討したいという主旨の発言があり、全員が了承した。引き続いて、「教員の政治活動に関する戦前・戦後における法令および通達」(62)という資料に基づき研究・討議がなされた。主な質疑の内容は、次のとおりである。(63)

一、教育基本法第八条について

本条にいう「学校」「特定の政党を支持し……その他政治活動（政治的活動―筆者註）」の範囲はどうか。例えば再軍備に反対することは特定の政党を支持することになるか。又本人は特定の政党を支持するつもりでなくても、その意見がおのずと特定政党の意見と同じような場合はどうか。その他政治活動は特定政党にかかるのか。

二、地方公務員法第三十六条但書について

本条但書において、教員と他の教員とを書き分けた理由はどうか。教員の身分が県にあったためか。

三、公職選挙法第一三七条「教育者の地位利用の選挙運動の禁止」について

何故選挙運動に限定したか。選挙のみに限らず制限については更に考慮すべきではないか。

四、文部次官通達について

文部次官通達を（文部事務次官通達が―筆者註）県より市町村に通じない場合どうなるか。

五、文部省設置法第五条十九（第十九号―筆者註）について

（イ）文部省の権限として……指導助言及び勧告を与えることとあるが、〃指導〃という言葉の意味は助言、勧告等とは異なるのではないか。

（ロ）助言、勧告等の権限で山口県教組の日記に対する通達の如きものが出せるか。特に前記通達第三項についてはどうか。

（ハ）指導の意味について検討すべきではないか。

（ニ）文部省の権限について検討すべきではないか。

六、校長の権限について

教員を組合の不当な圧力から保護することが必要だ　規則ではおさえられない部分がある。学校教育法二十八条の校長権限について検討の必要がある。教組には校長が学校内の運営委にはからぬと学校の運営ができないという意見もあることが日本の教育にでている。教師が教育の内容的な面から政治的偏向を犯そうとしている傾向もありこの点も特に考慮すべきである。コースオブスタディと教科書の撰定にも問題がある。副読本等は届出制にする必要はないか。

これらの質疑に対する回答や発言者等は不明であり、質疑内容についても理解しにくい部分があるが、論議のおおよその内容を窺うことはできよう。『石川二郎旧蔵資料』には、この「第1回概要」以外、会議ごとに概要をまとめた記録は存在しない。ただし、「第三特別委員会において提起された問題点」と題する文書（以下、「問題点」と略）が含まれており、ここから特別委員会での審議内容を把握することもできる。十三点の質疑を整理した「問題点」は「第1回概要」の内容との重複があり、発言者等は不明である。「第1回概要」に明記されていない内容について示しておくと、以下のようである（番号は筆者による）(64)。

①文部省設置法第五条第十九号（中略）によって、教員の政治活動等について文部大臣は教育委員会等に勧告ができるか。

②学校教育法第二十八条には（中略）「教員は児童の教育を掌る」とあるがそのため校長は教育を掌れないのか、又その場合いかなる程度、範囲の「教育」に関与できるか。

③教員の転任その他人事に関して校長の権限を強化する（学校運営を円滑に行う等校長の職責を完うさせるために）法的措置を必要としないか。

④教育委員会及び校長が、教育の中立性を確保するためにやりよいようにするにはどうすればよいか。現行法を改正する必要があるか、それとも現行法を厳守させることによって可能であるか。法律上、制度上権限のないものが実際上の権限を行っている現状だから法律上、制度上はっきりさせる必要がある。

⑤日教組の大会決議等に基く行為は政治活動であるか、どうか。

⑥大学の教授会のようなものを高校以下の教員会でやってよいかどうか。

⑦会社、工場のような事業体の経営者と労働者の関係は学校に関してはどうなっているか。——事業体の経営

者に相当するのは教育委員会（県、市、町村）か、学校長か。又その場合における教育委員会と校長との権限を明確にする必要はないか。

⑧教員の政治的中立性確保のためには立法措置も必要であるが、教員組合の指導者側――大学教授等――にも問題がある。

⑨（教育の）政治的中立性とは何ぞや。――意味をはっきりさせる必要はないか。

「問題点」は、十二月付であることや内容から判断して、十二月二十四日の第六回会議に関する文書だと推測される。なお、『石川二郎旧蔵資料』には、他にも特別委員会に関する手書きメモが存在し、それらには「第1回概要」や「問題点」の内容に関係していると思われる記述が見られる(65)。

(2) 第十七回総会における論議――「天野・矢内原論争」

第十七回総会において亀山は、特別委員会の設置について報告した後、この総会で教員の政治活動に関する自由討議を行い、ここで提出された意見を踏まえて特別委員会での審議が開始されることを説明した。その後は「速記中止」となっており、論議の内容は一部不明である。以下では速記再開後の論議を順に跡付けておきたい。この自由討議でも日教組をめぐる論議が中心となっている。

まず、前田は日教組の幹部（小林委員長ら三人）が前田を訪問し、一時間程度会談を行ったことを報告した。前田によれば、小林委員長らは「上のほうから法令などで政治活動をぴたと制限するということをやられると、折角穏健になりかけているものが又反動を起して困る」と訴えたという(66)。続いて亀山は、朝日新聞の政治部記者（氏名等不明―筆者註）と会談して、日教組の活動に関する情報を得たことを紹介した。亀山は、その記者が、日教組は政党みたいなもので「見ちゃいられない」ということをしきりに述べており、小林委員長については、「非常にまじめだろうけれどもやはり道具に使われているのだという見方」をしていたことを報告した。そして、新聞記者に会うなど、この総会では「できにくいような取調べの仕方」で「十分実情をお調べ願いたい」と述べ[67]、第十六回総会の場合と同様、特別委員会が独自の調査能力を発揮することを要請している。

この後は地方公務員法第三十六条第二項の但書をめぐって議論がなされ[68]、続いて野口が、「事件」と同様の事例の発生状況と、日教組の動向に関する十月十四日付の『朝日新聞』の記事について文部省側に質問した。前者について緒方初中局長は、「事件」と同様の事例は他に把握しておらず、学校現場の教育実践を調査するのは困難で、明確な資料を入手し得ていない旨の回答をしている。後者について緒方は、新聞報道以外の詳細な情報を把握していないとしながらも（この回答について矢内原委員は「文部当局においてそういうことについて御研究がないということは非常に遺憾なことだと思います」と批判している）、斎藤地方課長は当該記事について、日教組の「矢田情宣部長が文部省の記者クラブに来て発表し、それが新聞に出たもの」と説明した[69]。

この記事とは、「地についた組合活動へ――日教組が方向転換」と題するものであろう。同記事によれば、日教組は異例の全国代表者会議を開催し、組合活動について自己反省を行い、活動のあり方を見直す方針を打ち出したとされる[70]。この記事について野口は、「私は非常に日教組の何と言うか、中心的な何か動きというものを察知する一つのいい機会じゃないか、資料であると思います」[71]と述べている。ただし、記事のいう「方向転換」が日教組全体の方針として、現実性を帯びていたかどうかは疑問である[72]。

野口の発言に続いて児玉は、元内務大臣の安倍源基が日教組の動向等を研究しており、その報告会が十月二十四日に「日本クラブ」で開催されたことを紹介した[73]。そして、その時に配布された謄写版資料が「第三者的な立場で研究されたいい報告」であるとして、これを中教審委員が読むことや、中教審への安倍の招致などを提案している。[74]この提案に対し矢内原は、「東大の教育学部の先生がたは、やはり阿倍（安倍―筆者註）源基氏に劣らず熱心にこの問題を研究し事実を知っていると思われる点があるのですね。そういう人に会って聞かれるなり、或いはもっと直接に日教組の小林委員長に文部省当局のかたが会われて質問してみるとか新聞記者に聞いて見るとか何か知る方法は私はあると思う[75]」と述べて、児玉の提案を牽制した。

矢内原の発言後は「速記中止」となっており、どのような議論がなされたのか不明である。『速記録』には、緒方初中局長、矢内原、亀山がそれぞれ日教組の動きについて一度ずつ発言した記録があるものの、その後再び「速記中止」となっており、これ以後のやりとりは記されていない。ただ、『朝日新聞』にはこの総会の記事が掲載されており、その内容の一部が「速記中止」部分に該当すると推測される。その記事は、「『教育の中立性』で激しく論争――天野氏と矢内原氏」と題するもので、[76]「とくに日教組との関係が深いと教育界の一部で批判されている東京大学教育学部の一部教授らの動きについて、出席者らの間にかなり激しい論争が行われたといわれる」と伝えている（以下、この論争での委員の発言内容等は同記事による）。

ここでは、まず前田が、「東大の教育学部の教授の中には従来、日教組の行きすぎた考え方を甘えさせたり、もしくはそれを正当化しようとする傾向があったようだが、この点は熟考を要する」と批判した。これに続いて天野が、前田の批判に同意しつつ、次のように主張したという。

東大の教育学部の教授などは、その言動がしばしば国内に大きな影響を与えずにはおかない指導的地位にある学者であり、日教組のやり方などについても必要があれば、これに対して苦言、忠言を行うべき立場にあるのだが、少くとも新聞紙上などでは、これまで苦言や忠言めいた所論を発表したのを見たことがない（中略）これらの教授たちは、文部省が一般国民の間に社会科改善の要望が高まっているものと考えて、その改善につき検討を進めている際に、十分な学問的究明を加えもせず、直ちにこれを再軍備とか軍国主義に結びつけて、政府の陰謀よばわりをしたり逆コースだときめつけるのはおかしい。これらの人々は、もっと指導的立場から、こうした問題を学問的に究明して、日教組などを導くべきである

天野の発言を受けて、矢内原は、「東大教授の中にも、もちろん日教組に加入しているものもあるが、教育学部としては、教育の民主化と日教組の教育研究活動の指導という二つの点から努力しているもので、社会科問題なども、こうした観点から論じているものと思うから、これに対する非難は必ずしも当らない。社会科問題に関連して政府の陰謀よばわりしているような事実があれば具体的に指摘してもらいたい」と反論したとされる。

矢内原忠雄
提供：朝日新聞社

天野貞祐
出典：国立国会図書館「近代日本人の肖像」

この「天野・矢内原論争」[77]について同記事は、「審議会の大勢は前田、天野両氏の意見に賛成の空気が強かったといわれる」と伝えている。先に述べたように、第十六回総会において矢内原は、日教組に対する根本的な態度は天野と同様であると言明し、天野との認識の共有を強調していた。しかし、ここでは日教組に対する東大教育学部教授のスタンスをめぐって、両者は鋭く対立している。「天野・矢内原論争」をどう評価するかという点については、両者の思想的背景や教育認識、日教組との関係等を踏まえる

必要があるが、ここでは立ち入らない。ただこの論争から窺えることは、日教組に対する天野と矢内原の認識や態度が明らかに異なっており、少なくとも矢内原自身が意識していたほど、日教組をめぐる両者の心理的距離が近くはなかったということである。

ところで、この論争が新聞報道されたという事実は、中教審委員をはじめとする関係者に少なからぬ影響を与えたようである。それは論争の内容もさることながら、本来、非公開扱いされている中教審の議事内容が報道されたためである。第十八回総会（十一月九日）ではこの問題が議論され、委員から議事内容の外部漏洩について批判的意見が数多く出された。(78)

（3）答申案の内容

一九五四（昭和二十九）年一月十一日に開催された第二十回総会では、一月九日に特別委員会が発表した「教員の政治的中立性に関する答申案」（以下、答申案と略）をめぐる論議が行われた。総会開始から間もなく、主査を務めた河原が特別委員会の審議経過を報告した。河原はここで、答申案は「最大公約数」としてまとめられ、「全員一致」で決議されたと述べている。(79) しかし、「全員一致」の決議であっても、野口だけは、特別委員会の協議において「反対的態度」をとっていたといわれている。(80) また、答申案の執筆については、「内容は全部河原自ら執筆したもの」(81)、「河原主査がひとりで答申案を書きあげ、これを一月になって某所で個々人に示して極秘に検討」(82)といわれるように、実際にはほとんど河原一人の作業であったようである。(83) 河原の報告の後は、宮地企画課長が答申案を朗読し、その後再び河原が答申案について補足説明を行った。以下では、この補足説明も参照しながら答申案の概要を述べておきたい。(84)

この答申案は四つの節に区分されている。まず「一」では、現行法制に触れつつ、特に高等学校以下の政治的中立を重視することが説かれている。ここでは、児童・生徒が心身未成熟であり、「政治意識においても、正確な判断をするには、未だ十分に発達をしていない」として、「強い指導力、感化力を有する教員が、自己の信奉する特定の政治思想を鼓吹したり、又はその反対の考え方を否認攻撃したりするが如きは、いかなる理由によるも許さるべきことではない。教員の政治的中立性に関する諸問題は、すべてこの原則を基本として、解決されなければならない」としている。教員組合の活動についても、「たとえ間接の政治的活動といえども、近来のように教員の組合活動が、政治的団体の活動と、選ぶところがない状態となって来たのでは、未だ批判力の十分でない高等学校以下の生徒児童に対する影響は、まことに看過するを得ないものがある」と述べて、そのあり方を厳しく批判している。

「二」では、教員の政治活動の実情が述べられている。ここでは、①日教組全国大会で決議された「運動基本方針及び闘争目標」[85]と、②日教組教育研究大会第二回大会報告書『日本の教育』という二つの資料（日教組が提供）に依拠して調査したことが述べられ、その資料内容が分析されている。河原の説明によれば、これら周知の資料に依拠して日教組の活動を調査したのは、法務省や警察当局の助力を求めた場合、「スパイというようなにほいがするので」[86]、それを避けたためであった。①については、「その多くが政治的活動であり且これが特定の政党を支持するものであるかどうかは別として、著しく一方に偏向していることは否定することを得ない」としている。②についても、「特定の政治的意図のもとに、組合員たる教員が教育を行うことを期待している」ものであり、「明らかに特定政党の政策を支持しているものと見られる」箇所があることなどを指摘している。

「三」では「日教組の行動があまりに政治的であり、しかもあまりに一方に偏向している点と、その決議、その運動方針が組合員たる五十万の教員を拘束している点とその教員の授業を受くる千八百万の心身未成熟の生徒児童の存在する点」が「教員の政治的中立性に関する問題の中、最も重要」と指摘している。そして、次のように提言するのである。

したがって教員の組織する職員団体及びその連合体にあっては、公務員法に定める給与その他の勤務条件等教員の経済的地位の向上を図ること以外の行為を為しえないことにするか、惑(ママ)はその他の方面から前述のような政治的活動の制限について考慮するか、いづれにせよ教育基本法第八条第一項に規定する通り、良識ある公民たるに必要な政治的教養は、教育上これを尊重しなければならないが、この目的を達するためにも、年少者の純白な政治意識に対し、一方に偏向した政治的指導を与える機会を絶無ならしむるよう適当な措置を講ずべきであり、この措置は如何なる反対理由にも優先すべきである。

後に見るように、総会での答申案をめぐる論議の多くはこの部分に関係している。このような文言が盛り込まれた背景には、日教組の自粛を期待することは「百年河清を待つよりももっとむずかしい[87]」と河原が考えるようになったという事情もある。

また、「四」では、政治的中立確保のために、次の三つの事項の実現を期することも必要との考えを示している。①文部省と教委との連絡を一層緊密にすること、②教育委員の選挙に関し、教職員は退職後一定期間経過しなければ、立候補不可とすること、③『日記』のような補助教材の使用についてはあらかじめ校長から教委に届け出させること。

この答申案は、先述のとおり、一月九日の特別委員会で発表されたが、発表前に『朝日新聞』が「河原委員長の極秘の取扱にもかゝわらず[88]」、その骨子の一部をスクープした[89]。答申案発表の際には、早くも同日に日教組が「答申案に対する日教組声明書」を、総評が「声明書」を発表し、答申案を批判する見解を表明している。前者は、答申案を「日本の教師と青少年に対する脅迫」と批判し、後者は「日教組の諸活動の一層さかんなることを願う」と日教組を称揚しつつ、「特別委員会答申案に厳重抗議し、中央教育審議会委員、文部当局者の深き反省を求める」としている(90)。

（4）第二十回総会における論議

第二十回総会では、河原とその他の委員との間で答申案についての質疑応答がなされ、最初に矢内原が四点にわたり質問した。それらの質問を要約すると、①憲法及び教育基本法その他国法の趣旨や原則の維持を主張することは政治的中立に反するか、②義務教育では特に社会科で政治教育が行われている。教育で政治を論じることは政治的であるか教育的であるか、およそどちらに考えるのか、③教育の理想・思想を説く場合、これが政治に関係していれば、政治的活動若しくは政治的行為と認定されるのか、④答申案中の「この措置は如何なる反対理由にも優先すべきである」の意味は何か、というものである。

河原は、①については政治的中立に反しない、②については教育基本法第八条第一項の趣旨を踏まえる、③については全く差し支えない、④については何らかの措置を講じる場合に種々の反対理由が出される可能性があるが、どのような場合でも年少者に影響を及ぼさないようにする措置を最優先して考えてもらいたいという意味である、と回答している(91)。

続いて林が、答申案の内容は高等学校以下の教員を対象としているのか、大学教員も含まれるのかが不明確であると指摘し、答申案中「したがって教員の組織する職員団体及びその連合体にあっては」の部分について、その点の区分けがなされていない理由を質問した。これに対し河原は、高等学校以下の教員を対象としているとし、記述が不明確である点については、「これはいろいろな法律の関係が錯雑しておりまして簡単にはっきり言い切ることができない事情もありますから、そこは立法技術について精通されておりましょうし、そういう準備のある当局においてはっきりしてもらいたい」と述べている。(92)

また、亀山は答申案の表題をめぐり二点質問した。一つは、表題に「高等学校以下」あるいは「義務教育」といった語句を入れて対象の明確化を図ればよいのではないかということ。もう一つは、「教育の政治的中立性」ではなく「教員の政治的中立性」となっているのはなぜかということである。河原は、前者については表題にした場合のぎこちなさを指摘している。後者については、法制上「教育の政治的中立性」という表現が見当たらず、地方公務員法の条文中にある「職員の政治的中立性」という表現に倣ったとしているが、「気持だけの問題」であり、どちらでも異存はないと答えている。(93)

この質疑応答の後、答申案に対する委員の意見表明が求められ、三名の委員が意見を開陳した。答申案に賛成したのが林であり、反対したのが矢内原と前田である。ここでは矢内原と前田による意見表明が中心になっており、林の発言内容は他の二名と比較してさほど多くはない。したがって以下では、矢内原と前田に焦点を当て、両者の発言内容を見ておきたい。

まず矢内原は、「例えば教育を民主化しなければならない、民主主義に反対をする勢力から教育を守らなければならない」ということは日本国憲法及び教育基本法の根本精神であり、「反対することは何にもない、反対してはいけない」とする。その上で、「そういうことを政治的偏向と考えて適当な措置を講ずるということになれば、その措置そのものが教育上有害である」と主張した。(94) そして、次のように結論を述べている。(95)

私の結論はこのような詳細に亘った而も具体的な対策を含めたこの答申案を出すことは有害である（中略）資料として提供された日教組の運動方針なるものは（中略）要するに民主的な国家と平和的な国家を維持する

ということが根本方針になっているのであります。それでありまして、そういう根本方針を掲げている日教組対策としてこのような政治的中立性云々ということを言えば、如何にも民主的な教育をするとそれ自体が偏向している、一方的である、偏向的であると言わんばかりに中教審が意見を出したと、これは誤解になるかも知れませんが、誤解を招く虞れがあると思います。

矢内原は以上のような意見を表明し、最後に「現在の形における答申案には反対[96]」と述べて、反対の立場を明確にしたのであった。

次に前田である。前田は、特別委員会が答申案をまとめた労苦に対して感謝の意を示しながらも、同委員会の「御結論に対しましては私はどうも残念ながら承服することができない問題がある[97]」と述べている。ただ、前田は矢内原のように日教組に寛容であったわけでなく、「私は現在の日教組のやり方につきましては満腔の憤激を持っている」と心情を吐露し、日教組の運動方針についても、「私は矢内原さんと相当意見を異にいたしまして、(中略)これはやはり行過ぎ」、「極端な政治的闘争的文句があるのでございまして、かかることが繰返してされるということにつきましては私は寒心に堪えない」と述べ、日教組の活動のあり方を徹底批判する発言を繰り返している[98]。確かに、前田は教員の政治活動を問題視しており、例えば、答申案が出される数日前の一月五日付『読売新聞』に掲載された前田の論説では次のように述べられている[99]。

終戦後の一般傾向として普通教育の任に当る教師の指導者連中があまりにも政治運動的傾向に走るのは憂慮に堪えない。筆者は法規の力をもってこれらの政治活動を制限する説には賛成し難いが何とか世論の力をもって教師諸君にこれを訴え、教育者には政治活動以上の更に高しょうなる仕事があり、育英の大任務のためにはすべてを捨てて、ただこの一路に向かうの職務上の誇りに活きてもらいたい。

しかし前田は、この論説でも示されているように、第二十回総会では、「法律的な制限をいたすということについては私はどうしても賛成することができない」と主張し、「教員及び教員の団体が負っておりますような法律上の制限以上に更にその制限を加えるということはいろいろな弊害が起ってその立法者の期するところとむしろ反対の結果を生ずる場合もあるし、その事柄自体が非常に危険な副作用を含んでいるように考える」ため、「教育基本法の第八条の二項（中略）以上に法律で団体なり個人なりに制限を加える」ことは「行過ぎ」との見解を示した。[100]さらに前田は、答申案の「公務員法に定める給与その他の勤務条件等教員の経済的地位の向上を図ること以外の行為を為しえないことにする」という部分について、「窮屈極まること」であり、「それならばただ自分の賃金値上の問題、それに類似することだけしか行動ができ」ず、「そういうふうに義務教育に従事する教員の団体に対しては法律的に制限を加えて、それより逸脱することは違法であるということは実に過酷だと思う」とも述べている。[101]

このように前田は、教員の政治活動に対して新たに立法措置を講じることを批判しつつ、「片寄っております日教組のやり方につきましての精神的な思想的な闘いがまだ十分でない」として、「もっと事あるごとに、機会あるごとに思想は思想を以て闘う、健全なる世論を喚起するということにつきましてまだまだ余地がある」と主張したのであった。[102]前田の主張は、雑誌『世界』掲載の論文においても具体的に展開されており、ここでは、「審議会の一員たる私が何故反対したかの点について、本誌から質問があった」として、審議会での発言と同趣旨の見解が示されている。[103]

一方、林は、高等学校以下の教員については、この答申案の趣旨に賛成とし、現状では、政治的に偏向した教育を「微温的な方法で矯めるということは実際上困難」として、立法措置を講じることもやむを得ないという見解を示した。林の発言後は、大達文相が参考意見を述べることを希望し、委員の間でこの要請に対する賛否を採決している(104)。しかし、『速記録』ではこれ以降の部分が欠如しており、この後の論議の展開は不明である(105)。

(5) 第二十一回総会における論議——「答申」の決定

一月十八日には第二十一回総会が開催され、前回に引き続いて答申案の審議が行われた(106)。この総会には中教審の委員二十名全員が出席し(107)、答申案の賛否に関する意見を提示するとともに、答申決定をめぐって最終的な採決を行っている。以下では、答申の最終決定に至るまでの論議の展開をたどりながら、各委員がいかなる理由で賛否を示し、どのような意見を提示したのかを確認しておきたい。

審議開始後、最初に意見を表明したのは、原である。原は、答申案中の字句に若干の疑義があることを認めながらも、高等学校以下の学校において政治的に偏向した教育を行うことは、「実際の結果において受ける影響が重且つ大である。これが相当の時代まで影響するものではないか」と述べて、答申案に全面的に賛成した(108)。また、この後数名が発言した後には、「教育委員会がそれぞれ機能を発揮してくれればいいのですが、教育委員の人たちがそれでは足りないのだというところまで来ますと、又その点においては規制する何らかの措置を、ひいては法律の改廃まで行かなければならないのじゃないか(109)」などと述べており、立法措置の必要性も示唆している。

原に続いて、藤山も答申案に全面的に賛成する旨の発言を行った(110)。藤山は、日教組が労働組合として本来取り上げるべき問題（例えば、待遇改善等）以外の政治活動を行うことは労働組合発展のためにも好ましくないという認識を示し、行き過ぎた政治活動が行われた場合には、それを法律上厳格に禁止しても差し支えないとしている。さらに、第二十回総会で矢内原が発言した「民主」や「平和」を教育の理想とする旨の発言に言及し、それに同意しつつも、次のような批判的意見を述べている。

ただ平和という、教員が行います児童に対する平和の思想を説くと言うことは（中略）平和の方法論を説くのではないと思うのであります。各人の心の中に平和の砦を築くということが恐らく教育におきまして平和を教えるところの点であります。それを離れて政治上の問題として或いは平和を説きますことはこれは教員の活動において行過ぎではないか、こういうふうに考えます。又民主的な考え方を吹き込むということも、民主的な考え方というのは個人の尊厳を十分に認めて、そうして各人の意見を十分に吐露させる、それをみんなが聞いて行くというその心持を養成することが一番教育におきます民主的な活動であり教育でありまして、これこれのことを言わなければ民主主義ではないのだということはこれは適当じゃないのじゃないかと思います。

藤山の発言後は、矢内原が教員（日教組）の政治活動への対応について、これまでの総会の場合と同様に、自説を展開し、答申案に反対した。そして、「この審議会といたしましては教員が片寄った、政党的に片寄った政治教育をしてはならないという趣旨を確認して言明する、その限度で止どめたほうがいいかと思います」と述べながら、教員各自の自覚を促すことなどを期待している。(111)

矢内原の発言を受けて野口は、答申案中の「適当な措置」に言及し、それが「立法的措置」を意味するものではないことを強調した。(112)野口は特別委員会の委員であり、同委員会の結論である答申案に反対する立場にはなかったが、これに否定的な態度を示していた。野口には、前田や矢内原の考えと同じように、「適当な措置」は「立法的措置」を含むと解釈可能であり、危険という認識があったのである。矢内原同様、前回の総会で反対意見を提示した前田も、ここで自らの主張を再び展開し、答申案に依然として反対という立場を表明した。(113)

前田に続いて意見を表明したのが天野である。天野は答申案について強硬な反対姿勢を示すのではなく、「趣旨には勿論賛成」、「二までのところは全部賛成」と部分的に賛意を示しており、[114] 例えば「教員の自由というのはむしろ組合活動によって束縛されていることがある（中略）適当な措置をするということは、私はそれを歓迎する教員も全国には実に多いと思うのであります。だから若し適当なことがあるならば私はそういう措置も悪くはないと思います」[115] と述べている。しかし、答申案については「非常に残念だけれども直ちに賛成できない気が私はいたします」[116] と述べ、反対の態度を表明した。天野はその理由を次のように説明している。[117]

教員の活動というのは全然経済活動だけに限っちまうという点が私にはどうも少し無理のような気がいたします。勿論教員も自分で労働者、労働組合だといっておりますけれども、実は任意団体なんです（中略）任意団体における組合の教員の活動というものを（ママ）もっと広く一般に考えられていると思うのであります。だから文化とか教育とかということも教員の活動の中から取っちまうというところに非常に無理がある（中略）場合によれば何かのこういう法律の措置ということも拠ん所ないかも知れませんが、これはこのままではこれは少し無理があるのじゃないか

このように天野は、答申案の「三」で示されたような、日教組の活動を経済的側面に限定する考え方を問題視し、答申案に反対した。ただ、前田や矢内原とは異なり、立法措置を講じることを必ずしも否定していない。天野は文部省側がとるべき対応について、次のように提案している。[118]

私の考え方は非常に変な考えでもあるかも知れませんが、とにかく文部省は教員組合のことも知り尽してお

り、又法制上の知識を持った者もいるのだから文部省がこういうことをどういう対策によってこれを防ごうとお考えなのか。そういう対策或いは成案があるならばこの審議会にその対策を出して、そうしてこの審議会の審議を経られてはどうかと思うのであります。私は教育の中立性を侵すのは日教組ばかりでなくして、場合によっては政党によって侵されることもあるのだから文部省がそういう措置をするときにはこの中央教育審議会にかけるということが教育の中立性というものを維持する上は非常にいいことでありまして、先ずそういう対策が政府にあるならばどうかここに出されて、虚心坦懐この審議会の意見を聞かれてはどうか。

このように主張した天野は、答申案中「したがって教員の組織する職員団体（後略）」の部分を「政府はよろしくこれが対策を研究し本審議会に諮問すべきである」あるいは「政府はよろしくその対策を研究しその成案を本審議会に諮問すべきである」と書き換えるという修正案（以下、「天野案」と略）を提示した。「天野案」の提示後、亀山からも修正案が提示された。亀山の修正案（以下、「亀山案」と略）は、答申案「三」の「したがって教員の組織する職員団体及びその連合体にあっては」以下の文章を、「したがって教員の組織する職員団体及びその連合体が、年少者の純白な政治意識に対し、一方に偏向した政治的指導を与える機会を絶無ならしむるよう適当な措置を講ずべきである」に修正するというものである。これは天野の意見も汲み取り、「文教活動や何かは抜かして置いて政活活動だけを制限」するという趣意に基づく案であった。[119] そして、亀山の提案で、「天野案」と「亀山案」の二つの修正動議について採決し、両方とも成立しない場合に原案を採決するということになり、各委員からは、「天野案」、「亀山案」それぞれに対する意見が出された。[120]

まず、「天野案」については、政府のとる措置について最終的な可否を決定するのは中教審ではなく議会であるという意見（小泉）、もはや文部省の意見を改めて聞く段階ではないという意見（中井）などが出された。大達文相も中井と同様、事務手続きや国会情勢を考えると改めて中教審に諮問を行うことは時間的に困難である旨の発言をし、「天野案」を牽制している。一方、「亀山案」については、非常に要領を得ているので賛成という意見（小汀）、答申案中「教員の組織する職員団体及びその連合体」の他に「教員」自体を加えるという意見（石川）などが出されている。特に石川の意見をめぐっては、各委員からその賛否が示され、例えば亀山は、そうした場合に特別委員会の趣旨が非常に変わるのではないかという疑問を提示している。野口は、「ここで特に教員云々ということを差加えても差加えなくても、結局はこれは教員の政治的中立性の確保の問題でありまして、私は原案のほうに参加いたしました一人として特に教員ということを言う必要はない」[121]と述べて、石川の提案に反対した。野口の見解には八木沢や鈴木も同意している。

さて、二つの修正案のうち、まず「天野案」について採決が行われたが、賛成者は少数であった。次に「亀山案」の採決に移り、まず、前田が「亀山案」中、「適当な措置を講ずべきである」の部分について、「法律を以てする政治活動の制限以外に適当な措置を講ずべきである」に修正することを提案した（＝「前田案」）。しかし、「前田案」に対しては賛成者がおらず、前田は「亀山案」の採決を棄権している。[122]結局、「亀山案」には出席者のうち十五人が賛成し（亀山会長は投票せず）[123]、これが中教審としての最終的な結論、すなわち「答申」となったのである（この「答申」は「初期の答申の中では異例の長文」[124]である。「答申」全文は資料編を参照）。小泉は原案を固守するという理由から修正案に賛意を示さなかった。原案にも修正案にも賛意を示さず、最後まで全面的に反対したのは矢内原ただ一人であった。

（6）「答申」以後の論議

「答申」決定後に開催された第二十二回総会（一月二十五日）[125]では、二法案など、当時、国会に提出が予定されていた法案の内容と「答申」の関係をめぐって論議が行われた。この総会の議題は「医学・歯学教育について」であったが、審議の開始前に、野口が二法案の問題を取り上げたのである。

野口は、報道された新聞記事の内容に言及しつつ、二法案は「答申の範囲を相当逸脱した立法案のように見受けられる」[126]と述べている。そして、「答申」中の「適当な措置」に触れ、これが「立法的措置」を含むと解釈されても仕方がないとしつつも、特別委員会の結論とは趣旨が異なり、「中央教育審議会の答申が基であおいう措置が講ぜられるということになりましては、これは中央教育審議会としては甚だ迷惑するのじゃないか」と述べて、二法案立案をめぐる政府・文部省の動向を批判した。[127]亀山も野口の見解に同意しつつ、亀山のもとに取材に訪れた読売新聞の記者に対して、「答申と文部省の企画しているところとその区別をはっきりしてもらわないと非常に迷惑」[128]と亀山自身が語ったことを紹介している。また、「答申」に反対した矢内原は、中教審の審議過程で種々の論議があったにもかかわらず、最終的に委員が「天野案」も「前田案」も拒否して「答申」が決定した以上、「答申案そのものに現れた空気からしてこういう措置（立法措置—筆者註）をとるということは当然じゃないのでしょうかね」[129]と皮肉めいた発言をしている。

総会ではこの後、予定どおり「医学・歯学教育について」の論議が行われた。その途中に田中次官が出席し、二法案立案の動向や野口が言及した新聞報道について説明している。田中次官は、文部省では法案を十分検討しているものの、具体案が確定しておらず、関係省庁との話し合いもできていないと説明するとともに、二月八日の定例会議以前に、中教審において懇談の形での報告と話し合いの場を設置することを要請した。新聞報道については、「誠に部分的な取材によって観測、議論をいたしているのが実情」と述べ、さらに、「決して文部省独自によって答申案と別個なことを勝手に進めているということじゃございません」と述べて、二法案が「答申」を踏まえて検討されていることを強調した。[130]

また野口は、田中次官に対し、「先般の十八日の答申を基にして、それに基いて政府は立法的措置を講じたという工合いに印象を与えられますことは審議会としてはすこぶる迷惑だということを考えるものであります。立法措置という言葉はあの案には出ておりません。適当な措置という言葉が出ております。（中略）私は立法的措置という言葉を出すということは避けたかった」(131)というように、教員の政治活動について新たに立法措置を講ずることに再度、疑義を表明した。八木沢も、二法案が「答申」の意図から逸脱することを懸念し、「教員の自由というものを抑圧する。そういう手段にのみこの私たちの審議会の答申というものが用いられるようなことがあっては実に遺憾至極」(132)と述べている。

第二十三回総会（二月八日）も前回と同じ議題で審議が行われ、冒頭、大達文相が二法案について説明した。前回の総会で田中次官が提案したとおり、懇談の形で同法案の報告がなされたのである。『速記録』では、この部分が「速記中止」となっているが(133)、同総会の内容を記録した別の文書によれば、大達は二法案について、「罰則に関する法務当局との意見調整、世間の誤解に対する釈明等」を行い、「教員組合が外部の煽動に乗り政治活動を行うために起る教育の中立性侵害を防護するものであるとの真意を披瀝」したという。大達の説明に対して、委員からは「地方公務員として教員だけについて制限するのはおかしい」、「義務教育教員を対象とするというが、教育の本質からみて義務教育に限ることはおかしい」、「私立学校教員が罰則の対象にならないのはどういうわけか」といった質問が出された(134)。

これに対して大達は、「役場とか農業関係団体につとめている地方公務員と児童を対象にしている教員とは本質的に違う。又外部からの教唆せん動関係の法案を義務教育にしぼるといったのは高等学校、大学にはそれ相応の批判能力を持っていると考えられるからである。私立学校関係を対象としないのは、私立学校関係は、民間人として見るし、一般を対象とすることは、基本的人権という問題も出てくるので対象としなかった」と回答したという。さらに、教育二法が成立した場合、警察官による学校の取り締まりが可能になり、教育に警察が関係するのではという質問に対しては、公職選挙法に教員が児童生徒を利用した場合の取締規定があり、この取り締まりを行うのは警察であることから、二法案に限ったことではないと説明したとされる[135]。

さて、二法案については、この第二十三回総会の翌九日に法案要綱が、十六日に政府原案が閣議決定され、二十二日に衆議院に提出された。この時点から、二法案を実質的に審議する国会が政治的中立をめぐる論議の主たる舞台となる。中教審ではこれ以降、この問題をめぐる論議は次第に下火になっていった。『速記録』には、二法案の国会提出後、第二十四回総会（二月二十二日）と第二十五回総会（三月八日）で二法案をめぐる論議が認められる。しかし、その後、教育二法の成立（五月二十九日）前後までに開催された第二十六回総会（三月二十九日）から第二十九回総会（五月三十一日）では、二法案や政治的中立に関わる論議が行われた形跡は認められない。そこで最後に、第二十四回及び第二十五回総会での論議を見ておく。

二法案の国会提出日に開催された第二十四回総会では、矢内原が、「答申」の趣旨から外れた二法案が立案されたことなどについて、中教審が文部省側に説明を要求すべきと発言した。また野口は、自らが来賓として招聘された信濃教育会の集会での二法案をめぐる論議[136]を紹介するとともに、中教審が事態の推移を傍観すべきでないと主張している。野口の主張に対しては河原が反対した。河原は、答申案の審議段階で、中教審の委員はすでに文部省側が教員の政治活動規制の独自案を検討していることを理解していたはずであり、天野が提案したように文部省の決定案を改めて中教審で検討するという形をとらなかった以上、中教審がここで二法案の是非を論じることは疑問としている。結局、矢内原や野口の意見をどう扱うかについては、「運営委員会」に諮ることとなった[137]。

第二十五回総会では、前半に「社会科の問題について」の審議が行われ、後半は「教員の政治的中立について」という議題で議論がなされている。ここでは、二法案が各委員に配布されるとともに、田中次官と委員の間で法案をめぐるやりとりがなされた[138]。この総会でも野口が積極的に発言を繰り返している。野口は、あらゆる教員が偏向思想の持ち主であるという印象が世間に流布しているとして、「現場を預っている校長としては非常に迷惑を感じ、世間を歩くのにも肩身の狭い感がいたします」と訴え、二法案の学校現場への影響を危惧した。鈴木も、「一般的な教育若く(ママ)は先生方が弾圧を受けるというような感じですね。或いは学校教育のほうに警察力が拡がって来るような形が出て来るということを一番心配いたしております」と述べている。田中次官は、二法案をめぐる「誤解」や「誤伝」があるとし、文部省側が法案の趣旨の徹底を図り、その排除に努めているなどと説明した。この総会では、他にも矢内原と田中次官の間で二法案の条文解釈をめぐる質疑応答がなされているが[139]、それ以外に二法案に関する具体的な論議はなされていない。

第四節　小括

本章では、主に『速記録』に依拠しながら、教育二法の制定過程における中教審の動向とそこで展開された政治的中立をめぐる論議の内実について検討してきた。ただ、『速記録』には「速記中止」の部分が散見され、論議の内容が不明である箇所が少なくなかった。この部分で重要な論議が行われた可能性も否定できないが、現段階では傍証不可能な部分もある。以下に述べる検討結果は、このような資料的制約が前提となっている。

中教審において政治的中立の問題は「事件」以前の段階でも、教員身分や教委制度の問題を検討する過程でしばしば言及され、論議の対象となっていた。しかし、答申をまとめることを前提として、この問題が本格的に議論されるようになったのは、教育二法制定の端緒となった「事件」後の第十四回総会以降のことである。そのため、論議の内容は、「事件」それ自体の背景や問題点の検証を含んでいたことはもちろん、必然的に義務教育段階における教員の政治活動制限のあり方、とりわけ日教組への対応策の検討が中心となっている。したがって、「政治的中立」の概念規定など、政治的中立をめぐる本質的な問題については十分な議論がなされていない。

さて、ここでの論議について指摘しておきたいことは、教員（日教組）の政治活動の制限について慎重な対応を求める委員が少なくなかったということである。中教審では、日教組の組織的影響力を警戒し、その政治活動を批判する雰囲気が常に存在していたことは事実である。しかし、委員のこのような批判的姿勢が、直ちに立法措置などの厳しい対応をとるべきという発想に繋がっているかといえば、必ずしもそうではない。各総会の論議では、特に天野、野口、前田、八木沢、矢内原といった教育関係者の発言が多いことが注目されるが、いずれも教員（日教組）の政治活動制限については慎重な立場であった。これらの委員が慎重な態度を示した理由は様々であり、それには各委員の思想的背景なり教育認識が深く関わっていると思われるが、とりわけ矢内原については、日教組に親和的であったことがその理由として考えられよう。日教組の政治活動を擁護する意見を頻繁に表明し、一貫して日教組に対して寛容な姿勢を示したところが、他の委員には見られなかった矢内原の特徴である。したがって、最後まで答申案に全面的に反対したのが矢内原ただ一人であったという事実も、矢内原のスタンスからすれば、ある意味当然のことであった。

このように、教員（日教組）の政治活動の制限について慎重な対応を求めた委員が少なくなかったが、それにもかかわらず、特別委員会で作成された答申案は、亀山の提案による一部修正を経て採択され、「答申」として決定した。結果的には、日教組による「偏向教育」を問題視し、これを改善するために「答申」のいう「適当な措置」を講じることの必要性を認識した委員が多数を占めたということになろう。しかし、「答申」で示された「適当な措置」という文言は、前田が指摘するように「極めて漠然」(140)としており、それがどのような措置を意味するのか、それに立法措置が含まれるのか否かといった問題が、少なくとも中教審の論議においては未解決のまま残されることになった。これが第二に指摘したい点である。
先に述べたように、この問題については、答申案を検討する過程で論議の対象となり、ここで前田が、答申案の「適当な措置」の部分を「法律を以てする政治活動の制限以外に適当な措置を講ずべきである」として、立法措置を含まないことを明確にする修正案（＝「前田案」）を提示している。しかし、この「前田案」は具体的に検討されることなく否決された。したがって論理的には、前田案が否決された上で「答申」を決定した以上、「適当な措置」には立法措置を含むという解釈が成り立つ。しかし数名の委員が、「答申」に賛成しておきながら、後に「適当な措置」には立法措置を含まないと主張し、二法案は「答申」の意図を超えていると批判している事実は、結局のところ、「適当な措置」の解釈について、委員の間で共通理解をもつに至らなかったことを意味している。つまり、「答申」は政治的中立の問題をめぐる中教審の最終的な結論ではあったが、中教審内部においてすら多様な解釈の余地を残したという意味で、いわば「不完全な」結論であったのである。

註

（1）山住正己「『教育二法案』のころ」『思想の科学』第一二六号、一九八一年、八三頁。
（2）鈴木英一『教育行政（戦後日本の教育改革3）』東京大学出版会、一九七〇年、六四二頁。
（3）本文において中教審の動向と論議の内容等に言及する場合、煩瑣を避けるために詳しく注記しないことがある。その場合は、各総会の『速記録』に依拠していることをお断りしておく。
（4）ただし、第十八回総会については論議の大半が教育財政問題に費やされている。また、政治的中立の問題を扱ったと思われる部分は「速記中止」となっており、ここでの論議の内容は不明であることから、本章ではほとんど論及しない。
（5）第二章第三節を参照のこと。
（6）建議事項については、文部省調査局『中央教育審議会要覧　第5版』（文部省調査局、一九六六年、四頁）を参照のこと。

（7）同右、一八七頁。委員の職名等は『中央教育審議会第一回総会速記録』（一九五三年一月二十一日）所収の「中央教育審議会委員名簿」等による。なお、委員の在任期間は、その多くが一九五三（昭和二十八）年一月六日～一九五五（昭和三十）年一月五日であるのに対し、林と安井の二名については約一ヶ月遅れの一九五三年二月六日～一九五五年二月五日、河原、鈴木、山本の三名については一九五三年九月十八日～一九五五年九月十七日である。

（8）同通達については、第三章第二節（3）及び資料編を参照のこと。

（9）『中央教育審議会第十回総会速記録』（一九五三年七月十一日）四三頁。

（10）『中央教育審議会第十一回総会速記録』（一九五三年七月二十五日）一一二～一一七頁。

（11）第三章第二節（3）及び第三節（1）を参照のこと。

（12）『中央教育審議会第十四回総会速記録』（一九五三年九月十二日）二頁。

（13）同右、四二～四五頁及び五〇頁。

（14）同右、八九頁。

（15）河原は、一九一六（大正五）年に東京帝国大学法科大学法律学科（独法）を卒業。同年、内務省に入って静岡県警部となり、警察部保安課長、静岡県理事官・視学官等を務めた後、文部省に転じた。大臣官房会計課長、社会教育局長、普通学務局長等を歴任し、一九三六（昭和十一）年に文部次官に就任。一九四〇（昭和十五）年に東京文理科大学長兼東京高等師範学校長となり、一九四五（昭和二十）年に再び文部次官に就任した。退官後は、大日本育英会理事長、枢密院顧問官等を務めた（秦郁彦編『日本近現代人物履歴事典（第二版）』東京大学出版会、二〇一三年、一九二頁）。

（16）日本教育新聞編集局編著『戦後教育史への証言』教育新聞社、一九七一年、三四九頁。

（17）河原は次のように述べている。「中央教育審議会にも、山口県の夏休日記事件に関連して、教員の政治的中立性保持問題特別委員会が設けられたが、私は、その主査に互選されたので、初めて若干の交渉を生ずるに至ったのである。ところが、単に大達君と同期生であるというだけで、始めから教育二法案制定に関する大達君の意図と私との間に、密接の関係があるだろうという尤らしい推測で、その当時新聞雑誌や、公の席上で、ずいぶん引合に出されたものであるが、そういうことは全然なかった。仮に私が学生時代からの親友であったとしても、部外者である私に対し、おそらく相談することはなかったであろうと考える」（河原春作「教育二法案と大達君」大達茂雄伝記刊行会編『追想の大達茂雄』大達茂雄伝記刊行会、一九五六年、二一六頁）。

(18)『中央教育審議会第十五回総会速記録』（一九五三年九月二十八日）五～七頁。この小冊子とは、第三章第二節（2）で取り上げた「小・中学生日記問題の真相の紹介」のことと思われる。ここでの田中次官の発言によれば、文部省は中教審委員への配布用として『日記』の現物を入手しようとしたが、できなかったという。この時点で文部省は『日記』を一部しか所有していなかったため、委員たちには、『日記』に代わって資料が配付された。

(19)『朝日新聞』には、九月十八日に日教組幹部（小林武委員長、平垣美代司書記長ら六名）が大達文相と会見し、日教組対策等について質したという記事が掲載されている（『朝日新聞』朝刊、一九五三年九月十九日）。

(20) 前掲『中央教育審議会第十五回総会速記録』一四頁。

(21) 同右、一七～一八頁。

(22) 河原と文部省側（斎藤及び田中）のやりとりによると、文部省は修正版の『日記』を入手しておらず、また、山口県においても、『日記』が修正された事実を確認できていなかったようである（同右、二九～三五頁）。

(23) 木田宏監修『証言　戦後の文教政策』第一法規、一九八七年、二六〇頁。

(24) 前掲『中央教育審議会第十五回総会速記録』二〇頁。

(25) 同右、五五～五六頁。

(26) 同右、八六頁。

(27) 同右、三六頁。

(28) 同右、三八～三九頁。

(29) 同右、六〇頁。

(30) 同右、四二～四三頁。

(31) 同右、四四～四五頁。

(32)『石川二郎旧蔵資料』（後述）には、同総会の概要が含まれている（「中央教育審議会第16回総会概要」一九五三年十月十二日、『石川二郎旧蔵資料』国立教育政策研究所教育図書館所蔵）。

(33)『中央教育審議会第十六回総会速記録』（一九五三年十月十二日）二～三頁。

(34)「日教組の組織等に関する資料」（一九五三年十月一日、『行政文書史料』一二〇三～一二一四）と思われる。これには、「日本教職員組合組織図」、「教員組合組織変遷図」、「日本教職員組合の機関及び書記局の構成」等が含まれている。

(35)矢田は中教審第七回総会に出席し（当時の所属・役職は大分県大野郡三重町三重中学校教諭・日教組調査部長）、教員身分について意見を述べている。その中で、教員の政治活動については「自由であるべき」（『中央教育審議会第七回総会速記録』一九五三年五月二十九日、一九一頁）とし、「自由な教育を行い公正な判断力を被教育者に賦与するためには教職員みずからが自由人でなければなりません」（同前、一九一～一九二頁）と発言している。なお、二法案を批判した矢田の論説に、矢田勝士「教育二法案阻止の闘い」（『法律のひろば』第七巻第五号、一九五四年、二六～二九頁及び四七頁）、同「教育二法案と五十万の良心――平和と民主主義を守るために闘う」（『人事行政』第五巻第四号、一九五四年、六二～六六頁）がある。

(36)前掲『中央教育審議会第十六回総会速記録』三～一一頁。

(37)同右、一一頁。

(38)同右、一三～一四頁。

(39)同右、一四～一八頁及び二二～二四頁。

(40)第十五回総会において小汀は、「公式会談」について、「有志で個人の資格でやるものなら構いませんが（中略）どうも恐らくそれはいいことはないだろう」（前掲『中央教育審議会第十五回総会速記録』九九頁）と反対した。一方、野口は、「日教組の幹部は中立性をどういうふうに考えているかということにつきましても真相を掴む上には非常にいい」（同前、一二九頁）と「公式会談」に賛意を示している。

(41)八木沢は、「中央教育審議会それ自体において日教組の幹部と懇談をするというようなことがいいかどうかということはまだ私ははっきり考えられません」と述べている。ただ、何らかの形で懇談を行う必要性は指摘していた（同右、一三〇～一三四頁）。

(42)前掲『中央教育審議会第十六回総会速記録』四七頁。

(43) 同右、四七〜四八頁。
(44) 同右、二九頁。
(45) 同右、三〇〜三一頁。
(46) 同右、五〇頁。
(47) 前掲『中央教育審議会第十五回総会速記録』五一頁。
(48) 前掲『中央教育審議会第十六回総会速記録』二五頁。
(49) 同右、二七頁。
(50) 同右、二〇頁。なお、速記中止を申し出ているのは天野本人である。
(51) 同右、三六〜三七頁。
(52) 天野貞祐『人間・政治・教育』新日本教育協会、一九五四年、三八〜四四頁。
(53) 前掲『中央教育審議会第十六回総会速記録』五七頁。
(54) 同右、五七〜六〇頁。
(55) 同右、六〇頁。
(56) 同右、九七〜一〇一頁。
(57) 同右、一〇一〜一〇二頁。
(58) 日本教育新聞編集局編著、前掲書、三四九頁。
(59) 文部省調査局、前掲書、一四頁。
(60) 河原、前掲「教育二法案と大達君」二一六頁。
(61) 『石川二郎旧蔵資料』は、石川二郎氏が文部省管理局教育施設部施設課及び同調査局企画課勤務時に収集した資料であり、現在、国立教育政策研究所教育図書館に所蔵されている。初期の「中央教育審議会関係資料」として、発足準備過程の資料や特別委員会の記録・メモ等が多く含まれる。同資料については、渡部宗助編著『石川二郎旧蔵資料目録稿・森戸辰男関係文書目録稿（戦後教育改革資料11）』（国立教育研究所、一九九二年）を参照のこと。
(62) 「教員の政治活動に関する戦前・戦後における法令および通達」前掲『石川二郎旧蔵資料』。ここでは、①「治安警察法」、②「明治26年10月28日　文部省訓令第11号」、③「明治27年1月23日　文部省訓令第3号」、④「憲法」（「日本国憲法」―筆者註）、⑤「教育基本法」、⑥「地方公務員法」、⑦「国家公務員法」、⑧「公職選挙法」、⑨「教育基本法第八条の解釈について」（昭和二十四年六月一日　委総第一号）、⑩「教育の中立性の維持について」（昭和二十八年七月八日　文初地第四〇五号）が法令・通達として挙げられており、このうち①、②、③、⑨、⑩の内容の一部又は全部が示されている。

(63)「中央教育審議会第三特別委員会　第1回概要」（一九五三年十月二十八日）同右。

(64)「第三特別委員会において提起された問題点」（一九五三年十二月）同右。

(65)「［中央教育審議会第三特別委員会のメモ］」（一九五三年）同右。「［中央教育審議会第三特別委員会におけるメモ］」（一九五三年十二月）同右。これらはいずれも、文部省罫紙を用いた手書きメモであるが、特に前者は判読しにくい部分が多い。

(66)『中央教育審議会第十七回総会速記録』（一九五三年十月二十六日）三～五頁。

(67)同右、五～七頁。

(68)同右、七～二四頁。

(69)同右、二四～三五頁。

(70)『朝日新聞』（朝刊）一九五三年十月十四日。

(71)前掲『中央教育審議会第十七回総会速記録』三五～三六頁。

(72)日教組の「方向転換」については、第六章第二節（2）を参照のこと。

(73)『毎日新聞』はこの会について報じるとともに、前日二十三日に行った安倍へのインタビュー内容を掲載している。これによれば、安倍は、「事件」の「現地調査」を踏まえ、問題となった『日記』について「やわらかい遠回しな言葉で共産主義的思想を吹き込み、親ソ容共、反米の思想を巧みにおりこんでいる。これが日記の眼目で判断力が乏しい少年少女に極左思想をうえつけ向ソ一辺倒に導こうとしている」などと批判している（『毎日新聞』夕刊、一九五三年十月二十三日）。

(74)前掲『中央教育審議会第十七回総会速記録』三九～四三頁。

(75) 同右、四四〜四五頁。
(76) 『朝日新聞』（朝刊）一九五三年十月二十七日。
(77) 『新しい学校』編集部編「教育の政治的中立」『新しい学校』第六巻第三号、一九五四年、八頁。この論説は推測部分が少なくないものの、中教審の動向を比較的詳細に記述している。
(78) 例えば、亀山は議事内容が中教審委員によってリークされた可能性が高いことを指摘し、委員らに注意を喚起している。また、矢内原は「東京大学教育学部」という特定の名称が新聞に出たことについて、「東京大学では相当ショックを受け」たと述べている（『中央教育審議会第十八回総会速記録』一九五三年十一月九日、八二九〜八三八。この回の『速記録』には頁番号がなく、通し番号が付されているのみである。したがって、本史料の引用・参照にあたっては通し番号を示した。『速記録』の通し番号については、以下同様）。
(79) 『中央教育審議会第二十回総会速記録』（一九五四年一月十一日）三〜七頁。
(80) 『朝日新聞』（朝刊）一九五四年一月九日。なお、政治的中立に対する野口の考えが窺えるものとして、野口彰「政治教育の限界――政治的教材に対する教師の態度」（『教育時報』第八十八号、一九五五年、七〜一〇頁）等がある。
(81) 大達茂雄伝記刊行会編『大達茂雄』大達茂雄伝記刊行会、一九五六年、三五九頁。
(82) 前掲「教育の政治的中立」九頁。
(83) 文部省の斎藤地方課長もこの答申案作成に関与したと言われている（同右、九頁）。また、大町宗八は、「一説に、内容が具体的で他方面(ママ)に渡っているので、文部省の課長がまとめたものだともいわれる。委員にもそう疑っているものがあるが、河原氏が課長と相談のうえだとみるのが真相のようだ」と述べている（大町宗八「日本の教育を動かす人びと――ネクタイ中教審の舞台裏」『改造』第三十五巻第三号、一九五四年、六四頁）。
(84) 前掲『中央教育審議会第二十回総会速記録』七〜五五頁。「教員の政治的中立に関する答申案」（一九五四年一月九日）前掲『石川二郎旧蔵資料』。答申案の引用元は後者。
(85) 「答申」には、「最近の日教組の運動方針」と題する文書が添付されており、これには、一九五〇年度から一九五三年度までの日教組の「運動方針」（「基本方針」、「闘争の目標」等）が記されている。同文書は『石川二郎旧蔵資料』にも含まれており、これには、「八木沢」、「児玉」、「野口」等の名字とその発言内容と思われる手書きメモが付されている

（「最近の日教組の運動方針」前掲『石川二郎旧蔵資料』）。

(86) 前掲『中央教育審議会第二十回総会速記録』二九頁。

(87) 同右、四五頁。

(88) 前掲「教育の政治的中立」一二頁。

(89) 前掲『朝日新聞』（朝刊）一九五四年一月九日。同日付の夕刊には発表後の答申案全文が掲載されている。

(90) 前掲「教育の政治的中立」一二～一三頁。

(91) 前掲『中央教育審議会第二十回総会速記録』五五～六七頁。

(92) 同右、六八～七三頁。

(93) 同右、七六～七九頁。

(94) 同右、八九～九〇頁。

(95) 同右、九六～九七頁。

(96) 同右、九九頁。

(97) 同右、一〇〇頁。

(98) 同右、一〇一～一〇四頁。

(99) 前田多門「教育者に自重を」『読売新聞』（朝刊）一九五四年一月五日。

(100) 前掲『中央教育審議会第二十回総会速記録』一〇四～一〇六頁。

(101) 同右、一一〇～一一一頁。

(102) 同右、一一六～一一七頁。

(103) 前田多門「私はこう思う――教員の政治活動制限に関して」『世界』第九十九号、一九五四年、三四～三七頁。

(104) 前掲『中央教育審議会第二十回総会速記録』一二〇～一二八頁。

(105) 大達のこの要請については、藤山らが審議会での論議に影響を与えるなどの理由で反対したが、採決では賛成した委員が多数であった。したがって大達は、ここで何らかの見解を示したと思われる。

(106) 『石川二郎旧蔵資料』には、第二十一回総会の議事内容に関するメモが残されている（「[中教審第21回総会における

メモ」」一九五四年一月十八日、前掲『石川二郎旧蔵資料』)。

(107) 前掲「教育の政治的中立」一四頁。

(108) 『中央教育審議会第二十一回総会速記録』(一九五四年一月十八日)一一～一四頁。

(109) 同右、三九頁。

(110) 同右、一五～二一頁。

(111) 同右、二三～三三頁。

(112) 同右、三二～三四頁。

(113) 同右、四〇～四四頁。

(114) 同右、四四頁。

(115) 同右、四七～四八頁。

(116) 同右、四七頁。

(117) 同右、四四～四六頁。

(118) 同右、四八～五〇頁。

(119) 同右、五一～五五頁。

(120) 同右、五六～一一二頁。

(121) 同右、八八～九〇頁。

(122) 同右、九八～一〇〇頁。

(123) ただし、八木沢は「亀山案」に賛成したものの、原案支持であったと発言している(同右、一〇六～一〇七頁)。

(124) 木田宏監修、前掲書、二六九頁。

(125) 第二十二回総会は、出席委員が過半数に満たないため、正式な審議ではなく懇談を行うことになった(『中央教育審議会第二十二回総会速記録』一九五四年一月二十五日、一三三四)。

(126) 同右、一三三六。

(127) 同右、一三四〇～一三四三。野口は、一九五四(昭和二十九)年二月二十三日に新宿区立西戸山中学校で開催された二法案をめぐる座談会でも同様の発言をしている。ここで野口は、「中央教育審議会の答申については、必ずしも今日のような二法案というものを直接に予想はしていなかったと言えると思うのです」、「すでに政府は政府の独自の立場から、相当なもの（二法案のこと—筆者註）を用意しつつあったのじゃないか。そうして中央教育審議会の答申が出るのを待っておって、そうして答申のあとでそれを出した、こういう形になりましたが、あたかも中央教育審議会の答申を基礎にしてあれを機会にやったというふうに世間では受けとれるような感じがするのです」などと述べている（石三次郎ほか「教育中立二法案をめぐって——座談会」『中学校』第十三号、一九五四年、七〜九頁）。この座談会には、野口のほか、石三次郎（東京教育大学教授）、宮原誠一（東京大学教授）、大島昌静（横浜共進中学校長）、牛山栄治（新宿区立西戸山中学校長）が出席している。

(128) 同右『中央教育審議会第二十二回総会速記録』一三四六。

(129) 同右、一三五二。

(130) 同右、一四〇五〜一四一一。

(131) 同右、一四一五〜一四一七。

(132) 同右、一四二二。

(133) 『中央教育審議会第二十三回総会速記録』（一九五四年二月八日）一五五七〜一五五九。

(134) 『日刊教育情報』第二三二一号（一九五四年二月十三日）一頁。

(135) 同右、一〜二頁。

(136) この総会が開催された前日の二月二十一日に信濃教育会は集会を開催し、二法案に対する反対声明を決議している。信濃教育会の動向については、第六章第三節（3）を参照のこと。

(137) 『中央教育審議会第二十四回総会速記録』（一九五四年二月二十二日）一〜三〇頁。なお、この総会において、亀山、前田がそれぞれ会長、副会長に再選されている。

(138) 『中央教育審議会第二十五回総会速記録』（一九五四年三月八日）一二八〜一五九頁。

(139) 例えば矢内原は、条文中の「請求を待って論ずる」という部分の問題点を指摘し、「抜道として穴があるとすれば、請求権者が請求しなかった場合の責任、法律としてはそれを追及なさらないとこれは死んだものになる虞れがありますね」などと述べている（同右、一五〇～一五三頁）。

(140) 前田、前掲論文、三五頁。

第五章　教育二法案の国会審議過程
――衆参両院における論議の展開と教育二法の成立

第一節　はじめに

本章の目的は、二法案をめぐる国会審議過程、すなわち同法案の国会提出から教育二法成立までの具体的経緯を明らかにし、その内実について検討することである。

前章で詳述したとおり、中央教育審議会（以下、中教審と略）では、教員の政治活動制限の検討を中心に、政治的中立に関わる論議が重ねられた。一九五四（昭和二十九）年一月十八日の中教審第二十一回総会で決定した「教員の政治的中立性維持に関する答申」（以下、「答申」と略）は、「教員の組織する職員団体およびその連合体が、年少者の純白な政治意識に対し、一方に偏向した政治的指導を与える機会を絶無ならしむるよう適当な措置を講ずべき」と提言している。しかし、すでに指摘したように、「適当な措置」の解釈については、中教審委員の間で共通理解をもつに至らず、それに立法措置が含まれるのか否かといった問題が未解決のまま残されることになった。

とはいえ、文部省は、一九五三（昭和二十八）年九月以降、立法措置を検討し、法案の立案作業を進行させていた。「答申」が出された時点では、すでに「教育公務員特例法の一部を改正する法律案（政治的行為の制限）要綱」（第三章第三節参照）を脱稿している。[1]つまり、すでに法案の立案作業を進めていた文部省の立場からすれば、「答申」のいう「適当な措置」に「立法措置」が含まれるのはほぼ自明のことであり、「答申」は立案作業を進行していく上での強力な後ろ盾となったといえるのである。二法案は一九五四（昭和二十九）年二月十六日の閣議で政府原案として正式に決定し、同月二十二日に第十九回国会に提出された。そして、最終的に五月二十九日の衆議院本会議において教育二法が成立し、[2]六月三日に公布されている（施行は六月十三日）。二法案が国会に提出されてから、ほぼ百日を経ての成立であった。あらかじめ、二法案の審議経過を示しておくと、表5－1のとおりである。

いうまでもなく国会は、法案をめぐって実質的な論議を展開する場であるとともに、最終的に法案を採決する権限を有しており、その意味において、国会審議が政策決定過程の最も重要な局面になり得ることは確かであろう。事実、二法案をめぐって激しい論戦が繰り広げられた国会審議の過程では、政治的中立をめぐる多様な論点や解釈が提示されるとともに、二法案の内容について「相当重要な修正」[3]が加えられた。そのこともあって、教育二法の制定過程を叙述した文献の多くは国会審議の動向に焦点を当てており、[4]国会審議の過程や内容を主たる検討対象とした論考も少なくない。[5]二法案立案の当事者であった斎藤正や大達茂雄も、その著書において国会審議の内容を詳細にまとめている。[6]また、二法案をめぐる国会審議を主な対象とした研究としては、衆参両院文部委員会での論議を中心に教育二法の成立過程を跡付けた貝塚茂樹の研究[7]や旭丘中学校事件の検証の一環として国会審議過程を検討した森田尚人の研究[8]があり、いずれの研究も序章で詳しく述べたとおりである。したがって、二法案をめぐる国会審議過程については、これらの文献や研究によって、おおよそは明らかにされているといえる。しかし、例えば、本会議における論議や諸政党の動向など十分な検討がなされていない点もあり、特に後者

表５－１　教育二法案の審議経過

月日	衆議院	月日	参議院
２月24日	本会議：趣旨説明、質疑	２月24日	本会議：趣旨説明
	文部委員会：付託	25日	本会議：趣旨説明に対する質疑
26日	文部委員会：趣旨説明		文部委員会：予備付託
３月１日	文部委員会：質疑開始	３月11日	文部委員会：趣旨説明
３日	文部委員会：質疑、文部省が「偏向教	13日	文部委員会：実情調査報告
	育の事例」に関する資料提出	16日	文部委員会：実情調査報告
５日	文部委員会：質疑	26日	文部委員会：本付託
12日	文部委員会：質疑、実情調査報告		
13日	文部委員会公聴会	４月１日	文部委員会：質疑開始
15日	文部委員会：質疑、山口日記事件調査	２日	文部委員会：質疑
	報告（山崎始男）	６日	文部委員会：質疑
16日	文部委員会：質疑	８～９日	文部委員会：質疑
17日	文部委員会：質疑	12～13日	文部委員会：「偏向教育の事例」に関
	文部委員会・労働委員会連合審査会：		する証人喚問
	質疑	15～16日	文部委員会：質疑
18～19日	文部委員会：質疑	19日	文部委員会：質疑
20日	文部委員会：質疑終局の動議成立	20日	文部委員会・地方行政委員会連合委員
	本会議：文相不信任決議案否決		会：質疑
25日	文部委員会：辻委員長不信任動議否	21日	文部委員会：質疑
	決、質疑終局の動議再可決、三派共同	22～24日	文部委員会公聴会
	修正案提出、対修正案質疑	26日	文部委員会・人事委員会・法務委員会
26日	文部委員会：討論、修正議決		連合委員会：質疑
	本会議：文部委員長報告、質疑、討	27日	文部委員会・労働委員会連合委員会：
	論、修正議決		質疑
		27～28日	文部委員会：質疑
		30日	文部委員会：質疑終局の動議成立
		５月14日	文部委員会：緑風会修正案提出、討
			論、修正議決
			本会議：文部委員長報告、討論、修正
			議決、衆議院に回付
５月29日	本会議：参議院回付案に同意		
	教育二法の成立		

出典：国会会議録をもとに筆者作成

に関して、従来の研究は自由党と同じ保守政党である改進党の動きをほとんど検討し得ていない。

そこで本章では、主に国会会議録や新聞記事等に基づきながら、先行研究において十分に言及されてこなかった点も含めて、教育二法成立に至るまでの国会審議過程についての詳細な検討を行い、その全体像の描出を試みる。ただ、全体像とはいうものの、二法案審議の主たるアリーナは文部委員会と本会議であるため、これらの論議に焦点を当てることになる。予算委員会や連合審査を行った地方行政委員会、法務委員会、人事委員会、労働委員会等の審議については詳論せず、その内容については文部委員会の審議内容と併せて言及することにした。本章では、衆参両院の文部委員会と本会議を対象とし、主要な論点となった政治的中立の考え方と中確法案の教唆・煽動をめぐる論議、そして二法案をめぐる政党・会派の動向、特に改進党の動向に着目し、法案審議をめぐる政治的ダイナミクスの具体的様相を浮き彫りにしたい。

第二節　第十九回国会衆議院における教育二法案審議

(1) 吉田茂首相の施政方針演説と質疑

二法案の審議過程に入る前に、一九五四（昭和二十九）年一月二十七日の衆議院本会議で行われた吉田茂首相の施政方針演説を確認しておく。吉田はこの演説において、「一部極端なる傾向が教育界に現われつつある事実もまた政府として見のがし得ざるところ」と指摘した上で、次のように述べている（傍線部は筆者による。以下同様）[9]。

学校教育は心身の発達の未熟な生徒児童を対象とするものであり、従って特定の政党政派の主義主張を刻印するがごとき教育を施すことは厳に戒めるべきであります。しかるに、現状においては、学校教育の政治的中立性が侵されんとする危険性が少くないので、政府は、これに対し所要の立法措置を講じ、国の将来のため正常な学校教育の運営を保障したいと考えるものであります。

このように吉田は、政治的中立確保の必要性と立法措置について言明した。この時点では、すでに中確法案の草案が作成され、その案文をめぐって文部省と法制局等の間で折衝がはじまっている。[10]

一月二十八日、二十九日及び三十日の本会議では、各議員から吉田の施政方針演説に対する質疑が行われた。政治的中立の確保に関しては、例えば、水谷長三郎（右派社会党）が「教育の中立性に名をかる教員の政治活動の禁止など、みな占領政策是正を看板に反動逆コースを歩まんとする現政府の露骨なる意図を示すものにほかなりません」[11]と述べているように、両派社会党議員から批判が相次いだ。特に、大西正道（右派社会党）は政治的中立の問題に詳しく言及し、政府の姿勢を厳しく批判している。[12]大西は、政治的中立が尊重されなければならないとしながらも、教員の政治活動の禁止は「あまりにも飛躍し過ぎた結論」であり、「ものの正当な解決を誤った、きわめて危険な考え」と指摘した。そして、「教育の中立性」と「教員の政治的自由」のいずれか一方の犠牲のもと、一方だけが尊重されるのは無意味であり、立法措置は「健全なる教員の政治活動」をも制限し、「教育の本質をゆがめる重大なる危機に導く要因になる」と述べて、吉田に立法措置の必要性について問い質している。また、文相らに対して、「このような禁止立法を考える前に、なぜもっと積極的な指導と啓蒙をしようとしなかったのか」と批判するとともに、「教育の中立性維持を教員の自覚と責任にまつ意思はないのか」と尋ねた。

吉田は、「終戦後の一種の空白状態に乗じて、教育者が教育の中立性を奪うがごとき行動を起したことは、私ははなはだ遺憾とするところ」と述べながら、立法措置についての答弁を文相に委ねている。大達文相は、政府が政治的中立に関する法案の成案を急いでおり、法案提出後に「その内容についてとくと御審議をいただきたい」と述べるだけで具体的な答弁を行っていない。そして、「不必要な制限、いわゆる行き過ぎをするという気持」はなく、「憲法を蹂躪するというようなことは全然考えておらぬ」というのが「本音」であると付け加えた。(13)

施政方針演説に対する質疑は、保守系の改進党議員からもなされている。同党の町村金五は、「へんぱな階級的世界観に立脚して、特定の政党のみを支持し、かつ教壇から純白なる生徒に対し片寄った政治教育を行っておりますことは、正しい民主主義を守るためにも、日本民族の繁栄をはかりますためにも、断じて黙過することができない」と日教組を非難しつつ、「政府が日教組の政治的偏向の是正のためにとって来た方策は、きわめて姑息」であり、事態悪化の原因は「政府の無為無策」にあると批判している。そして、「全国数十万の教員に対し、彼らが教育者として当然あるべき姿に立ちもどり、たっとい天職に生きるよう、誠心誠意を尽し反省を求めることが必要」としながら、「この努力なくしては、たとい法的措置を講じても、教育の中立性は絶対に維持されない」と述べて、政府の所見を求めた。(14)

後述するように、町村は改進党の「革新派」ではなく、「保守派」に属しており、二法案に対するスタンスはむしろ自由党に近い。町村は大達の旧内務省時代の部下であり、二法案の立案過程で大達との関わりも認められる。(15) したがって、町村の質疑は立法措置を批判するものではなく、立法措置を含めて政府が毅然とした対応をとることを求めるものであったといえる。町村の質疑に対して大達は、「今日学校における教育が、先生の主観によって、先生の考え方で、かってほうだいな、片寄った教育が行われておるという事実を認むる」としながら、この状態を放置することは「国家の運命に暗影を投ずるおそれがある」と述べて、法案提出の趣旨は学校教育を正常な軌道に乗せることと答弁した。(16)

(2) 本会議における二法案の趣旨説明と質疑

二法案は、一九五四（昭和二十九）年二月十六日の閣議で政府原案として正式に決定し[17]、同月二十二日に第十九回国会に提出された（中確法は閣法第四十号、教特法は閣法第四十一号）。同月二十四日には衆参両院の本会議で大達文相より法案の趣旨説明が行われ[18]、国会審議が始まった。衆議院本会議で大達は、政治的中立については教育基本法第八条に明示されており、その確保が期せられなければならないとして、中確法案の提案理由を次のように説明している。

この法律案の所期するところは、義務教育学校において教育基本法の期待するような正しい政治教育が行われることを保障するのにあります。すなわち、第一条に規定しておりますように、この法律は、教育基本法の精神に基き、義務教育諸学校における教育を党派的勢力の不当な影響または支配から守り、もって義務教育の政治的中立を確保するとともに、これに従事する教育職員の自主性を擁護することを目的とするものであります。

そして、この目的を達成する方法こそが、義務教育諸学校の教育職員に対し、党派的教育を行うよう教唆・煽動することの禁止であるとした上で、中確法案第三条から第五条の規定内容を説明した。大達は、「教唆、扇動するということは、いかなる目的に出ずるものでありましても、またいかなる手段に訴えるものでありましても、教育上の見地からすれば好ましくない」としながら、中確法が禁止するのは、「特別の条件を備える場合のみに限定した」といい添えている。

教特法案については、まず、公務員の政治的行為に関する現行規定に言及し、国立学校の教育公務員と公立学校の教育公務員の場合を比較しながら、両者に「法制上顕著な差」が設けられていることを指摘した。それは、「制限事項並びに罰則の有無」について差異があるだけでなく、制限を受ける地域の範囲について、「国立学校の教育公務員が全面的に制限を受けているのに反し、公立学校の教育公務員に対する制限は、原則としてその勤務する学校の設置者たる地方公共団体の区域内に限られることとなっている」ということである。その上で次のように、教特法案の趣旨を説明した。

しかしながら、教育は、国民全体に直接責任を負って行われるべきものであり、一地方限りの利害に関することではないのでありますから、職員の政治的中立性を保障して、その職員の職務たる学校における教育の公正な運営を確保するに必要な職員の政治的行為の制限に関しましては、公立学校の教育公務員を国立学校の教育公務員と区別して規制することは適当でないと考えるのであります。よって、教育公務員の職務の特殊性を考慮し、公立学校の教育公務員の政治的行為の制限につきまして、これを国立学校の教育公務員と同様の取扱いをしようとするものであります。

大達の趣旨説明は、「淡々とした事務的のもの[19]」といえるが、それだけに二法案の要点が明確に示されている。この趣旨説明を最初に起案した「事務当局案」には、二法案の提出理由として、教育界についての客観情勢の分析内容が相当程度含まれていた。しかし大達がその部分を削除し、「字句を緩和した」といわれている[20]。

この後、坂田道太（自由党）、田中久雄（改進党）、辻原弘市（左派社会党）、前田榮之助（右派社会党）、小林信一（小会派クラブ）、安藤覺（日本自由党）（登壇順）がそれぞれ大達の趣旨説明に対する質疑を行い、大達や緒方竹虎副総理などの政府関係者が答弁を行った[21]。与党議員である坂田の質疑は、当然ながら二法案支持の立場からなされている。坂田は、「この法案の内容も知らず、研究もしないで、臆測や先入観に基いて、まったく違った内容を前提に議論が行われておること」が「最も遺憾にたえない」と述べ、二法案の反対論には、「政府の決定が遅れたために、説明が尽されないための誤解に基いて反対される」ものと、「故意に何らかの政治的意図をもって反対されておる」ものの二つがあると指摘した。そして、「政府はこの際、きわめて率直に、大胆に、不明確なる点を明らかにし、善良なる国民の誤解を一掃する必要がある」と主張している。ちなみに、これと同様の発言が約一年前の一九五三（昭和二十八）年二月二十三日、第十五国会衆議院本会議での義教法案の趣旨説明に対する質疑においてなされている[22]。発言内容の一字一句が似ていることから、坂田は義教法案と二法案をめぐる反対論に共通性を見出しており、義教法案の趣旨説明に対する質疑を、ほぼそのまま二法案の趣旨説明に対する質疑に流用したと思われる。

坂田は、「このまま放置すれば、全国至るところに教育の中立性侵犯の事例が続出すると思うが、どうか」、「日教組の行っている平和教育は、特定の目的を持った反米親ソ、中共礼讃の片寄った一方的思想の強要」ではないか、「教える自由を教員から奪って（中略）教員の基本的人権を侵して」いるのは日教組ではないか、中確法は「伝えられるところとはまったく反対に、教員を不当な束縛から解放するもの」であり、容疑も教委等の要請をまって捜査されるので、「伝えられる警官の学園立入りはあり得ないと思うが、どうか」という四点について質疑を行った。坂田自身の回想によれば、この質疑が坂田の「処女演説」であり、「野次と怒号の中で夢中でしゃべった。いま読んでみても偏向教育への私の怒りがよみがえってくる」と述懐している[23]。坂田の質疑に対し、大達はおおよそ次のように答弁した[24]。

①共産党や社会党左派の主張をいえば二法案に抵触し、自由党などのことをいえば何らさしつかえないといっ

た、法案に対する「反対の宣伝」がある。しかし、二法案にある「特定の政党」には、いかなる政党も含まれる。

②山口日記事件は必ずしも偶然の事実ではなく、日教組の闘争方針に基因する。日教組が計画的に故意に指令を流していることは、各種資料によって明らかである。

③平和やその精神を教えることは何も差し支えないが、平和教育の名のもとに特定政党の主張を支持または反対する教育は、教育基本法第八条第二項に抵触する。ただし、中確法案の「教唆・煽動」の内容として罰則にあたるかどうかは、具体的に個々の場合の実際について、判定しなければならない。

④日教組等が教員の政治的行為の制限について、何もいえなくなるなどと批判しているのは、「非常な間違い」で「虚構の宣伝」である。「公務員法」では、政治的行為について一定の局限された行為のみ制限しているのであって、例えば、国家公務員法の対象になっている大学教授が政治的行為の制限の問題について活発な政治的意見を発表していること自体、このことを証明している。

以上のように述べた大達は、二法案の国会提出前から憶測に基づいて法案が批判されていることに対し、「初めからうそを承知で宣伝したものと見るよりほかはない」と厳しく批判した。また、犬養健法相は、警察官が恣に行動することはなく、学校で行われた違法行為に対しては、よほどの場合を除き、主に行政上の監督権に基づく処分によりたいとの考えを示した。さらに、国家地方警察（以下、国警と略）本部長官の斎藤昇は、日本共産党が暴力革命を否定していない現状では、治安機関として日教組内における共産勢力について視察や内偵を怠っていないと述べ、日教組内における共産党のグループ活動の状況を報告した。その一方で、思想調査に該当するようなものはないと明言している。

次に質疑を行った田中は、政治的中立を侵す事例の現状説明を求めるとともに、偏向教育に対しては二法案でなくとも、「教育三法」（教育基本法、学校教育法、教育委員会法）の改正、あるいは文部省の勧告と助言によって対応可能との考え方を示し、この勧告と助言が不十分であるとして、日教組に対する政府の姿勢の甘さを批判した。これに対して大達は、文部省は従来から日教組に対して指導・助言を行ってきたにもかかわらず、効果がなかったと説明するとともに、「相当強い偏向の教育が行われておるということは、これは争うべからざる事実」と述べながら、日教組が「強い政治的な偏向を持つ、その意味においては政治的団体である」と指摘している。

辻原と前田は、基本的人権や言論の自由を保障する日本国憲法の精神に反するとして二法案、特に中確法案を厳しく批判した。例えば、前田は中確法案について、政治的中立確保の意義を認めつつ、政治的中立と教員の政治的自由のいずれか一方の犠牲の上で一方が尊重されるのは意味がないとし、政治的中立が「国民の監視並びに教員の自覚と責任」によっては実現し得ないと考えているのか、といった点について政府の見解を求めた。これは、一月三十日の本会議における同じく右派社会党の大西正道（前出）と同様の批判である。そして、山口日記事件は「例外的な事例」であり、この事例を理由として「一部の者を律するために全体の善良なる教員を規制することがはたして民主的方法であるか」と問い質した。これに対して緒方副総理は、中確法案は憲法の精神に反するものでなく、「教育基本法の精神とするところを忠実に実現しようとするもの」であり、「教員を萎縮せしめるというようなことは絶対にない」と応じている。大達は、「この法律は行き過ぎでない先生には迷惑はかからない」と答弁した。

辻原は、二法案の立案過程に関する質疑を行っている。二法案が秘密裏に作成され、法案をめぐって政府部内（文部省、法務省、法制局）で対立があり、法務省が法案の文部省案を憲法違反として拒否したと指摘し、この対立の様相について尋ねた。これに対する政府側答弁は、政府部内の不一致という事実はなく、「法文作成の技術の点で両省（文部省と法務省―筆者註）間においてはなはだ率直な議論の交換をいたしまして、双方とも益するところが多かった」（犬養法相）というものであった。

さらに辻原は、中確法案に規定する「政治的中立」とは何かという点にこだわり、その意味を質した。辻原の質問は、政府がいうように、政党その他の政治的団体の影響を排除することを政治的中立の確保と捉えるならば、政府与党による影響はどう考えるのかというものである。その例として、各学校やＰＴＡに対して自由党の機関紙である『自由党報』が配布された事実を取り上げ、この内容を「政府の言う中立性を侵しておる最も好個の例」と指摘し、これを排除しなければ、「政府、与党の意のままになれということだと解釈しなければなりません」と批判している。この『自由党報』は、一九五四（昭和二十九）年二月十三日付の「教員の政治活動制限問題…特集号」と題するもので、二法案の必要性を強調し、日教組の活動を批判する内容となっていた。自由党情報局から全国十六都府県の学校長やＰＴＡに直接または教委を通して郵送されたといわれる。(25)

また小林は、二法案を「恐喝的」で「苛酷な法律的取締り」を行うものと批判し、二法案がある限り、教育基本法第八条に規定する政治教育の尊重は望めないと主張した。大達は、自由な教育は尊重すべきとしながら、「教育基本法の第八条の二項に規定してあるような限界を越えて、そのわくを越えて、かって気ままな教育をする、こういう意味における教育の自由というものは当然認めらるべきものではなくして、今日むしろそういう放恣な教育が行われておるということが、この法律案を提出せざるを得なくなった理由」と答弁している。

最後に質疑を行った安藤は、日教組の行き過ぎを認めながらも、日教組内部で自己批判が行われており、「何を好んで再び五十万の教職員の団結とその意識とを先鋭化せしめなければならないのか」と述べ、「保守」の立場にありながら、二法案を批判した。さらに、辻原と同様、『自由党報』が学校に配布された事実を批判し、大達の見解を質した。大達は、日教組については、「過去において行き過ぎたのみならず、今日なお行き過ぎて」

いる状態だと指摘するとともに、「しかも、これはゆっくり見ておる状態ではなくして、今日これは放置し得ない状態である」との見方を示している。また、『自由党報』配布の事実は中確法案とは関係なく、問題となるのは教職員団体を通じた教唆・煽動であると答弁した。確かにこの事実は政治的中立の問題に関連するものの、中確法案とは別に議論されるべき問題といえるが、ここではこれ以上のやりとりはなされていない。

(3) 文部委員会における審議の内容

本会議での趣旨説明の後、二法案は文部委員会に付託され、二月二十六日の文部委員会では大達文相が二法案の趣旨説明を、緒方信一初中局長がその補足説明を行った[26]。質疑が始まったのは三月一日である。同委員会でどのような質疑が行われたかについては、辻寛一委員長が三月二十六日の衆議院本会議で行った審議経過報告（以下、辻報告と略）[27]を確認しておけばよいだろう。ここで辻は、後述の「偏向教育の事例」にも言及し、これらの事例について、「一部不明確なものを除いては、程度と範囲の差こそあれ事実」と述べている。そして、特に山口日記事件と旭丘中学校における偏向教育の実態を紹介し、後者については「その学校に子弟をゆだねることを深く憂慮し、その苦悩を訴えるさまはまったく涙なくしては聞き得なかった」と報告した。

『教育二法』案をめぐる主要な論点は、衆議院審議のなかでほぼ出尽くした感があ[28]り、それらの論点と審議の内容は、辻報告に示されている。辻報告によれば、①日教組と共産党のグループ活動との関連、②日教組の実体に関すること、③罰則の対象となる「教唆・煽動」概念は拡大解釈を生じやすく、権力の濫用となり、また教員の政治活動制限が教員の無気力等を招来すること、④日教組の一部行き過ぎは、日教組の反省と自粛にまつべきということ、⑤平和教育と憲法との関連について、⑥「教育の政治的中立」という概念について、の六点が主な論点であった。各論点に関する辻報告の内容はおおよそ次のとおりである[29]。

①については、国警本部提出の「日教組内のグループ活動について」と公安調査庁提出の「教育研究大会における日共グループ活動状況」の二つの資料及び国警本部長官の「日教組内における共産党員六百五十九名」という証言等によって、日教組内における共産党員のグループ活動が日教組の行動方針と実際的活動に強大な影響力をもっている事実が明確になった(30)。

②について、日教組は任意団体であるが、実質的には一般の労働団体と同様の活動を行っており、その基本的運営方針や闘争目標等からして政治的色彩が極めて濃厚である。日本教職員政治連盟と表裏一体的関係に立って活動しており、実質上の一つの政党と見なし得る。

③についての政府側の説明は次のとおりである。教唆・煽動の場合、取り締まりの対象は教職員自体ではなく、外部から働きかける者である。この場合、警察官憲等の勝手な行動はあり得ず、当該学校を管理する教委等の請求を待たねばならない。教唆・煽動は、教職員を中心に構成された団体の組織または活動を利用して働きかける者の行為なので、教職員への直接的影響はない。また、国家公務員と同様に政治的行為が制限されることについて、国立学校の教職員の不自由が問題となったことはなく、現に活発な政治的批判が行われている事実からしても、個人の言論の自由などが制約されることはあり得ない。むしろ、教育二法によって日教組の指令や圧力による不当な支配から解放され、「民主的な自由」を回復することになる。

④については、日教組自身の反省、自粛が最も望ましい。しかし、日教組は闘争態度を強化しており、活動方針の根底をなす意識が改められない限り、反省は期待し得ない。日教組は政治的活動に重点を置き、その闘争方針は平和教育の名目のもとにわが国の現実を無視した一方的な政治的意識の徹底化を意図している。組合員と資金を動員し、民主的な寛容の態度を捨て、教壇を通して児童生徒の教育を掌握し、法律を無視して行政機関の存在を否定するような行動をとっていることは明白である。

その平和教育に関して（⑤の論点について）、平和教育の徹底は憲法や教育基本法の精神に忠実ということであり、これを阻むべき理由はないという見解がある。憲法をそのまま説明することに何ら支障はないが、平和実現の手段に関する内容が問題であり、「再軍備反対、基地化反対」等の親ソ反米の一方的な政治的手段を主張するという内容は、明らかに偏向教育である。

最後に⑥について、「政治的中立」は議会政治、政党政治のもとでは究極的には守り得ないという見解、教師が教壇に立つ際には自己の信念や政治的信条を偽ることはできないので、政治的中立という概念は無意味であるという見解があった。しかし、このような考え方には極めて重要な錯誤が含まれている。政治的中立とは教育基本法第八条を意味し、これは児童生徒を相手とする教師が最も基本的な態度として堅持しなければならない。一市民、一個人の立場では、いかなる信念や理想をもつことも自由であるが、児童生徒は教師の私有物でなく、将来に完成を図ろうとする自由をもつ一人格である。教師が自己の主観をそのまま児童生徒に押し付けようと試みれば、児童生徒の自由を奪い、その絶対的な人格の完成を阻むことになる。したがって、教師は自己の思想・信念を客観的立場に置く謙虚な態度を必須条件とし、自分の信念や真理に対立すると思われる真理や知識も十分に語り、児童生徒の批判力と成長に備えなければならない。教師は、右の政治観と同じ重要さをもって左も説き、その決定は児童生徒の将来の判断に委ねるべきものである。民主的自由国家を標榜する限り、平和教育の美辞で行われる偏向教育は、わが国の将来を誤り、国民教育を一組合の独占私有に帰せしめようとする巧妙な政治思想的陰謀というべきではないか。

以上が辻報告の大要である（なお、誤解のないように述べておくと、①〜⑥は審議の中でこのような見解が示されたという意味であり、ここで辻委員長がこれらの事実について断定しているというわけではない）。このうち、①の論点に関して補足しておく。日教組に対する共産党の影響力について大達文相は、辻原弘市（前出）とのやりとりにおいて、具体的なことは不明であるとしながら、国警本部提出の資料に基づき、「常識的に考えてみて相当な影響が及ぼされておるのではないか」という見解を示している。大達は、「日教組内における共産党と日教組自身との関係は、とうていうかがい知ることができない」と断りつつも、「日教組内における共産グループの指導方針と、日教組の掲げておる教育方針というものとは、きわめて近似したものが認められる」と述べており、これと同様の発言を繰り返している。その上で、二法案は、「共産党の政党活動というものを押えるとか、日教組内の共産党分子をなくしてあげるとか、そういうものではな」く、「共産党の影響を受けた偏向教育だけには限らない、すべての偏向的な教育をできるならば教壇から一掃したい、そういうことが眼目」であり、「日教組内部におけるグループ活動を対象とするとか、そういうことはまったくこの法律案とは関係のない事柄」と説明した。[31]

日教組に対する共産党の影響力については重要な検討課題であるが、本書の趣旨とは異なるため、この点については深く立ち入らない。この問題を詳しく扱っているのは、森田尚人の研究[32]や広田照幸らの研究[33]である。広田らの研究では、「日教組＝共産党支配」という言説が批判的に吟味され、その一環として二法案をめぐる大達文相の国会答弁等が俎上に載せられている。[34] そして、「日教組＝共産党支配」言説を否定し得る根拠の一つとして、前述の国警本部提出資料「日教組内のグループ活動について」に対して日教組中央執行委員会が国警長官（斎藤昇）に提出した抗議文を紹介している。[35] その抗議文の一部は、「国家地方警察並に貴職は、何等客観的に真実性を証明するに足るだけの具体的事実を示さずに、共産党の一方的資料のみによって、そのフラク活動が、日本教職員組合の活動と直接関連があるかの如く、故意に印象づけようとしているが、共産党の指導方針と日教組の運動方針とは何等の関係もなく、日教組に対する共産党の影響力は、今や皆無である事実を無視している」というものである。ただし、この抗議文の主張の正当性については、「一九五〇年代の日教組について本格的な検討を進めて検証[36]」する必要があり、現段階ではにわかに判断できない。

ところで、辻報告に対しては、野原覺（左派社会党）から批判的な質問がなされている。野原は「偏向教育の事例」の調査結果報告について、「実に一方的」であり、「偏向教育の事例中の大半がまったくのでっち上げ」などと述べて、報告内容が不正確、不公平であると批判した。辻は、「不公平なことを報告してみたところで、どうせ会議録に出ておるのでございます」と述べた上で、一方に偏した報告は行っておらず、概括的ではあるが、両論を解説して報告を行ったと反論している。(37)

（4）「偏向教育の事例」をめぐる論議

三月三日の文部委員会では、野党委員からの要求に応じて、「偏向教育の事例」（二十四事例）(38)に関する資料が政府側から提出された。この資料に記載された事例について、「情報としてとりまとめた比較的正確であろうと思われるもの」であり、「ほかにもたくさんあるかもしれません」と述べている。そして、この事例の調査方法や出所を尋ねた野原覺（前出）に対し、文部省から直接出向いて調査したものもあるが、「その端緒となったものは、各地の新聞等に報ぜられた事例等に基いて、教育委員会その他の関係方面から調べていただいたものが多い」としながら、「出所を一々申し上げるつもりは初めからない」と答え、その理由の一つとして、情報提供者を保護する必要性に言及した。(39)

この「偏向教育の事例」等に関する現地調査が、三月八日から十日にかけて実施された。(40)調査対象事例は第一班が山口日記事件と安下庄町小・中学校の偏向教育（以上、山口県）、第二班が岐阜県教職員組合（以下、適宜、教職員組合は教組と略）の社会科教育資料、恵那郡内小・中学校の偏向教育及び益田高校の破防法違反事件（以上、岐阜県）、旭丘中学校及び大将軍小学校の偏向教育（以上、京都市）、第三班が警察官による教員に対する思想調査（青森県。ただし、「偏向教育の事例」には含まれていない）、一関小学校及び姉体村立中学校の偏向教育（以上、岩手県）である。現地に派遣された文部委員会のメンバーは、第一班が前田榮之助（前出）、亘四郎（自由党）、山崎始男（左派社会党）の三名、第二班が田中久雄（前出）、伊藤郷一（自由党）、野原覺（前出）の三名、第三班が松平忠久（右派社会党）、小林信一（前出）、長谷川峻（自由党）の三名である。十二日の委員会では、各班の調査派遣委員による実情調査報告とこれに対する質疑が行われた(41)。以下では、二法案の立案契機となった山口日記事件と、法案審議に大きな影響を与えた旭丘中学校の事例が特に重要であるため、これに関する第一班と第二班の報告と質疑を見ておくことにしたい。

前田及び亘によると、第一班では、山口県の県教委、ＰＴＡ連合会事務局長、小・中学校長（代表三名）、県教組、「教職員団体連合会(42)」等の関係者を対象に山口日記事件について調査を実施した。その結果、県教組の関係者以外は『日記』の欄外記事の偏向性を認めており、県教組は同記事に親ソ的な内容を盛り込むことが平和教育推進のために必要という見解であったとされる。しかし、関係者の大半が『日記』の偏向性を認めたものの、その使用者は少数であり、教委による措置が奏功したこともあって、実害はあまりなかったと報告した。「欄外に書かれた偏向といわれておるものを力強く利用したような形跡はほとんど見られないという情勢」であり、欄外記事は日教組の指令に基づいたものではないというのが前田の報告である。亘も、「児童に与えた影響の実害は案外軽微なものであった」ことを確認しているが、「一番注目に値する」として、県教育会が『日記』の偏向性を批判し、その使用禁止を決議した事実を紹介している(43)。さらに前田は、教職員団体連合会が『日記』の偏向性を認めながら、二法案に反対したという事実も報告した。しかし亘は、この点に関して、「反対をされる意見の方々は、おおむね教育と自由という現実から遊離した上に立っての御意見」と批判し、「教組の活動のまことに敏捷にして徹底した活動の跡をつぶさに知ることができた」と述べており、法案反対の意見の背後に教組の影響があることをほのめかしている。

なお、山崎は当日（十二日）の文部委員会には出席せず、三月十五日の同委員会に出席して報告を行った。ここで山崎は、「日記の欄外記事においていささか遺憾の点があったことは率直に私自身も認めました」と述べている。教組（日教組）と親和的な左派社会党の山崎が『日記』に問題があることを認めている点は注目される。しかし山崎は、『日記』の「実害は僅少」と述べるとともに、山口日記事件の背景に「相当政治的な事情があった」として、同事件は県教委と教組の「対立の激化の一つの現われ」と指摘した。(44)

次に旭丘中学校の事例についての第二班の報告である。田中によれば、調査は、市教育委員（全員）、教育長、指導部長らによる詳細な報告の後、旭丘中学校の校長、保護者代表、市の教組関係者から、個別に事情聴取する形で行われた。その結果、「偏向教育ありとする方の熱心な主張者は、代表的に十五人で、大多数の父兄の方は、偏向教育なし、非常にいい教育が行われておるという説明」であり、「まるきり両極端」であったという。「偏向教育あり」と主張する少数の保護者は教育内容に深い関心をもつ「知識階級」であり、偏向教育に「非常に苦悩」していたとされる。他方、「偏向教育なし」と主張する多数の保護者は「一般の人々」であり、同校の教育に対する危惧は特に抱いていないとのことであった。田中は、同校の学校運営の問題点を指摘した京都市教委による「旭ヶ(ママ)丘中学校長に対する勧告」の内容を読み上げるとともに、同校校長がこの内容の事実を認めたと述べている。(45)また伊藤は、同校の立場を擁護する保護者は多数ではあるものの、「そういうことを聞いておらぬ、知っておらぬと言うだけ」であり、偏向教育を問題視している保護者は、「いついつか自分が見た、聞いた、こういう具体的な例ばかり」と指摘した。そして、市教委の不破治教育長が同校の問題事例のほとんどを認めたこと、伊藤の母校である京都大学の教員(46)（教育学部所属）が旭丘中学校の偏向教育を憂慮し、市教委の福原達朗委員長(47)が二法案の通過を期待していたことなどを報告した。

一方、野原は伊藤と異なり、旭丘中学校で顕著な偏向教育が認められなかった旨の報告を行っている。野原によれば、同校の橋本栄治郎校長は、偏向教育と指摘されている事例について、「絶対に学校が組織的、計画的にやっているものではございません」と答えたとされ、同校の偏向教育に関する文部省の報告内容に事実誤認が含まれることが判明したという。そして野原は、PTAの多くの人は同校の教育に不満をもっていないと指摘した上で、「たまたまいろいろな声明書をつくって市の教育委員会にどなり込んで行ったりしたのですから、新聞が大きく取上げまして、大達さんの教育に対する考え方に火をつけるような取上げ方をして、実は騒ぎがここまで大きくなったということを私ははっきり確認をして帰って来た」と述べて、政府が同校における偏向教育の実情を過大視していると批判した。森田の研究で指摘されているとおり、旭丘中学校の偏向教育の事実認定については、国会で問題にされる以前は争われることがなかったにもかかわらず[48]、国会で取り上げられて全国的な問題になると、「事実そのものの有無、ないしそうした事例の解釈をめぐる論争に転化していった」のである[49]。

以上のように、文部委員会における「偏向教育の事例」についての実情調査報告の内容は、二法案に賛成する与党委員とこれに反対する野党委員の間で「全く相容れず対立したものとなった[50]」といえる。実情調査報告の終了後、同委員会では「偏向教育の事例」に関する質疑が行われ、事例に関する資料の出所とその信憑性に関する質問が度々繰り返された。これらの質問に対して大達は、三月三日の同委員会で明言したとおり、情報提供者を保護する必要性から資料の出所を明確にしないという姿勢を崩さなかった。資料の信憑性についても、「決して文部省が、かってに捏造した事例は一つもありません」と強調し、委員が各自に判断するほかないという趣旨の答弁を繰り返している。

この点に関する各委員と大達のやりとりは、辻委員長の言葉を借りれば、「はてしのない押問答のよう[51]」であり、質疑の中盤では、小林進[52]（右派社会党）から事例に関する資料が整うまで審議を中止すべきとの動議も提出された（動議は起立少数で否決）。最終的には、大達が田中の要望に応じ、「提出した資料が、事実に相違しておるということがはっきりいたしますれば、これを訂正するにやぶさかではありません。決してこのままで委員会の方に押しつけるという考えではありません」と答弁し、当日の委員会は散会となっている。

(5) 文部委員会公聴会の開催

三月十三日の文部委員会では、二法案についての公聴会が開催された。公述人は、板橋菊松(私立大学連盟常務理事)、金久保通雄(読売新聞社編集局教育部長)、蠟山政道(お茶の水女子大学学長)、斎藤喜博(群馬県島村小学校校長)、瀧川幸辰(京都大学学長)、鹽澤常信(東京都PTA会長)、松岡弘(信濃教育会副会長)、小林武(日教組中央執行委員長)、日高第四郎(元文部事務次官)の九名である。あらかじめ二法案に対する九名の賛否を述べておくと、賛成は板橋、日高のみで、瀧川は賛否を明確にせず[53]、その他の六名は反対であった。以下、二法案の賛否ごとに、各公述人の見解を見ておく[54]。

①二法案賛成の公述

最初に公述を行った板橋は、政治的中立の概念を「教育の不偏不党」と考えたいとし、「どの政党が政権を握っても、教育は御用党にくみしてもいけなければ、その反対党に片寄ってもいけない(中略)これが教員としての教育的良識」であり、学校の国公私立を問わず、教員にはこの「教育的良識(良心)」が必要であると主張した。そして教特法案について、私立学校に比して身分保障が手厚い教育公務員の政治活動制限は「当然過ぎるほど当然」であり、教育は国家的事業であるため、国家公務員同様の政治的行為の制限は当然であるとして賛意を示している。中確法案については、その趣旨に賛成しつつも、「主たる条文の立法構造が複雑で納得できないところがある」と述べている。特に、第三条の「何人も」が教育法案にふさわしくなく、正犯抜きの教唆犯と煽動犯のみを定めたことが「法律条規の体をなしていない」と批判した。板橋は、「決して悪法だとは思いませんが、何だか珍しい愚法のような気持がいたすのであります」と述べているものの、「教育の政治的中立、不偏不党の立場から見ても、断固として許すべからざる」状況があるならば、「断固としてこれを取締る法規をつくっていいと確信して疑わない」と述べて、二法案に賛成した。

最後に公述を行った日高も、二法案に賛成した。日高は、教育基本法第八条の政治的中立の規定に日教組が違反している事実があることは否定できないとし、「学校は組合の学校ではない」として、特に義務教育段階で党派的教育が行われることを厳しく批判した。そして、瀧川の見解に触れながら、公共的な意味において「国家公務員たる教育公務員と、地方公務員たる教育公務員との間の差別は、ほとんどないにひとしい」と述べて、教特法案へ賛意を示すとともに、中確法案については、現実に照らして「遺憾ながら必要」と消極的に賛成している。特に、同法案が教唆・煽動によって偏向教育を行った者を処罰の対象としていないことに「筋が通らない」と疑問を呈し、これを刑罰の対象にすべきと主張しているが、この点は同法案の立案過程における法務省と同様の論理である。

②二法案反対の公述

次に、二法案に反対した公述人の見解である。まず金久保は、①現実政治を批判しながら理想を追求するのが教員の仕事であり、これが他の公務員との違いであるから、教員の政治活動はできるだけ自由でなければならない、②自由な独立心のある子供を教育するためには、教員の政治的行為を極端に制限すべきでない、という二つの理由から教特法案に反対した。中確法案については、教育の中立性が「教師と子供たちとの関係、教室における教育活動の問題」にもかかわらず、「教師と団体を通じて教師に教唆、扇動をする人の関係を取締ろうということになっておる」と述べて反対している。また、日教組の過度の政治活動を批判しながらも、「一部の日教組のやり方が行き過ぎであるからといって、全体の教師を取締るということは、何としましても適切でない」と主張するとともに、二法案が世論の支持を得ていないことを指摘し、世論を汲み取ることを要請した。

次に蠟山は、まず、二法案について自らの見解を発表して以来、多数の賛同を得たことを強調した。蠟山は政治学者・行政学者の立場から、論文等を通じて二法案や政治的中立の考え方について積極的に見解を発表しており[55]、その発言内容は注目される。蠟山は二法案について、「わが国の民主主義の基礎である教育制度について相当大いなる影響を与えるおそれのある法案」と指摘した上で、二つの法案それぞれの問題点について詳しく述べている。教特法案については、「特定の影響力を除いた地域」では政治活動の自由を大幅に認めるという地方公務員法第三十六条（第二項）の但書の趣旨を強調するとともに、この但書をそのままにして、特例法で教職員の権利や身分を規定することの問題を「ナチス的立法」と呼んで厳しく批判した。そして、地方自治法との関連で教員（身分）の制度に関し、「重大なる紛淆」を生じるおそれがあるという理由で二法案に反対している。

中確法案については、法案の趣旨にはいくらか理解を示しつつ、立法形式が「非常に危険性を包蔵しておる」と述べて、特に中確法案第三条の規定の問題を指摘した。同条の規定において、犯罪の構成要件とそうでないものの境目が不明瞭であることが、「この法律の最大の欠点」と指摘しながら、これにより政治教育は困難となり、教育基本法第八条第一項の規定が無意味になると主張している。中確法案第五条の規定についても問題視し、第三者に対して請求責任を発動できるような根拠を監督機関が得ることは難しく、かえって波乱を巻き起こす結果となり、法の目的は達成し得ないと述べている。さらに、日教組の政治活動に問題があるとすれば、日教組の規約によって規制すべきであり、日教組が自発的にそうしない場合は、地方公務員法の職員団体の規定によるべきで、「職員団体の活動を相手にするのに、一般教員の政治的権利を制限するような立法は、悪法でなければ何でありましょうか」と批判した。

蠟山に続いて公述を行った斎藤は、二法案の提出によって教員が動揺していると指摘し、ただでさえ無気力で自主性のない教員が、二法案によってその傾向を強めていると報告した。「何もしない先生が幅をきかして来る」ために、「だめな先生たちが喜ぶ法案ではないか」というのが斎藤の見解であったが、法案の内容には具体的に言及していない。また、鹽澤は、全国的に法規制の対象とすべき危険な教員の割合は少ないとの認識を示した上で、政治的中立を侵す教育が行われた場合は、「まず私ども父兄が先に立ち上って、この問題を取上げて（中略）これを解決する」と主張し、二法案に反対した。特に、教員が教育意欲を喪失することや、法案への反感から教壇を放棄することに懸念を示している。

松岡も鹽澤と同様、保護者や世論は偏向教育を許さないとし、現行法でこれを取り締まることは可能と述べて二法案に反対した。偏向教育を行っている者はごく少数であるにもかかわらず、大多数の善良な教員に刑罰を科す法律を作ることは、教育者の自尊心を傷つけ、萎靡沈滞や反感を招くと主張している。教特法案については、「地方公務員法のうちの政治活動のところだけを国家公務員並にするということは、私は法律の体系上非常に疑義がある」と批判し、中確法案については、「教唆、扇動しているのかどうか、またそれを受けた先生が教室で特定の政党を支持しているか、反対しているかということはなかなかわからない」とし、これを調査するための警察力の介入に懸念を示している。政治的中立の考え方については、「教育者は自分の子供を教育すると同時に、国家のために政治、政策を批判して、その政策がもし教育の理想にかなう政策ならば、また教育を重んずる政策ならばこれに賛成し、これを支持する政党を支持する」とし、「もしどの政策にしても、われわれの理想を不可能ならしめ、妨げる、あるいは教育を重んじないような政策には反対し、それを支持する政党には反対する。これが真の政治的中立である」という見解を示した。

日教組中央執行委員長である小林は、当然ながら、二法案に対して「絶対に反対の立場」を表明した[56]。小林は戦前・戦中の教育の問題点に触れ、二法案が「教育の中立を確保するというよりかも、政府やあるいは政治権力というようなものが教育の中立を破壊する方向に持って行く危険が非常に含まれている」と批判し、教特法案には「教育の地方分権というようなものを否定する考え方」があると指摘している。中確法案については、「教育の中立性という概念のあいまいさの中に隠れて、一方的に教師だけが何か問題にされてお」り、「政府、国家における教育政策、教育行政の面に関するものに対して何ら触れられておらない」点を問題視した。そして、罰則が適用される具体的行動が不明瞭であることから拡大解釈される危険性があるとし、文部省提出の「偏向教育の事例」を例に挙げて、これが「濫用されるおそれの見本のようなもの」と批判している。公述の終盤には、日教組批判にも言及し、「日教組の行動が組合員に影響して、そしてそのことが全部教員の教育活動に行き渡っているというような考え方に立たれている」と述べ、日教組批判に対して疑問を呈した。

瀧川幸辰
所蔵：京都大学大学文書館

③瀧川幸辰の公述と質疑

最後に、二法案に対して賛否を明確にしなかった瀧川の見解を見ておきたい。刑法学者である瀧川の公述も、蠟山と同様に学術的観点を踏まえたもので、重要である。ちなみに、瀧川の公述は、蠟山の公述と並び「二学長の公述」として雑誌に紹介されている[57]。これは、二法案に対する両名の見解について世間が注視していたことを示す一例といえよう。

瀧川は中確法案について、日教組を弱体化するものという世間の非難は当たらず、「日教組を規制する法律としては、はなはだ無力な法律」と断言している。中確法案は、日教組のメンバーが罰せられるだけで、日教組に対して何ら規制がない、というのがその理由である。そして、「日教組を規制するという法律なら、もう少し日教組を中心にした団体――教員を主たるメンバーとしておる団体を規制する法律案をつくらなければだめだ」と主張し、同法案について「右を見、左を見てつくった非常に弱い法律という感じがする」、「こういう立法は立法としてはいささか卑屈なような気がする」と述べた上で、「もう少し正面から堂々と切り出すべきではないか」という見解を示した。後に瀧川は、ここで示した自らの見解について、「大達さんは、私の意見に多分賛成されたと思う。私のは、大達さんよりラディカルのようだ」と述懐しており、「破防法のような規制の仕方をとる」ことが望ましいと考えていたようである(58)。

さらに、中確法案が教員の思想の自由を拘束するという批判に対しては、「私は全然その自由を拘束していないという見解をとっております」と述べている。その理由については、「教員が保守主義者であろうとあるいは進歩主義者であろうと、主義主張のいかんにかかわらず、その教員が発言することは自由であります。たとえばその教員の家に児童が遊びに来たときに、どうも今の政治が悪いからもう少し進歩的な政治がよいとか、あるいはもっと具体的にいえば共産主義がよいとか言うことは、その教員のかってだろうと思います。ここまで拘束するつもりはありません」と説明した。

その一方で、中確法案の罰則規定には批判的であった。瀧川は、大学教授が自らの政治的見解を教室で宣伝することは卑劣な行為であり、ましてや義務教育において、白紙のような人間である生徒に対し、ある政治的傾向を教え込むことは問題としながらも、「教唆扇動とかいう、多少法律上議論のある、範囲の明確さを欠くところ」によって罰するのではなく、罷免など行政処分の方向に向かうべきと主張している。また、教特法案については、例えば選挙運動に関し、「国家公務員である教員と、地方公務員である教員との間に区別を置くことはおかしなこと」として、地方公務員である教員が国家公務員にならうことには理解を示しつつも、国家公務員の言論が制限され過ぎているとして、「もう少し教育公務員の言論の自由を認める法律にかえていただきたい」と要望した。偏向教育は禁止すべきであるが、「あらゆる面において公務員であるから、政治上の発言が全然できないということは無理なこと」というのが瀧川の見解であった。

このように、瀧川は二法案の問題点を指摘し、法案を部分的に批判しつつも、政治的中立について立法措置を講じることについては特に反対していない。それどころか、瀧川の述懐にも見られるように、中確法案をめぐってはラディカルな見解を示しており、日教組を規制するためのより強力な法案の必要性に言及している。その意味で、瀧川は二法案に対して賛否を明確にはしていないものの、基本的には二法案を支持していたと理解してよいだろう。この点に関し、当時、京都大学事務局長を務めていた相良惟一は、瀧川が国会で二法案の政府原案を支持したと明言している。(59)

各公述人に対する質疑では、蠟山と瀧川、そして日教組の小林に対して多くの質問がなされた。瀧川への質問は、当然ながら、中確法の「教唆・煽動」の考え方など、法理論に関するものが少なくなかった。例えば、竹尾弌（自由党）の質問に対して瀧川は、正犯を罰しないで教唆だけを独立して罰することは可能という見解を示している。政治的中立に関しては、「一党一派の意見にゆだねてはならないということ」と答え、「大学もむろんそうですが、それ以上に特に大学（高等学校か―筆者註）以下の学校では政治的中立性ということは必要」と述べている。竹尾はこの点の学問的根拠を尋ねているが、瀧川は、「一党一派という言葉が非常に抽象的なんですが、それ以上のちょっと適当な表現を持ちません」と述べ、「ある種の政治思想を注ぎ込むことはいけない、こういうこと」と簡潔に答弁している。(60)

竹尾の質問に関連して、山崎始男（前出）も政治的中立の考え方が重要であるとし、これが「一体政治的な用語であるのか倫理的な用語であるのか、あるいは教育学上の用語であるのか、それとも法律上の用語であるのか」と尋ねた。瀧川は、法律用語ではなく「内容ははなはだ漠然」としていると述べながらも、「そうむずかしくいえば、あらゆることはみな漠然としているので、この政治的中立性という言葉も、事実の運営にあたっては、実際にはわかるだろうと思うのです。何をやればいけないとか、どういうことは許さぬとかいうことは大体わかるだろうと思います」と答えている。その上で、「政治的中立」は法律用語ではないため、「刑罰規定としてはあの法律は輪郭が少しぼんやりしておる、いわゆる罪刑法定主義の立場からいって輪郭がぼんやりしておる」というように、中確法案の問題点を指摘した(61)。

(6) 二法案の修正案をめぐる動き

①二法案の修正案をめぐる改進党の動向

衆議院における二法案審議の過程では、野党でありながら、政府・自由党と同じ保守政党であった改進党の動向が注目される。三月九日、改進党の「教育二法案小委員会」（吉田安委員長。以下、小委員会と略）(62)は二法案の政府原案に対して、二法案の修正案（第一次修正案）を決定した。修正案の要点は、教特法案については、規定に違反した教員に対して刑罰を科さずに行政処分の対象とするとしたことであり、中確法案については、①新たに「不当な政治教育の禁止」に関する一条（第三条）を設け、義務教育諸学校に勤務する教育職員が児童生徒に対して政治的に偏った教育をしてはならないことを比較的明確に定めたこと、②第三条に禁止する教育を行うよう外部から教唆・煽動する者を取り締まる規定を設けたこと、③処罰の請求があった場合の校長の報告義務を定めたことである(63)。新設の中確法案第三条の条文は次のとおりである(64)。

第三条（不当な政治教育の禁止）

義務教育諸学校に勤務する教育職員は、特定の政党その他の政治的団体（以下「特定の政党等」という。）の政治的勢力の伸張若しくは減退、特定の内閣の成立、存続、不成立若しくは倒壊、政治の方向に影響を与えるに足りる特定の政策の実現若しくはその阻止又は国の機関において決定した政策（法令に包含されたものを含む。以下同じ。）の実施の妨害に資する目的をもって、義務教育諸学校の児童又は生徒に対して、特定の政党等を支持させ、若しくはこれに反対させ、特定の内閣を支持させ、若しくはこれに反対させ、政治の方向に影響を与えるに足りる特定の政策を主張させ、若しくはこれに反対させ、又は国の機関若しくは公の機関において決定した政策に反対させる教育を行ってはならない。

小委員会では、教特法案は「政府原案より緩和した線」、中確法案は「政府原案より強化した線」で修正する方針をとった[65]。この修正案は、小委員会の吉田委員長や町村金五らの「保守派・官僚グループ」の手によって作成されている。同党政策委員会ではこれが、三木武夫、稲葉修、中曽根康弘、吉川久衛、内藤友明、桜内義雄らの「革新派」によって批判され[66]、二法案をめぐる党内の議論は紛糾した。二法案の不成立を期待していた革新派は、二法案が「教員の人権を制限し、教育に対する熱意を失わせる」と主張しており、この主張は世論の動向とも一致して多数の支持者を得たという。時には革新派議員の退場騒ぎがあるなど、党内の議論は激しいものであった。改進党内における「保守・革新」の対立は「根本的には両派の思想の相違を現わす」が、保守派が保守連立への素地を作ろうとする意図があるのに対し、革新派は二法案等を通じて倒閣攻勢に出ようとする事情に基づいていたというのが、『時事通信・時事解説版』の記事の見立てである[67]。

改進党の動きに合わせて、三月十四日には、竹尾弌文教部長、辻衆議院文部委員長をはじめとする自由党文部委員が文相公邸に集まり、大達文相らとともに、改進党の修正案に対する政府、与党内の意見調整について協議を行った[68]。改進党では、同党革新派の批判を受け、三月十七日の同党政策委員会（三浦一雄委員長）において、政治活動制限については日教組などの団体がその構成員の自由を拘束しないようにする、政治的中立確保については教育基本法の趣旨を生かす、といったことを骨子とした第二次修正案を作成することとし、翌十八日に第二次修正案を決定した。第二次修正案は、政府原案及び第一次修正案を大幅に緩和するものであり、「保守派・官僚グループ」はこれに不満で、第一次修正案を採用しない場合には政府原案の賛否投票を行うことも求めたとされる。一方、革新派には、投票となった場合に数の上で不利となるため、これを避けたいという思惑があった[69]。

改進党は、このような複雑な党内情勢の影響で党の態度をなかなか一本化できなかったが、最終的には十九日の夜に、三浦政策委員長、吉田安、中曽根、稲葉、町村、寺本広作らの小委員会が第三次修正案をまとめた。その内容は、教特法案については、「公立学校教職員の政治活動禁止を国家公務員なみとせず、その都道府県においては禁止し、罰則は行政罰とする」[70]、中確法案については、「臨時措置法とし、政府案における教唆、扇動の内容を規定した第三条の二項を削除する」というものであり[71]、翌二十日の改進党の両院議員総会でこれが党議決定された[72]。ここでは、革新派の伊東岩男、吉川久衛、笹森順造らの反対意見が出されるとともに、同修正案は目的を骨抜きにするものであり、さらに強化すべきとの意見（古井喜実）が出されたものの、椎熊三郎の動議で起立採決が行われ、多数で修正案が承認されたのである[73]。

②修正案をめぐる保守三党の折衝

この後、改進党が決定した第三次修正案をめぐり、自由党、改進党、日本自由党の保守三党による折衝（以下、三派折衝と略）[74]が連日行われた。三派折衝は、自由党の坂田道太、竹尾弌、相川勝六、改進党の町村金五、田中久雄、吉田安、日本自由党の松田竹千代の七名の文部委員らによって行われている[75]。しかし自由党は、政府案は譲れないとする大達文相の意向を受けており、三派折衝は容易にまとまらなかった[76]。特に、改進党の修正案が示した中確法案第三条第二項の削除については、大達が最も強く反対していたとされる[77]。

三月二十二日に行われた各党の国会対策委員長（自由党：小沢佐重喜、改進党：荒木萬壽夫、日本自由党：池田正之輔）会議では改進党の修正案を自由党が拒否した[78]。同日の幹事長会談では、自由党の佐藤栄作、改進党の村松謙三、日本自由党の三木武吉（河野一郎幹事長の代理出席）が折衝を行い、三木が妥協案を提示したものの、自由党と改進党はこれに応じていない[79]。翌二十三日には、自由党の文部委員（前出の竹尾、坂田に加え、長谷川峻、原田憲ら）が同党の佐藤幹事長の自宅を訪問し、政府原案の通過を図るべきとの強硬意見を申し入れており、同日の同党総務会では「軽々に改進党側との妥協をはかるべきではなく、むしろ時間をかけても改進党の折れるのを待つべきであるとの空気が強かった」という[80]。さらに三派折衝の過程では、改進党の中曽根康弘に対する懲罰動議（中曽根懲罰動議）を交渉材料に利用しようとする動き、すなわち、自由党が提出した中曽根懲罰動議を撤回する代わりに、三派折衝において改進党が妥協するという「取引」の意図が自由党に見られたために、改進党内で議論が紛糾した[81]（実際、この動議は同日夕刻に撤回されている）。このような事情で三派折衝は難航したのである。

三月二十四日には日本自由党から改めて妥協案（あっせん案）（以下、日自案と略）が提示された（内容は後述の三派共同修正案を参照）。三木や河野ら同党幹部が自由党幹部（佐藤幹事長ら）、改進党幹部（松村幹事長ら）と個別に会談し、「実現性ある妥協案の作成に奔走」したという[82]。特に三木は、三派折衝の過程で「最後までまとめ役をつとめた」が、改進党の松村幹事長の話によれば、三木は吉田内閣の倒閣を見越し、保守三派の決裂を避けることを意図していた[83]。

さて、日自案には改進党の修正案の眼目であった行政罰（懲戒罰）規定はなく、政府原案どおり刑罰規定が盛り込まれており、自由党がまず日自案を受け入れ、大達も了承した。次いで改進党は同日、緊急中央常任委員会を開催したものの、日自案に対する意見はまちまちであったため、両院議員総会を開催して態度を決定することになった。常任委員会解散後に開かれた同党革新派有志十五名の会合では、日自案が政府原案とほぼ同様であり、改進党の修正案の精神が全く失われているとの批判が出され、本会議での反対投票も辞さないという態度が示されたという。[84][85]

そして、翌二十五日に同党両院議員総会で日自案についての採決が行われた。この結果、賛成四十一票、反対三十五票で日自案を受け入れることに決し、この旨が自由党に伝えられた。[86]衆参合わせて約半数の議員が反対票を投じていることは、改進党内における「保守・革新」の対立状況を如実に示している。この後、三党の幹事長会談において、三派折衝を経てまとまった修正案（三派共同修正案）を正式に確認し、同日中に文部委員会での採決、本会議への上程・通過を図ることとなった。[87]

③三派共同修正案の提出と修正議決

三派折衝が展開されている最中の三月二十日に開催された文部委員会では、質疑開始後直ちに、山中貞則（自由党）が二法案に対する質疑終局動議を提出し、議場が騒然となる中、辻委員長が動議成立を宣言した。[88]三派折衝がまとまっていない段階での委員会開催は政府原案の採決強行を意味する。自由党の佐藤幹事長と小沢国会対策委員長は委員会開催が辻文部委員長の独断であると弁明したが、改進党は「話が違うと幹部会談も打切ってしまった」という。[89]この背景には、自由党の代議士会において野党の審議引き延ばしを批判する強硬意見があったとされる。また、同日の本会議では、「大達文部大臣不信任決議案」（鈴木茂三郎外一三四名提出）が上程されたが、否決された。[90]

同月二十五日の文部委員会では、野原覺（前出）らによって提出された辻委員長不信任動議について、辻原弘市（前出）がその趣旨弁明を行った。竹尾弌委員長代理によって動議の採決が行われたが、起立少数でこれは否決されている。[91] その後、辻が委員長に復帰し、二十日の同委員会で提出された質疑終局動議について、「委員会混乱のため宣告が明瞭を欠いた点もあった」として改めて採決が行われ、起立多数で質疑は終局となった。[92] 質疑終局後、松田竹千代（前出）外十六名提出の二法案の修正案（三派共同修正案）について坂田道太（前出）から趣旨説明が行われ、この修正案をめぐる質疑が行われた。[93] 三派共同修正案の案文は左記のとおりである（案文朗読順）。[94]

〈義務教育諸学校における教育の政治的中立の確保に関する法律案に対する修正案〉

義務教育諸学校における教育の政治的中立の確保に関する法律案の一部を次のように修正する。

題名を次のように改める。

　義務教育諸学校における教育の政治的中立の確保に関する臨時措置法

第三条第一項中「反対させる教育」を「反対させるための教育」に改め、同条第二項を削る。

附則中「施行する」を「起算して十日を経過した日から施行し、当分の間、その効力を有する」に改める。

〈教育公務員特例法の一部を改正する法律案に対する修正案〉

教育公務員特例法の一部を改正する法律案の一部を次のように修正する。

第二十一条の三第一項の改正規定中「制限については」の下に「、当分の間」を加える。

附則第一項中「公布の日から」の下に「起算して十日を経過した日から」を加える。

坂田の説明によれば、中確法修正案については、題名を臨時措置法とし、効力を「当分の間」とする規定を設けて暫定法である趣旨を明らかにしたという。二法案の賛否が分かれている世論の動向を考慮して暫定法とし、将来検討の余地を残したというのがその理由であった。第三条の修正については、特に第二項の表現が難解で運用を誤るおそれがあるため、これを第一項にとりまとめた。施行期日を公布後十日としたのは、関係機関や国民一般に周知するためである。また、教特法修正案について、第二十一条の三第一項の改正規定を当分の間適用されるものとし、施行期日を改めたのは、中確法修正案と同様の理由であった。瀧嘉衛が述べるように、三派共同修正案は「広汎な反対世論を考慮したやや妥協的、政略的な考え方から出たもの」と考えられ、「本質的には原案と余り変わらないもの」[95]であったが、文部委員会では特に、中確法案の第三条第一項に「ための」を挿入したことの意味をめぐって、論議が白熱した。

修正案の「当分の間」の具体的期間を尋ねた松平忠久（右派社会党）に対し、坂田は、「現実のような偏向教育が行われなくなったような場合においては、この法律の意味もなくなる」と述べて、偏向教育がなくなるまでという見解を示し、それは世論によって判断される旨の答弁を行った。同様の質問を行った小林進（前出）に対しても、二法案について、「偏向の是正が行われたあかつきにはこれをやめる」と説明している。

中確法案第三条第一項の「反対させる教育」を「反対させるための教育」に改めた点については、この差異をめぐって小林（進）が執拗に質問を繰り返した。これに対して坂田は、「反対させる教育」とは、「たとえば政党の名前をあげていう場合」であり、「反対させるための教育」は、「名前は出さなくても、それが結局潜在意識となりまして、そうしてそこまで持って行く教育」と答弁した。吉田安は山口日記事件を例に挙げ、「反対させる教育」では特定政党の名を挙げていない『日記』の取り締まりは困難であり、「反対させるための教育」とすればそれが可能になる旨の答弁を行ったが、小林は納得していない。

また、同条第二項を削除した理由を尋ねた辻原に対し、大達は、教育基本法第八条第二項の書き方とほぼ同様と述べるとともに、第三条第一項に「ための」という字句が入れば、第二項の規定は削除されても、「ための」に包含されるとし、問題化した『日記』はこれに該当するとの見解を示した。この点に関し小林信一（前出）は、「『ための』という簡単な三つの文字によってあらゆることに適用できるというのは危険」と述べ、これを問題視している。

当日の終盤は議論が紛糾し、議場騒然となったため、委員会は一時休会となり、[96]約二十分後の翌二十六日午前一時十四分に再開された。衆議院通過を急ぐ保守三党と審議引き延ばしを図る両派社会党との対立が表面化し、「暁の国会」となったのである。ここでは、辻委員長が質疑終局を告げ、続いて二法案と同修正案が一括討論に付され、各党を代表して、長谷川峻（自由党）、吉田安（改進党）の賛成討論、野原覺（左派社会党）、前田榮之助（右派社会党）、小林信一（小会派クラブ）の反対討論、松田竹千代（日本自由党）の賛成討論が行われた（以上、登壇順）。討論終了後は二法案の修正案と修正部分を除く原案について採決が行われ、賛成十六、反対九の起立多数で修正議決された。[97]

二十六日の文部委員会で修正議決された二法案は、同日の本会議で議題とされた。本会議では先述のとおり、辻文部委員長によって文部委員会の審議経過報告が行われるとともに、山崎始男（左派社会党）、原田憲（自由党）、松平忠久（右派社会党）、町村金吾（改進党）、中村梅吉（日本自由党）（以上、登壇順）の五名が各党を代表して、二法案に対する討論を行った。このうち、政府原案に反対していたにもかかわらず、二法案の修正案と修正部分を除く政府原案に賛成した改進党の町村の見解を確認しておこう。ここで町村は、日教組の「本質的な方向転換が期待できない」現状では、「遺憾ながらこれらの二法案に賛成せざるを得ない」と述べている。その上で、三派が中確法を「臨時措置法」に修正したのは改進党の主唱によるものとし、日教組幹部がこの修正の趣旨に考えを及ぼして、「徹底した反省と自己批判」を行うことの期待を表明した。一方で、立法措置を講じざるを得なくなった責任の一半は政府の「無策と怠慢」にあるとして従来の政府批判を繰り返し、中確法については「いわば伝家の宝刀であることを肝に銘じ、これを抜かずして本法の目的が達成せられるよう肝胆を砕くべき」と主張して、同法が不要になるような努力を政府に求めた。

そして、この討論の終局後、二法案は採決され、賛成（白票）二五六票、反対（青票）一三七票で委員長報告のとおり、修正議決されたのである。[98]

第三節　第十九回国会参議院における教育二法案審議

(1) 本会議における二法案の趣旨説明と質疑

参議院においても、衆議院と同じ一九五四（昭和二十九）年一月二十七日に吉田首相の施政方針演説が行われた（内容は衆議院と同様）[99]。この演説で言及された政治的中立の問題に関しては、翌二十八日の本会議で荒木正三郎（左派社会党）[100]と相馬助治（右派社会党）が質疑を行っている。[101]荒木は、立法措置について、「教育の政治的中立性に名をかりて教員の基本的人権を剝奪し、日本の教育を逆コースに追いやろうとする極めて悪質なもの」と非難し、この措置が「MSA再軍備」と深い関連があると指摘した。さらに、山口日記事件で問題となった『日記』の内容を紹介しながら、これを政治的中立が侵されている事例と見なすことは「軽率な判断」である、などと批判している。相馬は、荒木の質問を踏まえて、立法化構想の具体的内容を質した。

これらの質疑に対しては吉田首相でなく、大達文相が答弁を行っている。大達は、立法措置とMSAや池田・ロバートソン会談は何ら関係がなく、「愛国心の振起」とも直接の関係がないと述べている。荒木がこの質疑で紹介した『日記』の引用箇所については、「比較的に当り障りのない部分」であり、『日記』には政治的中立を侵犯している部分が多数あると答弁し、山口日記事件に限らず、政治的中立の侵犯事例は「相当多数に上っておる」と指摘した。立法化構想の内容については、法案が検討中であるとして、具体的なことは示していない。

この後、既述のとおり、二月二十二日に二法案が国会に提出され、同月二十四日の衆参両院本会議において、大達が二法案の趣旨説明を行った。参議院における趣旨説明の内容は衆議院の場合と同様であり、(102) 翌二十五日には吉田萬次（自由党）、高橋道男（緑風会）、荒木正三郎（前出）、相馬助治（前出）、笹森順造（改進党）、須藤五郎（日本共産党・無所属クラブ）（登壇順）によって趣旨説明に対する質疑が行われている。ここでは、衆議院での趣旨説明に対する質疑とは異なる内容を中心に見ておくことにしたい。(103)

まず吉田は、具体的実例を挙げて日教組の政治的偏向を批判し、「ときすでに遅き感があり、現在までの問題が等閑視せられておった」と述べて、二法案の意義を認めた。一方で、二法案は「予防的立法」であるとし、「かかる予防的立法は、予防せんとする事態を規制するに十分な内容を有し、且つそれ以上に出ないことが肝要」として、「教育の自由な活動を阻害し、教育の萎靡沈滞を来たす」ことがないよう要請している。中確法案については、「言論、表現の自由という見地からすると、重大な問題」と指摘し、その立法の必要性について質すとともに、「教職員団体を通じてなした場合のみを取締るのは不徹底のそしりを免れない」と述べて政府側の所見を求めた。これに対して大達は、日教組による「不当な影響力」があるという実情に言及するとともに、「必要の限度を超えざる配慮に基きまして、教職員団体の活動又はその組織を通じて行われる教唆扇動のみにこれを限定した」と説明している。

次に高橋は、二法案が「答申」の趣旨から著しく逸脱しているのではないか、教育基本法等の現行法で不十分とする理由は何か、なぜ高等学校を中確法案の対象から除外したか、といった点について質問した。大達は、

「答申」は「適当な措置」を求めていることから逸脱はなく、教育基本法の原則が「破壊」されている現実がある以上、立法措置が必要であり、悠長に教員の自粛自戒に待つような事態ではないと答弁している。中確法案の対象から高等学校を除外している点については、「特に義務教育学校というものが、非常に教育の基本として重大」であり、「殊にまだいとけない児童等を対象として」いるためと説明した。

「答申」にある「適当な措置」をめぐっては、相馬も質問を行っており、大達は、答申案に反対したのは一名であり、他は「大体ことごとくこの適当なる立法措置という意味において賛成をされた」と述べている。先述のとおり、「答申」のいう「適当な措置」に立法措置が含まれるのか否かという問題は中教審の議論においては未解決のまま残されることになった。したがって、答申案に全面反対したのが一名(矢内原忠雄)のみであったとしても、中教審委員の大半が「適当な措置」を立法措置の意味に捉えて「答申」に賛成したという大達の答弁は必ずしも正確とはいえない。また、荒木も「答申」に言及し、「日教組が左翼的偏向性を排除することと、一党一派に偏しないということは、一貫して堅持されておる」と述べて、日教組の政治的偏向を指摘した「答申」を「一方的独断的」と非難した。荒木は、初代日教組委員長でもあったことから当然の非難といえるが、大達は、その活動状況からして日教組の政治的偏向は「常識」と答弁している。

そして笹森は、「立法者が目当てとしておりまする少数の人以外に、大多数の教育に携りまする者の、その政治活動が無用に制限せられて行くという結果を来たす」ことを理由に、二法案は「憲法の精神に背馳する反動立法」であると批判した。須藤も、二法案を「教育破壊法」と呼んで厳しく批判し、「如何なる時代にも、教育の中立などということはない。それは政府の露骨な意図を国民の前にごまかそうとする煙幕にほかならない。教育基本法には教育の中立性という規定はない。時の政府の権力や意向によって教育の方針が左右されないことを謳っている」と自説を展開した。「教育破壊法」という呼称は日教組も用いており、この呼称を表題とした冊子も刊行されている。[104]須藤に対して大達は、「教育に中立性というものはない」ことを前提にして、「いろいろ教育について熱論をされましたが、御所論に対しましては、私は全部反対」、「教育破壊法と言われるということにつきましては、何ら答弁を申上げる必要もない」と応じ、議論は全く嚙み合わなかった。

（２）文部委員会・各連合委員会における審議の内容

本会議で二法案の趣旨説明に対する質疑が行われた二月二十五日、二法案は文部委員会に予備付託され、[105]三月十一日には同委員会において、衆議院の場合と同様、大達文相が同法案の趣旨説明を、緒方初中局長がその補足説明を行っている。[106]

三月十三日及び十六日の委員会では、「偏向教育の事例」や警察官による教職員への思想調査実施問題等に関して、その真相を解明すべく派遣された同委員会調査団による現地調査の結果が報告された。十三日の委員会では、田中啓一（自由党）によって、静岡県及び山口県（派遣期間は二月二十八日から一週間。派遣委員は荒木正三郎、相馬助治、田中啓一の三名）の調査報告が行われ、ここで山口日記事件が報告された。田中は、山口県教職員組合（以下、県教組と略）、山口県教委、岩国市教委の見解を詳しく報告した上で、両教委が『日記』使用は望ましくないと述べたことを紹介しつつも、「国際理解の上から見て欠けるところがあるが、それが直ちにいわゆる赤い教育であるとは考えていないと言っておるものと私どもは存じます」と述べている。[107]十六日の委員会では、加賀山之雄（緑風会）によって、青森県及び茨城県（派遣期間は二月二十八日から三月四日。派遣委員は加賀山之雄、木村守江、高田なほ子の三名。茨城県については、病気のため、高田に代わって安部キミ子が調査に参加）の調査報告が行われた。[108]

さて、三月二十六日の衆議院本会議で修正議決された二法案は、同日参議院に本付託となり、文部委員会で審議が開始されたのは四月一日からである。[109]しかし、開始当初から、「偏向教育の事例」をめぐって与党委員と野党委員が対立し、審議はあまり進捗しなかった。同月十二日付の『読売新聞』は、「教育二法案は世論の批判を背景に参議院野党の引延ばし戦術が奏功して審議が進まず、緑風会、改進党の動向も微妙なため流産となる気配が濃厚となっている」と報じている。[110] このような状況において、同委員会では、「偏向教育の事例」の真相究明と法案の審議促進を図るために、同月十二日及び十三日に同事例に関する証人喚問を行うこととなった。また、同月二十二日から二十四日にかけて二法案に関する公聴会を開催し、さらに、同月二十日に地方行政委員会、二十六日に人事委員会・法務委員会、二十七日に労働委員会との各連合委員会を開催し、二法案をめぐる連合審査を実施している。

文部委員会及び各連合委員会における審議の経過と内容については、五月十四日の参議院本会議での川村松助文部委員長による審議経過・結果報告（以下、川村報告と略）に明らかである。[111] 先述のとおり、二法案をめぐる主な論点は、衆議院文部委員会の審議でほぼ出尽くしているが、参議院では、「本質的な問題と細部にわたるつっこんだ討議」[112]が行われた。川村報告では、中確法案について六点、教特法案については五点にわたって論点を整理し、各論点について政府側の答弁をまとめている。中確法案の論点は、①教唆・煽動だけを独立犯としたのはなぜか、②法の成立によって教員が萎縮し、教育基本法に規定する政治教育が行えなくなるのではないか、③処罰の請求について、行政機関の請求権濫用を招来しないか、④警察による「犯罪の捜索（捜査か――筆者註）」により、教育が警察によって監視されることにならないか、⑤偏向教育は教員の自粛自戒等によって是正すべきではないか、⑥法案の犯罪構成要件が極めて曖昧で不明確ではないか。特に、反対させる「ため」という表現は、因果関係を広汎なものにするから危険ではないか、というものであり、特に①が最も問題になったとしている。これら①～⑥に対する政府側の答弁は、おおよそ次のとおりである。

①教唆・煽動だけを独立犯として罰することは特に異例ではない。教職員の偏向教育を罰しないのは、学校をなるべく警察の範域外に置くことが教育上望ましいからであるが、これらの偏向教育は、現在主として外部からの教唆・煽動に基づくものであり、まずこれを抑止することが何よりも必要だからである。

②偏向教育と思われる事態があっても、本法案は当該職員を罰する趣旨のものではないから、法の成立によって教職員が萎縮するわけはない。もし、本法案が目的とする政治的中立について、その概念の曖昧性を問題にするなら、政治的中立を規定した教育基本法第八条第二項自体を非難攻撃することに帰着し、このような批判は理解に苦しむ。

③行政機関は起訴を請求するのみで、結局は裁判所によって問題が決定するため、刑罰権行使の客観性、妥当性については、通常の犯罪行為の場合と同様に期待できる。

④起訴を前提としていないような捜索はナンセンスであり、このような捜索は常識的には行われるわけがない。

⑤現在、義務教育諸学校について危惧される偏向教育の根源は外部的勢力に基づくもので、単に教員に対して自粛を求める程度では到底これを排除することはできない。本法案は、むしろこのような外部的威力に対して教職員を庇護することで政治的中立を維持しようとするものにほかならない。また、教育に対する法的干渉は政府も望んでおらず、事態の推移によっては本法案を廃止し得ることは当然である。この意味で、本法案を臨時措置法とした衆議院の修正を了承し、同意したのである。

⑥本法案の犯罪の構成要件は十分に絞っており、取り立てて曖昧ではない。「ため」についても、無制限の因果関係にまで拡げる意味のものとは考えない。

次に、教特法案については、①地方公務員である教員の政治活動について、なぜ国家公務員の例によるという特例を設けたのかという点が「最も論議の対象」となり、他にも、②人事院は国家公務員に対して強力な自由制約の権限と利益保障の機能を持つが、地方公務員に対しては利益保障の機能を有していない。にもかかわらず、自由の制約だけ人事院の決定に任すのはいかなる理由か、③本来、国家公務員に適用する人事院規則を地方教育公務員に適用した場合、実際上、多くの「矛盾撞着」が生じないか、④人事院規則の適用により、地方教育公務員は行動の自由が全面的に束縛されないか、⑤地方教育公務員にのみ刑事的制裁が科されるのは、一般の地方公務員と比べて不平等ではないか、といったことが論点となった。これら①〜⑤に対する政府側の答弁は、おおよそ次のとおりである。

①教育基本法や教育委員会法が示すとおり、教育は国民全体に対して直接責任を負って行われるものである。また、常に政治的中立を保持すべきものであるにもかかわらず、現在、政治的行為の制限に関する地方公務員法の規定は、地域や制限事項等において国家公務員と差異があり、そのため、選挙活動等の活発な政治運動に没頭して、教育の国民全体に対する責任と中立性の保持が背反されやすい。したがって、国家公務員の例によるとし、地方教育公務員をそのような煩瑣と危険性から解放しようとするためである。

②人事院が国家公務員に対して人事院規則による諸種の制約を加えているのは、いわゆる利益保障機能をもつためではない。「自由の制約」と「利益保障」の両者を対応関係で考えるべきではない。

③政治的行為の制限に関する人事院規則を地方教育公務員に適用する場合、不足や不十分な点はあるが、矛盾撞着を生じるものではない。不足の点は、今後、人事院でしかるべく考慮する。

④人事院規則が精密に違反行為を列挙して規定している理由は、法の適用を明確なものにし、規定濫用のおそれがないようにするためであり、むしろ公務員の利益保障の意図に基づくものである。現在、国家公務員で

ある教育職員は極めて自由に行動しており、また、この規則は従来ほとんど発動されたことがない。したがって、地方教育公務員も国家公務員である教育職員が現に行動している範囲内に留まる限り、自由の全面的束縛などということは全くの杞憂に過ぎない。

⑤本法案は、教育の特殊性からして、政治的行為の制限に関し、地方教育公務員を国家公務員の例によるとする以上、刑事的制裁についても、国家公務員である教員と均衡した取り扱いとなる。

(3)「偏向教育の事例」に関する証人喚問

四月十二日及び十三日の文部委員会では、「偏向教育の事例」に関する証人喚問が実施された。十二日に「旭丘中学校」、「大将軍小学校」、「滋賀県『冬の友』日記」、「岐阜県恵那郡」の四事例、十三日には「岩手県一関市」、「高知県立山田高校」、「北海道武佐中学」、「山口日記（事件）」、「山口県安下庄町小中学校」の五事例、合わせて九件の偏向教育事例を対象とし、計三十名の証人を喚問して、その証言を聴取した。[113] その結果、証人が偏向教育を認めた事例が二件、証人が事実無根として否定した事例が三件、偏向教育を認める証人とそれを否定する証人が対立した事例が四件であった。以下では、衆議院における「偏向教育の事例」の実情調査報告と同様、旭丘中学校の事例と山口日記事件についての証言内容を確認しておく。

まずは、旭丘中学校の事例についての証言[114]である。はじめに証言を行った同校ＰＴＡ会員の水上毅は、同校の偏向教育が組織的、計画的に行われていると述べ、その証拠として、同校の山本正行教諭が日教組教育研究大会（静岡）で発表した「平和教育を守る旭丘中学校の闘い」と題する報告書を紹介した。水上は、この報告書の中で「旭丘中学では学校を階級闘争の場とする」と明言されていることに触れながら、報告書の内容に基づき、同校でとられている闘争手段について、およそ次の①〜④のように説明している。

①「学校を組合管理学校とするために校長の職責を否定」している。したがって、旭丘中学校では校長が職員会議で発言権を有していない、②「PTAをいわゆる民主勢力で固める」ため、北小路昂（同校教頭）のような「革新分子」や「日本共産党洛北細胞における有力メムバー」である吉田金次郎（同校PTA補導部委員）のような人物（いずれも水上と同様、この証人喚問に出席）を動員して活動している、③「学外のいわゆる民主団体と提携して日常闘争に努力して」いる、④「特定の生徒を指導して生徒会をリードさせ、生徒の自主的行動なりという美名に隠れて生徒を政治活動に導入して」いる。以上のように説明した水上は、「洛北民主協議会、日本共産党洛北細胞のメンバーと同一し、更に外郭団体である京教組と結び、総評と結んで、いわゆる政治活動に現在も子供を動員してストに入ろうという形勢」にあると同校の実情を訴えた。

同じく同校PTA会員の福田知子は、「再軍備反対、軍事基地反対というようなことを数学の時間や理科の時間にいろいろ子供にお教えになるのです。（中略）殊更に数学の時間に軍事基地を持ち出さなくてもほかの例はあると思うのです」、「子供がよく先生が『アカハタ』という新聞を読んでくれると申します」、「授業の前後に再軍備反対、再軍備反対というふうに称えさせられました」、「数学の時間に疲れているからといって、先生が黒板にインターや労働歌というものを書いて、写しなさいと言って、教室の後のほうには、そういう歌を書いたビラが張ってあって」というように、具体例を挙げながら、同校における偏向教育の問題を指摘した。そして、「どんな圧力がかかろうとも、私たちはこの学校は確かに偏っているということを飽くまでも明言してやみません」と述べて証言を終えている。

一方で、同校PTA補導部委員であった吉田金次郎は、同校の事例について、「このような重大なる問題を、資料の出所も明らかにせず、実情調査も十分されずに国会に提出されることは、非民主的であり、民主教育を尊ぶPTAも教育委員会も存在価値がなくなるのではないかと思います」と述べ、政府が提出した同校の偏向教育に関する資料は、「全く間違った一方的な資料」と批判するとともに、同校における教育の政治的偏向を否定した。また、自らが日本共産党と関係がないことを強調している。

最後に証言を行った北小路昂教頭は、同校の実情を説明した上で、偏向教育問題については京都市の教育長等が同校の教育方針を正しいと認めたものの、不適切な運営方法を改善するよう勧告したことを受けて、その趣旨に沿った努力をしていると述べている。つまり、北小路は同校の学校運営に問題があったことは認めた。しかし、「僅か一年か一年半くらいの断片的を（な―筆者註）不確かな資料の中から、自分たちの意に副うものだけを取集め、これを以て学校の教育を全般的に評価し、断定する材料として頂くことは甚だ迷惑であります」と批判し、前述の福田の証言に関して、『アカハタ』を読んで教えた事実や授業前後に再軍備反対を高唱させた事実は聞いていないと否定した。労働歌については、「夏の体操の時間のあと、疲れて授業に入れる気分でなかったので、休憩時間を十分間延長して生徒と一緒にそれらの歌を唱い、気分が落ちついてから授業を開始したというように聞いております」と説明している。

次に山口日記事件についての証言[115]である。最初に証言を行ったのは、元県教組執行委員長の綿津四郎であり、証言当時は山口市大殿中学校教諭であった。『日記』が偏向教育の事例に該当しないと主張する綿津は、『日記』の編集方針・方法に言及しながら、これが日教組の指令等によって編集されたものではないこと、『日記』を使用した児童生徒数は少数であること、『日記』が学校教育法にいう教材に該当しないこと等を説明し、『日記』の問題が「偏向教育の大きな要素として法案の根拠になるということについては、甚だ残念」と述べている。一方で、綿津は、「私どもが意図した点が、極めてスペースの少いところへ執筆者が集約をいたしましたために、意図を十分に伝え得ず、或いは誤解を招きやすい点を残しておるという点は、今後改善を加えたい」と述べており、『日記』に「表現上いろいろな手ぬかりや幼稚な点がある」ことを認めた。

綿津に続いて証言を行った山口県教委教育長の野村幸祐は、『日記』が問題化した経緯について説明しながら、県教委において、『日記』に「非常に重大な、重要な問題を含んでいることを確認」したと述べて、その偏向性を指摘した。しかし、野村によれば、県教組に対して『日記』の内容が全部正しいと思っているかと尋ねた際、県教組側は、「そうである、全部正しいと信じている」と答えたという。そして野村は、山口県内の動向を中心に、『日記』に対する批判的な世論が高まったことを詳しく説明するとともに、「日記がこれほどの憂慮を県民父兄に与えましたことは、従来の県教組に対する不安がその背景をなしていたことは否めない」と述べて、県教組及び日教組による「闘争」のありようを批判した。また、『日記』の使用者が少数であったことをもって実害が少ないと判断することは適当でなく、教育の実利や実害は直ちに明瞭に現れるものではないとの見解を示し、「そのためにこそ教育の中立性を守るために、県教委、地教委が多大な困難や圧迫を排除して、その措置を遂行した」と主張している。

岩国市愛宕小学校PTA会長の藤岡武雄は、偏向教育が実際に行われたかどうか、なぜ岩国市で『日記』の問題が拡大したか、の二点について証言を行った。前者については、「偏向教育は私の知り得る範囲内では行われなかった」と明言しており、その理由として、『日記』の配布・使用部数が少なく、教員がこれを教材として使用しなかったことや、各学校の校長が偏向教育は行われなかったと藤岡に申し出たことなどを挙げている。そして、『日記』について「どうかと思う点はある」と述べながらも、「機会ある毎に調査をして見たのでございますが、私が憂慮したような事態は一つもなかった」と指摘し、偏向教育が行われなかったことを強調した。一方、後者については、教委と教組が「非常に感情的に対立しておった」ことが理由であるとして、その対立の様相を説明している。

最後に証言を行った岩国市教委の委員である丸茂忍は、同市における『日記』問題化の経緯や『日記』の使用状況等を詳しく説明した。ここで丸茂は、市教委の委員が「一応、この日記は妥当でない」と判断したこと、市内小・中学校長の間では、『日記』が「行き過ぎである」として意見の一致を見たこと、市内PTAの正副会長の意見として、『日記』使用について「ごうごうたる非難が起きた」ことなどを紹介している。そして、市内PTAの正副会長の意見は、『日記』の使用が不適当であり、これを回収するというものであったが、これがなかなか実行に移せなかったという事情を説明し、その理由として、市教委に対して県教組や日教組の抗議活動があったことを挙げた。丸茂は政党からの抗議もあったと証言しており、「政党の名前を以て我我に圧力を加えられておるということは我々が非常に遺憾に思った点」と批判している。さらに、『日記』の教材使用に関しては、「明らかに教材資料として使われておるものだということを認定いたしたわけでございます」と述べて、藤岡の証言を否定した。

以上から明らかなように、両事例における各証人の証言は大きく異なり、それぞれの見解は、真っ向から対立している。ここでは、「衆議院文部委員会での実情調査の報告の際に展開された構図が、そのまま証言の中に繰り返された[116]」のであった。有倉遼吉がいうように、ここでは「『社会通念』というような最大公約数が決して通用せず、平行線的な見解の相違がきわだっていた」といえる。客観的であるべき事実の認定でさえ個人の見方によって差異が生じるのであり、とりわけ政治的偏向であるかどうかの判断については、個人の思想が反映されるのである[117]。偏向教育の事例についての事実認定が困難であったことは確かであろう[118]。

こうした対立構図は、証人に対する質疑においても看取され、与党委員（自由党・劔木亨弘[119]、田中啓一など）は偏向教育の存在を否認する証人に対して、野党である革新系の委員（左派社会党・荒木正三郎、岡三郎[120]、日本共産党・須藤五郎など）は偏向教育の存在を是認する証人に対して、それぞれ批判的な質問を繰り広げた。そして、各委員の質疑に対する証人の答弁の多くは、証言内容の正当性を繰り返すことに終始したのである。

（4）文部委員会公聴会の開催

四月二十二日から二十四日までの三日間、文部委員会では、十二名の公述人を招いて、二法案についての公聴会を開催した。公述人は、第一日目（四月二十二日）が牧野英一（国立国会図書館専門調査員）、末川博（立命館大学学長）、山崎匡輔（成城大学学長）、朝倉武夫（栃木県今市小学校校長）、伊沢甲子麿（東京都杉並高等学校教諭）の五名、第二日目（同月二十三日）が関口泰（朝日新聞社顧問）、御手洗辰雄（評論家）、海後宗臣（東京大学教授）、高山岩男（神奈川大学教授）、鵜飼信成（東京大学教授）の五名、第三日目（同月二十四日）が河原春作（中央教育審議会委員）と小林武（日教組中央執行委員長）の二名である。同法案に対する十二名の公述人の賛否は賛成六名、反対六名と半々であった（賛成：牧野、山崎、伊沢、御手洗、高山、河原、反対：末川、朝倉、関口、海後、鵜飼、小林）。

以下では、衆議院文部委員会公聴会の場合と同様、二法案の賛否ごとに、各公述人の見解を見ていく。[121] ただし、小林は衆議院の公聴会で同様の公述を行っていることから、ここでは取り上げない。

①二法案賛成の公述

まず牧野は、刑法学者の立場から、「教育界自身が自己調整、即ち自重自戒を全うしておらんという事情がありますならば、法律がそれに対して刑罰法規を以てその調整に乗り出すということはやむを得ないことであろう」と述べて、二法案の意義を認めた。特に、中確法案について、教唆・煽動を独立の犯罪として取り扱うことは理論的には差し支えないとしながら、刑法上の仕組みとして、二法案は「相当よくできておる」と評価し、「少くとも牧野としてはこれをこう修正したら如何でしょうかという対案を持っておりません」とまで述べている。そして、「教育基本法の規定に対する制裁として設けられたということであるならば、暫定法などといって遠慮する必要はない、初めからもう政府の原案の通りでいいと思います」と述べ、修正前の原案を支持した。[122]

山崎は、「現下の情勢の下では遺憾ながらこれに賛成せざるを得ない」と述べて、二法案に賛意を示した。日教組とは明言していないものの、「余りにも大きな教育界に醸成されておるところのこの組織の力がその憂うべき方向に動きつつある」という現状では、中確法案でさえも「まだ私は手ぬるいと考えられるくらい」というのが山崎の考えであった。(123) 日教組に批判的な伊沢も、(124) 教育における不偏不党を強調し、「現状においては止むを得ない」と述べて二法案に賛成した。ただ伊沢は、中確法案の罰則規定については「先生をやめさせるとか、別な処置をとる方法がなかったか」とも述べている。(125) そして御手洗は、二法案を「甚だ好ましくない法律案」としながらも、特に、日教組への共産党勢力の浸潤を問題視し、山崎と同様、「現実の実態は、かような法律を作ることも又やむを得ない」との見解を示した。しかし、罰則規定には疑問を呈し、「刑罰を加えるというようなことは非常な危険」と述べている。(126)

次に高山の公述である。高山は、二法案立案以前に自らの論文(127)で政治的中立について論じており、その論旨がこの公述でも展開されている。(128) 哲学者の立場から政治的中立の考え方を丁重に説明した高山の見解は特に重要と思われるため、少し詳しく公述内容を見ておきたい。高山は前述の論文で、自らを「左翼偏向の日教組の在り方や活動の仕方には賛成できない者」であり、「吉田政府の採る日教組叩き潰しの行動にも賛成できない者」と呼び、(129) 同法案に対しては消極的賛成という立場であった。公述において高山は、二法案が立案されたことは「遺憾至極」で、「世界に対しては恥さらしであり、国内に対しては教員諸君を侮辱することだろう」と述べている。しかし、教員に自主性が欠如し、彼らが「一方的な傾向というものに一つの集団的な行動として走る」状況では、二法案の立案は「やむを得ないし又当然」というのが、高山の考えであった。高山は、「教育の中立性というものが問題になるには、国内的に又歴史的に相当の理由がある」とし、それは「教育の中立性を阻害する、妨害する力が教育の内部及び外部の双方から加わって来ているから」と述べている。そして、「教育の政治的中立性というものを深刻な問題にして来る理由」として、①教師自身が個人的な立場においては必ずしも政党に中立的ではなく、特定政党に関心をもっているという現実的な理由、②政党政治が必ずしも教育の中立性を名実ともに保障しておらず、時として党派性を惹起するという政治的な事情、③民主主義がいわゆる人民民主主義と自由民主主義の双方に分かれ、これが国内的にも国際的にも冷戦状態にあり、教育自体を意図的に政治化する傾向が世界を通じて出現しているという現代特有の歴史的、世界史的な事情、という三つを挙げた。①の理由については、「政治的に無関心であるということは教員としては甚だ芳ばしくない」としながら、「教育作用」が不偏不党の中立性を保つことは当然であるとし、「これを如何に教育の場において調合するか、統一するか、これが教員に課せられた大きな課題」と指摘して、次のように述べている。[130]

政党政治の党派性という政治的関心をいわば括弧の中に括り入れる、そうして教壇の上では中性化する、ニュートラライズする、こういうことが行われることによって初めて教育作用の政治的中立性が行われるわけであります。これは封建教育と違いまして近代教育のいわば必須条件、必要条件というものになるわけであります。（中略）たとえそれが困難であってもこれができるという確信の上に立たないのでは、これは教育作用というものは本当は行われ得ないわけであります。どうしても括弧の中に入れるという中性化の作用ができないというならば、この人は教員としては不適格であると申すよりほかない。

こう述べた高山は、党派的関心に限らず、経済的関心や子供に対する愛憎好悪のような情念も、「教育の場においては括弧の中に入れて中性化しなければ、教育は本当に成り立たない」と主張した。同様に、②の理由に関しても、「括弧の中に入れる、そうして政治的関心、特に党派性というものを中性化する、こういう作用が全体主義の上では行われ得ない」と指摘している。高山の見解は、民主主義国家では、政党が政権を担う場合、「直接なり間接なりに教育に偏向を与える」という事実があり、これが教育にとって不当であると考えるのが民主政治であるが、全体主義国家ではこれを不当とする考え方があり得ない、というものであった。

さらに高山は、③が最も重要であるとし、国民の同質性（ホモジニティ）が失われ、国民の共同性の信念が動揺しはじめ、国民の中に「階級の対立性」（階級意識）が強化されているという状況を問題視した。そして、「階級の対立性」を誇張し、これを戦術的に階級闘争にまで深めるのがマルクシズムであると指摘した上で、次のように主張している。「国民というものをなくそう、国民というものを敵味方の二つの階級に分けてしまおう、こういうマルクス・レーニイズムの考えを徹底した」場合、近代教育の大前提である「国民の共同性」は完全に失われてしまう。そのため、政党への関心を括弧に入れるという「消極的な中立性」だけでなく、失われていく「国民共同性の再建」という積極的内容をもつ政治的中立が必要である、と。こう主張する高山は、「超階級的な人間性、ヒューマニティ」を建設することに、「中立性の真実の意義」を見出しており、教育者が「実に深い認識と、実に深い良心」を必要とすることを強調したのである。

そして、河原の公述である。中教審第三特別委員会で答申案を実質的に一人で執筆し、大達文相と内務省の同期で友人であった河原が、二法案に全面的に賛意を示す公述を行ったのは当然のことであった。河原は、政府側の説明とほぼ同様の理由で二法案に賛成し、「政治的行為の制限を受けるのは、人間として辛いことであることは申すまでもない」としながら、「小さい可愛い子供というものを考えて、自分が教員という職務をとった以上、このくらいの行為の制限を受けても我慢しようじゃないかという考えになって頂きたい」と自らの思いを吐露している。[131]

②二法案反対の公述

次に、二法案に反対した公述人の見解を見ていこう。まず、末川は、二法案が教育の目的を阻害し、教育行政の根本精神にも反しており、戦前・戦中の「言論、出版の自由を抑圧したところの法律と同じように国を亡ぼすところの原因を作る」と批判し、「全面的に、又絶対的に反対」と主張した。特に、中確法案が「政治的中立」という曖昧な概念を用いていることの危険性に言及しながら、「平和的な国家及び社会の形成者であり真理と平和を希求する人間であるところの若い世代の人たちを育て上げるということができるように保障して行く、そこに政治的な中立というものがある」と述べている。教特法案については、国家公務員法の政治活動制限規定を批判しつつ、「こんな法律を作らずに私立学校の先生並みに国立や公立の先生がたをして上げたらどうか」という考えを示した(132)。

朝倉は、自らの三十七年間の教員生活を回顧した上で、二法案が成立した場合、「教育者は再びあの戦前の状態に逆戻りをさせられ」、「民主主義国家社会の形成者を育成するなどということは空念仏になってしまう」と述べ、教特法案と中確法案それぞれについて具体的な批判を展開した。そして、日教組の行動に行き過ぎがあったことを認めながらも、「自粛自戒」によって現状ではそれが鎮静化しているとの認識を示し、二法案は不要であると主張している(133)。朝倉は全国連合小学校長会(以下、全連小と略)(134)の栃木県理事であり、公聴会前の四月十九日には全連小から資料を速達で送られ、激励してもらったと述べていることからも明らかなように(135)、その主張に全連小の見解が反映されているのは間違いない。ただ朝倉は、日教組にも加入しており(136)、公聴会では日教組に寛容的な見解を随所で示している(137)。

関口は、政治的中立の考え方として、「日教組的な政治思想一色に染めさせない」ことに加え、特定政党の内閣の文部大臣について、その権力による教育支配を排除しなければならないとし、教員の政治的自由の意義を強調した。国家公務員法と人事院規則による政治的行為の制限自体が問題であり、教育の機能はその性格上、現在の政治に対して批判的であるのは当然のことで、教員には一般公務員以上の自由を認めなければならないというのが、関口の主張である。そして、日教組の行き過ぎを認めながらも、「教員が法律で守ってもらわなければ、自分の思想も学問も教育も自分では守れないかのごとく取扱われること」を遺憾とし、二法案に反対した(138)。

また海後は、「政治的中立性という名前に実はかりて、民主的な教育のあり方が甚だしく阻害される虞れ」があるとして二法案に反対した。中確法案については、「全国の諸学校の状況を見まして、現在この法律が必要とされるような事態は起っていない」と述べて、その必要性を否定している。特に同法案が、「人間を望ましく育成しようとする極めて複雑なことを、処罰の成立に対する対象の根拠として求めてある」と批判し、「教育指導する内容が特定の政党を支持し、或いは反対させるための教育であるかないかというようなことを考えておるというのでは教育の指導はできません」と自説を展開した。処罰規定のある同法が教員を圧迫し、豊かな教育活動が展開できなくなると主張する海後は、教特法案に関しても、「一市民としての政治的な感覚を持たない教員には到底子供の政治教育は託することはできません」などと批判している(139)。

鵜飼は、中確法案については、①教唆・煽動の処罰規定が憲法の保障する言論の自由を侵害すること、②教育者が政治問題に触れることを恐れ、正しい政治的判断をする力が養われないような、無気力な教育になってしまうおそれがあること、③教育者が「警察化」し、あるいは警察が教育の中に入ってくることになり、教育の方向を誤らせるおそれがある、という三点を問題点として指摘した。特に②に関して、「政治的中立を教育にあっては確保しなければならないということは、教育を受けた児童が特定の政党を支持することになってはいけないという意味を持ってはいない」と述べ、「必ず政治的な意識を持った者が、自分の正しい判断に基いて、自分が或る特定の政党を支持するというそういうことができるようにならなければ、政治教育の意味をなさない」との見解を示している。教特法案については、「現在の国家公務員における制限さえも撤廃すべき」であり、「改めて現在許されておる自由を更に制限するというような方向に進むべきではない」と主張した。さらに、衆議院における二法案の修正にも言及し、その修正点について批判している。一つは、二法案に「当分の間」という語句を挿入し、「臨時立法」とした点である。鵜飼によれば、法案に効力を有する期限が具体的に明示されていないため、別の法律をもって教育二法を廃止しない限り、同法は効力を持ち得るので、「法律的には殆んど意味がない」という。もう一つは、中確法案中の「反対させる教育」を「反対させるための教育」に改めた点である。この「ための教育」の部分が非常に不明確であり、刑罰法規にとって最も本質的な要素である犯罪の構成要件が曖昧である、というのが鵜飼の見解であった(140)。

③質疑に対する公述人の答弁

三日間に及ぶ公聴会では、衆議院の場合と同様、各回とも、公述終了後に公述人への質疑が行われた。質疑に対する公述人の答弁の多くは、公述内容と重複しているが、ここでは、重複部分以外で注目される点について、その内容を確認しておく。一つは、政治的中立の考え方に関する牧野の見解、もう一つは中教審の論議に関する河原の見解である。

まず牧野は、高田なほ子（前出。左派社会党、日教組初代婦人部長）の質疑に対する答弁の中で、中立性とは「時計の振子のようなもの」と表現し、次のように説明した(141)。

このデス・ポイントに振子が下ってしまってはもう動かんのです、それじゃ困る、やはり右へ左へ、右へ左へと動いて行く、それが一定の限度を超えるというと時計の用はいたしません。そこに中立ということがあり

まする

続けて牧野は、各自、「保守的な考え」や「進歩的な考え」があるにしても、「時計の運転がやはり時をあやまたず動いて行くようにその中立を守る」と考えれば、中立というものを窮屈に考える必要はないとし、「要するに教育家は健全なる良識によって（中略）父兄からして子弟を預けられた、それに失望をさせないように期待に副うように教育をするということをこの法律は望んでおりまするので、そこが義務教育の当局の諸君がこれはふるえ上るというようなことは私はどうも想像できません（中略）これによってやはり時計が動くように右でも左でも動いて行くというふうになさるべきであって、時計を壊してしまうようなことをなすっちゃいかん」と述べている。[142]この発言を「巧みな比喩だと思いましたね」と語っているのは、二法案立案の当事者であった斎藤正である。[143]

また河原は、中教審の経過内容や「答申」中の「適当な措置」の意味合い等について質問した相馬助治（前出）に対し、おおよそ次の①〜④のとおり答弁した。[144]①「答申」の原案（＝答申案）は自らが作成し、同僚委員と相談をして修正を加えた、②答申案作成にあたり、文部省からは何も材料を提供してもらっていない。もし材料が豊富であれば、「適切なる措置」（「適当な措置」―筆者註）という「考えようによるとあいまいな答申案」を出す必要はない、③答申案を決定するための材料は、日教組提出の二つの資料（日教組の「闘争目標（方針）」と『日本の教育』）のみであった。④委員で検討しても名案が得られなかった。何とかしなければならないのは確かなので、文部省で適切

牧野英一

出典：国立国会図書館「近代日本人の肖像」

な措置をとって欲しいという趣旨で答申案を作成した。河原は、日教組中央執行委員長を務めた岡三郎（前出）の質疑に対する答弁でも、「答申案について我々が、少くとも私が考えてあることが即ちこの二法案であるとは申せない」と述べながら、答申案は立法措置を意図して作成したわけではないという見解を示している。[145]

（5）緑風会による二法案修正案の作成

①二法案の修正案をめぐる緑風会の動向

政府・自由党は、四月二十六日、教育二法の会期内成立を図るため、同月二十八日に二法案の質疑打ち切りの動議を提出する方針を決定した。[146] しかし、両派社会党がこれに強く反対するとともに、緑風会の委員の同調が得られなかったため、二十八日の質疑打ち切りを断念し、同月三十日に打ち切る見込みとなった。[147] 同月二十九日には、緒方副総理が吉田首相と二法案などの審議促進の具体策について意見交換を行い、緒方ら自由党幹部が緑風会を説得して了解を得るという「緑風会工作」を進めることとなった。[148] 当時、参議院には緑風会所属議員が四十九名おり、緑風会は自由党に次ぐ勢力を有していたため、法案審議に関し、その了解を取り付けることが何より重要であったのである。つまり緑風会は、教育二法成立の成否を決するキャスティング・ボートを握っていた。

緑風会の委員は二法案の趣旨に賛意を示していたものの、自由党による法案の強行採決という方針には反対であり、法案の慎重な審議を求めていた。しかし、法案の審議未了を図ろうとする両派社会党や共産党による審議の「引延ばし作戦」に乗せられるだけで、これ以上の質疑を続けることは無意味であると判断したことから、質疑打ち切りが必至の形勢となった。[149] こうして、四月三十日の文部委員会では、午後に審議を再開した直後、高橋衛（自由党）が質疑打ち切りの動議を提出し、自由党、緑風会の賛成多数によって動議が成立したのである。[150]

同日、緑風会では、館哲二政調会長をはじめ、高瀬荘太郎、広瀬久忠、片柳真吉ら政調会幹部と加賀山之雄、高橋道男ら文部委員が打ち合わせを行った。ここでは、教特法案の罰則を刑事罰から「行政処分」に緩和すべきとし、中確法案についても、その乱用を懸念する意見が多数であったという。川村文部委員長、劔木亨弘、木村守江ら自由党の文部委員は同日、大達文相と対策を協議し、緑風会の動向を踏まえて、慎重に審議を進めることになった。二法案廃案をねらう両派社会党も、緑風会や改進党などに対し、法案を骨抜きにするような修正を行うよう働きかけたとされる[151]。

緑風会では二法案に対する態度を決定するため、五月一日に議員総会を開催した。総会では、佐藤尚武ら十二名が衆議院を通過した二法案（以下、衆議院議決案と略）に賛成し、加賀山ら六名は教特法案の罰則を刑事罰から行政罰に緩和するよう修正すべきという意見を提示した。楠見義男ら十名は二法案に反対し、否決すべきという態度を示した。つまり、緑風会では二法案を成立させようとする向きが多かったものの、会としての態度を容易に決定できない情勢にあったのである。例えば、衆議院議決案の賛成者であっても、各派の間で修正案がまとまれば同調したいとする者も多く、それができない場合は、将来的に国家公務員法の罰則を刑事罰から行政罰に改正し、これに準じて教特法案の罰則を行政罰に修正する旨の附帯決議を付して衆議院議決案に賛成する、という意見も出されたという。衆議院議決案に反対する者の態度も「相当強硬」であった[152]。

五月一日の議員総会では結論が出なかったため、同月四日と六日に再度、議員総会を開催して引き続き協議を行った。四日の議員総会に出席した広瀬久忠らによれば、二法案について、「反対ないし修正論と賛成論が五分五分」という形勢であったようである[153]。六日の議員総会では、教特法案の罰則を行政罰に緩和し、中確法案第三条にある「反対させるための」の「ための」を削除するという修正案への支持が多数を占めたが、ここでも結論が得られず、加賀山ら文部委員に一任することを決定した[154]。緑風会は、自由党に対してこの修正案の申し入れを行ったものの、衆議院において二法案は保守三党によって十分議論されており、緑風会の修正案では二法案が骨抜きになるという理由から、自由党はこれに応じていない[155]。

五月八日、自由党は緑風会に対して、同会の修正案を拒否する旨を正式に回答するとともに、益谷秀次総務会長、小沢国会対策委員長、佐藤幹事長ら自由党執行部や緒方副総理、大達文相が緑風会を頻繁に訪問し、同会が衆議院議決案に同調することを要請した。これに対し、緑風会は同日、議員総会を開催したが、出席者が少数であったため、同月十日に結論をもち越している[156]。

同月十一日付の『読売新聞』（朝刊）によれば、緑風会内の情勢は、五回にわたる同会の議員総会の経過から見ると、衆議院議決案に賛成の者が佐藤尚武、高瀬荘太郎、赤木正雄ら十九名、修正案に賛成の者が加賀山之雄、片柳真吉、広瀬久忠ら十九名、二法案を否決すべきとする者が楠見義男、高良とみ、梶原茂嘉ら六名、不明五名であり、衆議院議決案の支持者と修正案の支持者が拮抗していた。しかし、同月十日の議員総会では、緑風会としての態度は決定し得なかったものの、加賀山、高橋道男、杉山昌作の三名の文部委員によって修正案を文部委員会に提出することが三十四対六の多数で承認されたのであった[157]。

また、両派社会党は、衆議院議決案よりも次善のものとして緑風会の修正案に同調する方針を決定し、左派社会党の和田博雄書記長らがこの旨を緑風会に申し入れている。改進党も、衆議院の審議過程で同党が作成した修正案に近いとして、緑風会の修正案に同調する体制をとり、無所属クラブや純無所属クラブも大勢は緑風会の修正案支持であった。このような状況に対して自由党は、衆議院議決案に同調させるべく、緑風会内の支持者に働きかけを行うなど、与野党の攻防は日増しに激しくなっていった[158]。

②文部委員会における緑風会修正案の議決

緑風会による二法案の修正案（以下、緑風会修正案と略）は五月十二日の文部委員会で討論・採決が行われる予定であったが、「自由党の引延し作戦」によりもち越しとなり、当日の委員会は流会となった。これに対して野党各派は、自由党の十分な反省が行われるまで、同法案の審議を拒否するという申し合わせを行っている。また同日、緑風会では秘密議員総会を開催し、本会議では自由投票を行うことを決定した[159]。

文部委員会で緑風会修正案が提案され、討論・採決が行われたのは、五月十四日である。ここで緑風会の加賀山から、同会の文部委員三名（加賀山のほか、前述の高橋、杉山）の意見を代表して作成・提出された緑風会修正案の提案理由が説明された[160]。緑風会修正案の案文は次のとおりである（案文朗読順[161]）。

〈教育公務員特例法の一部を改正する法律案に対する修正案〉

教育公務員特例法の一部を改正する法律案の一部を次のように修正する。

第二十一条の二の次に一条を加える改正規定のうち第二十一条の三の見出し中「制限等」を「制限」に改め、同条第二項を次のように改める。

2　前項の規定は、政治的行為の制限に違反した者の処罰につき国家公務員法第百十条第一項の例による趣旨を含むものと解してはならない。

〈義務教育諸学校における教育の政治的中立の確保に関する法律案に対する修正案〉

義務教育諸学校における教育の政治的中立の確保に関する法律案の一部を次のように修正する。

第三条中「反対させるための教育」を「反対させる教育」に改める。

加賀山は、教員による過度の政治活動については、その是正を教員や教員団体の「反省自粛」に求めることが必要であり、そのためには制約や罰則は必要最小限にすべきで、できるだけ「教育界の内部、教育行政の手」によってこれを矯正すべきとした。これに加え、国家公務員法や人事院規則に曖昧な点があり、再検討を要するという理由から、教特法案原案の刑罰規定を削除し、行政罰にしたと説明している。緑風会修正案のうち、教特法案の「国家公務員法第百十条第一項の例による趣旨を含むものと解してはならない」というのは、国家公務員法第一一〇条で定めた「三年以下の懲役又は十万円以下の罰金」という罰則が公立学校教員には適用されないことを意味しており、これにより、従来どおり任命権者による懲戒処分が行われることになる。刑罰から行政罰（懲戒処分）への修正は、要するに、「教員が政治活動を制限されるゆえんは、教職にあるがためであるから、懲戒処分で職をやめればそれで十分ではないか、という論拠」[162]に基づく。中確法案の修正については、「特に教育が学問、研究或いは思想、言論に最も深い関係」があるため、「拡張解釈の虞れある字句は排除すべき」とその理由が説明された。

加賀山による説明の後、緑風会修正案をめぐって各党の代表が意見を表明した。[163]自由党の田中啓一は、後述の旭丘中学校事件に言及し、これを「懲戒罰だけで、行政処分だけでどうして一体とめることができましょうか」と疑問を呈した。争議行為等の禁止を規定した地方公務員法第三十七条については罰則の適用があるにもかかわらず、政治的行為の制限を規定した同法第三十六条についてその適用がないことを「甚だ不均衡な欠点」と指摘しながら、「この特例法に刑事罰が付いて、かかる事態の鎮圧に当ることは私は当然のことであると言わざるを得ない」と批判している。中確法案中の「反対させるための教育」については、教育基本法第八条第二項の文言を文法上、使役形に変えただけで、同項で禁じた「偏向教育を行うことを教唆し又は扇動してはならない。こういう意味よりは広くも狭くもない」と述べて、緑風会修正案に反対した。

他方、自由党以外の委員である荒木正三郎（前出）、永井純一郎（右派社会党）、松原一彦（改進党）、須藤五郎

（前出）、野本品吉（純無所属クラブ）は、緑風会修正案に賛成した。このうち荒木は、二法案原案が「法案の害毒をできるだけ食いとめよう、こういうお考えの下に修正された」、「私は修正者の御意見に非常に敬意を表する」と緑風会修正案を評価し、「この悪法の少しでもその悪影響を少くする、こういうことが現実的には私どもの取るべきたった一つの途である」と述べている。もちろん、野党側は二法案それ自体に反対であり、例えば、日本共産党・無所属クラブの須藤五郎は緑風会修正案に賛同しつつも[164]「次の機会においてこの法案の完全なる廃棄を目指して闘うことを誓う」と宣言している。相馬助治（前出）も自らの論説で、二法案について、「根本的に不必要というより有害と考えられる法案は否決なり、審議未了にするなりして廃棄されるべきものと思料される」と述べている。しかし、「政治の現実」は無視できず、「社会党としても、もともと all or nothing ではないと考えていたし Best の望み得ない段階では、Better を採るべきであるという観点から、党の主張を変更して我々は緑風会修正に賛同することにした」という[165]。

叙上のように、緑風会修正案については、両派社会党、改進党、日本共産党などが賛成し、与党の自由党が反対したが、採決の結果、賛成多数（十二対七）で可決された。同様に、修正部分を除いた原案全部についても可決され、これにより、二法案は修正議決されたのである[166]。

第四節　教育二法の成立

（1）旭丘中学校事件の発生と与野党の対応

参議院文部委員会で緑風会修正案が議決に至った数日前、京都市の旭丘中学校で教委と教組による学校の分裂授業が行われるという事態が発生した。いわゆる旭丘中学校事件[167]である。中学校を舞台に、子供たちを巻き込んだ「政治闘争」が繰り広げられたこの事件は、「公教育の価値と偏向性にかかわる戦後最大の事件の一つ[168]」といわれ、二法案審議が大詰めを迎えた国会にも大きな衝撃を与えることになった。同事件の概要は次のとおりである[169]。

旭丘中学校では、一九五三（昭和二十八）年十二月以降、保護者からの申し出を契機に「偏向教育」が問題化した[170]。京都市教委は、一九五四（昭和二十九）年三月に同校に対してその是正勧告を行い、同年四月一日の人事異動で同校三名の教員の転任を発令した。しかし、三名はこれを拒否して同校に留まったため、五月五日に業務命令違反として懲戒免職処分となる。三名はこの処分にも服さず、同校教員全員が三名を支持し、校長に辞職を迫るなど事態が混乱したため、市教委は校長に同月十日以降の休業措置をとらせた。休業中は市教委による補習授業が計画されたが、同校教員は日教組の下部組織である京都教職員組合（以下、京教組と略）などの応援を得て学校を不法占拠し、赤旗林立のもとに学校を「自主管理」して授業を継続した。この結果、学校側と市教委側が生徒を奪う形となり、同月十一日に同校の授業が同時に二ヶ所で行われる分裂授業に至った。その後、文部省は同月十三日に文部事務次官名で市教委宛に「事態を収拾するため適切な措置を講じ、教育行政の秩序ある運営の確保をはかるよう」通達を発し[171]、六月に入ってから通常の授業が再開され、事件は収束した。

旭丘中学校の「偏向教育」については「偏向教育の事例」に含まれており、三月十二日の衆議院文部委員会でその実情調査報告、四月十二日の参議院文部委員会では旭丘中学校関係者の証人喚問が行われたことは既述のとおりである。この証人喚問における水上毅（前出）の証言にも見られたように、国会審議においては、旭丘中学校での教組による「学校の自主管理」が度々取り上げられ、これが共産党の影響を受けたものであると指摘されてきた[172]。学校の不法占拠という事態は、この「学校の自主管理」という闘争手段が先鋭化したものであったといえよう。また、「学校の自主管理」については、共産党の業務管理方式に通じるという見解が公安調査庁から示されている。[173]こういった点に関し、日教組幹部であった石井一朝は、終戦後間もない頃の教員組合、特に日本教育労働組合（日教労）の動向に言及しつつ、「学校管理は、そのころ、共産党の指導で労組がやっていた『生産管理』を真似たもので、いわば一種の革命であった。この間は京都の旭ヶ丘中学でも同様の事態が発生したが、これは、今も昔も変らぬ共産党のやりかたであった」と述べている。[174]

このように党派的影響を受けたとされる旭丘中学校事件については多方面から批判が出され、五月十二日には、衆議院本会議で改進党の町村金吾からこの事件についての緊急質問がなされている。町村は、質問の中で同事件を厳しく批判し、「法の存在を無視する教員、遵法精神なき日教組が政治的に偏向した不法行為を犯したる際、彼らに行政処分のごとき微温的制裁をもって臨みますことは、（中略）全然無意味なことであり、刑事処分を科することもまたやむを得ない」と述べて、大達文相の所見を求めた。大達は、同事件を「わが国の教育史上かつて見られなかったほどの不祥事」と指摘し、「明らかに暴力革命」であり、子供を利用して、「教育の場を政治闘争の場にした」と非難した。そして、「私はかようなことが起らないようにしたいために、就任以来この一点にこそ全力をあげて参った（中略）今後全力をあげて、渾身の努力をもって、かくのごときことを排除したい」と自らの信念を披瀝している。[175]

同事件については、両派社会党からも批判が出され、翌十三日には、「教組の行過ぎに警告を与える」[176]共同声明を発表した。同党の機関紙である『日本社会新聞』によれば、この共同声明の内容は次のとおりである。[177]

衆院本会議で旭丘中学校事件について答弁する大達茂雄文相
提供：朝日新聞社

一、事態を今日に至らしめたのは一にかゝって反動吉田政府が「教育二法案」通過の具に供せんとしたあくらつ極まる陰謀、挑発の結果である。

一、しかし「学校の自主管理」や「生徒を闘争へ巻込むこと」等の闘争手段が採られたことは良識ある市民にさえことの真相を誤解せしめるだけでなく反動政府の術中に自から陥るものであり、また民主的労働組合の活動としても断じて許せるべきではない。

一、事態解決には教育的見地に立ち先ず学校教育を正常に戻し、次いで問題を不当人事と市教委のとった反動行政的措置の粉砕に集約し、合法的手段をもって闘うべきである。

一、われわれの「教育二法案」反対の態度はかゝる派生的問題によって豪末(ママ)もゆるぐものではない。

両派社会党はこの声明発表をもって、「旭丘中学教組がとっている組合管理授業などの闘争を好ましくないものときめた[178]」のである。この共同声明は、声明発表当日午前の国会対策委員会で左派社会党が声明原案を作成し、右派社会党に共同声明とすることを申し入れた結果、実現したことであった。両派社会党、特に左派社会党が「組合側にも警告したことは始めて(ママ)のことで京都市教組(京教組のことと思われる—筆者註)が共産党の指導下にあって行き過ぎたことを批判したものとして注目され[179]」たという。同声明に対しては、「日教組中央執行委員会も大体これを容認した」といわれている[180]。

(2) 参議院本会議における修正議決

五月十四日に参議院文部委員会で修正議決された二法案は同日の参議院本会議で議題となり、この本会議では先述のとおり、川村文部委員長によって文部委員会における同法案の審議経過が報告された。これに続いて、剱木亭弘（前出）、加賀山之雄（前出）、高田なほ子（前出）、相馬助治（前出）、松原一彦（前出）、長谷部ひろ（無所属クラブ）、中山福蔵（緑風会）（以上、登壇順）の七名が同法案に対する討論を行った。[181] このうち、剱木と中山は衆議院議決案に賛成し、文部委員会可決の修正案に反対している。与党の剱木は、修正案によって政治的中立確保の効果が乏しくなることに懸念を示し、次のように主張して、修正案に反対した。「今回その原案を修正し、旭丘事件のごとき明らかなる教育の偏向、政治行為への逸脱をすら、この修正によって無力にし、かかる事象の発生を未然に防止し得ず、一度かかる事件が行われた場合、本二法案を以て何らの措置に出ることのできないような無力なものにいたすとするならば、私どもはこの立法は全く無用のものであり、本二法案の成立を心から念願し、日本の教育の正常なる運営から逸脱せんとする傾向を、今こそ是正すべき時期であると認識することの熱意が強ければ強いだけ、かかる修正案に対しては賛成をいたすことは何としてもできません」と。そして、二法案が「共産党も是認し得る程度の法案」になったことを批判したのである。[182] 緑風会所属ながら修正案に反対した中山は、「地方公務員である教育公務員と、国家公務員である教育公務員と、その間に何ら不平等な取扱があってはならない」と述べ、教特法案によって政治的行為の制限の違反者に対して刑事罰が科されない点を批判するとともに、偏向教育の深刻さに触れながら、「最も合理的な法的措置を講ずるのは、子供に対する愛情の発露」などと述べて衆議院議決案に賛成した。その他の議員は全て衆議院議決案に反対し、文部委員会可決の修正案に賛成している。[183]

討論の終局後、文部委員会可決の修正案について採決が行われ、まず、中確法案の修正案が賛成一二二、反対一一六で可決、同法案の修正部分を除いた原案については賛成二二六、反対〇で可決された。次いで、教特法案の修正案が賛成一二三、反対一一五で可決、同法案の修正部分を除いた原案については賛成二二〇、反対〇で可決され、二法案は文部委員会の修正どおり議決された。[184] 本会議での自由投票を決めていた緑風会の多くの議員が文部委員会可決の修正案に賛成し、改進党や両派社会党などが同調したことで、緑風会修正案は本会議での可決に至ったのである。

このように、二法案の議決は衆議院と参議院で異なるものとなった。この場合、衆議院本会議において、参議院で可決した修正案に同意するか、同意しない場合、日本国憲法第五十九条の規定により、両院協議会を開催して協議を行う、もしくは、出席議員の三分の二の多数によって衆議院議決案を再議決する、ということになる。(185)

(3) 再議決構想と参議院回付案への同意

参議院本会議で二法案が修正議決された直後、緒方副総理、大達文相、福永健司官房長官、小沢国会対策委員長ら政府・自由党の幹部は今後の対策について協議したが、参議院可決の修正案に対しては、法案のねらいを骨抜きにするものという理由で反対した。政府・自由党は両院協議会で妥協を図ることについて、自らの意図が実現しないという「極めて悲観的な見通し」をもっており、同会の開催を求めない方針であった。したがって、衆議院の三分の二の多数をもって衆議院議決案の再可決を試み、その見通しが確実に得られない場合には、衆議院に回付される同法案の修正案（参議院回付案）に同調して、その成立を期すべきという意見が有力となったのである。(186) 参議院回付案への同調は、同法案の廃案を避けるための方策であったが、一方で自由党内では、「保守三派の折衝で協調が成らず三分の二を獲得できない場合はむしろ廃案にすべき」という意向も強かったという。(187)

表5－2からわかるように、衆議院の議員総数は欠員四名を除くと四六三名となり、これに対して、保守三党（自由党、改進党、日本自由党）の議員数は三一三名であることから、議員総数の三分の二（三〇九名）よりも四名多いことになる。衆議院議決案は、保守三党による三派共同修正案であり、本来であれば、保守三党の所属議員の全員賛成によって再議決すれば、衆議院議決案は成立する。しかし、後述するように、改進党や日本自由党に

表5－2　衆参両院の勢力分野（1954年5月14日現在）

衆議院（計467）		参議院（計248）	
自由党	230	自由党	95
改進党	75	緑風会	49
日本社会党（左派社会党）	71	日本社会党（左派社会党）	42
日本社会党（右派社会党）	64	日本社会党（右派社会党）	26
小会派クラブ	10	改進党	16
日本自由党	8	無所属クラブ	11
無所属	5	純無所属クラブ	7
欠員	4	各派に属しない議員	2

出典：衆議院・参議院『議会制度百年史』（院内会派編　衆議院の部）及び同（院内会派編　貴族院・参議院の部）（いずれも、大蔵省印刷局、1990年）をもとに筆者作成

は参議院回付案を支持する者も多く、再議決の見通しは不透明であった。

五月十七日、吉田首相は緒方副総理、佐藤幹事長、池田政調会長らと協議を行い、政府として、衆議院での三分の二による再議決に努力する方針を固め、改進党などと折衝に当たることになった。[188] 同日に開催された改進党の国会対策委員会では、衆議院での再議決という方針を支持する意見が多数を占めたものの、[189] 同党革新派十七名は同日、東京会館に集まって意見交換を行い、参議院回付案を支持して教育二法を成立させるべきという意見で一致しており、[190] 改進党内の意見は割れていた。

改進党革新派のみならず、日本自由党内にも「根強い修正賛成論者」がおり、政府・自由党でも、福永官房長官や小沢国会対策委員長らが参議院回付案をのむべきと主張していた。このような状況において、政府・自由党内では、衆議院での三分の二による再議決を困難視する見方が次第に強まることになる。[191] 同月二十四日には、緒方副総理が首相官邸において外国人記者に対して会見を行い、衆議院での再議決は困難であり、二法案を「廃案にするより修正案をのんだ方が政府の意図に近い」との考えを示した。[192]

翌二十五日には、衆議院議院運営委員会において、同月二十九日に参議院回付案を衆議院本会議に上程することが決定したが、本会議での参議院回付案の可決は必至の情勢であった。[193] 同月二十八日には改進党の革

新派有志（河野金昇ら十名）が衆議院で再議決を強行する場合は反対投票も辞さないと申し合わせを行い[194]、両派社会党は翌二十九日に「政府原案と対決する意味」で、自由党、改進党の態度いかんにかかわらず、参議院回付案に賛成することを決定した[195]。自由党と改進党も同日、参議院回付案をのむ方針に切りかえた[196]。

こうして、同月二十九日の衆議院本会議では、この参議院回付案について採決が行われた。その結果、中確法案については起立多数、教特法案については起立総員で参議院の修正に同意することに決し、ここに教育二法は成立したのである[197]。六月三日、教特法は法律第一五六号、中確法は法律第一五七号をもって公布され、六月十三日から施行されることとなった[198]。

第五節　小括

これまで見てきたように、二法案が国会に提出されてから、教育二法成立に至るまでの約三ヶ月間に及ぶ国会審議の過程では、法案の提案者側である政府・自由党とこれに反対する両派社会党を中心とした野党によって激しい論争が繰り広げられた。ここでは、「保守」と「革新」の政治的対立（保革対立）図式が鮮明に表れたといえるが、「保守」も決して一枚岩であったわけではない。二法案に対するスタンスは、自由党、改進党、日本自由党、緑風会の各政党・会派間で異なる点があり、さらには、改進党内の「保守派」と「革新派」に見られたように、政党・会派内での対立構造も存在した。先行研究の多くは、二法案をめぐる国会審議について保革対立に焦点を当ててきたが、実際には、保革対立だけでなく、より重層的な政治力学の中で二法案が検討・修正されたことに注目する必要があろう。

国会審議の具体的内容については、本論で詳しく言及したのでここでは繰り返さないが、「偏向教育の事例」

を根拠として二法案の必要性と意義を説く政府・自由党に対し、両派社会党などの野党は、それらの事例の正当性に疑念を示し、二法案が憲法で保障された基本的人権や言論の自由を抑圧する「悪法」であるとして、政府・自由党を批判し続けた。与野党とも、日教組の政治活動について、その「行き過ぎ」を認めた点では一致しているものの、二法案を必要とするような状況であるか否かという点について、両者の見解は全く異なり、最後までこの状況認識の違いが埋まることはなかった。その意味では、必ずしも生産的な議論には発展しなかったが、こういった対立状況が一定の緊張関係をもたらしたことで、政治的中立をめぐる多様な解釈や見解が示され、立法措置を講じることの意義や問題点について幅広い議論がなされたといえる。

激しい対立状況の中で論議が展開されたとはいえ、二法案は義教法案の場合のように、審議未了で廃案になることなく成立した。しかも、二法案は、政府原案→三派共同修正案→緑風会修正案（参議院回付案）というように、国会での論議や政党間の折衝等を通じて修正が加えられた上、最終的には緑風会修正案に、両派社会党や共産党までもが賛成して成立したのである。政府・自由党からすれば、「相当な手傷[199]」を受けて成立したということになるが、緑風会修正案は、政治的中立確保のために教員の政治活動を制限するという趣旨においては、政府原案と変わりはない。また、修正案を作成した緑風会は、本来、政治的スタンスとしては「保守」と親和的な会派であり、日教組に対しても批判的であった。こういった点からすれば、「参議院の両派社会党、さらには共産党までが、修正案に賛成したことは理論的にはまことにおかしい[200]」ということになる。

確かに、二法案に対する両派社会党の賛成については、それまでの同党の主張を考えれば、「次善の策、あるいは戦術的な意味で修正案に賛成したもので、決して修正案そのものに賛成したのではない[201]」ともいい得る。このことは、本論で言及したとおり、右派社会党の相馬助治の論説で示された見解からも窺えよう。しかし、いかなる理由であれ、同党が二法案に賛成し、教育二法の成立を担ったことは事実であり、これは同党の従来の主張とは明らかに矛盾していた。

教育二法が成立した当日、両派社会党は共同声明を発表しており、その内容は、「われわれは今回の修正は必ずしも十全なものとは思わないが、これによって吉田内閣の企図した民主教育の弾圧と、政治活動の禁止とはほとんど除去されたものと思う。わが党は今後とも撤廃のため全力をあげて闘う[202]」というものであった。この声明から判断する限りでは、両派社会党は、成立した教育二法について不十分との認識を示しつつも、一定の評価を与えており、必ずしも「修正案そのものに賛成したのではない」とはいい切れないのではないだろうか。

一方、政府・自由党にとっても、緑風会修正案の内容は決して満足できるものではなかった。そのため、緑風会修正案の採決にあたって自由党は反対に回り、最終段階に至るまで再議決による衆議院議決案の可決を期して奔走した。大達文相は、緑風会修正案（参議院回付案）に対し、「両法案の効果が十分発揮できないとして極めて不満[203]」であり、教育二法成立後も政府は、将来的に同法を再修正することを意図していたとされる[204]。緑風会修正案を不十分と認識していた点では、政府・自由党と野党（両派社会党等）は共通していたのである。しかし、政府・自由党は、衆議院議決案にこだわって二法案を廃案とするよりも、教育二法成立という所期の目的達成を優先し、結果的には緑風会修正案を受け入れることになった。

さらに、ここでは次のことを指摘しておきたい。それは、両派社会党が国会戦術上の理由で二法案に賛成したのは確かであるとしても、これに加えて外的要因、すなわち、旭丘中学校事件の発生と同事件を批判する「世論」の高揚[205]がそれを後押ししたということである。二法案審議の過程で、両派社会党の衆参両院の文部委員は日教組と連絡会議をもち、その対策を協議していた[206]。したがって、「偏向教育の事例」への対応からも窺えるように、同党は教組に対して総じて共感的であったといえる。しかし、旭丘中学校事件が発生すると、同党はこれを厳しく批判する声明を発表するに至った。二法案審議の最終段階で発生した同事件は、二法案に対する野党の批判的態度をやわらげ、革新政党までもが二法案に賛成するという事態を招くことになったのである。同事件が国会審議に大きな影響を与え、「客観的にみて二法案の成立に有利な空気を作った」[207]ことは間違いなく、その意味では皮肉なことに、二法案を批判してきた教組の活動のあり方が、結果として教育二法の成立に大きく荷担することになったともいい得るのである。[208]

註

（1）第三章第三節（1）を参照のこと。

（2）教育二法の成立日を一九五四（昭和二十九）年六月三日としている文献が散見されるが（例えば、鈴木英一『教育行政（戦後日本の教育改革3）』東京大学出版会、一九七〇年、三九九頁等）、これは公布日であり、正しくは五月二十九日である。

（3）犬丸直「教育二法の解説」『教育行政』第十六号、一九五四年、五四頁。

（4）例えば、有倉遼吉『公法における理念と現実』（多磨書店、一九五九年、二一二～二二五頁）、鈴木、前掲書（三九七～四〇八頁）、大田堯編著『戦後日本教育史』（岩波書店、一九七八年、二一三～二一八頁）、瀧嘉衛『国会政治と教育政策の軌跡──片山内閣から吉田内閣まで』（第一法規、一九八三年、二二四～二四四頁）等がある。

（5）例えば、新井恒易「教育二法案の成立まで──国会の審議をみる」（『カリキュラム』第六十八号、一九五四年、八二～八五頁）、五十嵐顕「教育二法律と公教育──第十九国会における教育二法律の審議をめぐって」（『思想』第三六三号、一九五四年、三七～四八頁）、野生司敬雄「波乱の二法案審議」（『教育技術』第九巻第八号、一九五四年、一一四～一一七頁）、三津田恭平「教員政治活動制限法案を吟味する──衆参両院の審議過程を通じて」（『北海教育評論』第七巻第三号、一九五四年、一四〇～一四九頁）、前田英昭『国会の立法活動──原理と実相を検証する』（信山社出版、一九九九年、二二七～二三六頁）、同「教育二法と参議院の『良識』」（『駒澤法学』第二巻第一号、二〇〇二年、一～四一頁）、戸田浩史「昭和29年の教育二法の制定過程──教育の政治的中立性をめぐる国会論議」（『立法と調査』第三〇五号、二〇一〇年、四三～五七頁）等がある。

（6）斎藤正『政治的中立の確保に関する教育二法律の解説』三啓社、一九五四年。大達茂雄『私の見た日教組――教育二法案を繞る国会論争』新世紀社、一九五五年。なお、二法案に関する大達の論説として、大達茂雄「悪罵のなかに――『教育の中立性』をめぐって」（『改造』第三十五巻第三号、一九五四年、五六～六〇頁）、同「教育二法律と今後の教育――大達文相、教師の不安にこたえる」（『教育技術』第九巻第六号、一九五四年、九八～九九頁）、同「教育二法案のねらい」（『人事行政』第五巻第四号、一九五四年、三～六頁）、同「極左偏向教育を改めよ――教育を正しい軌道に」（『経済時代』第十九巻第十二号、一九五四年、三二～三四頁）等がある。

（7）貝塚茂樹「第十九国会における『教育二法』（一九五四年）の成立過程――衆参両院文部委員会での審議を中心に」『戦後教育史研究』第二十号、二〇〇六年、二七～五二頁。後に、藤田祐介・貝塚茂樹『教育における「政治的中立」の誕生――「教育二法」成立過程の研究』（ミネルヴァ書房、二〇一一年、九三～一三四頁）に収載（「第一九回国会における『教育二法』の成立過程――衆参両院文部委員会での審議を中心に」）。

（8）森田尚人「旭丘中学事件の歴史的検証（下）――第2部：教育二法案をめぐる国会審議と『事件』の政治問題化」『教育学論集』第五十一集、中央大学教育学研究会、二〇〇九年、三七～一一一頁。

（9）『官報号外・第十九回国会衆議院会議録』第五号（一九五四年一月二十七日）二九頁。

（10）第三章第四節（3）及び（4）を参照のこと。

（11）『官報号外・第十九回国会衆議院会議録』第六号（一九五四年一月二十八日）六〇頁。なお、教育二法案に対する水谷の見解をまとめたものに、水谷長三郎「反動立法の全面的粉砕へ」（前掲『人事行政』第五巻第四号、三六～三八頁）がある。

（12）『官報号外・第十九回国会衆議院会議録』第八号（一九五四年一月三十日）九五～九六頁。

（13）同右、九八頁。

（14）『官報号外・第十九回国会衆議院会議録』第七号（一九五四年一月二十九日）八五頁。

（15）第三章第三節（1）を参照のこと。

（16）前掲『官報号外・第十九回国会衆議院会議録』第七号、八八頁。

(17)　閣議決定された政府原案は、第三章第四節（6）で示したとおり（【⑧―A】及び【⑧―B】）である。
(18)　『官報号外・第十九回国会衆議院会議録』第十二号（一九五四年二月二十四日）一六一～一六二頁。『官報号外・第十九回国会参議院会議録』第十一号（一九五四年二月二十四日）一四六～一四七頁。
(19)　瀧、前掲書、二二八頁。
(20)　大達茂雄伝記刊行会編『大達茂雄』大達茂雄伝記刊行会、一九五六年、三七五頁。
(21)　前掲『官報号外・第十九回国会衆議院会議録』第十二号、一六二～一八〇頁。
(22)　第二章第四節（1）を参照のこと。
(23)　永地正直『文教の旗を掲げて　坂田道太聞書』西日本新聞社、一九九二年、一三〇頁。ただ、坂田は義教法案の趣旨説明でも同様の質疑を行っていることから、「処女演説」というのはおそらく正しくない。なお、二法案に対する坂田の見解をまとめたものに、坂田道太「教育の中立性に関する法案について」（前掲『人事行政』第五巻第四号、三二～三五頁）、同「教育の政治的中立性」（『政治公論』第六号、一九五四年、一七〇～一七四頁）がある。
(24)　前掲『官報号外・第十九回国会衆議院会議録』第十二号、一六四～一六五頁。
(25)　『朝日新聞』（朝刊）一九五四年二月二十五日。
(26)　『第十九回国会衆議院文部委員会議録』第九号（一九五四年二月二十六日）一～四頁。
(27)　『官報号外・第十九回国会衆議院会議録』第二十七号（一九五四年三月二十六日）三六〇～三六二頁。
(28)　森田、前掲論文、五七頁。
(29)　前掲『官報号外・第十九回国会衆議院会議録』第二十七号、三六一頁。辻報告における当該部分については、斎藤、前掲書、六二～六八頁に引用されている。
(30)　①の論点に関して記述したものに、近畿大学時事問題研究会『共産党と日教組の動き――教育二法の成立をめぐって』（近畿大学時事問題研究会、一九五四年）があり、国警本部及び公安調査庁によって国会に提出された資料が掲載されている（八四～一〇三頁）。なお、国警の調査に関し、経済学者の北岡壽逸は、「国警の調査する所によれば五十万余の組合員を有する日教組の中共産党員は六百余人にすぎないと云う。六百人の共産党員が五十万人の組合員を振り廻した所に、共産党の恐ろしさがあり、教員の弱さ、日本人の弱さがあった」と指摘した上で、「今の政府が教員の中立性を強要するのは、其の真意は、共産党又は其の系統に偏した教育を禁止するにあると思うが、之を正面から共産党の禁止を行わないで、中立を強要する所に現時の政治の偽善があり、弱さがある」と述べている（北岡壽逸「教育二法通過後の日教組」『経済時代』第十九巻第七号、一九五四年、五〇頁）。

(31)『第十九回国会衆議院文部委員会議録』第二十号（一九五四年三月十八日）二～七頁。

(32) 森田尚人「旭丘中学事件の歴史的検証（上）――第1部：高山京都市政と日本共産党の教育戦略」『教育学論集』第五十集、中央大学教育学研究会、二〇〇八年、一二三～一七五頁。森田、前掲論文。同「戦後日本の知識人と平和をめぐる教育政治――『戦後教育学』の成立と日教組運動」森田尚人・森田伸子・今井康雄編著『教育と政治――戦後教育史を読みなおす』勁草書房、二〇〇三年、三～五三頁。

(33) 広田照幸編『歴史としての日教組　上巻――結成と模索』名古屋大学出版会、二〇二〇年。

(34) 同右、一六～一九頁。

(35) 同右、三〇八～三〇九頁。この抗議文の註釈（出典）として次の〈〉内の記載がある（同前、三一一頁）。〈「抗議文」［中執プリント62］『昭和29年度　3月分中執配布資料（一）日教組総務』（一九五四年三月、日教組所蔵、未公刊）〉。

(36) 同右、三〇九頁。なお、広田はこの点を「検証してみたい」と述べながら、続けて「もしもこの抗議文の内容が正しいものだとしたら、当時の極左冒険主義の共産党と日教組とを結びつけて保守派が打ち出した一九五〇年代半ばの言説は、日教組の運動に対する世論の同情や支持を失わせるための、政治的なフレームアップだったと言えるだろう」（同右、三〇九～三一〇頁）と指摘している。この可能性は否定できないものの、さらにこれに続けて、文部記者会・戸塚一郎・木屋敏和編『文部省』（朋文社、一九五六年）の一節（八七頁）を引用しながら、「教育行政当局やときの政権が教育の中立を脅かす政治に踏み出していったことによって、日教組の運動が『政治的だ』とレッテルを貼られて攻撃対象になっていったわけである。それが五〇年代の日教組であった」（同右、三一〇頁）と述べている点については十分な吟味が必要であろう。日教組が共産党に支配されていたか否かに関係なく、この時期に日教組が政治的中立に反する活動を行っていたかどうか、行っていたとすればその内実はどうであったか、といったことについての実証的な検討を欠いては、このような断定はできない。

(37) 前掲『官報号外・第十九回国会衆議院会議録』第二十七号、三六二～三六三頁。
(38)「偏向教育の事例」の内容については、資料編を参照のこと。同事例を比較的詳しく紹介したものに、高宮太平『大達文政と日教組の対決』(日本文政研究会、一九五四年、七六～一一八頁) 等がある。
(39)『第十九回国会衆議院文部委員会議録』第十二号 (一九五四年三月三日) 一九～二〇頁。
(40)『第十九回国会衆議院文部委員会議録』第十四号 (一九五四年三月八日) 三頁。
(41)『第十九回国会衆議院文部委員会議録』第十六号 (一九五四年三月十二日) 一～二七頁。
(42) 第三章の註 (50) で言及した「山口県教職員団体連合会」と思われる。
(43)『日記』に対する山口県教育会の対応については、第三章第二節 (2) を参照のこと。
(44)『第十九回国会衆議院文部委員会議録』第十七号 (一九五四年三月十五日) 一～二頁。
(45) 前掲『第十九回国会衆議院文部委員会議録』第十六号、四～五頁。「旭ヶ丘中学校長に対する勧告」の全文もここに掲載されている (五頁)。なお、旭丘中学校における「偏向教育」の実態調査について詳しく論じた田中の論説として、田中久雄「教育二法案と旭丘中学問題」(『政界往来』第二十巻第七号、一九五四年、八〇～八八頁) がある。
(46) 伊藤は、一九二七 (昭和二) 年に京都帝国大学文学部を卒業している (衆議院・参議院『議会制度百年史　衆議院議員名鑑』大蔵省印刷局、一九九〇年、四五頁)。
(47) 福原は、一九五四 (昭和二十九) 年四月十二日の参議院文部委員会において、大将軍小学校の偏向教育事例について証言を行っている。
(48) 森田尚人は、保護者有志が訴えた偏向教育の事例について、「それらをデッチ上げとして反駁する議論は、国会で問題にされる以前にはほとんどなかった」と指摘している (森田、前掲「旭丘中学事件の歴史的検証 (上) ――第1部：高山京都市政と日本共産党の教育戦略」一六八頁)。
(49) 森田、前掲「旭丘中学事件の歴史的検証 (下) ――第2部：教育二法案をめぐる国会審議と『事件』の政治問題化」六九頁。
(50) 藤田・貝塚、前掲書、一〇二頁。
(51) 前掲『第十九回国会衆議院文部委員会議録』第十六号、一九頁。

(52) 同右、二二頁。
(53) 瀧川の公述内容については、二法案に「賛成」であったとする見方（例えば、藤田・貝塚、前掲書、一〇四頁）あるいは「条件付賛成」であったとする見方（例えば、時事通信社編『教育年鑑　一九五五年版』時事通信社、一九五四年、二七三頁。教育ジャーナリストの会『戦後教育史の断面――子どもはモルモットじゃない』国土社、一九五七年、一一九頁）と、「反対」であったとする見方（例えば、『読売新聞』朝刊、一九五四年三月十四日）がある。
(54) 『第十九回国会衆議院文部委員会公聴会議録』第一号（一九五四年三月十三日）一～七頁及び一七～二五頁。
(55) 政治的中立及び二法案に対する蠟山の見解については、蠟山政道「教育の政治的中立性について」（『読売新聞』朝刊、一九五三年十二月二十六日）、同「教員の政治的活動について」（『新しい学校』第六巻第一号、一九五四年、四～一〇頁）、同「教育の政治的中立性について」（『学校時報』第四巻一月号、一九五四年、八～一一頁）、同「教員の政治活動の制限について――教育二法案への疑義」（『ジュリスト』第五十四号、一九五四年、二九～三三頁）等に示されている。また、蠟山政道『蠟山政道評論著作集Ⅳ　政治と教育』（中央公論社、一九六二年）のうち、「政治と教育との関係」（二一～三〇頁）が参考になる。
(56) 教員の政治活動や政治的中立をめぐる小林の見解を示したものに、例えば、小林武「〝銃をとれ〟と教えねばならんのか」（『日本週報』第二七三号、一九五四年、一二～一五頁）等がある。
(57) 「教育二法案は是か非か――衆院文部委公聴会における二学長の公述」『労働週報』第六八〇号、一九五四年、一六～二〇頁。
(58) 瀧川幸辰「大学の閉鎖もやむを得ぬ」大達茂雄伝記刊行会編『追想の大達茂雄』大達茂雄伝記刊行会、一九五六年、二〇九～二一〇頁。
(59) 相良は、「いわゆる教員の政治活動を規制する教育二法案問題については、当時、事務局長であった私の進言もあったが、大達文相のやり方を支持し、日教組のあり方を非とする態度を明らかにし、国会で参考人として政府原案を支持されたのであった」と述べている（相良惟一著・相良惟一先生遺稿集編集委員会編『国家と教育――相良惟一先生遺稿集』教育開発研究所、一九八八年、二四頁）。
(60) 前掲『第十九回国会衆議院文部委員会公聴会議録』第一号、二七～二八頁。

(61) 同右、三九頁。
(62) 同委員会は「教育の中立性確保小委員会」とも呼ばれており、二月中旬以来、数次にわたる会合を開いて協議を行った（時事通信社編、前掲書、二七三頁）。「教育二法案に関する政策小委員会」とも呼ばれている（『朝日新聞』朝刊、一九五四年三月十日）。
(63) 同右『朝日新聞』（朝刊）一九五四年三月十日。『時事通信・時事解説版』第二五二二号（一九五四年三月三十一日）二頁。
(64) 「義務教育諸学校における教育の政治的中立の確保に関する臨時措置法案（修正案）」（一九五四年三月九日）『文部省関係審査録綴（法律）10』国立公文書館所蔵。日付や内容から判断し、本史料が改進党の第一次修正案と思われる。この修正案では中確法を「臨時措置法」とし、「附則」で「公布の日から起算して十日を経過した日から施行する」と規定している。この修正案の案文については、同右『朝日新聞』（朝刊、一九五四年三月十日）及び『読売新聞』（朝刊、一九五四年三月十日）にも記載されているが、文言が異なっている箇所がある。
(65) 同右『読売新聞』（朝刊）一九五四年三月十日。
(66) 例えば稲葉修は、二法案について「動機が党略的であり、内容が著しく不当な反動立法」と述べて、その問題点を詳しく検討しているが（稲葉修「教育二法案の問題点」前掲『人事行政』第五巻第四号、四二～四七頁）、その論調は左派社会党等と同様、厳しいものである。
(67) 『時事通信・時事解説版』第二五一三号（一九五四年三月二十日）一頁。
(68) 『読売新聞』（朝刊）一九五四年三月十五日。
(69) 前掲『時事通信・時事解説版』第二五二二号、三頁。時事通信社編、前掲書、二七三頁。
(70) 「行政罰」とは、「一般に、行政法上の義務に違反する行為に対して、一般統治権に基づき、制裁として科せられる罰をいう講学上の用語」（法令用語研究会編『法律用語辞典（第5版）』有斐閣、二〇二〇年、二三〇頁）である。「行政罰＝懲戒罰（懲戒処分）」といわれることもあり、二法案をめぐる論議でも行政罰は懲戒罰（懲戒処分）の意味で用いられている。この点について有倉遼吉は、「懲戒罰（懲戒処分）を行政罰と誤り用いる例が多い」と指摘し、「懲戒罰は、公務員の懲戒の例で知られる如く、国と特別な法律関係にある社会内部において、その秩序の維持のために科せられる処罰であるから、行政罰のように一般国民を対象として科せられる処罰とは異なるものである」と述べている（有倉遼吉・天城勲『教育関係法Ⅱ』日本評論新社、一九五八年、六五二頁）が、本章では、引用元の表記等にしたがい、「行政罰」も用いる。

(71)『朝日新聞』（朝刊）一九五四年三月二十日。

(72)『朝日新聞』（夕刊）一九五四年三月二十日。前掲『時事通信・時事解説版』第二五二二号、三頁。

(73)『読売新聞』（夕刊）一九五四年三月二十日。

(74)「三派」は「三党」と表記すべきかもしれないが、国会審議の過程で「三派折衝」や「三派共同修正案」が一般的に用いられているため、「三派」と表記する。

(75)前掲『読売新聞』（夕刊）一九五四年三月二十日。

(76)前掲『時事通信・時事解説版』第二五二二号、三頁。

(77)『朝日新聞』（朝刊）一九五四年三月二十三日。

(78)『読売新聞』（夕刊）一九五四年三月二十二日。

(79)『読売新聞』（朝刊）一九五四年三月二十三日。

(80)『読売新聞』（夕刊）一九五四年三月二十三日。

(81)前掲『時事通信・時事解説版』第二五二二号、四頁。『朝日新聞』（朝刊）一九五四年三月二十五日。

(82)『読売新聞』（朝刊）一九五四年三月二十五日。

(83)前掲『時事通信・時事解説版』第二五二二号、四頁。

(84)出井一太郎、河野金昇、川崎秀二、中曽根康弘、桜内義雄、稲葉修、園田直、吉川久衛、中嶋太郎、白浜仁吉、松浦周太郎、山下春江、臼井荘一（以上、衆議院）、笹森順造（参議院）、清瀬一郎（院外）の十五名である（前掲『読売新聞』朝刊、一九五四年三月二十五日）。

(85)同右。

(86)『読売新聞』（夕刊）一九五四年三月二十五日。

(87)同右。

(88)『第十九回国会衆議院文部委員会議録』第二十二号（一九五四年三月二十日）一頁。
(89)『朝日新聞』（夕刊）一九五四年三月二十一日。
(90)『官報号外・第十九回国会衆議院会議録』第二十二号（一九五四年三月二十日）三〇七～三一五頁。
(91)『第十九回国会衆議院文部委員会議録』第二十三号（一九五四年三月二十五日）二～三頁。
(92)同右、四頁。
(93)同右、四～一五頁。
(94)同右、四頁。
(95)瀧、前掲書、二三三頁。
(96)前掲『第十九回国会衆議院文部委員会議録』第二十三号、一五頁。
(97)『第十九回国会衆議院文部委員会議録』第二十四号（一九五四年三月二十六日）一～七頁。『朝日新聞』（朝刊）一九五四年三月二十六日。
(98)前掲『官報号外・第十九回国会衆議院会議録』第二十七号、三六三～三七四頁。
(99)『官報号外・第十九回国会参議院会議録』第四号（一九五四年一月二十七日）三三～三四頁。
(100)二法案に対する荒木の見解をまとめたものに、荒木正三郎「教員の政治活動禁止について」（前掲『人事行政』第五巻第四号、三九～四一頁及び五七頁）がある。
(101)『官報号外・第十九回国会参議院会議録』第五号（一九五四年一月二十八日）五一～五八頁。
(102)『官報号外・第十九回国会参議院会議録』第十一号（一九五四年二月二十四日）一四六～一四七頁。
(103)『官報号外・第十九回国会参議院会議録』第十二号（一九五四年二月二十五日）一四九～一七九頁。
(104)日本教職員組合情宣部『教育破壊法をつぶせ』日本教職員組合、一九五四年。この冊子では、立法措置に関し、「第一、政府は何故こんな提案をするのか」、「第二、予想される法案の内容」など六項目について説明がなされている。「第五、政府は自ら法律をふみにじる」では、憲法学者・鈴木安蔵の「教育基本法の名において斗え」と題する論説が掲載されている（四五～五五頁）。
(105)四月一日の同委員会における川村松助委員長の発言（『第十九回国会参議院文部委員会会議録』第十四号、一九五四年四月一日、一頁)。

(106) 『第十九回国会参議院文部委員会会議録』第七号(一九五四年三月十一日)一～三頁。

(107) 『第十九回国会参議院文部委員会会議録』第八号(一九五四年三月十三日)三～六頁。なお、三名の委員に同行した瀧嘉衛は、自らの著書でこの調査に言及し、「結局、警察官の思想調査が文部省の『偏向教育の事例』収集に関連して行われたものかどうかは不明確に終わった」と述べている(瀧、前掲書、二三四～二三五頁)。

(108) 『第十九回国会参議院文部委員会会議録』第九号(一九五四年三月十六日)四～一三頁。

(109) 前掲『第十九回国会参議院文部委員会会議録』第十四号、一～五頁。

(110) 『読売新聞』(朝刊)一九五四年四月十二日。

(111) 『官報号外・第十九回国会参議院会議録』第四十六号(一九五四年五月十四日)九二七～九三一頁。ただ、この報告の中では、会議の開催日について、「四月」が「三月」とされているなど、一部に誤りがある。

(112) 新井、前掲論文、八二頁。

(113) 『第十九回国会参議院文部委員会会議録』第十九号(一九五四年四月十二日)一～四〇頁。『第十九回国会参議院文部委員会会議録』第二十号(一九五四年四月十三日)一～五六頁。なお、証人一覧については資料編を参照のこと。また、証人名簿については、『第十九回国会参議院文部委員会会議録』第十六号(一九五四年四月六日、二二一～二二三頁)に掲載されている(一部、誤記あり)。ただし、同名簿に掲載されている大将軍小学校関係の森定春枝(同校ＰＴＡ会員)、岐阜県恵那郡関係の川口半平(岐阜県教育長)、北海道武佐中学関係の杉原春夫(武佐中学元教諭)及び山口県安下庄町小中学校関係の野口安一(安下庄町元助役)は、それぞれ「止むを得ない事情」等で当日の証人喚問には出頭せず、この名簿に掲載されていない証人として、野路井孝(大将軍小学校校外補導委員長)と村上義晴(安下庄高等学校ＰＴＡ副会長)が出頭した。

(114) 同右『第十九回国会参議院文部委員会会議録』第十九号、二一～一四頁。

(115) 前掲『第十九回国会参議院文部委員会会議録』第二十号、二四～四三頁。

(116) 藤田・貝塚、前掲書、一一六頁。

(117) 有倉、前掲書、二一三～二一四頁。

(118) この点に関して黒羽亮一は次のように指摘している。「調査内容に不正確な点が多かったことを理由に、偏向教育の事実がなかったとか、歪んだ調査が行われたとは断言しにくい。『こんな授業があった』ということは、ことが学校だけに事実認定がきわめて困難で、純然たる第三者の証言を得るのはむずかしい。最初の段階では協力して情報提供をした人でも、ことが中央政界で問題になり、改めて調査を受けたり、証人に喚問されたりすれば、前言をひるがえすこともあろう。したがって結果が曖昧になったからといって、文部省や国会に提出された事例がすべて誤りだったともいいきれない。／ただ、この偏向事例の現地調査や国会の証人喚問でも真実のみきわめがつけにくかったという事実は、新しい法律により事件は申告されても、その調査や捜査でも同様の手続きをふむであろうことから、教育二法の適用が如何にむずかしいかを思わしめるに十分だった」（黒羽亮一『学校と社会の昭和史（下）』第一法規、一九九四年、一七〇～一七一頁）。

(119) 二法案について論じた剱木の論稿に、剱木亨弘「教育二法案の重要性」（『再建』第八巻第四号、一九五四年、二～五頁）がある。これによれば剱木は、自身が文部事務次官を務めていた一九五二（昭和二十七）年八月頃、日教組の今村彰副委員長らと会談を行い、「日教組の現状が余りにも政治的に偏向していることを指摘し」、「一党一派を支持する政治的活動は厳に自制すべきではないか」との意見を述べたという。しかし、結果的にそれが無視された形となったことから、剱木は、日教組の「行過ぎの是正は立法化にまつより方法がないことは殆ど国民の常識とすらなった」という見解を示している（二～四頁）。

(120) 政治的中立をめぐる政府の対応を批判した岡の論説に、岡三郎「教育の政治的中立――それは政府がつつしめばよいということ」（『社会主義』第三十三巻、一九五四年、三一～三五頁）がある。

(121) 『第十九回国会参議院文部委員会会議録』第二十六号（一九五四年四月二十二日）一～二六頁。『第十九回国会参議院文部委員会会議録』第二十七号（一九五四年四月二十三日）一～二四頁。『第十九回国会参議院文部委員会会議録』第二十九号（一九五四年四月二十四日）一～一六頁。

(122) 同右『第十九回国会参議院文部委員会会議録』第二十六号、一～三頁。牧野は、ここでの公述内容を踏まえ、教唆の独立性を中心に、二法案に対する自らの見解をまとめた論文（牧野英一「教育二法案と教唆の独立性」『警察研究』第二十五巻第六号、一九五四年、三～一八頁）を発表している。

(123) 同右『第十九回国会参議院文部委員会会議録』第二十六号、一八～二〇頁。
(124) 現職教員である伊沢が日教組の活動を批判的に論じた著作として、伊沢甲子麿・高橋亨『日教組と教育』（明徳出版社、一九五六年）がある。
(125) 前掲『第十九回国会参議院文部委員会会議録』第二十六号、二二～二五頁。
(126) 前掲『第十九回国会参議院文部委員会会議録』第二十七号、三～五頁。
(127) 高山岩男「教育の政治的中立性に就いて」『信濃教育』第八〇六号、一九五四年、三～一九頁。
(128) 前掲『第十九回国会参議院文部委員会会議録』第二十七号、一九～二二頁。
(129) 高山、前掲論文、三頁。
(130) 前掲『第十九回国会参議院文部委員会会議録』第二十七号、二〇頁。
(131) 前掲『第十九回国会参議院文部委員会会議録』第二十九号、一～三頁。なお、河原春作「人質現代版」（『日本及日本人』第五巻第四号、一九五四年、四〇～四一頁）にも河原の見解が示されている。
(132) 前掲『第十九回国会参議院文部委員会会議録』第二十六号、三～七頁。
(133) 同右、二〇～二二頁。
(134) 全連小及びその動向については、第六章第三節（2）を参照のこと。
(135) 朝倉武夫「教育二法案の公聴会に出席して――公述人としての立場と意見」『学校時報』第四巻五月号、一九五四年、二三頁。
(136) この公聴会における吉田萬次委員（自由党）の「あなたは日教組に入っておいでになるか、おりませんか」という質問に対し「入っております」と答えている（前掲『第十九回国会参議院文部委員会会議録』第二十六号、三二頁）。
(137) 例えば、木村守江委員（自由党）の質問に対する答弁の中で、「私どもは日教組の指示や指令のままに支配をされておるのではございません」などと述べる一方、「日教組も又成長の過程にございます。まだ赤ん坊でございます（中略）日教組の皆さんにももっと大きくなってもらいたい、育ってもらいたい」と述べている（同右、二六頁）。
(138) 前掲『第十九回国会参議院文部委員会会議録』第二十七号、一～三頁。
(139) 同右、一五～一九頁。

(140) 同右、二二〜二四頁。なお、二法案について論じた鵜飼の論考に、鵜飼信成「政治的中立の政治性」(『世界』第一〇四号、一九五四年、一一四〜一二〇頁)がある。
(141) 前掲『第十九回国会参議院文部委員会会議録』第二十六号、一二頁。
(142) 同右、一二頁。
(143) 木田宏監修『証言　戦後の文教政策』第一法規、一九八七年、二六七頁。
(144) 前掲『第十九回国会参議院文部委員会会議録』第二十九号、八〜九頁。
(145) 同右、一四頁。
(146) 『読売新聞』(朝刊)一九五四年四月二十七日。
(147) 『朝日新聞』(朝刊)一九五四年四月三十日。
(148) 『読売新聞』(朝刊)一九五四年四月三十日。
(149) 前掲『朝日新聞』(朝刊)一九五四年四月三十日。
(150) 『第十九回国会参議院文部委員会会議録』第三十二号(一九五四年四月三十日)八〜九頁。
(151) 『読売新聞』(朝刊)一九五四年五月一日。
(152) 『読売新聞』(朝刊)一九五四年五月二日。
(153) 『朝日新聞』(朝刊)一九五四年五月五日。
(154) 『読売新聞』(朝刊)一九五四年五月七日。
(155) 『読売新聞』(朝刊)一九五四年五月八日。
(156) 『読売新聞』(夕刊)一九五四年五月八日。『読売新聞』(朝刊)一九五四年五月九日。
(157) 『読売新聞』(朝刊)一九五四年五月十一日。
(158) 同右。
(159) 『読売新聞』(朝刊)一九五四年五月十三日。
(160) 『第十九回国会参議院文部委員会会議録』第三十三号(一九五四年五月十四日)一〜二頁。
(161) 同右、一頁。

(162) 野島貞一郎『緑風会十八年史』緑風会史編纂委員会、一九七一年、二九〇頁。
(163) 前掲『第十九回国会参議院文部委員会会議録』第三十三号、二～八頁。
(164) 須藤の陳述では、日本共産党が緑風会修正案に賛成した理由が必ずしも明確でない。同党の機関紙である『アカハタ』には、緑風会修正案をめぐる当日の国会審議の動き（須藤の陳述内容を含む）を掲載した記事があるが、これには、「戦術的賛成投票」という表現が見られる（『アカハタ』第一三四三号、一九五四年五月十七日）。
(165) 相馬助治「参院に於ける教育二法案の審議を省みて」『政策』第十七号、一九五四年、五〇頁。
(166) 前掲『第十九回国会参議院文部委員会会議録』第三十三号、八～九頁。『読売新聞』（夕刊）一九五四年五月十四日。
(167) 同事件については、森田、前掲「旭丘中学事件の歴史的検証（上）――第1部：高山京都市政と日本共産党の教育戦略」及び前掲「旭丘中学事件の歴史的検証（下）――第2部：教育二法案をめぐる国会審議と『事件』の政治問題化」が詳しい。同事件をめぐる論考は数多いが、森田は、「歴史の検証に耐えうる証言」は、臼井吉見「『旭ヶ丘』の白虎隊」（『文藝春秋』第三十二巻第十号、一九五四年、二〇六～二一四頁）のみであると指摘している（森田、前掲「戦後日本の知識人と平和をめぐる教育政治――『戦後教育学』の成立と日教組運動」四八頁）。
なお、事件当時に教組側が作成した記録として、洛北民主協議会・京都教職員組合・京都総評共同編集『真実をつらぬくために　旭ガ丘中学校の記録』（一九五四年）がある。このパンフレットでは、「上は大達文相、市教委福原委員長と連絡をとって事件を起し、旭ガ丘を廃校にするために今尚父兄として策動している〝十五人組〟の中心人物として、水上毅（前出）の名前を挙げて「旭ガ丘のマッカーシー」との人物評を行うなど（二五頁）、随所で過激な批判がなされている。同事件を含め、旭丘中学校に関する記録等を収めた資料集として、五十嵐顕ほか編『旭丘に光あれ――資料・旭丘中学校の記録』（あゆみ出版、一九七八年）があるが、同書にもこのパンフレットが「貴重な内容を含んでいる」（二三頁）として、その一部が収録されている（六〇〇～六〇七頁）。ただし、全ての内容は掲載されていないため、筆者は京都府立京都学・歴彩館所蔵の『旭ヶ丘中学事件関係資料（宮内裕刑法関係資料十四）』に収められた同パンフレットを確認した。
(168) 永田照夫『教育基本法第八条（政治教育）小史――教育法社会学的考察序説』西村信天堂、一九八五年、七四頁。
(169) 斎藤、前掲書、三四～四四頁。日本教職員組合編『日教組十年史』日本教職員組合、一九五八年、二七〇～二七三頁。

京都府議会史編さん委員会編『京都府議会史（昭和二十年八月〔～〕昭和三十年三月）』京都府議会、一九七一年、四五一～四五七頁。森田、前掲「旭丘中学事件の歴史的検証（下）――第2部：教育二法案をめぐる国会審議と『事件』の政治問題化」七〇～八七頁。

(170) このような問題に注目した文部省は、都道府県教委教育長に対し、一九五三（昭和二十八）年十二月二十三日、初中局長名の通達「教育の中立性が保持されていない事例の調査について」（文初地第九三九号）を出し、報告を求めている（鈴木、前掲書、三九三頁）。同通達については第三章第三節（1）を参照のこと。

(171) 斎藤、前掲書、四一～四二頁。同通達では、留意点として、「1　学校施設の不法な占拠およびいわゆる自主管理による授業の継続等をすみやかに排除し、秩序の回復に努めること」、「2　生徒を事件の渦中に巻きこまぬようできるかぎりの配慮を加えること。なお今後も休校による学習の停滞に対する補充について万全の措置を講ずること」、「3　事件に関係した職員についてはその責任を明らかにし、これに対し適切な処置を行うこと」の三点を挙げている（『文部広報』第八十一号、一九五四年五月十三日、一頁）。

(172) 例えば、自由党の坂田道太は、旭丘中学校の教育について、「ほとんど共産党の一つの実践が行われておるように思うわけでございます。そういたしまするど、たとえば学校の自主管理という一つのことを共産党が指示し、そうしてそのグループ活動が学校に入って行く」と述べている（前掲『第十九回国会衆議院文部委員会議録』第十二号、一三頁）。同党の長谷川峻も旭丘中学校について、「日本共産党が日教組の容共分子である統一委員会に指示した学校の自主管理を完全に実行しておる」と指摘している（前掲『第十九回国会衆議院文部委員会議録』第二十四号、一頁）。

(173) 公安調査庁次長の高橋一郎は、四月十五日の参議院文部委員会で、「業務管理方式をとるかとらないかということが非常に問題であろうと思うのでありますが、共産党のほうはそのグループ活動の指導をやっております。日教組中央グループ指導部の決定で、一昨年の十二月の日教組グループ当面の活動方針の中で、民族の解放と平和を目指す学校の自主管理という項目の中で、学内の授業、行事等の一切の運営を、教師と生徒、児童と父兄の手で自主的に管理するという運動を作り上げて行かなければならないということを申しております」と述べている（『第十九回国会参議院文部委員会会議録』第二十一号、一九五四年四月十五日、五頁）。

これに関連して高橋は、三月十八日の衆議院文部委員会で「業務管理方式、これをとるかとらないかということが、私はかなり大きなポイントであろうというふうに考える」としながら、次のように述べている。日教組自体としましては、おそらく共産党にそう支配されておらないというふうにお考えになるし、またそれが当然だろうと思います。しかし、業務管理方式の点につきましては、気がつかないでかなり広汎な影響を受けているのではないだろうかという問題がございます。この業務管理方式は、たとえば日教組の場合には教壇を利用するという形で現われるのであります（中略）これは日教組に限らずどこでも同じでありますが、党の方でそういう業務管理方式という方法による党の方針の浸透をはかっておる一方、いろいろ新聞その他で教員が教壇を利用して批判力のない児童生徒なんかに対して政治的な影響を与えるということを耳にしますので、やはりそういう面で共産党の影響が及んでおると見なければならないのではないかというふうに考えておる次第でございます」（前掲『第十九回国会衆議院文部委員会議録』第二十号、四〜五頁）。前述したように、日教組に対する共産党の影響については十分な検証が必要であるが、「学校の自主管理」に党派的影響が及んでいるという認識を示した発言として、ここで紹介しておく。

(174) 石井一朝『失われた教育』芳文社、一九五四年、四〜九頁。

(175)『官報号外・第十九回国会衆議院会議録』第四十七号（一九五四年五月十二日）八一五〜八一七頁。

(176)『日本社会新聞』第四八〇号（一九五四年五月二十二日）。

(177) 同右。一九五四年五月十三日付の『朝日新聞』（夕刊）と『読売新聞』（夕刊）もこの共同声明を掲載しているが、表現に若干の違いが見られる。

(178) 同右『朝日新聞』（夕刊）一九五四年五月十三日。

(179) 前掲『読売新聞』（夕刊）一九五四年五月十三日。

(180) 前掲『日教組十年史』二七一頁。なお、『日教組20年史』は同事件に関し、日教組の平垣書記長が京教組の戦術を批判したことや、日教組本部の指導を京教組が受け入れなかったことを記述しており（日本教職員組合編『日教組20年史』労働旬報社、一九六七年、二二四頁）、日教組本部と下部組織との間で闘争方針をめぐる対立があったことを示唆している。この点に関して『京教組40年史』も、「日教組の一部幹部は極めて当初から批判的であった」と記している（京教組40年史編纂委員会『京教組40年史』京都教職員組合、一九九〇年、九八〜九九頁）。

(181) 前掲『官報号外・第十九回国会参議院会議録』第四十六号、九三一〜九四二頁。

(182) 同右、九三一～九三三頁。ただし、剱木は「教育二法は対症療法であり、問題の根本的解決にはならない」との理由から、本来、二法案そのものに反対していたという。二法案の政府原案が閣議決定される前、剱木は、参議院での法案説明会に際して、二法案の「反対論をぶった」がその反対論は無視され、衆議院議決案については、「政党人として賛成の立場をとらざるを得なかった」と述べている（田中正隆『牛歩八十五年　剱木亨弘聞書』教育問題研究会、一九八六年、二〇二～二〇三頁）。二法案への反対は、剱木が二法案の重要性を論じた前掲の論説「教育二法案の重要性」の内容と齟齬があることになるが、この論説は必ずしも個人的見解を反映したものではなく、剱木の「政党人」としての立場で執筆されたものと理解するほかない（なお、同論説が収められた『再建』は自由党の機関誌である）。
(183) 同右『官報号外・第十九回国会参議院会議録』第四十六号、九四一～九四二頁。
(184) 同右、九四二～九四五頁。
(185) 日本国憲法第五十九条は、第二項で「衆議院で可決し、参議院でこれと異なった議決をした法律案は、衆議院で出席議員の三分の二以上の多数で再び可決したときは、法律となる」、第三項で「前項の規定は、法律の定めるところにより、衆議院が、両議院の協議会を開くことを求めることを妨げない」と規定している。
(186) 『読売新聞』（朝刊）一九五四年五月十五日。
(187) 『読売新聞』（夕刊）一九五四年五月十五日。
(188) 『朝日新聞』（夕刊）一九五四年五月十七日。
(189) 『毎日新聞』（夕刊）一九五四年五月十七日。
(190) 『読売新聞』（朝刊）一九五四年五月十八日。
(191) 『朝日新聞』（朝刊）一九五四年五月二十三日。
(192) 『読売新聞』（朝刊）一九五四年五月二十五日。
(193) 『朝日新聞』（夕刊）一九五四年五月二十五日。
(194) 『読売新聞』（朝刊）一九五四年五月二十九日。
(195) 『朝日新聞』（夕刊）一九五四年五月二十九日。
(196) 『朝日新聞』（朝刊）一九五四年五月三十日。

(197) 『官報号外・第十九回国会衆議院会議録』第五十七号(一九五四年五月二十九日)一〇一二頁。

(198) 公布から約一週間後の六月九日には、文部事務次官通達「教育公務員特例法の一部を改正する法律及び義務教育諸学校における教育の政治的中立の確保に関する臨時措置法の施行について」(文初地第三二五号)が各都道府県教委、市(区)町村(組合)教委、都道府県知事宛に発出された。

(199) 前掲『大達茂雄』三九七頁。

(200) 古谷綱正「教育二法案をめぐる論争の教訓」『政治経済』第七巻第六号、一九五四年、二七頁。

(201) 同右、二七頁。

(202) 『読売新聞』(朝刊)一九五四年五月三十日。

(203) 『読売新聞』(朝刊)一九五四年五月三十一日。この点に関して河原春作は、教特法案について、「刑事罰を行政罰に変更する修正案が成立したことは、流石の大達君も一寸がっかりしたことと推測する」と述べている。その上で、次のような見解を示していることにも留意しておきたい。「この修正が困るのは、刑事罰とか行政罰とかいう処罰の実体にあるのでなく、行政罰の権限は公共団体毎に、別々であるから、刑事罰が最終的に、最高裁判所で統一されるのに反し、同一内容の事件でも、例えば、千葉県と茨城県とで、異なる判定が確定することがあるのが、適当でないという点に存するのである。況んや、事件の審理に関し、裁判官と異って、その経歴や、学識や、身分から考えて、その審理の方法や、その判定に対し、必ずしも信頼を置き得ない現在の教育委員会が最終の決定権を有するのでは、立法の目的を没却するおそれなしとしないからである」(河原春作「教育二法案と大達君」前掲『追想の大達茂雄』二一七頁)。

(204) 教育二法成立後の記事によれば、「政府は原案がある程度骨抜きされているため将来再び原案に近い形の再修正を意図しているよう」であったが、「国会における与野党の勢力分野からみて次期国会で直ちにこれを修正することについてはいまのところ見通しがないもようで当分同法律の施行後の状況を注視するという態度」をとっていたという(前掲『読売新聞』朝刊、一九五四年五月三十日)。

(205) 同事件をめぐる「世論」の動向については、第七章第二節(5)を参照のこと。

(206) 日本社会党政策審議会編『汚職国会血斗記録——第十九国会斗争報告』日本社会党出版部、一九五四年、六九~七〇頁。

(207)「社説・教育二法は伝家の宝刀」『日本経済新聞』(朝刊)一九五四年六月一日。

(208)黒羽亮一は、「もし参議院で審議中に、文部省の偏向教育事例にもあげられていた京都市旭丘中学校の偏向教育事件がクライマックスに達しなかったら、教育二法は成立しなかったかもしれない」と述べている(黒羽、前掲書、一七二頁)。

第六章　教育二法制定過程における教育関係団体

——日本教職員組合の活動を中心に

第一節　はじめに

本章の目的は、教育二法の制定過程における教育関係団体の動向について、日本教職員組合（日教組）の活動に焦点を当てながら検討することである。

同法の制定過程をめぐる叙述でしばしば言及されるように、二法案をめぐっては、教員の権利や自由な教育活動を抑圧するなどの理由から、数多くの教育関係団体がこれに反対する活動を展開した。二法案の主たる対象として想定されていたのが日教組であったことから、活動の中心が日教組であったことはいうまでもない。しかし、「小学校長会や信濃教育会、さらに各県教育委員会やPTAなども反対の戦列に加わっていたことに注目したい」[1]、「日教組の組織をあげての反対運動とともに、学会や教委、校長会、PTAなどからかつてない規模で反対の意思表示が行われたことは、『教育二法案』にたいする国民の危機感がいかに強かったかを示している」[2]といった言及に見られるように、従来の研究は、日教組だけでなく、日教組以外の諸団体（日教組とは政治的志向の異なる団体も含む）が二法案に対して反対の烽火を上げた事実にも関心を示してきた。

また、鈴木英一は、「教育二法案反対のたたかいは、全国的に空前の規模で発展した」と述べ、法案反対の活動を展開した教育関係団体などを列挙しながら、「このような大規模な反対運動は、国会審議に大きな圧力となり、とくに（教育二法案の──筆者註）参議院修正をもたらした」と指摘している[3]。二法案をめぐる政治過程において、教育関係団体が一定の影響力を行使し得たという見方である。このように、従来の研究の中には、教育関係団体が果たした役割を強調するものが見られる。しかし、このような関心の高さと相反して、教員の政治活動制限構想あるいは二法案に対する個々の団体の対応や活動の実態等については、これまでほとんど実証的に検討されてこなかった。そのため、同法制定に対する教育関係団体の役割が必ずしも十分に明らかになっているわけではない。同法の制定過程を総体的に解明するためには、アクターの一つである教育関係団体の動きを検討することが不可欠である。

そこで本章では、同法の制定過程において、声明発表や陳情などの活動を行った諸団体、具体的には、日教組、全国連合小学校長会、全日本中学校長会、信濃教育会、全国都道府県教育委員会委員協議会、全国地方教育委員会連絡協議会、日本連合教育会、全国大学教授連合及び日本教育学会の動向について検討し、その活動実態等について明らかにすることを課題とする[4]。二法案は日教組対策を主眼としており、日教組が法案反対運動の中心であったことから、特に日教組の活動に焦点を当てることにしたい。日教組の活動については『日教組十年史』[5]などに記述があり、本章では基本的にこれに依拠するが、日教組を調査（監視）対象としていた公安調査庁の『公安調査月報』[6]や『石川二郎旧蔵資料』[7]に含まれる日教組関係資料など、従来あまり用いられることのなかった史料も活用することにした[8]。

本章ではまず前半で、山口日記事件から中央教育審議会答申を経て、二法案が立案されるまでの日教組の動きについて検討する。この時期は日教組以外の団体が際立った動きを見せていないことから、対象を日教組に限定した。後半は、二法案立案から教育二法制定に至るまでの同法案をめぐる各団体の対応について個別に検討していく。

第二節　教育二法案立案までの日教組の動き

(1) 山口日記事件をめぐる対応

山口日記事件を「教組に対する攻撃」と捉えた日教組は、事件直後の六月十一日から十四日にかけて宇治山田市（後に、伊勢市に改称）で開催した第十回定期大会でこの問題を取り上げ、「山口日記事件の弾圧に抗議する」ことを決議した。[9] この大会には、代議員四四九名、傍聴者約一三〇〇名が参加している。[10] 当時、文部省の地方課長補佐であった斎藤正も傍聴に出かけており、大会の様子が大達文相に報告されている。[11]

当事者の山口県教職員組合（以下、県教組と略）は、この大会で『日記』の現物を配布して応援を求めるとともに、[12] 同教組代表が『日記』に関する報告を行っている。報告の内容は、問題視された『日記』の欄外記事のうち、「再軍備と戸じまり」及び「ソ連とはどんな国か」に言及し、その内容の正当性を訴えるものであった。[13] 大会では、山口県教委及び岩国市教委に抗議することが決定し、[14] 後に日教組は、県教組に激励電報や文書等を送るとともに、教委への抗議活動を実施したとされる。[15]

『日記』をめぐる県教組の見解は、この大会から半年後に「山口日記帳事件についての県教組の報告」（十二月十九日付）[16] として具体的な形で提示された。この報告によれば、『日記』は「小・中学生に対し、自主的に生活を反省、記録する態度を養い、観察力・批判力・実践力を培う目的をもって編集発行しているもの」であり、「欄外記事を一斉に注入教授するものではない」とされている。欄外記事については、「その日その日に関係ある教育資料をかかげ、憲法・教育基本法の目標たる個人の尊重、平和・自由・独立をめざす教育の一助とする方針である」としながら、問題視された欄外記事の「ソ連とはどんな国か」について、これが主として『少年朝日年鑑』(一九五三年版)所収の「ソビエト連邦」を取材し要約したもので、中学校社会科検定教科書『人間と環境』(和歌森太郎ほか十数名執筆)の要約も含んでいると説明している。そして、「この記事をもって『赤』なりと批難することは当らない。同様な記事が教科書では問題にならず、県教組編集だから問題にするという、その意図こそ問題にせねばならない」と主張したのであった。しかし当時、『日記』問題に対応した山口県教委の弘津徹也指導課長によれば、「ソ連とはどんな国か」の後半部分には、『少年朝日年鑑』(一九五三年版)の原文には見当たらない文章が含まれており、これは『日記』の編集者によって「付加解説されたもの」であったという(17)。

また、同じく問題視された欄外記事の「再軍備と戸じまり」については、「巷間に流布されている再軍備論の俗説に対して、一父兄がこれを批判していた話を取材したもので(中略)軍事基地の実態をふうししたものである」、「巷間で流布されているソ連、中共を泥棒と見、だから戸じまりが必要であるという考え方は国際平和の精神に反するし、県教委の通牒にもある通り国際理解の精神にもとるものである」、「日本の軍事基地化については、問題の岩国市の児童の大半がこれに反対し、日本の教師は全面的にこれに反対し、国民も大方は反対しているのであって、編集者が一党一派の立場からこれを記事にしたのではないことは明らか」などと述べている。つまり、いずれの欄外記事も内容に瑕疵はなく、むしろこれを問題視すること自体が不当であるというスタンスを示したのであった。日教組も自らが作成したパンフレットの中で、山口日記事件について、「日記の内容そのものが問題ではなく、それを武器に県教組の分裂を、そして教師の自由、人権を奪い去ること、とりもなおさず日本の教育を破壊することこそが唯一の目的であった」と批判している(18)。

このように、日教組自身は『日記』を擁護する姿勢を示したものの、日教組内部にはそれに対する批判が存在したことも指摘しておく必要があろう。当時、日教組幹部であった石井一朝は、「ソ連とはどんな国か」の記事について、「最後に、『ソ連が、アメリカや日本の資本主義国と、どこがちがうか、どこがよいかしらべてみて下さい』と結んである。ソ連のどこがわるいか、と問わないで、どこがよいかと問うているところに、誰しも、はじめから決めてかかった（ソ連への—筆者註）一辺倒精神をみるであろう。しかし、この一辺倒の『割り切り主義』が日教組はじめ教員組合の『ものの考え方』なのである」という見解を示している。(19) また、「同書は、ソ連、中共礼讃、反米斗争要領のテキストの体を成している」と指摘し、「到るところにその種の記事が満ち満ちているのである。むしろそればかりで出来ている日記帳と考えてもさしつかえがないようである」と厳しく批判している。(20) 日教組の内部事情を詳細に知り得る立場にあった石井の発言だけに興味深い。さらにいえば、日教組が山口県教組の立場を支持し、表向きに『日記』の正当性を主張したことは確かであるが、中央教育審議会の会議出席者の発言からも明らかなように、実際には『日記』に問題があることを日教組自身が認めていたという事実もある。(21)

七月八日、文部省は、「教育の中立性の維持について」（文初地第四〇五号）と題する通達を発した。(22) この通達について、「文部官僚の越権的な干渉であり、日教組弾圧にのりだした」(23) と捉えた日教組は、同月十一日に西崎恵文部事務次官と会見して通達の取り消しを要求した。しかし西崎は、「是非については見解の相違」としてこれを拒否したとされる。(24) このような情勢に対し、日教組は同月十五日に一斉早退による教育防衛大会を開催した。一斉早退を完全実施したのは二十七県に及んだ。(25)

（2）教員の政治活動制限構想への抵抗

①闘争戦術の模索

一九五三（昭和二十八）年八月三十一日に大達文相が立法措置を講じる可能性を示唆し、政府が教員の政治活動制限のあり方について本格的検討をはじめるという状況において、[26] 日教組は、九月一日に緊急中央執行委員会を開催し、情勢分析を行った。ここでは、「教員の中立性に藉口する教組弾圧は、近代社会の自由原理に反する暴挙」として、「暴挙に対しては全組織をあげ総力を集めてその非を悟らせたい」旨の委員長談話を発表し、闘争展開の方向性を明らかにしている。[27] 九月二十一日、二十二日の第三十回中央執行委員会では、「教員の政治活動禁止の計画」に反対し、「教育公務員特例法の改悪」などあらゆる場合を想定して闘うという「法案闘争」の目標を決議した。[28] 同月二十八日から三日間にわたり東京で開催された国際自由労働組合連盟（国際自由労連）第二回アジア地域会議では、日教組の中央執行委員長（以下、委員長と略）である小林武が日教組を取り巻く情勢を訴え、「政治活動の自由」について決議している。[29]

十月十二日、十三日には、日教組初の全国委員長・書記長合同代表者会議（以下、代表者会議と略）を新宿区の河田町会館で開催し、中央執行部の全員、都道府県教組委員長及び書記長ら約一六〇名が参集して、教員の政治活動制限に対する闘争のあり方などを協議した。[30] 会議は「外部への漏洩をおそれて非公開」[31] で実施されたとされる。『日教組十年史』はこの協議について、「闘争態勢の確立には、組織の強化がなによりも先決であること、中央、地方の意志疎通を十分にすること、がなによりも大事であることが確認された」[32] と記述しているのみであるが、別の文献はこの協議の内容を次のように記している（傍線部は筆者による。以下同様）。[33]

この会議では、現実無視をさけよう、教委や校長とも協力して教育防衛にあたろう、中央・地方の意思通（ママ）をじゅうぶんやろう、まず何よりも組織を固めよう——といったことが討議された。政治活動制限の反対が組織の命運をかけた大闘争になることは必至であり、そのためには組織強化と世論の支持が重要、闘争のための闘争であってはならないというのが結論だった。これが〝河田町会談〟といわれるものである。

このように、日教組は教員の政治活動制限への反対を重要課題と位置付けるとともに、世論の支持を獲得できるような闘争のあり方を検討し、「従来と行き方を異にする新運動方針を決議[34]」した。新運動方針には、「一切の運動は父兄との紐帯を底辺とし、日常の諸活動を通じて信頼される教組となり、父兄の要求を掲げて闘う」、「執行部と下部組織の意思疎通に努め、下部の小さな要求も本部に直通するよう態勢を整える」といったものが含まれている[35]。さらに、『朝日新聞』の記事によれば、山口で問題化した『日記』について、その内容や編集委員を変更する方針も打ち出され[36]、日教組の戦術（方向）転換は、「教員組合運動に一転機を画すもの」として注目されたようである[37]。

日教組のこの「方向転換」に世論は好感を示したものの、公安調査庁は「闘争の目標や方針の変更を意味するものではない」と述べた日教組の機関紙『日教組教育新聞』（一九五三年十月二十三日付）の記事に基づき、日教組の新運動方針は「予想される政治活動禁止措置にさきがけ、世論を鎮静化して文部当局を孤立」させる効果を狙ったものと報告している[38]。これに関し、日教組の小林委員長らは、十一月十九日に中央教育審議会（以下、適宜、中教審と略）委員の河原春作に会った際、「組合の大会を経ずに組合が戦術転換をすることはありえない」と述べ、代表者会議による「方向転換説を否定した」とされる[39]。

代表者会議が決議した新運動方針は、同月二十六日、二十七日に甲府市で開催された第三十一回中央委員会に執行部原案として提出され、可決された[40]。しかし、同委員会では代表者会議が「方向転換を行った」という報道内容は否定されている。[41]そして、十二月二十二日の中央闘争委員会では、「一月再開の通常国会に教職員の政治活動禁止法案が提出されることを必至として、直ちに都道府県教組に対し春季闘争の準備指令を発し、国民大衆に活発な情宣活動を行って世論を有利に展開させるとともに、組織を一そう強化し、一月末から二月にかけて法案粉砕のため最高度の闘争を盛上げること」が決定された。[42]

同闘争委員会の決定事項は日教組の「指令六号」として発出されたと考えられる。『日教組教育新聞』の「附録」によれば、「一月末から二月」ではなく、「二月末から三月の山に向って、短期間に統一行動をつみ上げ、教育破壊法案反対（中略）を中核とする強力な実力行動を展開するため、当面つぎの具体的行動を起せ」と述べて、「斗争体制」の再検討、「休会中の議員工作」、「文書戦」などが指示されている。[43]ここで、日教組の闘争活動の実態に迫るため、やや長くなるが、同指令の具体例を一つ挙げておきたい。[44]

各県を地盤にしている帰省中の国会議員に対して、再開国会におけるわれわれの要求事項を明示し、特に教育破壊法案についての政府の真のねらい（中略）などを指摘して、一つ一つの問題について個々の議員の態度を明確に正し、その報告を一月十三日の代表者会議の際、中央本部に持参せよ。この場合議員を取りまく選挙地盤の有力者へも充分工作するとともに、議員に面接の際、日教組の運動云々を楯に切り返されることをも考慮して地元の組合員のみにまかせることなく理論的にも対決できる幹部が同伴すること。

なお、今次教育破壊法案作成の各関係官僚（中略）に対しては、教員の市民権を剝奪すること、国家権力に奉仕する教育体制への転換、政府の政策を無批判に支持し推進することをもって教育の中立論とする無暴（ママ）な法案反対の抗議文を組合員個人、学校分会からは勿論、父兄、他団体（他労組員をふくむ）など、教員以外からも送り込む工作を行え。

②中央教育審議会への働きかけ

日教組は戦術転換を検討した頃から、中教審委員に対する働きかけを開始している。例えば、小林委員長、平垣美代司書記長、和田敬久教文部長らは、「夜陰、中教審委員のうち、話のわかりそうな人たちの門をひそかにたたき、偏向教育などやっていないと、実情を説いて回った」という。[45]第四章で言及したように、中教審会長の亀山直人によれば、十月十日には小林委員長らが亀山を訪問して、日教組＝共産党支配説の「誤解」や、日教組による過度の政治活動の背景等について説明している。[46]そして、小林委員長ら幹部三名は、中教審委員の前田多門を訪問し、教員の政治活動制限に関する立法化を行えば、穏健になりつつある組合員が反動を起こすと主張したとされる。[47]このような裏工作に加え、十一月十九日には、中教審第三特別委員会の第三回会議に小林委員長ら日教組幹部が出席した。山口日記事件を含めて、日教組に関する説明を行っていることから、この場でも日教組の主張が展開されたと思われる。[48]

日教組が中教審に対してどの程度の影響力を持ち得たのかはにわかに判断し難い。日教組幹部と面談した中教審委員が日教組側の主張に一定の理解を示したことなどを考えれば、[49]中教審の審議にある程度の影響を与えたともいえる。しかし後述するように、最終的に中教審が示した答申が日教組にとって全く許容できない内容であった事実からすると、中教審に対する日教組の影響力はさほど大きくはなかったといえるだろう。

③中央教育審議会第三特別委員会の答申案に対する批判

一九五四（昭和二十九）年一月九日、中教審第三特別委員会が「教員の政治的中立性に関する答申案」（以下、答申案と略）を公表し、その内容が新聞報道されると、[50]日教組は同日、答申案に対する「日教組声明書」を発表した。[51]この声明書では、答申案を「日本の教師と青少年に対する脅迫であり日本国憲法に対する挑戦的行為」と批判し、中教審第三特別委員会は「日本を戦争におとしいれた責任ある官僚と資本家の手によって動され(ママ)て」いて、その委員は「再軍備戦争の道に教育を追いこもうとする罪悪をおかしている」とまで述べている。そして、「徹底的に斗う」ことを宣言しながら、「このことによっておきる一切の事態は中教審ならびに政府の責任であることを声明する」と結んでいる。[52] 日教組はこの声明書の内容に沿って、同日、全国の組合員に対して「非常時体制」に入ることを指令した。[53]

答申案に対する日教組の批判は、同月に別の形でも提示されており、それは「声明書」よりも長文かつ詳細な内容となっている。[54] そこでは、日教組の従来の闘争や選挙運動は合法的であり、第三特別委員会は「現行法についての認識を欠いているに違いない」こと、政治的中立は「教育基本法第十条の主旨に照して支配しようとする権力に向っていうべきこと」であり、「『教員の政治的中立』を『すべてこの原則を基として』というのは見当ちがい」であること、日教組の行動があまりに政治的であり、一方的に偏向しているという答申案の指摘は「すべて『意図』を持った見解で終始」し、日教組に対する実態の認識を誤り客観性や合理性が認められないこと、答申案の提案は、教員組合が職能活動としての研究活動をなし得ないようにし、青少年への影響という理由で教師の政治に関する基本権を一切剝奪しようとしており、「全くファッシズムで（中略）唯取締り、チェックすることのみを目標にしている」ことなどを指摘している。

このように日教組は、答申案のほぼ全般について否定的な見解を示した。答申案は一月十八日の第二十一回総会で「答申」として最終決定され、これ以降、この答申を一つの拠り所としながら、二法案の立案作業が本格的に進行する。そして、二法案が国会に提出される頃から、日教組を中心に教育関係団体等による二法案反対の気運が次第に高まりを見せることになる。

第三節　教育二法案の立案から同法制定までの展開――法案をめぐる諸団体の対応

日教組代表と会談する大達文相

提供：毎日新聞社

（1）日教組の対応

①法案反対闘争の激化と振替授業の実施

日教組は、答申案を批判する声明書の発表と同時に、大達文相に対して、教員の政治活動を制限する法案の提出中止など八項目の要求書[55]を提出し、一九五四（昭和二十九）年一月十八日までに回答するよう申し入れた。一月十三日、十四日に開催した全国代表者会議では、「教職員の政治活動制限は極めて重大な段階に到達したので、これを粉砕するためには実力行使をも辞さない決意を固める」との結論に達し、実力行使の時期、その他具体的戦術については翌月の第三十二回中央委員会で決定することになった。文相の回答期限である一月十八日には、日教組中央執行委員及び地方代表ら四十余名が文相に会見を要求して一九日まで文部省内で座り込みを行っている。しかし、日教組出身議員団の斡旋により、二十日に会見を行うことになり、座り込みは中止となった。二十日の会見で大達は、「法案は教育の中立性を確保するための立法であり、目下その内容を検討しているが、できるだけ早く成文化して国会に提出する」と一蹴しており、交渉は物別れに終わっている。(56) 文部事務次官室において行われたこの会見に、文部省側は大達文相のほか、福井文部政務次官、田中文部事務次官、緒方初中局長ら、日教組側は小林委員長らが出席しており、会見は「緊迫した空気の中」で行われたという。(57)

二法案の立案作業が進行する中で、日教組は、一月二十四日から五日間、第三回教育研究全国大会（教研大会）を静岡市で開催した。(58) この大会では、二十七日に設置された「教育の中立性に関する特別委員会」が「俄然注目を浴びた」といわれている。(59) 同委員会が作成した報告書「教育を守るわれわれの決意」は、「私たちは時の政府をつくっている特定政党の忠実なるしもべとなりはてる」、「私たちから学ぶ青少年たちは、批判力も基本的人権も保障されない、ひくつで不幸な国民に育っていく」といったように、教員の政治活動制限の立法化を厳しく批判している。(60) 公安調査庁の報告によれば、日教組執行部は当初、答申案が日教組を政治的偏向としている点を考慮し、この大会では純粋な研究発表に終始する予定であった。ところが、日本共産党グループの指導する統一派を主力として、「教育の中立性に関する特別委員会」を設置することが要求されたという。同委員会で統一派は「われわれの敵は、官僚勢力を主体とする自由党など保守反動勢力、買弁資本であり、アメリカ帝国主義であることを明かにせよ」と迫り、八時間にわたって論戦を交わしたが、結局「それでは背後にいる五十万教師が納得しない」という「自重論」が大勢を制したとされる。(61) このように、日教組内部では二法案に対する闘争のあり方をめぐって対立も見られたが、この後も闘争は激化の一途をたどることになる。

二月一日、二日には第三十二回中央委員会を開催し、「『教育防衛闘争』として統一実力行使をふくむ強力なたたかいに発展させることを決定」(62) するとともに、二法案を批判し、「悪法阻止のため闘い抜く」ことを謳った「闘争宣言」を発した。(63) 日教組は教育二法を「悪法」と断定し、「強力な実力行使を支柱として広汎な統一行動を行う」(64) ことも視野に入れるなど、強硬な姿勢を示したのである。『日教組十年史』には、「はじめ地域闘争を積みあげて、全国的規模のたたかいにまでもり上げることをめざした」[65]とあり、この宣言を契機として、日教組の反対運動は一気に加速することになる。二月十日には、法案研究会という名目で組合員の「三割動員」が行われ、翌十一日には、総評と共催で、各府県教組の代表も参加する「教育防衛中央国民大会」を東京で開催、二十日には、「十割動員」による教育防衛地区大会を開催、というように、闘争は徐々に激しくなっていった[66]。

三月一日からは衆議院文部委員会で二法案をめぐる質疑が開始され、日教組も国会審議の動向を注視していくことになる。国会審議の過程で文部省が提示した「偏向教育の事例」、国家地方警察本部及び公安調査庁による日教組の活動状況等に関する資料提出や証言[67]に対して日教組はすぐさま反論した。特に「偏向教育の事例」については、日教組自身が「現地調査」を行い、そのほとんどがでっちあげであるとの見解を示し、大達文相を「起訴」したとされる[68]。同月十三日の衆議院文部委員会公聴会では、日教組の小林委員長が「偏向教育の事例」や日教組批判に反論し、それまでの日教組の主張を展開しながら、二法案について「絶対反対」の立場を表明した[69]。

そして、同月十四日には、中央闘争委員会の指令に基づく「全国一斉振替（繰替）授業」が行われた。『日教組十年史』はこれを次のように記している[70]。

> 繰替授業闘争は教育二法案の国会審議が決定的な瞬間にさしかかる時点に合して、教師が日曜出勤をして普通授業を行い、父母大衆に公開して、父母とその子どもたちと教師が一つになって、闘争の決意をしめそうとする大衆闘争の規模と性格をもっていた。日教組が結成以来、はじめての統一した実力行使であった。指令どおり完全に統一行動に参加した県が二四県、地域の実情から傾斜闘争をしたのが二二県で、組織動員は全体として約七五パーセントの実力行使となった。ついで一五日には、前日の繰替授業のため学校を実質的に休暇にして、全国各地で、教育防衛大会が行われた。大会には地域の労働組合、民主団体、ＰＴＡ、父母大衆が参加

した。

このような統一行動には、「義教法闘争における一斉休暇が不発に終わったあとだったため、日教組の闘争力を内外に明らかにさせる意味もこめられていた」[71]という。「振替授業」について日教組は、教育二法成立後の反省において、「遺憾なく組織の威力を誇示し、運動の前進に力強い成果をのこした」、「世論の支持を得て決行され、一部組織内に於て父兄の離反と世論の硬化を理由に行動をためらった人人に厳粛な自省をうながし、政府・与党に重大な打撃を与え、日本教員組合史上に画期的な足跡を残した」と絶賛している[72]。ただ、公安調査庁はこの「振替授業」について、「中闘（中央闘争委員会―筆者註）が予期したほどの盛上りを見せず（中略）動員された組合員は約五割、二十五万人に過ぎず、埼玉、群馬、栃木、長野、奈良、福井、鳥取、宮崎、茨城、福島各県教組は下部組織ならびに教育委員会の強硬な反対もあって全く実施しなかった」と報告している[73]。日教組でも、三月二十日の第四回戦術委員会では、「最低戦術として決行したにもかかわらず、下部の足並が乱れた」、「世論の同調支援が得られなかった」という分析がなされたようである[74]。つまり、この「振替授業」闘争に対しては日教組内部の批判も多く、必ずしも「統一した実力行使」として成功したわけではなかった。

「異色」[75]あるいは「非常に挑発的な行動」[76]と評される日教組の「振替授業」という闘争活動に対して、文部省は三月十五日に緒方信一初中局長名で、「振替授業」の実施状況を報告するよう各都道府県教育長宛に電報で依頼するとともに、同月十八日には、田中義男文部事務次官から都道府県教委宛に「正常な学校運営の確保について」と題する通達を発出した。この通達は、「振替授業」について「教育上はなはだ遺憾」と批判しながら、職務義務や法令の違反者に対して厳正な措置をとるとともに、学校の適正な運営が阻害されることのないよう注意を払うことを要請している[77]。

②参議院に対する法案反対闘争

衆議院本会議で二法案が修正議決された一九五四（昭和二十九）年三月二十六日、日教組は緊急中央闘争委員会を開催し、「今後参院が法案阻止に尽力されんことを希望してやまない。われわれ全国の教師は教育と民主主義を破壊する悪法粉砕のために、さらに粘りづよい闘いを展開する」という声明を発するとともに、地方教組に対し、参議院への請願書提出、緑風会や無所属議員に対する集団陳情などを指令した。[78] これ以降、日教組による法案闘争の舞台は参議院に移ることになる。

四月一日には、全国五万の学校分会に対し、地方議会などに働きかけて、同月十五日までに一分会最低二件、合計十万件の請願書を集めて参議院に提出するよう指令した。また、一週間にわたり連日、都道府県教組代表を動員して緑風会及び無所属議員に波状陳情を行っている。[79] 同月九日には、「偏向教育の事例」に挙げられている二十四校の関係者約五十名を本部に集め、日教組法律顧問団と打ち合わせを行い、その結果、同事例はいずれも事実無根として、地区ごとに法廷闘争を繰り広げることになった。[80]

同月十五日には、各県教組が全国一斉に教育防衛大会（夜間）を開催し（実施会場は全国一七八、参加人員は二十万人）、提灯デモを実施した。五月六日には、中央闘争委員会の一部がハンストに入り、全組合員が昼食抜きの闘争で二法案に対する抗議を行った。[81] 他にも日教組は「学者、文化人を動かして緑風会に陳情させる一方、地方教組、ＰＴＡから各府県出身の参院議員に対し、法案阻止を要請した文書を大量発送させるなど躍起の工作を展開した」[82] とされる。公安調査庁は、この時期の日教組の行動について、「世論の支持しない実力行使にあくまで反対する右派教組を組織内に抱えている日教組の闘争には自ら限界があり、法案が成立すれば今後は一歩後退して（中略）地道な運動をくりひろげつつ、法案撤廃を企図していくものと見られる」[83] と情勢分析している。

（2）校長会（全連小・全日中）の対応

次に、全国連合小学校長会[84]（以下、全連小と略）及び全日本中学校長会[85]（以下、全日中と略）の二つの校長会の対応を見ていきたい[86]。これらの団体は機関誌として前者は『学校時報』[87]、後者は『中学校』を刊行しており、以下では、主にこれらに依拠して検討していく。ただ、二法案をめぐる動きについての記録は前者に多いものの、後者にはほとんどない[88]。すなわち、全日中と比較して全連小の方がより積極的に活動を展開したことが窺えるため、大半は全連小の動きに言及することになる。

全連小は一九五四（昭和二十九）年一月二十六日から二十八日にかけて第二十六回理事会を開催した。第一日目に鈴木常任理事[89]より中教審の「教員の政治的中立性維持に関する答申」をめぐる経過についての報告があり、活発な質疑応答がなされるとともに、協議事項の一つに、「教員の政治的中立性に関する件」が挙げられた。これについて、「本件はことの外重大」として、「これに対する公正妥当な意思を適切な時期に出来る限り小・中校長会の名に於て表明する」こととなった[90]。全日中も同月二十六日から二十八日にかけて理事会を開催しており、最終日である二十八日に開かれた全連小と全日中との合同会議での協議の結果、二月一日付で次の「教員の政治的中立性に関する態度」を両者連名で表明することにした[91]。

国民全体に対し直接責任を負って行われるべき学校教育、特に心身未成熟な児童生徒を対象とする義務教育において、政治的中立性の保持せらるべきことは論をまたない。

しかるに一部教員の教育活動・政治活動において、時に政治的偏向があったという世の批判を受けていることは、学校運営の責任者たるわれわれとして、遺憾の意を表するものである。

われわれは、今後一層相率い相励まし、以てかかる事態の発生しないよう最善の努力をいたす所存である。

而して本問題の根本的解決をはかるためには教員の反省自粛により教員みずからが中立性を確保するようつとむべきである。もし、教員の教育的(ママ)中立性維持の措置を講ずるとしても、厳正中立の立場で政治的教養を児童生徒にあたえる教育活動にさえ、徒らな不安の念を抱かせるような規制を設けてはならないと信ずる次第である。

全連小は、「態度表明に寄せて」と題する一文において、「教育(ママ)の政治制限に関する問題は（中略）政治的意図よりする批判は論外として、純粋な立場から考察して見ても甚だ複雑かつ微妙であり、他に及ぼす影響も大きい」ため、「本会としては、慎重を期し、軽々と意志表示するの愚を避け、ことの推移を見守ってきた」と述べている。しかし、「ことこゝに至った以上、慎重はまた優柔不断の譏りを免れがたい」として、全日中と合同で態度表明を行ったのである。(92)

この態度表明は、政治的中立の確保を重視し、教員の過度の政治活動を問題視する一方で、教員の政治活動制限に対して否定的な内容となっている。しかし、二法案の国会提出と同時期の二月二十二日から二十四日にかけて開催した全連小第二十七回理事会では、この態度表明が「現勢下まことに『なまぬるい』ということに一致」(93)し、全日中でも、「あの声明は生ぬるい、もっと反対を強く打出してほしい」という声が数県から寄せられたという。(94)そこで、全連小及び全日中双方は再び声明を出すことになった。

全連小では、九名の起草委員を選出して文案作成が行われ、同月二十四日付で「声明書」が発表された。「声明書」の内容は「教員の政治的中立性に関する態度」と異なり、批判的なトーンがやや強くなっている。ここでは、一部教員による過度の政治活動を批判しながらも、その問題は教員の「自主的な反省と自戒と努力によって解決していくべきもの」であり、二法案については、「民主的教育を阻害し、教育の自主性を一方的に拘束しようとするもの」と批判した上で、次のように続けている。[95]

教育の中立性確保に関しては既に教育基本法等で十分明か(ママ)にされているところであるにもかかわらず、今又ことさらにはんさな制限ときびしい刑罰をもうけて教員を拘束し、教壇をおびやかし、教員を徒らな不安と萎縮においこみ、中立性の名のもとにかえって教育が不当な支配に甘んじなければならないとすれば、それはやがて民主教育の危機を招来するものと考える。

我々は学校経営の直接責任者として、その重責を痛感し、日本教育の健全なる発展を念願するが故に、ここに本法案の成立に対し強く反対の意志を表明する。

この声明書は、同月二十六日に『朝日新聞』、『読売新聞』及び『東京新聞』にその概要が公表されるとともに、陳情活動の際に関係者に手交された。[96] 一方、全日中でも幹事会や小委員会での検討及び常任委員会での協議を経て、三月四日付で新たな「声明書」を可決している。この「声明書」の趣旨は全連小のそれと同様であり、特に「刑罰を以て地方公務員活動を規制」することを批判しながら、「万一この法案が成立し、その実施を見るとすれば、厳正中立の立場で政治的教養を生徒に与える教育活動にさえ、不安の念を抱かせ、いきおい正常な教育活動をも萎縮させるおそれ」があるとして、「強く遺憾の意」を表するものであった。[97]

さて、前述の全連小第二十七回理事会では、二日目の会議において世界労連の「ボーレイ」[98]が講演を行い、二法案を「民主主義育成の障碍となる」と批判したという。また、文部事務次官の田中が来場して二法案の提案理由を説明しており、ここでは「教員の対象を義務教育諸学校に限った理由、法案の議会通過後果して事実の立証ができるかどうか、殊更に新しい法律を作る必要はなく、現行教育基本法第八条によって十分取締ることができきるではないか、当局は藉すに時をもってしお互いの自主的な解決を尊重すべきではないか等々現場の空気を反映した活発な意見」が出されたようである。[99]三日目の会議は「参議院会館」で開催されたが、ここには緑風会の加賀山之雄が来場し、二法案についての質疑応答が行われた。全連小は加賀山に対して法案撤回への同調を要望している。[100]

二法案が衆議院を通過すると、法案に対する全連小の批判はますます強くなっていった。例えば、この時期に発行された『学校時報』では、二法案等について「わが教育界の癌となって将来に頑強な悩みの種となるであろう」と批判され、「われらは義務教育擁護の立場において、これら法案の撤回乃至阻止に関し全力をあげて反対、世論の大半また見解を同う（ママ）して積極的な支持同調者も多かったのであるが、為政者によってムリヤリに押し切られようとすることはにがにがしいかぎりである」[101]という全連小の意見が表明されている。

四月十七日には全連小が、東京・永田町小学校で「教育二法案研究全国会議」を開催した。これは、全連小会長の小野重内が全日中会長の野口彰、「その他在京の学界、言論界、文化界、ＰＴＡ等の代表者と相謀って」提唱したものである。ここでは、矢内原忠雄（東京大学総長）による「教育二法案について」の講演が行われるとともに、二法案についての「多角的討議」が行われ、「教育二法案研究全国会議」名で「声明書」（四月十七日付）を作成している。その内容は公表され、参議院の当事者に要望として伝えられた。[102]この「声明書」では二法案について、「憂慮される多くの問題を含んでいることをあらためて確認」したとし、「会議の総意」として六つの意見を挙げている。前述した二月二十四日付の声明書と内容は類似しているが、例えば、「わずかな偏向教育の例を理由にして、世論をかえりみず教育に於ける官僚統制をもたらす立法手段をとることは戦後の教育改革、とくに教育基本法の精神にもとり教育者に対する許しがたい不信をあえてするもの」、「まして教育のことに関し刑罰をもってのぞもうとするのは全教育者を侮辱するものとして絶対にゆるされない」といったように、批判の度合

いを強めているのが特徴である。(103)

参議院における二法案の審議が最終段階に入ると、全連小の小野会長は、参議院緑風会の全議員に対し、「教育二法案につき緑風会の良識に深く期待する」と題した書簡を送付した（日付は不明）。書簡は、「今国会において参議院の示した自主的かつ毅然たる態度には心からなる敬意を表する」としながら、次のように述べている。(104)

参議院の分野乃至は現有勢力から考えて、本法案の成否帰結はかかって緑風会の意思態度にあることは論をまたない。今や全国民は固唾をのんで緑風会の断を見つめ緑風会の良識に無限の期待と願いをかけているのである。（中略）／国家の安寧国民の福祉に至大の関係があるとさえ考えられる法案の運命を決すべき闘頭に臨み緑風会の伝統たるくもりなき良心とたくましい良識にもとずく(ママ)是々非々に期待し最善の御努力と最大の御奮斗を切に祈るものである。

そして、この書簡で表明された期待のとおり、緑風会は「良識」を反映させるべく、二法案の修正案を提出することになる。参議院での修正案可決後の五月二十四日には、全連小から参議院各議員宛に書簡が送付されている。その内容は、参議院が全連小の「純真な陳情」を取り上げて審議を重ねた結果、二法案の修正案を可決し、衆議院に回付したことについて「感激に堪えない」と謝意を表明するものであった。(105) このことから、全連小が緑風会による修正案を高く評価していたことが窺える。

五月二十七日から二十九日にかけては福岡市で全連小第六回総会が開催され、二法案に対する反対決議と関係方面への打電が行われたとされるが、(106) 総会最終日に教育二法が成立した。同法成立に対し全連小は、「遺憾のきわみ」としながらも、「徒におびえる事なく、冷静な判断と健全な良識に基いて堂々行進する一方、運用面の行きすぎを厳に戒しめ、以て二法存置の必要なき社会の一日も速かな建設を目指して邁進すべき」、「成立してしまえば遵法しなければならない」との姿勢を示したのであった。[107]

（3）信濃教育会の対応

次に信濃教育会[108]の対応である。これについては、『信濃教育会九十年史』[109]に記述があり、ここでは主に同書に依拠して検討する。

信濃教育会では、一九五四（昭和二十九）年一月二十七日、二十八日に開催した常任委員会において「教員の政治活動制限法案（教育二法）に関する件」について協議した結果、「教育を守り真正の意味に於ける教育の政治的中立性を主張する上から、政府の企図する教員の政治活動制限法案成立に反対する態度をとること」を決定し、「教員の政治活動制限法案に対する反対声明書」（一月二十八日付）を作成した。この声明書では、二法案によって「どのような政策に対しても、それを批判し賛成したり反対したりすることができなく」なり、教員の自由に不当な制限が加えられて、教育の権威と自主性とが失われると指摘した上で、次のように続けている。[110]

教育の使命は、憲法と教育基本法に示されているように、平和と真理とを希求する民主的な人間の育成にある。この理想を実現するためには、いかなる政策といえども、自由に批判して是は是とし非は非とする中正な立場が許されなくてはならない。そのためにこそ教育の政治的中立性が必要なのであって、既に教育基本法で十分明らかにされているところである。ことさら煩瑣な制限を設け、権力によって教員を拘束し、ひいては教壇をおびやかし、中立性の名に於てかえって教育が政治勢力の不当な支配にあまんじなければならないとすれば、それはやがて教育を破壊し、まさに国家の危機をまねくにいたるであろう。このゆえにわれわれは敢えてそのような法案の提出に強く反対し、ここに声明する。

一読してわかるように、この声明書の趣旨は、前節で見た校長会の声明書の趣旨とほぼ同様である。この声明書は、二法案を提出しないよう強く求めた「長野県信濃教育会長　高橋純一」名の陳情文とともに、「吉田総理・緒方副総理・大達文相・佐藤自由党幹事長・県選出衆参両院議員・町村長会長・PTA会長・小中高校会長・県教組・高教組・教育委員会」宛に送られたようである。[111]

二月一日、二日には、信濃教育会の代表六名（松岡主事ほか五名の常任委員代表）が文部省、内閣、各党本部、衆参両院議員に対して二法案の閣議決定阻止に向けた陳情活動を行った。しかし、法案の国会提出を察知して「阻止困難」と判断した同会は、同月四日に緊急常任委員会を開催し、「最も有効に運動を展開するために」、二法案反対のための大会実施を決定している。[112] 同月十一日、十二日の常任委員会で大会の名称が「信濃教育会　教員の政治活動制限法案反対東京大会」に正式決定し、「特報」[113]を会員だけでなく市町村教委や市町村長に配布するなどして、大会の趣旨の宣伝活動を行った。[114]

大会は同月二十一日、台東区の下谷小学校講堂において開催された。同会の本拠地である長野でなく、東京で開催したことは、政府に対する圧力と世論喚起という点で意味があったといえよう。「会場は九時半には文字通り超満員、場外にまであふれるという盛況であった」[115]といわれている。来賓として、小野重内（前出）、岸本千秋（東京都教育会長・日本連合教育会理事長）、西尾実（長師同窓会東京支部長）、野口彰（前出）、務台理作（在京長野県出身者代表）らが出席した。[116] 信濃教育会副会長である松岡弘は、大会最初の挨拶で「由来信濃教育会は教育精神を貫き、教育の理想達成のためにはこれをはばまんとする官権又は時の政治勢力に対した、かってきた」、「脈々として流れている教育精神が発して今回の反対となった」などと信濃教育会の性格を語り、二法案の批判を展開した。この後、「教員の政治活動制限に反対するの件」の議事に入り、これが満場一致で可決された後、「宣言」を採択している。[117]この「宣言」は、一月十八日付の反対声明書と同趣旨であり、「教育の将来を憂い、教権擁護の至情に立って、特に東京において大会を開き、その総意をもって、断乎この法案に反対する」としている。[118]この後、「来賓メッセージ」として岸本千秋、務台理作らが発言した。このうち岸本は、二法案の閣議決定案について、「われわれの要望していたところとは著しい相異」があるとして不賛成の意を示し、二法案に対する日本連合教育会の対応についても言及している。[119]そして、日本教育学会会長である長田新の「激励電報」が紹介されるとともに、上原專祿[120]（一橋大学教授）の講演「憲法と教育の危機」、鵜飼信成（東京大学教授）の講演「市民としての教育者の自由」、矢内原忠雄（東京大学教授）の挨拶などが続き、大会は終了した。[121]

信濃教育会が独自にこのような形で反対大会を開催することは「教育界の歴史の上で、また信州教育の歴史にとっても特筆すべきこと」[122]であった。不偏不党を標榜し、「日教組とは別行動を取って来た」[123]といわれる信濃教育会が日教組と同様、二法案に反対し、このような大会を開催したことは「異例」[124]であり、二法案をめぐる同会の活動としては、この大会が最も重要な意味をもっていたといえる。中教審委員をつとめた全日中の野口彰は、中教審の会議において、「あそこに集まりました連中は必ずしもいわゆる日教組の線を何と言いますか強調しようというような考えでなくて、又いろいろな政治的な或いは政党政派というものを超越した、本当に日本の教育問題として純粋に考えて行きたいという閃きがはっきり出た」と述べ、大会での信濃教育会の態度は真剣で、「必ずしもこれは日教組を支持する一方的なものじゃないと私は冷静に見て来ました」と発言している。[125]この大会は、日教組の闘争活動と一線を画したものであったのである。

大会後も信濃教育会は活発に陳情活動を展開しており、大会翌日の二月二十二日には、松岡副会長らが県出身衆参両院議員をはじめとする文教関係議員に陳情し、衆参両院議長に請願書を提出した。同日には、大達文相にも面会し、「双方意見を開陳」したものの、「互いに相譲らず物わかれに終わった」ようである。[126] 三月十三日には松岡が衆議院文部委員会公聴会に出席し、二法案に反対する公述を行った。[127] その後、四月五日には会長から参議院議長ほか関係議員に対して二法案不成立の陳情を行い、[128] 同月七日、八日には、松岡らが「参議院の然るべき議員」に陳情するなど、[129] 参議院に対する働きかけを積極的に行っている。

（4）教育委員会関係団体（全教委・全地教委）の対応

次に全国レベルの教委関係団体である全国都道府県教育委員会委員協議会（以下、全教委と略）及び全国地方教育委員会連絡協議会（以下、全地教委と略）[130] の動きを見ておきたい。ここでは、主に全教委の機関紙である『教育情報』等を含む『全教委関係資料』[131] に依拠して検討する。

全教委は、以前から政治的中立をめぐる問題の重要性を認識していたと思われるが、[132] その本格的な検討をはじめたのは二法案立案以後である。一九五四（昭和二十九）年一月下旬以降に開催された幹事会、評議員会、調査研究会等では政治的中立の問題を再三協議している。[133] 三月四日、五日には臨時総会を開催し、二法案について、「教育の本質に立って現状及び将来について慎重に検討考察した結果」、次のような態度表明を行い、対策を幹事会に一任することとなった。[134]

憲法に基づく教育基本法及び関係諸法規が厳存しているので、それぞれの教育委員会が直接に国民に対して責任を負う教育行政機関としてこの機能を充分に発揮することによって教育の政治的中立を維持することは可能であると確信す。

特にこの二法案は法理論上又は教育行政上幾多の問題点をふくむもので、これが実施後は教育行政上の混乱紛糾と教育現場の萎靡沈滞とを招来することが予見されるのでこれに対しては賛意を表明しがたい。

われわれは教育基本法を厳守して、教育がその精神によって行われるよう今後も指導監督すると共に教育の中立性を侵すが如き事実があった場合は現行法規によって厳重に処置することをこの際改めて表明するものである。

このように全教委は、二法案に反対の立場をとったが[135]、日教組などの場合と異なり、批判の度合いはさほど強くない。教育二法でなく「現行法規によって」と述べているものの、教育の中立性維持のために毅然たる対応を表明している点も注目される。全教委ではこの後、四月五日から十日にかけて開催された幹事会で「教育二法案について」と題する協議を行ったようであるが[136]、活動の具体的内容は不明である。この幹事会開催中の八日、八木沢善次幹事長から「参議院文部委員会委員長」宛に二法案などについての懇談を依頼する書面が送付されていることから窺えるように[137]、四月以降は、参議院への請願・陳情活動が中心になったと思われる。

一方、全地教委についてはこの後身団体が編集した『地方教育委員会の歩み』[138]に記述がある。同書の「全地教委年表」によれば、一九五四（昭和二十九）年一月十三日の第二回評議員会議で「教員の中立性確保の問題の検討」がなされて以降、理事会、常任委員会等において教員の政治活動制限あるいは二法案をめぐる問題が度々協議されている。

全地教委の活動として特に注目されるのは、日教組による二法案反対闘争への対応である。全地教委は、日教組の反対闘争が活発化している情勢を受けて、各都道府県の地方教育委員会連絡協議会会長に対し、その対応を指示している。一月二十九日には事前入手した日教組の闘争方針（日教組第三十二回中央委員会試案「教育防衛斗争に関する件」〈案〉）を配布するとともに、学校管理の万全を期すことを促し[139]、二月一日には、風巻義雄会長の名で

「緊急連絡事項」を示した。(140)

この「緊急連絡事項」の中の「第二、教員の政治活動禁止法案に対する日教組の反対斗争について各市町村教委の取るべき措置」では、教員の過度の政治活動あるいは「偏向教育」を批判し、「政府はやむなく更に教員の政治活動禁止の法案上程という非常措置を講ずることゝなった」と政府の対応に理解を示している。そして、「日教組は事こゝに到ってもなお且つ反省はおろか、却って全国的に強大な斗争を展開しようとしている」と批判し、「我等全国五万の教育委員は、その負荷する使命のもとに、かゝる不祥事を未然に防止し、純正にして親愛なる教職員を擁護すると共に、我が国教育を盤石の安きに置かなければならない」として次の三点を指示した。

(1)管下中・小学校教員に対して現行法を逸脱し、生徒児童の人権を蹂りんし、教育者として生徒児童及び父兄は勿論、世の信頼を裏切る一斉休暇又は繰換(ママ)授業等の行動は、教職員として与えられた国法の保障を一切失うばかりでなく処罰の対象となることを十分認識せしめ特に事務上専行委任を受けている学校長に対しては、その責任の重大性を自覚せしめ、不用意の結果生ずる不穏の事態に対する一切の責を負うものなることを了得させ、部下教職員を良識のもとに掌握し、組合盲従をさけ、飽くまでも自主性を堅持し、組合の不当な圧力に恐れ、心にもなき実力行使に参加することなく、現行法随順の実効をあげるよう十分の措置を講ずること。

(2)万一実力行使を敢行した教職員があった場合は、その時その際、緊急不可欠の必要性があったか何うか、他に適当な方法がなかったか何うか、あらゆる角度からその合法性、妥当性を検討する。

(3)その結果、合法性、妥当性がなかった場合は、現行法に照らして、明(ママ)かに断乎として処分する。

ここではこの指示に続けて、「これは我々教育委員会に課せられた重大な使命の一端で、若しその措置宜しきを得なかったならば、地教委そのもの、無力を露呈する許りでなく、その存在価値を失うものとの峻烈な批判を甘受しなければならないこと、なる」と述べており、日教組の実力行使に対して全国の地方教委が毅然とした対応をとることを要請した。

さらに、全地教委では、「教員の政治活動禁止に際して反対論者からでると予想される反論及びこの反論に対する解答(ママ)（参考）」なる資料も準備している。これは十五の想定問答をまとめたもので、例えば、「政治活動禁止は教育の自由を束縛する」という反論に対しては、「教える人の自由をもって、教育の自由と考えている。教えられる人の自由はどうなるのだ。教える人が政治的に偏向し、特定のイデオロギーを持ってそれを生徒に植付けようとするならば、教えられる人の自由はそのような教師によって奪われてしまう」との回答が示されている。[141]

ただ、このような対応をとった全地教委も、二法案の賛否についての態度を決定するのは容易ではなかったようである。『地方教育委員会の歩み』によれば、「再三、会の機関にかけて討議をすすめたが、意見両立してもみにもみ容易にまとまらない」という状況であった。しかし、「偏向教育の認定、処罰の請求の重責は地教委にあるだけに真剣にしかも慎重に会合を重ね」、最終的に総会で「こんな法案は好ましくないが、こうした法律をつくらねばならぬ現状においては止むを得ない。早く教育の本質にかえり、この法がなるべく速かに廃止され無用化するよう、われわれ地教委の場において努力する」として賛意を示すことに決定した。[142] 他の教育関係団体と異なり、二法案に賛意を示したことは注目されよう。なお、総会の最終決定とは、おそらく三月二十四日の全地教委全国大会における「決議」を意味しており、その内容は「教育の本質の上に立って、我が国教育の現状より将来を思い本法案に賛成する」、「本法案成立の暁においても、その運用に万全を期し教職員と共に、教育の政治的中立の実をあげ、その実績の向上に邁進せんとする」いうものであった。[143]

その後、全地教委では、旭丘中学校事件の舞台となった京都で、会長らが現地調査と資料収集を行った。四月十二日、十三日には、全地教委のメンバーである福原達朗（京都市教育委員会委員長）、井上慶造（滋賀県地方教育委員会連絡協議会会長・大津市教育委員会委員）、森太郎（岐阜県地方教育委員会連絡協議会会長）、丸茂忍（岩国市教育委員会委員）らが参議院文部委員会に出席し、「偏向教育の事例」に関する証言を行っている。[144]

（5）その他の団体（日本連合教育会、全国大学教授連合、日本教育学会）の対応

最後に、その他の団体として、日本連合教育会、[145]全国大学教授連合[146]及び日本教育学会の動きについて見ておく。これらの団体は、いずれも声明書等を通じて二法案に反対する姿勢を示したが、資料を窺う限り、活動頻度はこれまでに見てきた団体と比較すると、さほど高くはないようである。他にも、二法案をめぐって態度表明を行っている団体は様々あるが、例えば「現代中国学会、歴史学研究会、歴史教育者協議会、日本文学協会」の「四学会」が二法案反対の共同決議を行ったとされ、[147]また、道徳関係団体である道義再建運動本部[148]の懇談会は二法案に不賛成であったといわれている。[149]しかし、これらの団体の具体的な活動実態は明らかではない。

日本連合教育会は、一九五四（昭和二十九）年二月十六日に「わが国教育界にとっては重大事」との判断から緊急会議を開催し、同日付で二法案についての意見書を作成して各党党首及び参議院文部委員長に提出するとともに、『朝日新聞』、『毎日新聞』及び『読売新聞』の三大紙にもこれを伝えて世論喚起を図った。意見書では、「一、教員の政治活動制限については、現行法の運用によって十分その目的を達することができる」、「二、然るに政府が現行法の適用によらず、新たに特別な法律によって取締り刑罰をも科せんとすることは徒らに教職員の教育に対する熱意を失わしめるのみでなく、教育のことに警察力を介入せしむる結果ともなることは必ずしも単なる危惧ではない」、「三、かくの如きは教育の自由と権威とを破壊し民主教育の前途を危くするものである」と

いう三点の理由を挙げて反対の態度を示している[150]。しかし、二法案の参議院修正案が衆議院に上程されようとしていた五月二十八日、二十九日に富山市で開催された日本連合教育会第六回大会では、二法案についての緊急動議によって「参議院修正による法案の成立を期待するの外なし」との態度を決定し、「成立を要望する」として関係方面に打電している[151]。

また、全国大学教授連合は、一九五四（昭和二十九）年二月十八日の理事会で二法案についての協議を行い、同月二十七日に評議員会を開催して声明書を発表した。声明書では、二法案が「目的の如何にかかわらず、教育界、思想界に無用な圧迫感を与えつつある」、「単に不必要であるばかりでなく、時に有害な運用を見るおそれがある」と批判するとともに、次のような考えを表明している[152]。

今日の教育は、良識ある公民として必要な政治的教養を育成するに足りるものでなければならない。しかし、また、そのための教育が、対立し抗争する現実政治の渦中に捲きこまれて政治的中立性を失うことは、これを厳に戒めなければならない。この二つの要求を併せ満たすことは、教育を実践し、あるいは、教育の向上に寄与しようとする者の、努力と反省を必要とする事柄であるが、それは教育者自身の自主的な判断と責任とに待つべきものである。しかるにもし、政府や国会が、これを権力と処罰とによって強制しようとするならば、その適用の如何によっては、かえって教育を、教育基本法第一〇条にいう「不当な支配」に服せしめる結果を招くであろう。それは、個人の自由と責任とを基礎とする、信念ある民主主義を発達せしめるゆえんではあり得ない。

三月一日及び三日には、同連合会長の大内兵衛（法政大学総長）が大達文相及び衆参両院文部委員長にこの声明書を手交し、声明の趣旨を説明した[153]。教育二法成立後の六月十二日の評議員会では、この声明書発表に関連して、同法の運用についての要望書を法務、文部両大臣に提出することを協議している。要望書は六月二十日付で作成され、同月二十五日に大達文相と小原直法相に手交されている。それは、「政府および関係当局が、この法律の適用について特に慎重を期し、それが言論の自由と教育の自主性に対する圧迫となることがないように、十分の注意を以て臨むことを改めて要望する」というものであった[154]。

そして、日本教育学会である。同学会の対応については、「『教育公務員特例法の一部改正法案』、『義務教育諸学校における教育の政治的中立の確保に関する法案』に対する日本教育学会の検討報告」（以下、「検討報告」と略[155]）に詳述されている（以下の記述はこの「検討報告」に基づく）。同学会では二法案の問題を一九五四（昭和二十九）年二月十五日の理事有志懇談会で討議し、さらに専門委員会を設置して検討することにした。専門委員会の委員は安藤堯雄（東京教育大学）、梅根悟（東京教育大学）、大槻健（早稲田大学）、海後宗臣（東京大学）ら二十一名であり、宗像誠也（東京大学）[156]が幹事を担当している。

同委員会は、二月二十七日に第一回、翌二十八日に第二回の研究会を開催し、二法案の問題点と基本的視点に関する骨子を決定して、理事会の承認を得た。理事有志懇談会では二法案自体の問題のみならず、教組の活動についての批判も加えるべきという意見が出されたものの、専門委員会では、「これを行うならば戦後の教育政策全般の再検討に及ばざるを得ず、それはこの委員会の任務を逸脱することになる」として、同委員会の任務を二法案自体の研究に限定したという。委員は「第一の法案」（教特法案）、「第二の法案」（中確法案）、「基本的視点」の三分科会に分かれて成文化の作業を進め、三月五日、九日、十二日には全体委員会を開催して検討を行い、最終的に同月十五日の委員会で報告書を決定した。

「検討報告」は専門委員会の各分科会に対応して、「Ⅰ　第一法案の問題点」、「Ⅱ　第二の法案の問題点」、「Ⅲ

基本的視点」の三部構成となっており、法案の問題点などを詳述している。教特法案については、教師の自主性と自由の確保という方向と背馳する「教育の中央統制の思想の底流の一つのあらわれ」とし、教員の政治活動に「苛酷な制限」を加えることは欧米の例に照らしても「近代的教育政策の原則を逸脱するもの」であり、「法案が成立したならば、教員は政治的に無関心にならざるを得ず、それは日本の民主化を阻む一因となろう」と批判している。一方、中確法案については、「政治的中立とは何か、を明確にしていない」と述べつつ、「意味の限定の困難な用語が濫用されている」ことや教唆・煽動の問題点、例えば、この言葉の不明確さや「教師同僚の間においてさえ教唆扇動の罪に対する恐怖から、陰惨な不信と猜疑の風を醸成する」ことなどを指摘している。そして同法案は、むしろ、「教育基本法の精神をふみにじって、教育職員の自主性を喪失させさらにはまた『良識ある公民に必要な政治的教養』を児童生徒に与える、ことをも不可能にするもの」と非難している。

ちなみに、「検討報告」の「Ⅲ　基本的視点」では、例えば、「日本国憲法及び教育基本法の精神と規定に忠実な教育を守ることが、政府及び国民の第一の責任であって、中立又は偏向を評価する基準は、そこに求められなければならない」といった主張が示されている。ただ、この主張自体は政府の見解と大きな齟齬があるわけではない。むしろ、「日本国憲法及び教育基本法の精神と規定に忠実な教育」の内容や方法等をめぐって政府と法案反対論者の認識に差異があるという点が問題になると思われるが、「検討報告」ではこういった点についての具体的な言及は見られない。なお、この「検討報告」には同会会長の長田新による「教育二法案に対する日本教育学会の意見」も付されている。それによれば、二法案の問題に厳密な批判を下すことは「教育学会としての義務」であり、専門委員会で「理論的、客観的な研究を重ねて」まとめられた「検討報告」は「なんら政党政派に関係のない立場から、純粋に学問的に研究した結果」であるという。この「検討報告」は「関係方面」に意見として提出したとされるが、具体的にどのような形で活用されたのかは不明である。[157]

第四節　小括

本章では、日教組の活動を中心に、教育二法の制定過程における教育関係団体の動向について検討してきた。以下、検討を通じて明らかになったことをまとめておく。

二法案の立案は県教組（文化局）という日教組の下部組織が編集した『日記』の政治的偏向性の問題に端を発し、同法案の主たるねらいが日教組対策であったことから、立法措置に対して最も強硬な姿勢で積極的に反対運動を展開したのは、いうまでもなく日教組である。二法案立案の直接的契機となった山口日記事件について日教組は、これを「教組に対する弾圧」と捉えており、『日記』の内容に瑕疵はなく、これを問題にすることが不当であるとして県教組を擁護する姿勢を示した。県教組が日教組の下部組織であることを考えれば、日教組がその立場を支持したのはある意味で自然なことといえるが、他方、日教組の内部には『日記』を問題視する向きがあったことも事実である。

政府によって教員の政治活動制限構想が打ち出されてから教育二法の制定に至るまで、日教組は一貫して自ら「闘争」と呼ぶところの活動を組織的かつ計画的に展開した。二法案の立案以前は、中教審委員への働きかけが行われるとともに、世論の支持を獲得できるような闘争のあり方が模索されたが、法案立案以降は、組合員を大量動員した反対大会の開催、「振替授業」やハンストの実施、国会に対する波状陳情など、「法案反対闘争」は激化の一途をたどり、日教組という団体に特徴的な「戦闘性」[158]が顕著に発揮されたといえる。日教組の闘争は他団体の反対運動とも相まって、二法案反対の気運を高める上で一定の役割を果たした。しかし、闘争のあり方・方針をめぐっては日教組の内部において対立も見られ、また、次章で言及するように、その「戦闘性」ゆえに世論を硬化させる側面があったことは否めない。

日教組以外の教育関係団体についても、全地教委を除いて、いずれも二法案に反対の態度を表明した。全地教委だけは日教組の闘争活動を厳しく批判し、政治的中立確保の観点から二法案に賛成したが[159]、その他の団体は、組織内における二法案の検討、声明書や意見書の発表による世論喚起、文部省や政党、国会議員などへの陳情、反対大会の開催など多岐にわたって法案反対の活動を積極的に展開している。

政治的中立の侵害という問題に関しては、いずれの団体も教員（日教組）による過度の政治活動を批判してはいるものの、その活動は一部例外的なもので、教員（日教組）の自主的な反省と努力によって解決されるべき問題であり、現行法規の枠内で対処が可能であるという認識を示している。二法案については、教育基本法の精神にもとり、これによって大多数の教員の権威と自主性が喪失し、自由な教育活動が抑制されるという主張でほぼ共通しており、特に政治的行為の違反者に対する刑罰規定を設けたことへの批判を強めているのが特徴である。

二法案をめぐる教育関係団体の活動は、国会審議の動向や世論形成に影響を及ぼし得る内容をもつものであったが、とりわけ、参議院（特にキャスティング・ボートを握っていた緑風会の関係者）に対する請願・陳情が活発であったことは注目される。多くの団体が参議院（緑風会）議員に対し、面談や陳情書の手交、書簡の送付など精力的かつ集中的に陳情活動を展開しており、結果的にはこういった活動が功を奏することになった。教育関係団体は二法案の刑罰規定を強く批判しており、その削除を要請していたが、緑風会はこの要請どおり刑罰規定を削除した修正案を提案し、それが可決されるに至ったのである。

したがって、はじめに述べたような、教育関係団体の活動が二法案の「参議院修正をもたらした」という鈴木の指摘は妥当なものであり、教育関係団体は二法案をめぐる政治過程において影響力を行使し、一定の役割を果たし得たといえる。しかし視点を変えれば、二法案は修正されたものの、教育二法が不成立となったわけではない。その意味では、二法案の廃案を目指してきた教育関係団体にとって所期の目的は未達成に終わったのであり、二法案は「参議院修正にとどまった」ともいえるのである。

註

（1）山住正己「『教育二法案』のころ」『思想の科学』第一二六号、一九八一年、八四頁。

（2）大田堯編著『戦後日本教育史』岩波書店、一九七八年、二二六頁。

（3）鈴木英一『教育行政（戦後日本の教育改革3）』東京大学出版会、一九七〇年、四〇〇～四〇一頁。

（4）同右書及び大田堯編著、前掲書で言及されているPTAについては、少なくとも、全国レベルの団体である日本PTA全国協議会については目立った活動の形跡が認められない。例えば、日本PTA全国協議会本部編『日本PTAの歩み　昭和廿九年度事業報告』日本PTA全国協議会本部、一九五五年）には活動に関する記述は見当たらない。
　この点に関し、日教組の資料には、「日本父母と先生全国協議会」の西本啓会長から各地方協議会長宛に出された文書「『教員の政治活動制限』について」が記載されている。これによれば、同会は二法案の国会上程をめぐり、「その成行きを注視せねばならない」としながら、「然し乍ら本会としては一歩高き見地より、諸問題を冷静に判断し、教育の中立性だけは、これを堅持して行きたい」として、各地方協議会に対し各地の情勢報告等を求めている（日本教職員組合『教師の弾圧事件資料集【そのⅡ】教壇をけがすものは誰か――特高そのままの思想調査、全国に及ぶ』日本教職員組合、一九五四年、二一〇～二一一頁）。

（5）日本教職員組合編『日教組十年史』日本教職員組合、一九五八年。

（6）『公安調査月報』は、公安調査庁が内部向けに出版した調査資料であり、同庁が発足した一九五二（昭和二十七）年以降、原則として毎月発行された（堀幸雄「解題」『中央学院大学所蔵　初期「公安調査月報」（復刻版）』第1巻、柏書房、二〇〇六年、三頁）。なお、本書では復刻版の『公安調査月報』（同前書、第6巻～第11巻、二〇〇六年及び二〇〇七年所収）を用いるが、引用・参照に際しての巻号及び頁等の表記は、原資料（底本）に基づく。また、教育二法制定に関連する研究のうち、『公安調査月報』を活用した数少ない例として、森田尚人「旭丘中学事件の歴史的検証（上）

――第1部：高山京都市政と日本共産党の教育戦略」(『教育学論集』第五十集、中央大学教育学研究会、二〇〇八年、一二三～一七五頁)がある。

(7) 『石川二郎旧蔵資料』(第四章第三節(1)を参照)のうち、「教育の政治的中立性の問題(第3特別委員会)」として分類された「中央教育審議会関係資料」の中に、日教組関係史料が含まれている。

(8) 当時の日教組の組織実態等については、広田照幸編『歴史としての日教組　上巻――結成と模索』(名古屋大学出版会、二〇二〇年)を参照のこと。同書では、日教組所蔵の非公開史料が多く活用されている。非公開史料の中には、本章の内容に関わる有益な史料が含まれている可能性もあり、今後の公開を待ちたい。

(9) 前掲『日教組十年史』二五五～二五七頁。この大会で中央執行委員長に小林武(北海道教職員組合)が選出された(同前、二四六頁)。

(10) 『公安調査月報』第二巻第七号(一九五三年七月)六一頁。

(11) この事情については、斎藤自身の回想(木田宏監修『証言　戦後の文教政策』第一法規、一九八七年、二六二～二六四頁)を参照のこと。また、斎藤の回想とは異なるが、情報収集のために大達が斎藤を「派遣」したとの見方もある(日本教育新聞編集局編著『戦後教育史への証言』教育新聞社、一九七一年、三三九～三四〇頁)。

(12) 日本教育新聞編集局編著、同右書、三四二頁。

(13) 前掲『日教組十年史』二五六頁。この報告に関して、同書は「日教組大会で山口県教組代表が報告したところによると(後略)」と記述しており、具体的な大会名が明らかでない。しかし、前後の文脈から判断して、第十回定期大会での報告と推察される。

(14) 日本教育新聞編集局編著、前掲書、三四二頁。

(15) 斎藤正『政治的中立の確保に関する教育二法律の解説』三啓社、一九五四年、三四頁。第三章第二節(2)で言及したように、七月二日には日教組の調査団が山口県教委を訪問し、会談を行った。

(16) 「山口日記帳事件についての県教組の報告」「戦後日本教育史料集成」編集委員会編『戦後日本教育史料集成』第四巻、三一書房、一九八三年、一一四～一一六頁。

(17) 「小、中学生日記問題などについて」『昭和二十八年　日記問題資料』山口県文書館所蔵。「小・中学生日記問題の真

相の紹介」『教育広報』第五巻第八号、山口県教育委員会、一九五三年、四六頁。
(18) 日本教職員組合情宣部『教壇を警官の泥靴で汚すな――思想調査・教師弾圧事件の真相』日本教職員組合、一九五四年、三〇頁。
(19) 石井一朝『失われた教育』芳文社、一九五四年、四五頁。
(20) 同右、四九頁。
(21) 第四章第二節（2）を参照のこと。
(22) 同通達については、第三章第二節（3）及び資料編を参照のこと。
(23) 前掲『日教組十年史』二五七頁。
(24) 日本教職員組合編『日教組20年史』労働旬報社、一九六七年、二一〇頁。
(25) 前掲『日教組十年史』二五七頁。
(26) 第三章第二節及び第三節（1）を参照のこと。
(27) 『公安調査月報』第二巻第十号（一九五三年十月）九四頁。
(28) 同右、九四～九五頁。
(29) 日本教育新聞編集局編著、前掲書、三五〇頁。
(30) 同右、三五〇頁。『公安調査月報』第二巻第十一号（一九五三年十一月）九五～九六頁。
(31) 同右『公安調査月報』第二巻第十一号、九六頁。
(32) 前掲『日教組十年史』二五八頁。
(33) 日本教育新聞編集局編著、前掲書、三五〇頁。
(34) 前掲『公安調査月報』第二巻第十一号、九五頁。
(35) 同右、九六頁。
(36) 『朝日新聞』（朝刊）一九五三年十月十四日。同記事には、日教組が新たに決定した運動方針がいくつか紹介されているが、その中の一つに「問題の『山口県の日記問題』についても従来の行き方がまずかったことを率直に反省して編集委員会の顔ぶれを変え、今後は学校生活協同組合が中心になって編集に当り内容もグッと方向を変える」という運動方針がある。

(37) 同右。同記事は次のように伝えている。「教員の政治的中立が問題となっている折柄（中略）従来の観念的、上すべりな組合運動の行き方を反省するとして、今後は〝地についた組合活動〟に切りかえることになった。日教組は最近山口県教組の編集した教材用「小学生日記」が反米的だと問題になったのを契機として一部組合員の脱退があり、また政府が教育の中立性を理由に教員の政治活動禁止を考慮していると伝えられるなど、組合が危機に立っていただけに今回の方向転換は教員組合運動に一転機を画すものとして各方面の注目をひいている」。

(38) 前掲『公安調査月報』第二巻第十一号、九六〜九七頁。

(39) 時事通信社編『教育年鑑　一九五五年版』時事通信社、一九五四年、二七二頁。

(40) 『公安調査月報』第二巻第十二号（一九五三年十二月）五一頁。

(41) ここでは、「日教組の〝地についた組合運動〟への方向転換が行われたと報ぜられたことは誤りであり代表者会議は日教組が従来の守勢から攻勢に転じて行くための方針を協議する会合であったことを確認」したという（『朝日新聞』朝刊、一九五三年十一月二十七日）。

(42) 『公安調査月報』第三巻第一号（一九五四年一月）四六頁。

(43) 『日教組教育新聞』（附録）一九五四年一月一日。

(44) 同右。

(45) 日本教育新聞編集局編著、前掲書、三五〇頁。

(46) 第四章第二節（3）を参照のこと。

(47) 『中央教育審議会第十七回総会速記録』（一九五三年十月二十六日）三〜五頁。

(48) 文部省調査局『中央教育審議会要覧　第5版』文部省調査局、一九六六年、一四頁。「日教組運動史年表」前掲『日教組十年史』所収、四三頁。ただし、説明の具体的内容については不明である。

(49) 第四章第二節（3）を参照のこと。

(50) 『朝日新聞』（朝刊・夕刊）一九五四年一月九日。なお、第四章第三節（3）でも言及している。

(51) 日教組が傘下となっている総評も同日付けで「特別委員会答申案に厳重抗議し、中央教育審議会委員、文部当局者の深き反省を求めるとともに、総評傘下三百万の組織をあげ、文化団体、婦人団体、中小企業者団体とも協力してこの反動政治粉砕のために斗う決意を表明する」という反対声明を発表している（『日教組教育情報』第二六三号、一九五四年一月二十日、一一頁）。また、十四日の総評幹事会では「全国のＰＴＡを労組の手で守る運動を起すこと」、「地方教育委員会の動向を監視すること」、「日教組の実力行使を支援する大衆基盤を作ること」などの方法を決定し、「従来日教組が独自の問題として闘ってきたことを、総評が積極的に取上げ広汎な国民運動として闘争を展開する方針」を明らかにした（『公安調査月報』第三巻第二号、一九五四年二月、四九頁）。

(52) 同右『日教組教育情報』第二六三号、一一頁。

(53) 前掲『日教組十年史』二六三頁。

(54)『日教組教育情報』第二六二号（一九五四年一月十日）一〜八頁。

(55) この要求書と思われる文書が『石川二郎旧蔵資料』に含まれている（「要求書」一九五四年一月九日、『石川二郎旧蔵資料』国立教育政策研究所教育図書館所蔵）。

(56) 前掲『公安調査月報』第三巻第二号、四八〜四九頁。

(57)『読売新聞』（夕刊）一九五三年一月二十日。同記事は日教組側の出席者について、「小林委員長以下三役、中執十九名、地方代表十二名」としている。

(58) この教研大会の参加者の立場からその内実を報告したものに、清水幾太郎「弾圧はまず教育から——日教組第三回教育研究大会より」（『中央公論』第六十九巻第三号、一九五四年、四八〜五二頁）がある。

(59)『時事通信・内外教育版』第四九九号（一九五四年二月二日）一九頁。

(60)「教育を守るわれわれの決意」「戦後日本教育史料集成」編集委員会編、前掲書、一三八〜一四〇頁。ここでは、「私たちが真理と良心にもとづいて行う次のような教育活動は、すべて禁止されることになってしまう」として、「多くの父兄に教科書代の負担が耐えられなくなっている今日、軍事予算の圧迫により、教科書の国費負担が打切られたことは、憲法の保障する義務教育費無償の原則に反するものとして、父兄とともに反対運動を起す時」、「冷水害地帯の子供、特飲街に住む子供、長期欠席の子供たちの為に児童憲章にのっとって子供を守る運動を地域の人々と共にする時」など七つの事項を例示している。

(61) 前掲『公安調査月報』第三巻第二号、五〇〜五一頁。
(62) 前掲『日教組20年史』二一四頁。なお、『石川二郎旧蔵資料』には、この関連文書と思われる史料(「教育防衛斗争に関する件」及び一九五四年二月一日付「全国教育戦線統一委員会」名の「職場をはなれ、国民とはなれて斗いの勝利はない」)が含まれている。
(63) 「斗争宣言」(一九五四年二月二日)同右『石川二郎旧蔵資料』。ここでは、二法案が「『平和と真理を希求する人間の育成を期する』教育を『中立性』を犯すものであるときめつけ、平和憲法擁護の運動を『特定の政治目的をもつ政治活動』であると断定して全面的に禁止しようとするものである。このことは、明らかに教師の基本的人権を奪うのみならず、学校を警察権力の威圧と恐怖のもとに置き、『教え子を再び戦場に』送らせんとするものに外ならない」と批判され、「政府・与党が国会内の多数の力をほしいがままにして悪法成立を強行せんとする時は、(中略)全国統一実力行使の発動も止むなきにいたるであろう」と述べられている。
(64) 『公安調査月報』第三巻第三号(一九五四年三月)三三頁。
(65) 前掲『日教組十年史』二六四頁。
(66) 同右、二六四頁。日本教育新聞編集局編著、前掲書、三六一頁。
(67) 第五章第二節(3)を参照のこと。
(68) 前掲『日教組十年史』二六七頁。
(69) 第五章第二節(5)②を参照のこと。
(70) 前掲『日教組十年史』二六八頁。
(71) 望月宗明『日教組20年の闘い』労働旬報社、一九六七年、一一〇頁。
(72) 「教育二法案粉砕闘争の反省」「戦後日本教育史料集成」編集委員会編、前掲書、一八〇〜一八一頁。
(73) 『公安調査月報』第三巻第四号(一九五四年四月)四六頁。
(74) 同右、四六頁。
(75) 日本教育新聞編集局編著、前掲書、三六一頁。
(76) B・C・デューク著・市川博訳『日本の戦闘的教師たち――外人研究者に語られた日教組の闘争三十年』教育開発研

究所、一九七六年、一七五頁。

(77)『文部広報』第七十六号（一九五四年三月二十三日）一頁。

(78)前掲『公安調査月報』第三巻第四号、四七頁。

(79)『公安調査月報』第三巻第五号（一九五四年五月）四四頁。

(80)同右、四五頁。

(81)前掲『日教組十年史』二六九～二七〇頁。

(82)前掲『公安調査月報』第三巻第五号、四五頁。

(83)同右、四五頁。

(84)全国連合小学校長会は、一九四九（昭和二十四）年十月、「都道府県小学校校長会の連合機関として職能の向上民主教育の振興を図り平和国家の建設に寄与すること」を目的に結成された（「全国連合小学校長会会則」及び「全国連合小学校長会結成大会概況」『会報』第一号、全国連合小学校長会、一九五〇年、頁記載なし及び四頁）。

(85)全日本中学校長会は一九五〇（昭和二十五）年五月、「全国各都道府県中学校長会相互の緊密な協調を保ち以て中学教育の振興発展を図り文化国家の建設に寄与すること」を目的に結成された（「全日本中学校長会々則」及び「本会が生るゝまで」『全日本中学校長会会報』第一号、一九五〇年、二頁及び五頁）。

(86)全国レベルの高等学校校長会の動向については、例えば全国高等学校長協会編『全国高等学校長協会三十年史』（全国高等学校長協会、一九八〇年）等にも特に記載はなく、二法案をめぐる活動の形跡が認められない。

(87)一九五四（昭和二十九）年新春号の『学校時報』は「教育の中立性」を特集し、それに関する複数の論稿を掲載している（『学校時報』第四巻一月号、一九五四年）。

(88)全日中の年史に記載された「活動状況」にも、二法案をめぐる動きについての記述は特に見られない（全日本中学校長会編『中学校教育二十年――いばらの道をひらく』全日本中学校長会、一九六七年、一一七～一二一頁）。

(89)中教審委員でもあった鈴木虎秋（白金小学校長）と思われる。

(90)全国連合小学校長会五十周年記念誌編集委員会編『全国連合小学校長会五十周年記念誌』全国連合小学校長会、一九九九年、四〇二頁。「会報」『学校時報』第四巻二月号、一九五四年、二九～三〇頁。

(91)「本部だより」『中学校』第十一・十二号、一九五四年、七一頁。「教員の政治的中立性に関する態度」同右『学校時報』第四巻二月号、一頁。
(92)「態度表明に寄せて」同右『学校時報』第四巻二月号、一頁。
(93)「会報」『学校時報』第四巻三月号、一九五四年、三一頁。
(94) 前掲「本部だより」七一頁。この件に関し、全日中会長の野口彰（港区愛宕中学校長）は「校長はやはり校長の一つの立場がありますから、一つの闘争団体とか或いは本当に学問を研究される学者の立場と多少違った現場を持っておりますので、校長会の立場としてはあまり派手な声明はできない」と述べている（石三次郎ほか「教育中立二法案をめぐって――座談会」『中学校』第十三号、一九五四年、一一頁）。
(95)「声明書」前掲『学校時報』第四巻三月号、一頁。
(96) 同右、一頁。例えば、『読売新聞』は、「この二法案は中立性の美名にかくれて教育を不当な支配のもとにおこうとするものであり、同法案の成立には強く反対するむねの声明書を発表した」と記している（『読売新聞』朝刊、一九五四年二月二十六日）。
(97) 前掲「本部だより」七一頁。
(98) 国際公務員組合書記長であったM・C・ボーレーと思われる。ボーレーは、『朝日新聞』に「日本の反動化を恐れる」と題する論説を寄稿するなど、二法案に批判的な人物であった。ボーレーの論説については、第七章第二節（4）①で言及している。
(99) 前掲「会報」『学校時報』第四巻三月号、三〇～三一頁。
(100) 同右、三一頁。
(101)「会報」『学校時報』第四巻四月号、一九五四年、三〇頁。
(102)「会報」『学校時報』第四巻五月号、一九五四年、三一頁。別の記事によれば、この会議は海後宗臣（東京大学教授）らの提唱で開催され、全国から七百余名の教員が参集した。日本教育学会会長の長田新が議長となり、矢内原忠雄（東京大学総長）の講演に続いて、石山脩平（東京教育大学教授）や全日中の野口、松尾邦之助（読売新聞社副主筆）らが二法案に反対する提案を行ったとされる（金口進ほか「座談会　偏向教育の実情をきる」『教育技術』第九巻第五号、一九五四年、九九頁)。

(103) 同右「会報」三一頁。

(104) 「会報」『学校時報』第四巻六月号、一九五四年、二九〜三〇頁。

(105) 同右、三〇頁。

(106) 全国連合小学校長会五十周年記念誌編集委員会編、前掲書、四〇二頁。ただし、『学校時報』第四巻七月号掲載の「福岡大会記録」(一二一〜一二二頁)には、この点についての詳しい記述が見当たらない。

(107) 「会報」及び「編集後記」『学校時報』第四巻八月号、一九五四年、三〇頁及び三二頁。

(108) 信濃教育会は長野県の教育職能団体であり、一八八六(明治十九)年七月、「同志結合シテ我邦教育ノ普及改良及ビ其ノ上進ヲ図ル」ことを目的として設立された。詳しくは、信濃教育会編著『信濃教育会九十年史』(上・下巻)信濃教育会出版部、一九七七年等を参照のこと。

(109) 同右『信濃教育会九十年史』(下巻)。

(110) 同右、二四八〜二四九頁。

(111) 同右、二二六頁。

(112) 同右、二四九頁。「東京大会の記」『信濃教育』第八〇七号、一九五四年、二二頁。『信濃教育』第八〇七号はこの大会の特集号となっている。

(113) 二法案反対の「特報」は二月五日から五回発行された(信濃教育会編著『信濃教育会の歩み』信濃教育会出版部、一九七九年、八八頁)。

(114) 前掲『信濃教育会九十年史』(下巻)二五〇頁。

(115) 前掲「東京大会の記」二一頁。

(116) 同右、二一頁。前掲『信濃教育会九十年史』(下巻)二五一頁。

(117) 同右「東京大会の記」二一〜三〇頁。

(118) 「宣言」前掲『信濃教育』第八〇七号、二頁。

(119) 前掲「東京大会の記」三〇〜三三頁。

(120) 二法案について論じた上原の論考に、上原専祿「教育の中立性——政府は再思三考せよ」(『改造』第三十五巻第三号、一九五四年、三三〜四三頁)がある。
(121) 前掲「東京大会の記」三〜二〇頁及び三三〜三四頁。
(122) 前掲『信濃教育会九十年史』(下巻)一八六頁。
(123) 尾高朝雄「教育の政治的中立性」『ジュリスト』第五十四号、一九五四年、三四頁。
(124) 同大会に出席した有賀喜左衛門(東京教育大学教授)は、「信濃教育会の異例の東京大会」と表現している(有賀喜左衛門「教育の所謂『政治的中立性』」『信濃教育』第八〇八号、一九五四年、三頁)。
(125) 『中央教育審議会第二十四回総会速記録』(一九五四年二月二十二日)一五〜一七頁。
(126) 前掲『信濃教育会九十年史』(下巻)二五二頁。
(127) 第五章第二節(5)②を参照のこと。
(128) 前掲『信濃教育会九十年史』(下巻)二二七頁。
(129) 同右、二五二頁。
(130) これらの団体については、藤田祐介「一九五〇年代の教育委員会制度再編過程における教育委員会関係団体の構想と行動——全教委・全地教委の活動を中心に」(『国立教育政策研究所紀要』第一三三集、二〇〇四年、五八〜六一頁)を参照のこと。
(131) 『全教委関係資料』については、藤田祐介編『北海道大学・東京大学所蔵　全教委関係資料目録(戦後教育改革資料18)』(国立教育政策研究所、二〇〇五年)を参照のこと。本章で『全教委関係資料』を参照・引用する場合、この目録の「資料番号」を記載する。
(132) 例えば、一九五三(昭和二十八)年九月十五日の全教委緊急臨時総会では大達文相が挨拶を行っており、この中で、「当面解決を急ぐべき重要問題」の第一に「教育の中立性の問題」を掲げている(『教育情報』第五十三号、一九五三年九月十五日、一〜二頁)。また、同年十一月十二日、十三日の第六回全教委調査研究会では「教員の政治活動について」を研究事項の一つに取り上げ、蠟山政道(お茶の水女子大学学長)に講師を依頼するなどの活動を行っている(「第六回全教委調査研究会開催について」一九五三年十月二十八日、『全教委関係資料』二六—一二二。「教員の政治活動につ

いて」一九五三年十月二十九日、同前、二六―一二六)。

(133)「全教委幹事会開催について」(一九五四年一月十四日、三十日、二月十九日)同右『全教委関係資料』三一―二六、三一―三八、三一―六〇。「全教委評議員会開催について」(一九五四年一月十四日)同前、三一―二七。「第七回調査研究会開催について」(一九五四年一月十六日、三十日)同前、三一―三二、三一―三五。「ブロック会議開催について」(一九五四年二月十三日)同前、三一―四七。

(134)『教育情報』第八十七号(一九五四年三月十二日)一頁及び四~五頁。

(135)全教委とは別に、教委独自に二法案に対する見解を表明している場合もある。例えば京都府教育委員会は、一九五四(昭和二十九)年二月十一日付で「教育の政治的中立確保に関する立法措置についての見解」を示している。ここでは二法案について、「現行法規たる教育基本法及び地方公務員法が存在する以上不必要と考えられるのみならずその実施により却って教育界に不安動揺を与え且つ教員を萎縮せしめ、教育の進展を阻害するおそれがある。/よって今回の立法措置には反対である」と述べられている(京都府教育研究所編著『戦後京都教育小史』京都府教育研究所、一九七八年、八七~八八頁)。

(136)「全教委幹事会開催について」(一九五四年三月二十九日)前掲『全教委関係資料』三一―七七。

(137)「[教育二法案・へき地教育振興法案・学校給食法等に関する会合参加の依頼]」(一九五四年四月八日)同右、三一―八〇。書面には、「目下教育上の重要問題となっております教育二法案(中略)等の問題につき御高見拝聴かたがた当方の意見を申し上げたく存じますので、四月八日午後五時『九段、阿家』にまげて御来駕下さるようお願いいたします」と記されている。

(138)全国市町村教育委員会連合会編『地方教育委員会の歩み』全国市町村教育委員会連合会、一九六一年。

(139)『教育情報』第七十七号(一九五四年一月三日)一一~一三頁。

(140)同右、九~一二頁。なお、公安調査庁も全地教委の対応について報告している(前掲『公安調査月報』第三巻第三号、三四頁)。

(141)同右『教育情報』第七十七号、二〇~二五頁。

(142)全国市町村教育委員会連合会編、前掲書、四八頁。

(143) 『教育情報』第九十号（一九五四年三月二十六日）七頁。
(144) 全国市町村教育委員会連合会編、前掲書、四八～五〇頁。参議院文部委員会における「偏向教育の事例」に関する証人喚問については、第五章第三節（3）を参照のこと。
(145) 日本連合教育会は、一九四九（昭和二十四）年十一月、「都道府県教育会若しくはこれに準ずる教育団体の連合機関として教育の振興、職能の向上、学術の研鑽に努め、教育の民主化を図り、以て平和国家の建設と世界文化の発展に寄与することを目的」（「日本教育協会規約」第三条）に結成された。結成時の名称は「日本教育協会」であり、後に改称された（矢沢基賢編『日本連合教育会十五年の歩み』日本連会(ママ)教育会、一九六三年、一六～二四頁）。
(146) 全国大学教授連合は一九四六（昭和二十一）年十一月に結成された団体で、「会員の親睦協力を通じて大学における研究及び教育の水準を昂め、その自治を確保し、併せて大学教授の生活と理想とを向上させることを目的」（「全国大学教授連合規則」『全国大学教授連合会員名簿（昭和二十六年八月末現在）』全国大学教授連合、一九五二年、一頁）として事業活動を行った。
(147) 伊豆利彦・益田勝実「教育二法案反対決議文をもって」『日本文学』第三巻第六号、一九五四年、五二～五三頁。
(148) 道義再建運動本部は、一九五一（昭和二十六）年に「日本民族興隆のため、道義再建を目標に、基本的問題解決を検討し、健全なる与論の結成に努むる」ことを目的として、中野邦一により設立された（藤田祐介「戦後道徳教育政策の展開と道徳関係団体――昭和30年代を中心とした道徳団体懇談会の活動」研究代表者：貝塚茂樹『平成13～14年度　日本学術振興会科学研究費補助金　基盤研究（C）（2）報告書　戦後日本の道徳教育関係資料に関する基礎的調査研究』五二頁）。
(149) 「社説・教育法案の審議に望む」『産業経済新聞』（朝刊）一九五四年二月二十八日。
(150) 矢沢基賢編、前掲書、九七頁。
(151) 同右、九九頁。
(152) 「会務報告」『全国大学教授連合会報』第八号、一九五四年、六五頁。なお、全国大学教授連合との関係は不明であるが、「全国の大学、ことに教育界と密接な関係のある大学学部の教授有志」によって、議員に声明書を手交するなど、教育二法案に反対する活動が行われていた（家永三郎「教育二法案に反対して――全国大学教授有志の反対声明」『世

界』第一〇二号、一九五四年、一六五〜一六七頁)。

(153) 同右「会務報告」六五頁。

(154) 「会務報告」『全国大学教授連合会報』第九号、一九五五年、四四〜四五頁。

(155) 日本教育学会「『教育公務員特例法の一部改正法案』、『義務教育諸学校における教育の政治的中立の確保に関する法案』に対する日本教育学会の検討報告」『教育学研究』第二十一巻第二号、一九五四年、四七〜五七頁。

(156) 教育二法を批判した宗像の論考に、宗像誠也「教育二法律以後——政治的無関心強化の教育政策」(『改造』第三十五巻第九号、一九五四年、一五一〜一五八頁)がある。

(157) なお、日本教育学会と同様、東京大学社会科学研究所のメンバー(山之内一郎、鵜飼信成ほか)が二法案の検討報告を行っている(東京大学社会科学研究所・教育二法案研究委員会「教育二法案の検討」『ジュリスト』第五十五号、一九五四年、一〇〜一五頁)。

(158) 日教組の「戦闘性」については、例えば、B・C・デューク著・市川博訳、前掲書を参照のこと。

(159) 「日本PTA本部が政府案支持の態度を全国に通告している」との記事も見られるが(時事通信社編、前掲書、二七三頁)、先述のとおり、その具体的な活動内容については確認できない。

第七章　教育二法制定過程における「世論」
――新聞記事及び国会請願・陳情の検討を通して

第一節　はじめに

本章の目的は、教育二法の制定過程における「世論」の動向と内容について、新聞記事及び国会請願・陳情の検討を通して明らかにすることである。

これまでに述べてきたとおり、政治的中立あるいは二法案をめぐっては、国会等で活発な論議が展開されたが、この論議は多方面に及ぶことになった。特に、二法案に対して世間は高い関心を示し、前章で詳しく見たように、日教組等の諸団体は積極的に反対運動を展開した。そして、多くの新聞が二法案反対の論陣を張り、法案を批判する識者の意見が新聞・雑誌等を通じて数多く表明された。教育二法の制定過程は、まさに「非難と反対の世論が渦巻く[1]」ものであったといえる。

そのため、教育二法の制定過程を叙述した戦後教育史関連文献の多くが「世論」に注目しており、その中には、二法案をめぐる国会審議過程において「世論」が一定の影響を及ぼしたことを示唆しているものがある。例えば、瀧嘉衛は、保守三党（自由党、改進党、日本自由党）の折衝を経て、衆議院で議決された二法案の修正案（三派共同修正案）について、「おそらく広汎な反対世論を考慮したやや妥協的、政略的な考え方から出たものと思われる」という見解を示している。[2] また、参議院における緑風会の二法案修正案についても、緑風会が「法案の審議と世論に顧みて修正案を出したものにちがいない」[3] であるとか、「世論の圧倒的反対が遂には緑風会を動かし修正を決議させた」[4] などと指摘されている。しかし、教育関係団体の場合と同様、「世論」の動向とその内容についても、必ずしも十分な実証的検討がなされているわけではない。

「世論」を直接の対象として詳細な検討を行っている数少ない例としては、貝塚茂樹の研究[5]がある。貝塚は、教育二法をめぐる議論には、「政治的な枠組からは距離を置き、客観的な観点から政治的中立の問題を論じたものがあったことも無視できない」[6] と指摘し、雑誌論稿等をもとに、「世論」を分析している。新聞記事も検討対象とされ、この点で本章と共通するが、同研究は、教育二法を中心に、政治的中立の意味を考察するために重要と思われる論議の整理を目的としたものである。[7] 本章の課題は、同研究を踏まえつつも、新聞記事や国会請願・陳情の量的把握を試みながら、その動向と内容を詳細に検討し、教育二法をめぐる「世論」の全体像に迫るための手がかりを得ることである。[8] 特に二法案をめぐる国会請願・陳情については先行研究で扱われたことがなく、その実態はこれまで明らかにされていない。

また、「世論」の概念は多義的であるが、本章では、「近代、現代社会における争点をめぐる、成員間の対立的諸意見、評価の形成・変容・消滅過程」[9] という「世論」の定義にならい、新聞記事や国会請願・陳情を通じて示された「諸意見」を「世論」と捉えることにした。このことはもちろん、「世論」が新聞記事等に示された「諸意見」に限定されるという意味ではない。政治的中立や二法案をめぐる「諸意見」は新聞記事以外の論稿等でも示されていることから、その動向と内容の検討も重要である。しかし、それらの「諸意見」については本書の各章で言及しており、「世論」を網羅的に扱うとすれば煩瑣で内容も膨大になる。検討対象を限定しても教育二法をめぐる「世論」の特徴等は明らかにし得ることから、本章では新聞記事と国会請願・陳情を対象とし、必要に応じてそれら以外で示された「諸意見」に言及することにした。なお、教育関係団体の「諸意見」については前章で詳細に検討しているので、本章では扱わない。

第二節　新聞記事における「世論」の動向と内容

（1）「世論」関連記事件数

まずは、新聞各紙において、教育二法制定に関わる「世論」の関連記事（以下、関連記事と略）がどの程度掲載されたかを明らかにする。とはいえ、地方紙（版）も含めた全ての新聞を対象とすることは困難であり、「世論」の動向を把握する上でそれは必ずしも必要ではない。したがって、全国紙のうち、『朝日新聞』（以下、適宜、『朝日』と略）、『毎日新聞』（以下、適宜、『毎日』と略）、『読売新聞』（以下、適宜、『読売』と略）の三大紙（東京本社発行の朝刊及び夕刊）を主たる対象とし、必要に応じて他紙も参照した。[10] 二法案をめぐる国会審議の過程でも、三大紙は日本で信頼されている新聞と紹介され、これを根拠に二法案の「世論」が論じられている。[11] 記事の調査にあたっては、各新聞社が運営するデータベース及び各紙の縮刷版等を用いた。[12]

対象期間は、一九五三（昭和二十八）年五月十日から一九五四（昭和二十九）年六月三十日までである。二法案の立案契機となった山口日記事件が問題化したのが一九五三（昭和二十八）年五月十日から十五日頃であり、翌一九五四（昭和二十九）年六月十三日に教育二法が施行されたことから、施行後の一定期間を含めて、この期間を設定した。関連記事は、その内容が教育二法あるいは政治的中立の問題に密接に関連し、かつ、単なる報道・解説記事ではなく、「世論」の意味合いを有しているもの（社説、コラム、投書、識者の意見など。ただし、報道・解

表7－1　三大紙の「世論」関連記事件数

	社説	コラム	投書欄	識者の意見	その他	計
『朝日新聞』	19	16	14	11	0	60
『毎日新聞』	11	14	19	7	0	51
『読売新聞』	14	18	13	17	1	63
計	44	48	46	35	1	174

出典：『朝日』『毎日』『読売』の記事データベース等をもとに筆者作成

説記事中のコメント等は除く）を抽出した。

調査の結果、関連記事の件数は、『朝日』が六十件、『毎日』が五十一件、『読売』が六十三件の計一七四件となった。表7－1は記事区分ごとの件数一覧である。[13] いうまでもなく関連記事の多くは、二法案に関してその内容や政府の対応を批判したものである。以下では、関連記事をもとに、「世論」の動向と内容を確認していくことにする。

(2) 山口日記事件と文部事務次官通達をめぐって

最初の関連記事は、『朝日』の一九五三（昭和二十八）年七月十一日付「声」欄の「教育の中立性」[14]である。これは、山口日記事件を受けて、文部事務次官通達「教育の中立性の維持について」（文初地第四〇五号）[15]（以下、「通達」）を同月八日に出した文部省の姿勢を批判する投書であり、「通達」が教育基本法の条文にある「特定の政党」を「特定の政治的立場」に不当に拡張していると批判している。同紙はこの後、八月三日付社説で「日教組の運動方法が、世論の支持をえがたいことは事実」としながら、「文相が『教育の中立性』を強調し、文部次官通達が全国の教育委員会に流されたとなると、簡単には肯定されない」、「民主的な地方分権を建前とする教育委員会に対し、教育の方針について、文部大臣や文部官僚が指令すること自体、疑問なしとしない」と批判した。[16]『読売』は、八月二十八日付社説で、大達文相の文教政策構想を「逆コース」と批判しつつも、教員の政治活動や日教組のデモ、座り込み戦術を問題視し、「教員自体も任務の重大性を思い、たとえば山口県に起った副読本としての日記事件のような良識のない、教育の中立性を侵犯したような事例をさくべき」と主張している。[17]

この後、八月三十一日には、大達文相が立法措置を講じる可能性を示唆したが、翌九月一日付『毎日』の「余録」は、「小学生にこんな教材を用いるのは、たしかに行き過ぎだ」と『日記』の内容を批判し、「いわば日教組の自縛的行為によって、反動的立法を招くことになる」と論じている。[18]『朝日』は同月十九日付社説で、「一方に地方教育委員会制度を利用しつつ日教組をけん制し、教育の中立性を唱えて、教員の政治活動を禁止せんとするのは、それ自身が矛盾を含んで」おり、「教育の中立性を説くならば、教育者の自立自主を尊重すべき」と主張するとともに、「山口県の小学生日記が適当でないということが、直ちに次官通達となって、全国に権力のおどしをかけるのは不当の支配」と文部省の対応を批判した。[19]

そして『読売』は、九月七日に梅根悟（東京教育大学教授）の論説を掲載した。[20]ここで梅根は、『日記』の企画が「全体として子供たちを、平和を愛する民主的な、明るく開かれた眼を持った人間として成長させようとする善意によってなされたものである事は信じてい〻」と述べて『日記』を評価するとともに、「むしろ問題は（中略）物々しい通達などを出した文部省の態度にある」と批判している。「自由な、開かれた心を持った、考え深い若人たちを育ててゆく」ことが戦後の新教育の理念であり、「教育の中立性ということの現代的なあり方」と主張する梅根は、「通達」を、「一見もっともらしい美名やおとりでよそおわれた日教組対策、教員の政治活動抑圧策」と捉えたのであった。

このように、三大紙の関連記事はいずれも「通達」を非難しており、政治的中立をめぐる政府の対応に対し、総じて批判的であった。その一方で、事件化した『日記』の内容や日教組の活動に対しても非難の目を向けている。これに関して、日教組の「方向転換」をめぐる記事を確認しておこう。

日教組は、同年十月中旬に従来の観念的な政治運動を改め、世論の支持を獲得し得るような運動への「方向転換」を行ったとされる。(21)『読売』の十月十五日付「編集手帳」は、「『左向け左』しかできなかった丹頂ヅルが『右向け右』とまではゆかないまでも、どうやら正面を向くことに気がついたようだ」と皮肉交じりにこれを評価し、(22)『毎日』の同月十八日付社説は、「方向転換」が「日教組の率直な反省を示しているもの」であり、「日教組の方向転換を我々もすなおに、好意的に見守りたい」と述べている。(23)同様に『朝日』は、十二月三日付社説で、「組合が自ら行過ぎを反省して、緩慢にではあるが、健全な方向を選ぼうとしているのであるならばしばらくこれを信頼して、市民として、もつべき教師の自由を、厳しく制限するような立法は、よほど注意深く考えたいものである」と述べて「方向転換」を支持し、立法措置に否定的な見解を示した。(24)このように三大紙の関連記事は、いずれも日教組の「方向転換」を好意的に評価している。裏を返せば、日教組の従来の活動のあり方を批判的に捉えていたということである。

次に、識者の座談会記録を掲載した十二月二十九日付『読売』の記事を見ておきたい。(25)この座談会では政治的中立の問題がテーマとなっており、山口日記事件が中心的な話題となっている。座談会の出席者は、長谷川如是閑（評論家）、小汀利得（中央教育審議会委員）、高瀬荘太郎（参議院議員・元文相）、国分一太郎（児童問題研究家）、島田孝一（早稲田大学総長）及び原四郎（読売新聞編集局次長兼社会部長）であり、大半の委員は『日記』に批判的であった。

このうち長谷川は、子供には「基本的な道徳、ものを判断する基本能力を教えるだけ」でよく、「絶対に政治意識をもたせないことがよい」と主張している。また小汀は、衆議院文部委員会で義教法案について公述し、中央教育審議会（以下、中教審と略）でも委員として政治的中立の問題について積極的に発言してきた人物である。(26)そのような立場で厳しく日教組を批判してきた小汀は、特に『日記』の「再軍備と戸じまり」について、「ある一つの国の宣伝をしている。またある国を攻撃するという積極的罪悪を犯しているのであって実に許すべからざること」と非難した。高瀬も、「冷静に考えれば教組の人は少しひどいんじゃないか」、「あれは少しいけなかったというように教組として認められた方がやはり世の中に信頼や支持を得るゆえんじゃないか」と教組の対応を批判している。また、教育刷新委員会第一特別委員会や中教審の委員を務めた島田は、『日記』が「ほんとうに寒心すべき一つの例」という認識を示し、教組に対して「深い反省」を強く求めている。

一方、国分は他と異なり、『日記』を問題視していない。検定教科書が「自由世界の方のことだけを書いてある」と指摘するとともに、『日記』が「教科書などではあまり触れていない面にも触れさせたい」としている点に意義を見出している。そして、「先生たちが再軍備反対とかいう意味での政治活動をしなければいけないようになっている事態がある」というように、教組を擁護している。

(3) 中央教育審議会答申(案)をめぐって

中教審では、一九五四(昭和二十九)年一月九日に第三特別委員会が「教員の政治的中立性に関する答申案」(以下、答申案と略)をまとめ、同月十八日には第二十一回総会において、「教員の政治的中立性維持に関する答申」(以下、「答申」と略)を決定した。[27] 次に、この答申案及び「答申」をめぐる関連記事の内容を確認しておく。[28]

『朝日』は同月十日付社説で、答申案の内容が「意外に強硬」であり、「組合ならびに教員の自由を制限することにばかり急にして、今日の民主教育をめぐる大局的な認識を欠いている」と答申案を批判した。「教員組合の選挙活動には、たしかに目にあまるものがあったことは事実である。それが、近年教員の政治活動禁止の問題をやかましくさせた事情も十分に考慮されなければならない」というように、従来の教組の活動のあり方を批判しつつも、「強硬論」で押すのではなく、教組の「自己反省」に期待すべき旨を主張している。[29] こうした主張は、同月十九日付社説でも展開されている。同社説は、「『政治的偏向』が指摘されるのは、従来の日本教職員組合の在り方についてにほかならない。それについては、組合自身反省すべきものを多くもっている」と指摘した。しかし、「一部組合幹部のかたよった考え方が、そのまま全国津々浦々の教室に浸みわたっているかのような思いすぎから、教員の活動の自由をしばることには、賛成しかねる」として、「教員の自由」を守ることの重要性を指摘し、「今回の『政治活動制限』の問題は、（中略）『義務教育学校職員法』の名で、教員の身分を国家公務員にしばろうとした考え方と、本質においては同じもの」と述べている。[30]また、同月二十日付「天声人語」は、特に「答申」中の「適当な措置」という文言について、措置を講じる主体が警察官となるおそれがあると批判した。[31]

そして、「論壇」欄には、小汀利得（前出）の論説（同月十五日付）[32]や宗像誠也（東京大学教授）の論説（同月十九日付）[33]を掲載した。答申案がまとめられたことに対して、「しんじんの謝意を表する。謝意を表すると同時に、深くこの案の主旨に賛意を表し同時に強くこの案を支持する」と述べる小汀は、答申案にある「『適当な措置』を講ずることは急務中の急務であって一日もゆるがせにすべきではない」と主張している。また、答申案について「はなはだ用心深く、むしろおくびょうに、日教組そのものの発表した材料のみによって結論を出している」と指摘し、日教組については、「私が他の源泉から得ている材料によると、日教組の政治活動はもっともっと極端であり、有害」と述べて、その活動を放任すべきでないと批判している。「健全なる組合が発達することは望ましい」としながらも、「今のように、反対の一方に偏向してしまっては、絶対に健全なる組合として将来の発展を考えることは出来ない」というのが小汀の考えであった。前述のとおり、小汀は義教法案をめぐる公聴会や中教審の論議において日教組の活動を厳しく批判してきたが、ここでもその批判が鮮明に打ち出されている。

一方、宗像は、「答申を見ても（中略）教育と政策との位置が転倒しているのではないかと疑わざるを得ない」との見解を示し、「答申」が日教組の『日本の教育』の一部を引用して「政治的偏向」と断定していることに対して、「『日本の教育』全編が果してよく読まれたのだろうか。虚心に読まれたとすれば、子供の幸福のために苦闘する教師の必死の姿が浮んで来なかっただろうか」と批判している。そして、「もとより私は教師を甘やかせなどというのではない。しかし教師の自由は守られねばならない」と主張するとともに、「教育の中立性とは、教育の理想が、当面の政策のはるかに上にあって、その影響を受けてぐらつくべきでない、という意味でしかあり得ないことを認識すべきである」と述べて「論壇」を結んでいる。

さらに、「声」欄には、「このように偏傾した方針こそが教員をますます左へ追いこむものであり、審議会委員諸氏の期待に反し、逆効果を招くものではあるまいか」と答申案を批判する高校教員の投書（同月二十日付）[34]や、「自分達の要求に対し行動する権利は当然であり自由であるからよいとしても、今すこし〝先生〟としての品格を発揚して、父兄にも児童にも尊敬され、世の軽視や非難を買わないような〝愛される日教組〟になってもらえないものだろうか」と述べて、日教組による「答申案反対運動」のあり方を批判した小学校ＰＴＡ会長の投書（同月二十二日付）[35]等を掲載している。

『毎日』は、同月十一日付「余録」で、答申案の内容が「抽象的」で「けんか腰」であると批判するとともに[36]、同月十八日付社説[37]でも答申案批判を展開し、「日教組の活動をおそれるあまり、真剣に次代の青年を育てようとしている、まじめな大多数の教員に失望を与え、無気力にしてはならない」と述べながら、立法措置に対して慎重な姿勢を求めた。同社説は一方で、「しかしこのような答申原案を誘発した日教組の反省も、もちろん求められねばならない。日教組が、答申原案に対して行った激しい反対声明には、残念ながらそういう反省が見られない」と日教組の対応を非難し、「実力行使のような事態に陥るなら、教育の破壊者の責任はかえって日教組こそ負わねばならぬことになろう」と述べている。また、同月十五日付「投書」欄には、「あまりにも日教組の力を過大評価し、現場教師の良識を無視した答申原案に基いて立法措置が講ぜられたとしたら、私らを待っている将来は思想的真空の暗い谷間であると感ぜざるを得ません」と批判する大学生の投書[38]を掲載した。

『読売』も、同月十四日付社説[39]で他紙と同様、答申案を批判し、「いちばん警戒すべきは、権力を背景とした思想統制の考え方である。むしろいまは、この面から教育の政治的中立性がおかされる危険が大きいのではないか」などと述べている。このように、三大紙の関連記事及び論調は、日教組の活動を問題視しながら、答申案や「答申」を批判するという点で一致していた[40]。

他方、『日本経済新聞』(以下、適宜、『日経』と略)は、三大紙とは論調が異なっている。同月十四日付社説[41]は、「答申案に示された個々の措置についてはなお検討の余地がある」と指摘しつつも、「現在の日教組の活動が教育の中立性という点からみて疑問があることは、おそらく大多数の人が認めるところであろう」と述べている。そして、「教員の政治活動制限に反対するいわゆる進歩的な人々も、日教組の活動が現在と逆の方向に進められる場合のことを考えれば、日教組の政治活動制限に賛成するに違いない」、「教育の中立性を守るために、不当に教員の政治活動を制限することは間違いであるが、逆に教員の政治的自由を尊重する結果、教育の政治的中立性を危くすることは一層避けなければならない」と主張し、答申案の意義を認めているのである。三大紙と異なり、『日経』のみが答申案を支持したのは、中教審委員の小汀が当時、『日経』の顧問であったという事情も関係していると思われる。

(4) 教育二法案をめぐって

①各紙の論調

「答申」以降は、立法措置をめぐり、三大紙はこぞって反対の論陣を張った。例えば、『読売』の一月二十二日付社説[42]は、立法措置(教特法の改正)によって「教師としては、どんな現実政治の批判も許されなくなるだろう」

と指摘し、その理由として、「法律違反の取締りのためには、警察権力は自由に教場に出入りして、教師個人々の言動をさぐるであろうし、懲役と罰金の処罰は、教師たちに真理の追求をやめさせて、一切に無批判な態度をとらせるであろう」というように警察による捜査や刑罰規定による萎縮効果を挙げている。二月七日付社説では、「教員の政治活動規制法案は、（中略）既に政府の警察政治化の意図さえうかゞえる」と批判した。[43]

『朝日』の一月二十三日付「天声人語」は、「正しい政治教育までをタブーにしかねない取締規定は、民主主義の育成のためには角をためて牛を殺すの危険さえある」と主張し、二月六日付「天声人語」では、「主権者たる国民の政治活動を教育公務員に限って懲役をもって罰する犯罪とする如きは、民主国にはあるまじきことである。これは教育公務員特例法というより、憲法の特例法を作るものといって差支えあるまい」と非難している。[44]

さらに、『毎日』の「投書」欄には「教育の中立性」（一月二十四日付）[45]や「再び教育の中立」（二月七日付）[46]、『読売』の「気流」欄には「大達文相に一考促す」（一月二十六日付）[47]、『朝日』の「声」欄には「『特高』の復活」（同月二十七日付）[48]といった立法措置を非難する投書が掲載された。一方で、『毎日』の「投書」欄には「自分個人の意見を学校で児童や生徒に教えることは、明（ママ）かに教員の権限を越えたもの」というように、教員による偏向教育を批判し、政治的中立の確保を要望する学生の投書[49]も掲載されている。

そして、二月九日の閣議で二法案の要綱が決定し、同月二十二日に二法案が第十九回国会に提出されるが、この頃から、新聞各紙は二法案や政府の対応を批判する記事を立て続けに掲載することとなった。『朝日』は、二月十日付社説[50]で、「教育を国家に奉仕させるという教育の官僚化と、教員を中央で統制しようとする教育の中央集権化への根強い逆行の意図が存在する」、「教員のみならず、一般国民の思想の自由、言論の自由という基本的人権侵害問題」などと述べ、二法案を厳しく批判した。二法案や政府に対する三大紙の批判記事は、いずれもこれと同趣旨である。

この他の主な批判記事として、『朝日』は「教育二法案に慎重を望む」（二月十六日付）[51]等の社説、「天声人語」（同月十七日、三月十一日及び二十六日付）[52]、「声」欄の「口つぐむ先生」（二月十七日付）[53]等の投書、江家義男（早稲田大学教授）の「納得できぬ教育二法案」（同月二十三日付）[54]、M・C・ボーレー（国際公務員組合書記長）の「日本の反動化を恐れる」（三月二十日付）[55]等の論説を掲載している。

このうち、刑法学者であった江家の論説では、特に中確法案中の教唆・煽動に関する批判に重点が置かれている。江家は、「教唆・煽動」を独立犯とすることは「異色」であるが、「一般論として、かかる立法が直ちに不当なものであるというのではない」と述べた上で、「許容と禁止の限界がはなはだ不明確な行為の教唆扇動を処罰するということは、罪刑法定主義に反する」と中確法案を批判している。そして、同法案の「第二項は絶対に排斥されねばならぬものである。とくに、この規定は、教員の政治問題に関する研究の自由を抑圧し、教育の政治的中立性の確保に名をかりて、保守的政党の政治上の主義を中立的なものとして強要する危険を多分に包蔵するものである」と主張した。

一方、ボーレーは、「基本的人権と民主的自由」や「自由な労働運動」などを擁護する観点から二法案を批判した。「教員団体のなかには、教職に必要な政治的中立の原則を侵したものもあろう（中略）事実、それらは公然かつ断固として非難されねばならぬのだ」と教組の行動に非があることを示唆しつつも、行動の「行過ぎ」の理由を日本の労働運動の歴史の浅さ、熟練した組合指導者の不在に求めている。そして、「これらの過ちは訂正できるし、訂正されねばならぬ。人権と自由を侵害する方法でなく、組合活動を正常に発展させ効果的に行わせる機会を与えることによってである」と主張している。

『毎日』は、二月十一日付社説[56]で、「この法案は解釈のしようによっては、教育を警察の監視と取締りのもとにおくことになりかねない」、「日教組の政治的偏向、一部教員の行き過ぎを認めた上で、なおこの法案には反対せざるを得ない」と述べて二法案批判の世論喚起を訴えた。三月六日付社説(57)では、「偏向教育の事例」等の国会提出資料について、「その内容を検討し、その大部分が事実であるとしても、なお二法案を必要とする根拠については疑問を抱かざるを得ない」と述べる一方、「常識的にみて偏向教育がまったくなかったとは思われない。日教組が、それらをも全部ひっくるめて正しい教育であったと強弁するのは、決して日教組の信用を高めることにはならない」と批判している。そして、日教組について、「誤りは誤りとしていさぎよく認めねばならない。それを認めようとしない間は、やはり法律で取締ってもらわねばなるまいという一部の父兄の声をとめることはできない」との考えを示している。

また、「投書」欄には、教育二法の施行によって、「社会科はもちろんのこと大部分の教科は自主と自由と進歩とを失った無気力な追従のみの教育となろう」と批判する教員の投書（二月二十三日付）や「一部の教員のゆきすぎをみて、真に教育の中立性にめざめて教育に専心している多くの教員までも、狭いワク内に封じ込む結果になることを恐れる」と述べて二法案に不賛成の立場を表明した投書（同）等を掲載した(58)。

『読売』は二月十日付社説(59)で、特に中確法案を「思想、言論の取締りにも通ずる悪法」と批判し、立法措置について、「文部当局はこのような権力を使行（ママ）した予防措置よりも、むしろ予防法を必要としないような良識ある立派な教員の養成のために最善を尽」すべきと主張した。同月十六日付社説(60)では、同紙が二日前に、「文部省が教員思想調査を通達」と題して報じた記事(61)に触れながら、「きわめて陰険な態度で、思想の自由を奪うための足がかりを作ろうとしている」と非難し、「法律の力で思想の自由は断じて奪われない」と述べている。そして、三月十一日付社説(62)は、「世論が全く無視され、むしろ政府原案に鉄の輪をはめたような改悪案となって現われた」と述べて、改進党の二法案修正案を批判した。

さらに、コラムや投書欄等でも二法案批判が展開され、例えば、同月四日付の「編集手帳」は、「教育を天職と考え、第二の国民に正しい愛情と関心を持つ教員の方がまだまだ圧倒的に多いだろう。そういう教員を無気力にするだけでもこの法案は悪法だ」と主張した[63]。また、教育二法の成立に懸念を示す教員の投書[64]（二月二十六日付）等を「気流」欄に掲載するとともに、後述する矢内原忠雄（東京大学総長）の「教育二法案に寄す」（同月十七日）[65]等の論説を掲載している。

なお、『日経』は二法案には反対していない。例えば、二月十一日付の社説[66]は、政治的中立の問題が「目前の政争を超越して冷静に、真剣に取扱われねばならぬ問題であるにもかかわらず、反動立法とか、教育破防法などという表現でややもすると政治的な反対気勢があおられ、そういう風にばかり国民に印象づけられる傾向は決して好ましい事態ではない」と論じており、答申案をめぐる社説と同様、三大紙とは異なる論調であった。

②矢内原忠雄の見解

先に挙げた二法案に対する数多くの批判記事のうち、ここでは、矢内原忠雄の論説「教育二法案に寄す」に注目しておきたい。この論説に対しては、大達茂雄文相から同じく『読売』紙上に「反論」が寄せられており、大達と矢内原の「論争」は「賛否の両論を代表するに足りるもの」[67]と指摘されている[68]。さらに、第四章で言及したように、矢内原は中教審でも積極的に政治的中立に関して発言していることから、その論説の内容を詳しく見ておきたい。ただし、大達の主張は国会審議の答弁等に明らかなので、ここでは詳述しない。

まず、矢内原は、「あまりにも警察的な物の見方であり、日本の教育界全体を信用しない（あるいは侮辱する）考え方」と述べて二法案を批判している。そして、教育基本法第八条第二項の規定は「ハッキリ特定の政党を支持しまたはこれに反対する意図をもって行われる行為に限定して狭く解釈すべき」であり、「ある政党の政策に一致しまたは反対的だからといって、教育者の言論を政治的中立原則に違反すると認定するにたるとなすごときは、それこそ教育の立場をば政党政治の中に引入れて害するところの暴論」と批判し、「文部大臣の構案というものは、教員の政治的活動を制限するよりも、教育的活動を制限する方の効果が大」と指摘した。

そして、数年前に起こった過激な学生運動（全学連による政治活動）に対して立法措置を講じなかったが、違反学生の改悛、一般学生の反省と自粛によって「常道に復しつつある」と評価し、教員（日教組）の政治活動に対しても、これと同様に対応すべきことを主張している。すなわち、「今日までの日教組の行動の中には、過激と思われる点、行過ぎと思われる点がなかったとは言えない」が、「それは、教育委員会及び学校長のハッキリした指導と識見、世論の批判、ならびに組合員たる教員各自の反省と自覚によって、教育的方法、もしくは行政的方法をもって是正されて行くべき」とし、「今の文部大臣の考えるように、国家権力による立法措置で取締まり、犯罪人をつくるような威嚇的方法によるべきではない。それは日本の教育界をい（萎）縮させ、毒するところの有害な方法」であると厳しく批判した。このように、矢内原の見解は、二法案に対する三大紙の社説、あるいは二法案の反対論者のとる論理とほぼ共通しているが、学生運動の場合を例示して政治的中立の問題を論じている点に特徴がある。

この論説に対して、『読売』は二月二十二日に大達文相による矢内原への反論「教育二法案のねらい」を掲載した(69)。大達は、「ことに純白なる児童の脳裏に政治的にかたよった素地が植えつけられることは、児童らの将来を政治的に方向づけることであって、私は、これくらい罪の深いことはないと思う。まさに、児童らにとっての不幸であり、教育の悲劇である」と述べて、国会審議での発言と同様、二法案の趣旨や意義を説いている。

そして、矢内原は同月二十四日付の同紙に「再び教育二法案について」を発表し、再度法案批判を展開した(70)。この論説で矢内原は、教員の自主性の擁護を目的とした中確法案は、「全く反対に、教員の自主性の無視であり、侮辱であり、破壊である」と述べ、「このような法律によって保護されなければ自主性を保つことの出来ぬような教員が教育のことに当るとするならば、それこそまさに教育の危機であり、日本滅亡の兆候といわねばならない。そんな教員の『自主性』は外国軍隊の保護の下に保たれている国の『自主性』と性質上異ならない」と厳しく非難している。

教特法案については、「現行の国家公務員法及び人事院規則による政治的行為の制限を教育公務員に対してはゆるめるという方向にむかって改正することが正しい」が、二法案は、逆に国家公務員に対する「不当な制限を標準にして、公立学校の教員に対する制限をそこまで高め、今日までその人々のもっていた言論の自由の範囲を狭めようとするもの」と批判している。そして、「教育公務員に対して特定の政治的行為が禁ぜられているのは、教育を通じて政治に影響を与えさせないという意味ではあるまい。政治に影響を与えないような教育は、教育の名にあたいしないのである」と主張し、教員の言論の自由、「教育の自由活発な精神」の重要性を指摘した。

尾高朝雄（東京大学教授）は、二法案に対する教育界や学界からの非難が、『読売』に掲載された矢内原の論説によって「一つのピークに達した」と述べている。そして、矢内原と大達の両論について、「いずれも教育界が当面しつつある現実の局面に重点が置かれていて、教育の政治的中立性ということとそのことに内在する根本の問題にさかのぼっての論議は、概してなおざりにされているように思われる」と指摘し、「教育の政治的中立性ということが、そもそも何を意味するか、それをはっきりと限定することが、いかに困難であるか、というところまで問題を掘り下げて見る必要がある」と主張した。(71)

③二法案に関する諸意見と「振替授業」批判

大達と矢内原の「論争」とは形式が異なるものの、三大紙は他にも、二法案をめぐる賛成論・反対論や討論、(72)アンケートを通じてまとめられた「各界の代表的な人物」(73)の意見等を掲載した。後者は『読売』に掲載されたアンケート結果であり、ここには、「賛成」七名、「反対」十四名、「その他の意見」二名の計二十三名の意見が示されている。二法案に対して賛成（消極的賛成を含む）しているのは、青木均一（国家公安委員会委員長）、金森徳次郎（国立国会図書館長）、沢田栄（全国地方教育委員会連絡協議会事務局長）、中井光次（大阪市長）、西本啓（日本PTA会長）、吉屋信子（作家）、和田薫（京阪神急行電鉄社長）であり（このうち西本は「やむを得ぬ」という見解）、反対しているのは、池島信平（「文芸春秋」編集局長）、海野普吉（弁護士・自由人権協会理事長）[74]、小野重内（全国連合小学校長会長）、賀川豊彦（宗教家）、茅誠司（日本学術会議会長）、草野心平（詩人）、古賀忠道（上野動物園長）、佐田啓二（映画俳優）、柴沼直（東京教育大学長）、末川博（立命館大学総長）、杉村春子（女優）、二宮尊徳（日本青年団協議会会長）、本多顕彰（法政大学教授）、吉野源三郎（「世界」編集長）である。「その他の意見」は、「じっくり考えたい」という吉川英治（作家）、「研究中」とした太田垣士郎（関西電力社長）である。

同紙は、このアンケートで「法案に賛成する人達に多かった意見は、日教組の政治活動の行きすぎと一方にかたよった政治教育を心配し、これの対策として法案が必要だとするものであり、反対する人達の意見は①教育基本法で十分である②罰則をともなうこのような法案は教師を無気力にする③言論の自由を圧迫する第一段階である、という論旨のものが多かった」、「法案に反対するが、日教組の今までの歩み方には疑問があるとするむきもあった」と整理している。反対意見が多数であることは当然だとしても、二法案をめぐって多様な意見が提示されていることは注目されよう。

このアンケート結果と同様、三大紙の記事においては、二法案に対する批判だけが展開されたわけではなく、日教組の活動に対する批判も含めて多様な見解が示されている。例えば、『朝日』は二月十一日付「声」欄に、「教員組合だけの一方的な政治的考えを巧妙にこどもに植えつける活動はやめてもらいたい。政府にお願（ママ）します。少なくとも、教員が組合活動や政治活動に学童を使うことだけは禁止し、処罰する法律を作って下さい」と要望する主婦の投書を掲載した。[75]『読売』の三月二日付「気流」欄の投書[76]のように、「偏向教育」や日教組の運動のあり方を批判する記事も見られる。

特に、日教組が二法案反対闘争の一環として、三月十四日の日曜日に実施した「振替授業」に対しては、『朝日』の同日付社説[77]が、「二法案には反対の立場をとるわれわれも、この日教組の反対戦術にはどうしても賛意を表するわけにいかない」との見解を示した。『毎日』の同月十五日付「余録」[78]は、「このような常識の線をこえた新戦術は、必ず厳しい批判と、反撃を受ける。あの法案に対しては、日教組は世論のほとんど一致した支持を受けていた。その好条件を日教組は、自分でつぶすことになりはしないか（中略）教育というものと組合活動の間にあるべき一つの線が、また乱された感を深くする」と述べている。同紙は翌十六日の社説[79]でも「振替授業」という闘争方法を批判し、『読売』も同日付の社説[80]で、「『日曜授業』は『教育の中立性をおかしていない』という実情を父兄に知ってもらうための切実な念願のあらわれであったろう」と述べながらも、「日教組の今回の『指令』は、その善意を認め得ても、手段と方法において、決して賢明なものではなかった」と論じた。同紙は、同日の「よみうり寸評」でも「振替授業の実情を新聞で見ると小学、中学の状態は余程おかしい（中略）事実上小学、中学はほとんど組合の言うなりになっている」と述べて、これを問題視している。[81]このように、三大紙はこぞって「振替授業」を非難したのであった。

（5）新聞論調の変化

二法案は一九五四（昭和二十九）年三月二十六日の衆議院本会議で修正議決され、同日、参議院文部委員会に本付託となり、法案審議の舞台は参議院に移行した。同日付『朝日』の社説[82]は、「日本の教育の将来に大きく影響すると思われる教育二法案が、衆院においては終始党利党略の立場から論じられ、最後にいたっては全く政党間の取引の具に供せられたかの感があった」と批判しながら、「参院における良識ある慎重な審議に期待する」と述べている。同紙は、四月三日付「天声人語」[83]でも、「衆院でウデと取引とでもてあそばれた教育二法案は、参院ではぜひとも〝頭脳で審議〟してもらいたい」と皮肉りながら、参議院での審議に期待した。『毎日』の三月二十六日付の社説[84]、『読売』の翌二十七日付社説や「編集手帳」[85]なども、衆議院での二法案審議を批判し、参議院での慎重な審議を期待するものとなっている。

そして、参議院での二法案審議が最終段階に至った頃から、法案に対する新聞論調にも変化が見られるようになった。例えば、『朝日』の五月十二日付社説[86]は、二法案を「否決なり、審議未了にするなりして、廃案されるべきもの」としながら、緑風会による二法案修正案について、「この際やむをえない次善の方策とみなさざるをえない」と述べ、「教育二法案には当初から全面的に反対している左右両社会党としては（中略）次善の策としてはこれに同調すべき筋合である」とまで主張している。

『毎日』の同月十二日付社説[87]は、従来、「このような立法自体が中立性を侵すおそれがあるから、いかなる修正も法案撤回にしかずと主張」してきたが、「ここまで進んでくれれば、次善を採る意味でこの修正案を支持したい」という見解を示した。興味深いことに、二法案の「支持」を明確に打ち出しているのである。同紙の同月十一日付「投書」欄には、二法案を批判してきた梅根悟（前出）の投書[88]が掲載されており、ここで梅根は緑風会の修正案を「貴重」と評価し、参議院が「緑風会案を足がかりにして知性と良識の議院としての機能」を果たすことを期待して、同修正案を生かすことを要望している。『読売』に掲載された海後宗臣の論説[89]でも、参議院での審議、「特に緑風会の参議院内における良識に最大の希望をかけざるを得ない」という見解が示されている。

また、旭丘中学校事件が発生すると、新聞各紙の論調は、教組（日教組）に対する批判を強める方向へと変化していった。『朝日』は、五月九日付「今日の問題」欄の「偏向闘争」[90]で、京都教職員組合（以下、京教組と略）

の闘争方法について、「このやりかたには少なからず良識を欠くものがある」と指摘し、「生徒や父兄を大衆闘争に動員してゆくやりかたは、必ずや内部からの批判を受け、ひいては教育の中立をみずから危うくする結果にならぬとも限らない」と教組を批判している。同月十三日付社説[91]では、「教組が三教員を擁し、生徒を巻きこみ、多勢の力をもって学校の組合管理を現出した非合法なやり方は、何としても承認しがたい（中略）組合に対する世論の批判が急速に硬化したのも当然であろう。民主主義社会の学校教育に、このような暴力が入込み、支配することを許してはならないからである」と論じ、同月十四日付「天声人語[92]」では、「親たちも世間も見る目が一変した（中略）選りに選って教育二法案が大詰にきている時に、こんなまずい手をうっては、ひいきしようにもしようがなくなる」と非難している。

さらに、「声」欄に「旭丘中学問題に疑念[93]」（同月十二日付）や「生徒を争いに巻込むな[94]」（同月十四日付）等の投書、「論壇」欄には下程勇吉（京都大学教授）の論説[95]（同月十五日付）等の批判記事を掲載した。下程は同事件について、「日本教育史上空前の事態」であり、「何としても教育基本法を無視した非合法なやり方」と述べながら、「日本の政治家、教育者双方の恥辱というべき政禁法（教育二法のこと―筆者註）のごときものの成立に、理由を与えるようなことをして、教育者はよいものであろうか」と批判している。

『毎日』は、「余録」で「学校の門前に赤旗が林立したり生徒が校長つるし上げに参加したり、腕章を巻いてピケラインに立つといった風景にはどうしても賛成できない」という見解を示すとともに[96]、日教組の小林委員長が京教組の闘争方法を批判したことについて、「味方のやったことは何でも肯定する従来の戦法から、一歩進んだ新例を開いたのは大きい収穫である」と評価しつつ、「日教組がもっと早く行き過ぎは行き過ぎと認めて、是正する態度に出ていたら、二法案をつぶすことなどはいとやさしいものだったろう」と述べている[97]。また、同紙の「投書」欄に、「教育二法案の要あり[98]」（同月十四日付）や「旭丘事件の教訓[99]」（同月十八日付）など、同事件における教組の行動を批判する記事を掲載するとともに、教育二法成立後の六月二日付社説では、同事件が「わが教育史上に大きな汚点を残したことはすこぶる遺憾なことであった。ことに組合側の非常識な行き過ぎが世人の大きな反感を買って（中略）教育二法案に対する反対気勢を鈍らせたことも否定できない」と論じた[100]。

そして、『読売』は「編集手帳」で、「教組やその支持団体のこんどの動きは、みずからそのような法律（教育二法のこと―筆者註）の必要妥当性を裏づける結果ともなっているではないか[101]」、「すくなくともこれが教育二法案を成立させるテコの役目をはたすだろうということだけはいえる。ああいう悪法も必要だという口実を与えたということは事実だ[102]」と指摘して、同事件での教組の行動が教育二法の成立に荷担したという見方を示している。さらに、同月十六日付社説[103]では、「教組もこの際、無偏見な自由人となり、外部からの教唆扇動などに左右されない『自然な中立性』を自らの努力で育て上げるために猛反省をすべきだ」と厳しく批判した。いうまでもなく『日経』も、同月十一日付社説[104]や六月一日付社説[105]で同事件における教組の行動を批判するとともに、後者の社説では、「旭ヶ丘中学事件は客観的にみて二法案の成立に有利な空気を作ったことを否定し得ない」というように、他紙と同様の見方を示している。

第三節　教育二法案をめぐる国会請願・陳情

（1）衆参両院における請願・陳情件数

次に、二法案をめぐる国会請願・陳情[106]の動向と内容について見ていく。本章で検討対象としたのは、二法案の審議が行われた第十九回国会の衆参両院に提出された請願及び陳情であり、国立国会図書館所蔵の「請願文書表」、「請願報告書」、「陳情文書表」及び「陳情報告書」を中心に調査を行った。

表7－2　第十九回国会における教育二法関連の請願・陳情件数

	衆議院	参議院	計
請願	65	244	309
陳情	66	20	86
計	131	264	395

出典：「請願文書表」（国立国会図書館所蔵）等をもとに筆者作成

調査を通じて明らかになった教育二法関連の国会請願・陳情は、いずれも文部委員会所管分であり、その件数は表7－2のとおりである。[107]ただし、請願・陳情者は一件につき一名とは限らず、複数名の場合もある。例えば、中には一件の請願者が最多で六十二万五二二二名の請願（参議院：第二五四三号）もあり、件数でなく請願・陳情者数で把握すると、衆議院の請願者は一八三万五八〇九名、陳情者は一八七八名、参議院の請願者は七〇八万七六九六名、陳情者は二四三名で、計八九二万五六二六名となる。[108]ここからは、参議院に対する請願の規模が比較的大きかったことが窺える。

(2) 衆議院における請願・陳情

まずは、衆議院の方から確認してみよう。六五件の請願のうち、最初に受理されたものは、「公立学校教職員の政治活動制限反対に関する請願」（第三二九五号）で、一九五四（昭和二十九）年二月二十日に受理されている。請願者は、河野平次（東京都労働組合連合会執行委員長）外三万六二五一名で、紹介議員は成田知巳（左派社会党）ら八名である。請願の内容は、「教職員の市民としての政治活動の自由を禁止するとともに、教育の政治的中立確保という美名にかくれ、憲法に保障された言論、思想の自由を奪い、しかも時の権力による教育への不当な介入をなすものであって、憲法並びに教育基本法の精神に反するものである」という理由から、教育二法の成立を阻止されたいというものであった。[109]

この他六十四件の請願件名と「要旨」は第三二九五号とほぼ同様である。請願のうち、請願者の所属組織・役職等（以下、所属等と略）がわかるものは二十七件あり、その内訳は、①教職員組合関係者十七件、②PTA関係者五件、③その他五件である。③は、第三一九五号の他、信濃教育会代表・松岡弘（第三二六三号）、長野県議会議長・下平晒四（第三八二七号）、日本婦人平和協会代表・上代たの（第四〇〇二号）、長野県議会議員・萩原克己外二万九〇一六名（第四〇〇五号）の各請願である。信濃教育会は二法案反対運動を精力的に展開し、同会副会長の松岡弘は衆議院文部委員会公聴会で二法案反対の公述を行っていることから、[110]松岡の請願は同会による反対運動の一環と見てよいだろう。六十五件の請願は、二法案が衆議院で修正議決されたことに伴い、いずれも衆議院文部委員会で「議院の議決を要しないもの」と議決されている。[111]

陳情については、その件数が六十六件で請願とほぼ同数であり、いずれも「審査未了」となっている。[112]陳情のうち、最初に受理されたものは、「教職員の政治活動制限法案反対に関する陳情」（第二〇八二号：陳情者・千葉県山武郡大総小学校分会　大藤利一外十三名）の他三件（第二〇八三号〜第二〇八五号）で、同年二月十八日に受理されている。陳情内容は「今般閣議を通過した教職員の政治活動制限法案は、教育の中立性に名をかりて、教職員の基本的人権を無視し、正しい教育を破壊するなにものでもなく、憲法に規定している言論の自由を教職員から略奪するものであり、しかもその裏では再軍備の計画を進めているのは矛盾している。よって、同法案は廃止されたい」というものであった。[113]

この他の六十五件の陳情件名と「要旨」は第二〇八二号とほぼ同様である。陳情のうち、陳情者の所属等がわかるものは五十七件あり、その内訳は、①教職員組合関係者十六件、②PTA・育友会関係者十三件、③地方議会関係者十一件、④学校関係者（①②⑤を除く）六件、⑤校長会・教育会関係者四件、⑥労働組合関係者三件、⑦教委関係者二件、⑧その他二件である。このうち、③は全て議会議長による陳情であり、④には城戸幡太郎

（北海道大学教育学部長）外二七五名の陳情（第二七〇一号）等、⑤には信濃教育会と同様、二法案反対運動を展開した全国連合小学校長会の会長である小野重内の陳情（第二五四三号）等、⑧には堀井和一（滋賀県高島郡教育を守る会）外三名の陳情（第二三〇八号）等が含まれている。[114]

（3）参議院における請願・陳情

次に、参議院である。参議院で受理された請願は二四四件であり、衆議院の約四倍の件数となっているが、いずれも「審査未了」となっている。[115] このうち、最初に受理されたものは、「教員の政治活動禁止法制定反対等に関する請願」（第一一四三号：請願者・京都府舞鶴市立大浦中学校内　坂根肇外十一名）の他二件（第一一四四号及び第一一四五号）で、衆議院よりも早く、一九五四（昭和二十九）年二月五日に受理されている。紹介議員はいずれも竹中勝男（左派社会党）で、請願内容は、例えば、「教育行政の民主化を推進し平和教育の大道を守るため、教育の自由を圧迫する教員の政治活動禁止法案を撤回せられたい」（第一一四四号）というものであった。[116]

この他の請願についても、内容は全て同一でないものの、請願件名と「趣旨」はほぼ同様である。[117] 請願の多くは、例えば「民主的な教育が正しく行われ、日本国憲法の生命である平和と子供の幸福が守られるため」（第二一二八号）であるとか、二法案が「正しい政治教育を不可能とし、基本的人権及び学問の独立と自由を侵害する」（第二二三五号）、「教育の自主性を失わせ、学問の自由に不当の圧迫を加える虞れがある」（第二五〇五号）等の理由から、二法案の参議院通過に反対し、教育二法の不成立を望むものであった。

ただ、衆議院の場合と異なり、ほとんどの請願に請願者の所属等が示されていない。所属等が明らかな請願は、第一一四三号のほか、京都府舞鶴市立志楽小学校内・瀬野勇二郎外一名の請願（第一一四五号）、長野県議会議長・下平昞四外三三八〇名の請願（第一八三四号）、北海道夕張市議会議長・橋内末吉外五名の請願（第二三八〇号)、東京都立豊島高等学校内・山井湧外八十四名の請願(第二四九六号)の五件のみである。このうち下平は、前述のように衆議院にも請願を行っており、橘内は衆議院に対して同様の陳情(第二六二四号)を行っている。(118) 所属等は示されていないものの、衆議院に対して請願を行った松岡弘の請願(第一五六一号)や上代たの提出の請願(第一九六四号)もあり、同一人物によって衆参両院に請願・陳情がなされていたことが窺える。

他には、旭丘中学校の「偏向教育」について参議院文部委員会で証言を行った吉田金次郎(119)(同校PTA補導部委員)外二名の請願(第一九一六号)も含まれている。請願の紹介議員は須藤五郎(日本共産党)であり、請願内容の一部は、「両法案(二法案—筆者註)の審議資料(偏向教育の一例)として文部省から国会に提出されている『京都市立旭丘中学校教育の実体』は両法案の成立をはかるための意図的な作文に過ぎない事実無根なものであるから、これを審議資料としないようせられたい」というものであった。(120)

陳情については、件数が二十件であり、請願の二四四件と比してかなり少ない。衆議院の陳情と比較しても、三分の一の件数に留まっている。陳情のうち、最初に受理されたものは、「教員の政治活動禁止法制定反対に関する陳情」(第三七〇号:陳情者・福島県河沼郡堂島村堂島小学校内　小林三郎)で、同年二月十五日に受理されている。その内容は、「教員の政治活動禁止法案は、日教組の少数幹部の行過ぎを矯正しようとするものであるが、かえって教育全体の上に暗い影を投ずるものであり、かつ教育が村のボスや政治家等に左右される機会を作るものであるから、本法案には絶対反対である」というものである。(121)

その他のほとんどの陳情の件名と「趣旨」はほぼ同様である。陳情者の所属等がわかるものは八件あり、その内訳は、①地方議会関係者四件、②学校関係者(③を除く)三件、③教育会関係者一件であった。(122) このうち③は、日本連合教育会内・岸本千秋外六名による陳情(第四一七号)で、衆議院にも同様の陳情(第二一五八号)が出されている。(123)

そして興味深いのは、①のうちの二件の陳情であり、一つは、同年三月十一日に受理された「教員の政治活動禁止法制定に関する陳情」(第五一五号：陳情者・石川県小松市議会議長　藤井栄次)、もう一つは同月二十二日に受理された「教員の政治活動禁止法制定促進に関する陳情」(第五五三号：陳情者・秋田市議会議長　田口長太郎)である。というのも、後者の陳情件名からわかるように、いずれも二法案に賛意を示し、教育二法の成立を要望しているのである。衆参両院合わせて三九五件の請願・陳情のうち、二法案に賛成のものは、筆者が確認し得た限りでは、この二件だけであった。

第五一五号の陳情内容は、「教員の政治的中立確保の必要不可欠性は、言うまでもないところである。教員がその地位を利用して、心身未成熟の生徒児童に対し特定の政治思想を鼓吹し、あるいは反対の考え方を否認攻撃するが如き行為は、絶対許すことのできないところであって、このような事態の発生を防止するため、教員に対し政治的行為の制限がある程度強化されることはやむを得ないことであるから、義務教育諸学校における教育の政治的中立の確保に関する法律案を政府の意図する目的にそって成立せられたい[124]」というものである。『行政文書史料』にも、同じく「石川県小松市議会議長　藤井栄次」名の「『義務教育諸学校における教員の政治的中立の確保に関する法律案』成立に関する意見書」と題する三月八日付の文書が含まれており、その内容はこの第五一五号の陳情内容とほぼ同様である[125]。なお、第五一五号では中確法の成立を要望しているが、第五五三号の方は「すみやかに両法律を制定せられたい」と教育二法の成立を要望したものとなっている[126]。

そして、さらに興味深いことに、陳情者の藤井と田口は衆議院にも陳情を行っているが、それは二法案反対の陳情であった。衆議院での藤井の陳情(第二六〇三号)の受理日は三月十六日で[127]参議院受理日の五日後、同じく田口の陳情(第二七〇二号)の受理日は同月二十四日で[128]参議院受理日の二日後である。つまり、ほぼ同じタイミングで、同一人物名で二法案に対する賛成・反対両方の陳情がなされているのである。これが各市議会内部の事情によるものかどうかは定かでないが、注目される事例といえよう。

第四節　小括

本章では教育二法の制定過程における「世論」の動向と内容について、新聞記事及び国会請願・陳情の検討を通して明らかにしてきた。

まず、新聞記事については、『日経』のみが政治的中立をめぐる政府や中教審の対応に一定の理解を示しているものの、三大紙の論調や関連記事はその対応に総じて批判的であり、「通達」や答申案（「答申」）、二法案の内容を非難することで一致していた。特に、答申案が出されて以降、立法措置をめぐって三大紙はこぞって反対の論陣を張っており、二法案反対の「世論」形成を積極的に担っていたことが窺える。一九五四（昭和二十九）年三月十三日開催の衆議院文部委員会公聴会に公述人として出席した金久保通雄（読売新聞社編集局教育部長）は、「日本全国の新聞の論調を調べた」ところ、「私の知っている限りでは、この法案に賛成をしている新聞は一つしか知りません」と述べ、これを根拠として二法案が「世論」に支持されていないと指摘したが[129]、本章での検討結果は、金久保の公述を裏付けるものであった。

二法案に対する批判の論理は野党や教育関係団体による批判と同様であり、簡潔にいえば、憲法で保障された基本的人権や思想、言論の自由を侵害し、教員の自由な教育活動や政治活動の抑圧に繋がり、教員の自主性喪失と萎縮効果をもたらす、というものである。この点に関して、同じく全国紙である『産業経済新聞』（現在の『産経新聞』）も教員の政治活動制限構想や二法案には批判的であった[130]。

他方、教育二法制定の契機となった山口日記事件や教組（日教組）の活動、教員の政治活動や「偏向教育」に対する批判記事も数多く掲載されており、「世論」は必ずしも「通達」や答申案（「答申」）、二法案に対する批判のみに終始したわけではなかった。関連記事には、日教組の活動（闘争）の行き過ぎを指摘したものも多く、特に、「振替授業」という闘争戦術に対しては厳しい批判が展開されている[131]。二法案の審議が最終段階に至った頃からは、二法案に対する新聞論調にも変化が現れ、関連記事の中には、二法案の「支持」を打ち出すものも見られた。いうまでもなくこれは積極的な支持ではなく、次善の策として二法案の修正案を「支持」したに過ぎないが、国会審議の動向や日教組の活動状況を受けて、非難一色であった当初の論調が変化していったことは確かである。

そして、旭丘中学校事件の発生を機に、新聞論調は教組（日教組）に対する批判の度合いを強めることになり、二法案に反対してきた教組こそが教育二法の成立に荷担したという見方も示されるようになった。これに関連して、『朝日』は教育二法の成立後、「二法案が成立した裏には、従来の日教組の運動方式、組合員らの在り方に対して批判的な一部の空気が、これを手伝っていたことを、率直に認めなければなるまい」と述べている[132]。このように、日教組の運動のあり方が教育二法の成立を後押しする要因になったという点は、同法制定の意味を考える上でも重要である。

次に、国会請願・陳情については、三大紙の動向からも想定されるとおり、その大半が二法案反対の請願・陳情であった。法案反対の理由は、新聞の批判記事で示された内容とほぼ同様である。これらの請願・陳情には、教職員組合はもちろん、全国連合小学校長会や信濃教育会の関係者によるものも含まれ、教育関係団体による反対運動の一環として、国会請願・陳情活動が行われた事実が確認された。わずかではあるが二法案に賛意を示し、教育二法成立を要望する陳情が含まれていたことも注目される。

そして特に、参議院に対する請願の規模が比較的大きかったという事実を指摘しておきたい。これは、二法案の反対運動が参議院での法案審議に一定の影響を及ぼし得たことの傍証ともいえる。ただ、請願者や陳情者については、重複等も考えられるために実数を正確に把握することは困難であるし、請願・陳情者の属性についても、参議院の場合、ほとんどの請願に請願者の所属等が示されていないため、不明な点が少なくない。衆議院の請願・陳情は教職員組合関係者のものが多いという偏りも見られる。そこで留意すべきは、「請願に関する特性に関し見逃す事の出来ないのは、請願書は当時の社会情勢の縮図ではあるが、必ずしも輿論の正確なる反映ではない事である。即ち少数利害関係者による局地的局部的のものが多」いという指摘である。本章では、国会請願・陳情の実態分析を通して「世論」の一端を浮き彫りにすることができたが、この点は考慮に入れておく必要がある。

註

(1) 三津田恭平「教員政治活動制限法案を吟味する――衆参両院の審議過程を通じて」『北海教育評論』第七巻第三号、一九五四年、一四一頁。
(2) 瀧嘉衛『国会政治と教育政策の軌跡――片山内閣から吉田内閣まで』第一法規、一九八三年、二三三頁。この点については、第五章第二節（6）③でも言及した。
(3) 新井恒易「教育二法案の成立まで――国会の審議をみる」『カリキュラム』第六十八号、一九五四年、八二頁。
(4) 古谷綱正「教育二法案をめぐる論争の教訓」『政治経済』第七巻第六号、一九五四年、二七頁。
(5) 貝塚茂樹「教育の政治的中立性をめぐる論議と『世論』――『教育二法』を中心に」藤田祐介・貝塚茂樹『教育における「政治的中立」の誕生――「教育二法」成立過程の研究』ミネルヴァ書房、二〇一一年、一八三～二二五頁。
(6) 同右、一八六頁。
(7) 同右、一八六頁。
(8) 他にも、二法案等をめぐる新聞記事の内容と特徴を明らかにしたものとして、法政大学心理学研究会編『現代の心理第5（社会と心理）』（河出書房、一九五六年）がある。同書の「教育二法案（一九五四年）の場合」（一五九～一七四頁）では、「教育二法案の上程から通過までの間に、新聞がどのような報道を行ったか」、「その報道を受け取った読者特に母親は、法案にどのような関心と理解を示したか」についての調査結果が記述されており、参考になる。ただし、この調査は教育二法に批判的な立場に立脚し、同法成立を阻止できなかった要因が新聞にあるのではないかという問題意識に基づいて実施されたもので、貝塚の研究や本章のように、「世論」を客観的に分析するという観点から新聞記事の内容を総体的かつ詳細に検討したものではない。

（9）児島和人「世論」見田宗介ほか編『縮刷版・社会学事典』弘文堂、一九九四年、八九七頁。

（10）一例を示せば、一九五四（昭和二十九）年二月二十七日付『朝日』（朝刊・大阪本社版）には、塩尻公明（神戸大学教育学部長）の論説「教育の〝中立〟法案について」や「声」欄に市川白弦（花園大学教授）の「中立性を奪う政策」といった関連記事が掲載されているが、これらは東京本社版の記事でないので、本章では対象外となる。

（11）参議院議員の羽仁五郎（無所属）は「朝日、毎日、読売など日本の信頼せられておるところの新聞の社説というものが挙ってこの二法案に批判を加えておる或いは反対をしておる」というように、二法案反対の「世論」の根拠として、三大紙を取り上げている（『第十九回国会参議院文部・人事・法務連合委員会会議録』第一号、一九五四年四月二十六日、二頁）。

（12）データベースは、『朝日』が「聞蔵Ⅱビジュアル」（二〇二二年三月、「朝日新聞クロスサーチ」に名称変更）、『毎日』が「毎索」、『読売』が「ヨミダス歴史館」（二〇二四年一月、「ヨミダス」に名称変更）である。『朝日』及び『読売』については、主にデータベースを利用し、「教育二法」、「教育 and 中立」、「日教組」等、できるだけ多くの関連用語を検索語に指定し、記事の見出しと本文を対象にキーワード検索を行った。ただし、「毎索」は、本章の対象期間については主要記事見出しでしかキーワード検索ができなかったため、『毎日』については、主に縮刷版を利用した。なお、データベースには紙面掲載記事が収録されていない場合もあり、必ずしも全ての記事を網羅し得るわけではない。

（13）「コラム」とは『朝日』の「天声人語」（朝刊）や「今日の問題」（夕刊）、『毎日』の「余録」（朝刊）や「無人機」（夕刊）、『読売』の「編集手帳」（朝刊）や「よみうり寸評」・「さろん」（夕刊）等であり、「投書欄」とは、『朝日』の「声」、『毎日』の「投書」、『読売』の「気流」（いずれも朝刊）等のことである。また、「識者の意見」には論説だけでなく、討論や座談会等も含む。「その他」欄の一件は、教員の政治活動に関する世論調査の記事（「教員の政治活動など三つ・本社世論調査」『読売新聞』朝刊、一九五四年一月十九日）である。

(14)「教育の中立性」『朝日新聞』（朝刊）、一九五三年七月十一日。
(15)同通達については、第三章第二節（3）及び資料編を参照のこと。
(16)「社説・教育論議の政治的色彩」『朝日新聞』（朝刊）一九五三年八月三日。
(17)「社説・文教の官僚統制を排す」『読売新聞』（朝刊）一九五三年八月二十八日。
(18)「余録」『毎日新聞』（朝刊）一九五三年九月一日。
(19)「社説・教育の政治的中立性の正体」『朝日新聞』（朝刊）一九五三年九月十九日。
(20)梅根悟「教育の中立性」『読売新聞』（朝刊）一九五三年九月七日。なお、後述する中央教育審議会の答申案を批判した梅根の論説に、梅根悟「中教審の中立性――教員の政治活動禁止問題について」（『カリキュラム』第六十二号、一九五四年、一二～一三頁）がある。
(21)日教組の「方向転換」については、第六章第二節（2）①を参照のこと。
(22)「編集手帳」『読売新聞』（朝刊）一九五三年十月十五日。
(23)「社説・日教組の方向転換」『毎日新聞』（朝刊）一九五三年十月十八日。
(24)「社説・日教組の〝方向転換〟以後」『朝日新聞』（朝刊）一九五三年十二月三日。
(25)「新しい年の教壇・本社座談会（下）」『読売新聞』（朝刊）一九五三年十二月二十九日。
(26)第二章第四節（3）及び第四章第二節（3）を参照のこと。
(27)第四章第三節（3）及び資料編を参照のこと。
(28)高宮太平『大達文政と日教組の対決』（日本文政研究会、一九五四年）は、「答申に対する賛否両論」として答申案及び「答申」をめぐる関連記事をいくつか紹介している（一四四～一五二頁）。
(29)「社説・教員の政治的中立性」『朝日新聞』（朝刊）一九五四年一月十日。
(30)「社説・教員の自由」『朝日新聞』（朝刊）一九五四年一月十九日。
(31)「天声人語」『朝日新聞』（朝刊）一九五四年一月二十日。

(32) 小汀利得「答申案を支持する――教員の政治的中立性問題」『朝日新聞』(朝刊)一九五四年一月十五日。
(33) 宗像誠也「教育審議会の答申に反論――教育の中立性に関連して」『朝日新聞』(朝刊)一九五四年一月十九日。
(34) 「教員の心境」『朝日新聞』(朝刊)一九五四年一月二十日。
(35) 「愛される日教組に」『朝日新聞』(朝刊)一九五四年一月二十二日。
(36) 「余録」『毎日新聞』(朝刊)一九五四年一月十一日。
(37) 「社説・中央教育審議会に望む」『毎日新聞』(朝刊)一九五四年一月十八日。
(38) 「教員の自由制限」『毎日新聞』(朝刊)一九五四年一月十五日。
(39) 「社説・教育の反動化を排す」『読売新聞』(朝刊)一九五四年一月十四日。
(40) 新聞記事以外にも、久野収「教育の危機――いわゆる『教育の中立性』について」(『世界』第九十九号、一九五四年、三八~四二頁)や辻清明「教師と政治――中央教育審議会の答申案を中心として」(『教育行政』第十一号、一九五四年、二~一〇頁)のように答申案を批判する論文・論説等が発表されている。なお、ここに挙げた二つの論考は、関口泰編『教育を守るために』(柏林書房、一九五四年)に収められている。同書は、「文部当局の反省の資料になるのみならず、民主教育と民主政治においては最後の判定者である国民に対して、その判断の資料」(「はしがき」頁記載なし)となることを期待して編集され、答申案(「答申」)や二法案を批判する識者の論文等が収載されている。
(41) 「社説・教員の政治活動」『日本経済新聞』(朝刊)一九五四年一月十四日。
(42) 「社説・教育の中立性を破るは誰か」『読売新聞』(朝刊)一九五四年一月二十二日。
(43) 「社説・警戒を要する戦前への逆行」『読売新聞』(朝刊)一九五四年二月七日。
(44) 「天声人語」『朝日新聞』(朝刊)一九五四年一月二十三日及び二月六日。
(45) 「教育の中立性」『毎日新聞』(朝刊)一九五四年一月二十四日。
(46) 「再び教育の中立」『毎日新聞』(朝刊)一九五四年二月七日。
(47) 「大達文相に一考促す」『読売新聞』(朝刊)一九五四年一月二十六日。
(48) 「『特高』の復活」『朝日新聞』(朝刊)一九五四年一月二十七日。
(49) 「教育の中立化」『毎日新聞』(朝刊)一九五四年二月二日。

(50)「社説・不安の種子をまく教育立法」『朝日新聞』（朝刊）一九五四年二月十日。
(51)「社説・教育二法案に慎重を望む」『朝日新聞』（朝刊）一九五四年二月十六日。
(52)「天声人語」『朝日新聞』（朝刊）一九五四年二月十七日、三月十一日及び三月二十六日。
(53)「口つぐむ先生」『朝日新聞』（朝刊）一九五四年二月十七日。
(54)江家義男「納得できぬ教育二法案——刑法学的立場からの批判」『朝日新聞』（朝刊）一九五四年二月二十三日。
(55)M・C・ボーレー「日本の反動化を恐れる——人権を危くする教育法案」『朝日新聞』（朝刊）一九五四年三月二十日。
(56)「社説・ゆるがせにできぬ教育立法」『毎日新聞』（朝刊）一九五四年二月十一日。
(57)「社説・不十分な教育法案の裏づけ」『毎日新聞』（朝刊）一九五四年三月六日。
(58)「教育二法案」「国民は衆愚でない」『毎日新聞』（朝刊）一九五四年二月二十三日。
(59)「社説・教育の自由をまもれ」『読売新聞』（朝刊）一九五四年二月十日。
(60)「社説・思想の自由と文部省の錯覚」『読売新聞』（朝刊）一九五四年二月十六日。
(61)『読売新聞』（朝刊）一九五四年二月十四日。この記事については第三章第三節（1）でも言及した。
(62)「社説・世論を無視した教育法修正」『読売新聞』（朝刊）一九五四年三月十一日。
(63)「編集手帳」『読売新聞』（朝刊）一九五四年三月四日。
(64)「ニラまれる教育者」『読売新聞』（朝刊）一九五四年二月二十六日。
(65)矢内原忠雄「教育二法案に寄す」『読売新聞』（朝刊）一九五四年二月十七日。この論説については、後述の「再び教育二法案について」と『毎日』掲載の論説（矢内原忠雄「教員の政治的中立について」『毎日新聞』朝刊、一九五四年一月二十六日）とともに、矢内原忠雄『矢内原忠雄全集』第二十巻（時論　第三）（岩波書店、一九六四年）に収載されている。
(66)「社説・教育中立の論点」『日本経済新聞』（朝刊）一九五四年二月十一日。
(67)尾高朝雄「教育の政治的中立性」『ジュリスト』第五十四号、一九五四年、三四頁。
(68)なお、高瀬荘太郎監修『教員の政治活動——関係法規の解説と具体例』（明治図書、一九五四年）は、立法措置をめぐる「世論」の反対論の「代表」として、『毎日』掲載の矢内原の論説（矢内原、前掲「教員の政治的中立について」）

を掲げている（一九～二一頁）。

(69) 大達茂雄「教育二法案のねらい」『読売新聞』（朝刊）一九五四年二月二十二日。

(70) 矢内原忠雄「再び教育二法案について」『読売新聞』（朝刊）一九五四年二月二十四日。

(71) 尾高、前掲論文、三四頁。尾高は同論文で、政治的中立は「きわめてデリケートな意味をふくんでおり、その範囲を限定することはすこぶる困難」（三六頁）と指摘している。「デリケートな教育の問題はデリケートに処理されなければならない。作為的な政治工作や立法措置は、求める効果よりも有害な副作用を招来する危険が大きい」（三八頁）ことから、二法案には批判的であった。

(72) 例えば、河原春作（中教審委員・大妻女子大学長）の賛成論と梅根悟（前出）の反対論を掲載した「是か否か・教員の政治活動制限」（『毎日新聞』朝刊、一九五四年二月二十二日）、御手洗辰雄（評論家）らの意見を掲載した「教育二法案について・討論」（『毎日新聞』朝刊、一九五四年五月十六日）など。

(73) 「『教育法案』是か非か・アンケート」『読売新聞』（朝刊）一九五四年三月二日。

(74) 海野普吉が監修した教育二法に関する解説書として、海野普吉監修『教職員のための教育二法律解義』（東峰書房、一九五四年）がある。

(75) 「東京都教組のビラ」『朝日新聞』（朝刊）一九五四年二月十一日。

(76) 「偏向教育排す」「日教組に親の不安」「署名の押売に反対」「強制的な休校指令」『読売新聞』（朝刊）一九五四年三月二日。

(77) 「社説・日教組の『振替授業』に反対する」『朝日新聞』（朝刊）一九五四年三月十四日。

(78) 「余録」『毎日新聞』（朝刊）一九五四年三月十五日。

(79) 「社説・納得できぬ日教組の戦術」『毎日新聞』（朝刊）一九五四年三月十六日。

(80) 「社説・日教組のために惜しむ」『読売新聞』（朝刊）一九五四年三月十六日。

(81) 「よみうり寸評」『読売新聞』（夕刊）一九五四年三月十六日。

(82) 「社説・参院の良識に期待する」『朝日新聞』（朝刊）一九五四年三月二十六日。

(83) 「天声人語」『朝日新聞』（朝刊）一九五四年四月三日。

(84)「社説・政争に使われた教育法案」『毎日新聞』（朝刊）一九五四年三月二十六日。
(85)「社説・改悪された教育二法案」「編集手帳」『読売新聞』（朝刊）一九五四年三月二十七日。
(86)「社説・教育二法案は廃案とすべし」『朝日新聞』（朝刊）一九五四年五月十二日。
(87)「社説・大詰めにきた教育二法案」『毎日新聞』（朝刊）一九五四年五月十二日。
(88)梅根悟「参議院の良識に期待す」『毎日新聞』（朝刊）一九五四年五月十一日。なお、二法案を批判した梅根の論考に、梅根悟「教育の政治的中立の限界」（『人事行政』第五巻第四号、一九五四年、五四〜五七頁）がある。ここで梅根は、「今日わが国で起っている教育中立性の問題は、それが政府によって持ち出されている点において特異の現象である」と指摘し、「時代錯誤の悪法が出現しようとしている」と批判している（五七頁）。
(89)海後宗臣「最後の線にきた教育法案」『読売新聞』（朝刊）一九五四年五月十一日。
(90)「偏向闘争」『朝日新聞』（夕刊）一九五四年五月九日。
(91)「社説・旭丘中学の事態を憂う」『朝日新聞』（朝刊）一九五四年五月十三日。
(92)「天声人語」『朝日新聞』（朝刊）一九五四年五月十四日。
(93)「旭丘中学問題に疑念」『朝日新聞』（朝刊）一九五四年五月十二日。
(94)「生徒を争いに巻込むな」『朝日新聞』（朝刊）一九五四年五月十四日。
(95)下程勇吉「旭丘中学事件について――学校に権謀術数を持込むな」『朝日新聞』（朝刊）一九五四年五月十五日。
(96)「余録」『毎日新聞』（朝刊）一九五四年五月十三日。
(97)「余録」『毎日新聞』（朝刊）一九五四年五月十五日。
(98)「教育二法案の要あり」『毎日新聞』（朝刊）一九五四年五月十四日。
(99)「旭丘事件の教訓」『毎日新聞』（朝刊）一九五四年五月十八日。
(100)「社説・旭丘中問題の教えるもの」『毎日新聞』（朝刊）一九五四年六月二日。
(101)「編集手帳」『読売新聞』（朝刊）一九五四年五月十日。
(102)「編集手帳」『読売新聞』（朝刊）一九五四年五月十四日。
(103)「社説・旭丘中学と教育二法案」『読売新聞』（朝刊）一九五四年五月十六日。

(104)「社説・教員組合の学校管理」『日本経済新聞』(朝刊)一九五四年五月十一日。

(105)「社説・教育二法は伝家の宝刀」『日本経済新聞』(朝刊)一九五四年六月一日。

(106)請願と陳情は実質的には同様のものである。しかし、陳情は請願のような正式なものではないため、陳情書の提出にあたって議員の紹介を必要としない等の違いがある(浅野一郎・河野久編著『新・国会事典(第3版)』有斐閣、二〇一四年、一六五～一六八頁)。

(107)衆議院については、『第十九回国会　衆議院請願文書表　上』、『第十九回国会　衆議院請願文書表　下』、『第十九回国会　衆議院請願報告書　2』及び『第十九回国会　衆議院陳情文書表』、参議院については、『第十九回国会　参議院請願文書表』及び『第十九回国会　参議院陳情文書表』による。なお、本文での請願・陳情の動向や内容等に関する記述は、いずれもこれらの史料に依拠している。

(108)ただし、請願・陳情者の重複等も考えられるため、その実数を正確に把握することは困難である。

(109)前掲『第十九回国会　衆議院請願文書表　下』一三二三頁。

(110)第六章第三節(3)を参照のこと。

(111)「昭和二十九年六月二日報告　請第八九三号」前掲『第十九回国会　衆議院請願報告書　2』。

(112)前掲『第十九回国会　衆議院陳情文書表』九二～九六頁(目次)。

(113)同右、九二～九六頁(目次)及び七八一頁(本文)。

(114)同右、七八一～一〇四一頁(本文)。

(115)前掲『第十九回国会　参議院請願文書表』一五二～一八三頁(目次)。

(116)同右、一五二～一八三頁(目次)。同右中「第五回報告」六五～六六頁。

(117)同右中「第五回報告」～「第十七回報告」。なお、請願件名に「(三通)」のように、通数を付したものも多く見られる。また、松岡弘の請願(第一五六一号)のみ、件名が「教育公務員特例法の一部を改正する法律案等反対に関する請願」となっている。

(118)前掲『第十九回国会　衆議院陳情文書表』九五三頁(本文)。

(119)吉田の証言については、第五章第三節(3)で言及している。

(120) 前掲『第十九回国会　参議院請願文書表』中「第十回報告」二一頁。
(121) 前掲『第十九回国会　参議院陳情文書表』中「第六回報告」一六頁。
(122) 同右中「第七回報告」一〇頁。
(123) 前掲『第十九回国会　衆議院陳情文書表』八〇五頁（本文）。
(124) 前掲『第十九回国会　参議院陳情文書表』中「第九回報告」一一頁。
(125) 「『義務教育諸学校における教員の政治的中立の確保に関する法律案』成立に関する意見書」（一九五四年三月八日）『行政文書史料』二〇一八。この意見書には、文末に「右地方自治法第九十九条第二項により意見書を提出する」との記載がある。
(126) 前掲『第十九回国会　参議院陳情文書表』中「第十一回報告」三頁。
(127) 前掲『第十九回国会　衆議院陳情文書表』九四八頁（本文）。
(128) 同右、九七八頁（本文）。
(129) 『第十九回国会衆議院文部委員会公聴会議録』第一号（一九五四年三月十三日）四頁。
(130) 例えば、「社説・教育の中立性維持」は、「日教組の政治活動偏向にはわれわれとしても大いに承服しかねるものがある」とし、山口日記事件を「教育の中立性を正面から否定し去ったもっとも悪質な背信行為」と指摘して、「日教組のこの行き過ぎた態度が反省されない限りにおいては、教育の中立性維持に必要な何らかの手が打たれることを、われわれも遺憾ながら認めざるを得なくなる」と述べる一方、「これにたいする政府の措置として教職員の政治活動禁止が取り上げられていることは、われわれにいわせればピントはずれである」と政府の対応を批判している（『産業経済新聞』朝刊、一九五三年十二月十六日）。また、「社説・教育法案の審議に望む」は、政府が二法案反対の世論の動向を無視し、「法案の絶対成立を期して今日国会審議にのぞんでいるとするならば、われわれは先ずその猛省を促さざるを得ない」と述べている（『産業経済新聞』朝刊、一九五四年二月二十八日）。
(131) この点に関し、「新聞は教育二法案にたいして、社説では概ね批判的な調子をあらわしていたが、その反面必ず抱き合わせ的に、日教組にたいする批判を行い、しかもその批判の角度は、むしろ大達文相に近いものですらあった」という指摘がある（法政大学心理学研究会編、前掲書、一七三頁）。

(132) 「社説・教育二法案の成立」『朝日新聞』(朝刊)一九五四年五月三十一日。
(133) 第六章第四節を参照のこと。
(134) 国立国会図書館調査立法考査局『請願制度とその効果』一九五〇年、二頁。

終章　結論と今後の課題

本書では、教育二法の制定過程を実証的に再検討し、その諸側面の内実を具体的に明らかにしてきた。本章では、本書のまとめとして各章の検討結果、すなわち得られた知見を整理するとともに（第一節）、それに基づき、教育二法制定の意味について考察する（第二節）。次に、第一節及び第二節を踏まえて本書の意義について論じ（第三節）、最後に今後の研究課題を提示する（第四節）。

第一節　本書のまとめ――得られた知見

第一章では、教育二法の制定過程を検討する上での手がかりを得るために、教育基本法の制定過程における政治的中立論議について検討した。教育刷新委員会（総会及び第一特別委員会）及び第九十二回帝国議会（主に衆議院教育基本法案委員会及び貴族院教育基本法案特別委員会）における教育基本法第八条関連の論議の内容は、①政治的中立の規定が及ぶ「学校」の範囲、②教員の政治教育・政治的活動（政治運動）、③学生生徒の政治運動、の三つに大別され、このうち、本書の課題と密接に関連する②の論議に関していえば、次のようなことが明らかとなった。

教育基本法案の政治的中立の規定をめぐっては、教育刷新委員会及び第九十二回帝国議会のいずれにおいても、政治教育の振興や自由主義の尊重という点で、その規定自体を疑問視する意見が委員（議員）から出された。しかし、文部省関係者は政治的中立の規定をかなり重視しており、教育基本法案（特別）委員会では、文部省関係者から教育基本法第八条第二項の趣旨が繰り返し説明されるとともに、政治的中立の違反行為に対しては、厳格な措置を講じるという姿勢が示されている。この姿勢の背景に、教員組合の組織化に伴う教員の政治活動の活発化という事情があったことはいうまでもない。一方で文部省関係者は教員の「思想の自由」を尊重することを強調しており、学校の教育活動としてではなく、個人的立場で行う党派的な政治的活動や学問的立場からの政治批判などは特に問題はないという見解を示している。

しかし、政治的中立の規定が重視され、その意義が随所で強調されてはいたものの、論議の過程では、教員の政治教育・政治的活動（政治運動）の限界について、その明確な基準が示されたわけではなかった。教育刷新委員会及び教育基本法案（特別）委員会のいずれにおいても、多くの委員から党派的政治教育・政治的活動の判断基準が不明確であることが度々指摘されたものの、文部省関係者は明確な判断基準を示すことなく、学校（校長）にその判断を委ねる、あるいは教員の自覚に訴えるという方針を示したのである。これは学生生徒の政治運動についても当てはまることであった。文部省関係者の種々の発言を踏まえれば、このような方針は、個人の思想の自由、学校や教員、学生生徒の自主性を尊重する文部省の姿勢の表れと評価することもできる。他方、このことは、教育基本法の制定過程において、教員の党派的政治教育・政治的活動の限界をどう考えるかといったような、政治的中立をめぐる本質的な議論が十分になされなかったことを意味している。

第二章では、二法案との密接な関連性が指摘されている「義務教育学校職員法案」（以下、義教法案と略）をめぐる政治過程を明らかにし、そこで展開された教員の政治活動制限論議の内実について、第十五回国会における論議を中心に検討した。検討を通じて明らかになったのは、次のようなことである。同法案に反対した野党や関係団体、有識者、マス・メディア（新聞）等（以下、反対論者と略）は、同法案本来の目的が教育の中央集権化や教員の政治活動制限、日教組の分断等にあると主張した。一方で、義教法案の提案者側である政府・自由党、文部省（以下、法案提案者と略）は、同法案の第一義的目的が教員の政治活動制限にあるのではなく、国家公務員化は教員の身分と待遇の安定のためと一貫して主張していた。つまり、義教法案の趣旨は教員の身分保障にあり、教員の政治活動制限は同法案の「副次的効果」に過ぎないというのが法案提案者の見解であった。

国会論議等の内容を窺う限りでは、義教法案の第一義的目的が教員の政治活動制限にあったとは断定し難い。ただ、それが重要なねらいの一つであったことは法案提案者の発言等から明らかである。法案提案者は、教員（日教組）による過度の政治活動を厳しく批判し、教員（特に日教組幹部）の良識に訴えることは困難と判断しており、教員の政治活動制限は義教法案の「副次的効果」だとしても、それを重視していた。反対論者であっても、当時の教員（日教組）の過度の政治活動に対しては批判的な者が少なくなかったが、これについては法的規制でなく、教員の良識に訴えることが重要との認識を示している。

もう一点指摘すべきは、教員の政治活動（制限）のあり方、政治的中立に関する議論が活発に展開されたものの、その論議が十分に深められなかったということである。例えば、反対論者からは、法案提案者による教員の政治活動に関する説明が「感情論」に過ぎず、いかなる政治活動が政治的中立を規定した教育基本法第八条に抵触するのか、といった点についての説明が不十分であると批判された。確かに、この点に関する法案提案者側の説明は具体性に乏しく、政府・自由党関係者の発言はほとんど日教組批判に終始している。その意味では、法案提案者と反対論者の議論は必ずしも嚙み合っておらず、生産的な議論には発展しなかったといえる。

第三章では、二法案立案の直接的な契機となった山口日記事件の動向を明らかにするとともに、二法案の立案過程について検討した。二法案の立案過程については従来、ほとんど解明されていなかったが、『行政文書史料』や『文部省関係審査録綴（法律）』、「佐藤達夫関係文書」の『教育二法案（第一九国会）』等の分析を通して二法案の作成経緯を跡付け、同法案が政府原案として最終決定するまでに、内容・形式の異なる複数の草案が作成されたことや法案作成をめぐる諸アクター間の折衝の様相等を明らかにした。これに関しては、特に次のような点を指摘することができる。

まず、法案の作成過程では、特に文部省と他の関係官庁（法制局、人事院、法務省）、政党関係者等との折衝が重要な意味をもっており、この折衝を通じて、文部省の構想が幾度も修正・変更することを余儀なくされたということである。つまり、文部省の当初の構想がそのまま二法案の政府原案として実現したわけではなかった。法務省が、党派的教育活動を行った教員自体は罰しないという文部省（大達文相）の意向を最終的に受け入れたことは事実であるが、法案の規制の対象範囲が限定されたことや中確法案の「教唆・煽動の禁止」違反に対する罰則が軽減されたこと、同法案に「処罰の請求」規定が盛り込まれたことなどは、文部省側にとっては「後退」を意味した。同法案の政府原案は、大達文相ら文部省側の意向が全て反映されているわけではなく、同省が最初の段階で作成した法案（草案）よりも抑制的なものとなっているのである。ただ、当初の「文部省案」も最終的に政府原案として確定した二法案もその趣旨に大差はない。法制局等による修正の要点は立法技術上の問題でもあることから、折衝を通じて法案の精緻化が図られたことも確かである。

もう一点は、二法案の立案に際して大達文相が重要な役割を果たし、法案作成には大達のリベラリストとしての一面が反映されたということである。大達は、教員の自主性や教育の自由を重んじる観点から、教員の教育活動自体を直接規制し、その違反者に対して刑罰を科すことには反対していた。大達のこの意向は、地方課に対する指示や法務省との折衝において示され、これが二法案立案のいわば「原則」であったのである。

第四章では、二法案立案の一つの拠り所となった「教員の政治的中立性維持に関する答申」(以下、「答申」と略)をまとめた中央教育審議会(以下、中教審と略)の動向と政治的中立をめぐる論議の内実について、主に『中央教育審議会総会速記録』等の分析を通して明らかにした。中教審では、山口日記事件後の第一四回総会以降、政治的中立に関する議論が本格的になされるようになり、その内容は義務教育段階における教員の政治活動制限のあり方、特に、日教組への対応策の検討が中心であった。ここでの論議に関しては、特に次の二点を指摘しておく必要がある。

第一に、教員(日教組)の政治活動の制限について慎重な対応を求める委員が少なくなかったということである。各総会の論議では、特に天野貞祐、野口彰、前田多門、八木沢善次、矢内原忠雄といった教育関係者が積極的に発言しており、これらの委員はいずれも教員(日教組)の政治活動制限について慎重な態度を示していた。中教審では、日教組の組織的影響力を警戒し、その政治活動のあり方を批判する雰囲気が常に存在していたものの、日教組に対する批判が直ちに立法措置などの厳しい対応をとるべきという発想には繋がっていない。

第二に、「答申」で示された「適当な措置」という文言が曖昧であったため、それがどのような措置を意味するのか、それに立法措置が含まれるのか否かといった問題が、少なくとも中教審の論議においては未解決のまま残されることになったということである。「答申」は政治的中立の問題をめぐる中教審の最終的な結論である。しかし、最後まで「適当な措置」の解釈について委員の間で共通理解をもつに至らず、中教審内部においてすら多様な解釈の余地を残したという意味で、いわば「不完全な」結論であった。

第五章では、主に国会会議録や新聞記事の分析を通して、二法案をめぐる国会審議過程について検討し、次のような点が明らかになった。二法案をめぐる国会審議過程には、「保守」と「革新」の政治的対立(保革対立)図式が鮮明に表れていた。「偏向教育の事例」を根拠として二法案の必要性と意義を説く政府・自由党に対し、野党の両派社会党や共産党などは、「偏向教育の事例」の正当性に疑念を示し、二法案が憲法で保障された基本的人権や言論の自由を抑圧する「悪法」であるとして、政府・自由党を批判し続けた。与野党とも、日教組の政治活動について、その「行き過ぎ」を認めた点では一致しているものの、二法案を必要とするような状況であるのか否かという点について、両者の見解は全く異なり、最後までこの状況認識の違いが埋まることはなかった。その意味では、必ずしも生産的な議論には発展しなかったが、こういった対立状況が一定の緊張関係をもたらしたことで、政治的中立をめぐる多様な解釈や見解が提示され、立法措置を講じることの意義や問題点について幅広い議論がなされたといえる。

ただし、保革対立という構図の中で審議が進行したとはいえ、「保守」（自由党・改進党・日本自由党）も決して一枚岩であったわけではなかった。二法案をめぐっては、政党間だけでなく、改進党内の「保守派」と「革新派」に見られたように、政党・会派内での対立構造も存在し、この対立構造が審議の行方を左右した。二法案の政府原案は、保革対立という枠組みに収まることなく、より重層的な政治力学の中で検討・修正されたのである。そして、参議院の採決において、「保守」と親和的な緑風会作成の二法案修正案（緑風会修正案）に「革新」の両派社会党や共産党までもが賛成し、「保守」の自由党が反対するという政治的に相反した状態となり、最終的に衆議院で緑風会修正案はほぼ全会一致で可決され、教育二法の成立に至った。二法案に一貫して反対してきた両派社会党や共産党が賛成した背景には国会戦術上の理由もあるが、特に両派社会党については、不十分ながらも二法案の懸念材料が除去されたという認識があったことが指摘できる。政府・自由党も緑風会修正案を不十分と認識していた点では野党（両派社会党等）と同様であった。しかし、衆議院議決案にこだわって二法案を廃案とするよりも、教育二法成立という所期の目的達成を優先し、結果的に緑風会修正案を受け入れたのである。

さらに、教育二法の成立には、先行研究も指摘するように、旭丘中学校事件の発生という外的要因がそれを後押ししたといえる。二法案審議の最終段階で発生した同事件が二法案に対する野党の批判的態度を軟化させたことは確かであり、これが二法案に革新政党が賛成する一因になったことは否めない。その意味では、二法案を批判してきた教組の活動のあり方が、教育二法の成立に加担する結果になったともいえるのである。

第六章では、教育二法の制定過程における教育関係団体の動向について、日教組の活動に焦点を当てながら検討した。ここで明らかになったのは次のようなことである。二法案の立案は山口県教職員組合という日教組の下部組織が編集した『日記』の政治的偏向性の問題に端を発しており、同法案の主たるねらいが日教組対策であったことから、立法措置に対して最も強硬な姿勢で積極的に反対運動を展開したのは、いうまでもなく日教組であった。日教組は山口日記事件を「教組に対する弾圧」と捉え、『日記』の内容に瑕疵はないとして、その正当性を主張した。ただ、日教組の内部には『日記』を問題視する向きがあったことも事実である。また、二法案に対しては、「振替授業」やハンストの実施など、激しい「法案反対闘争」を繰り広げており、日教組は、法案反対の世論形成の一翼を担ったといえる。他方、その活動には、第七章で言及したように、世論を硬化させた側面があり、闘争のあり方・方針をめぐっては日教組の内部においても対立が見られた。

日教組以外の各団体についても、二法案に対しては全国地方教育委員会連絡協議会（全地教委）を除き、ほとんどの団体が反対し、多岐にわたる反対活動を行った。いずれの団体も教員（日教組）による過度の政治活動を批判してはいるものの、それは教員（日教組）の自主的な反省と努力によって解決され得るという認識を示している。二法案については、教育基本法の精神にもとり、これによって教員の権威と自主性が喪失し、自由な教育活動が抑制されるという主張でほぼ共通している。

多くの団体は二法案の刑罰規定を強く批判し、その削除を要請すべく、特に参議院（特に緑風会関係者）に対する請願・陳情活動を活発に展開した。結果的にはこのような活動が功を奏し、緑風会は各団体の要請どおり、刑罰規定を削除した二法案の修正案を提案し、それが可決に至ったのである。教育関係団体の活動が二法案の「参議院修正をもたらした」という先行研究の指摘は妥当であり、その活動が国会審議の動向や世論形成に影響を及ぼしたという点で、教育関係団体は教育二法の制定過程における主要なアクターの一つとして、一定の役割を果たし得たのであった。しかし、二法案の廃案という所期の目的が達成されなかったことからすれば、教育関係団体の活動の影響は、法案の「参議院修正にとどまった」ともいえる。

第七章では、教育二法の制定過程における「世論」の動向と内容について、新聞記事及び国会請願・陳情の検討を通して明らかにした。新聞記事については、『日本経済新聞』のみは政治的中立をめぐる政府や中教審の対応に一定の理解を示しているものの、三大紙の論調や関連記事はその対応に総じて批判的であった。特に答申案が出されて以降、立法措置をめぐって三大紙はこぞって反対の論陣を張り、二法案反対の「世論」形成を積極的に担っていたことが窺える。

しかし、「世論」は二法案等に対する批判のみに終始したわけではない。関連記事には、日教組の活動（闘争）の行き過ぎを指摘したものも多く、特に、「振替授業」という闘争戦術に対しては厳しい批判がなされている。二法案の審議が最終段階に至った頃からは、二法案に対する新聞論調にも変化が現れ、関連記事の中には、二法案の「支持」を打ち出すものも見られた。そして、旭丘中学校事件の発生を機に、新聞論調は教組（日教組）に対する批判の度合いを強め、二法案に反対してきた教組が教育二法の成立に加担したという見方も示されるようになったのである。

国会請願・陳情については、必ずしも「世論」の正確な反映ではないという点を考慮に入れる必要はあるものの、二法案をめぐる「世論」の一端が示されている。その大半が二法案反対の請願・陳情であったが、わずかながら二法案に賛意を示し、教育二法成立を要望する陳情も含まれていた。請願・陳情には、教職員組合はもちろん、全国連合小学校長会や信濃教育会の関係者によるものも含まれており、教育関係団体による反対運動の一環として、国会請願・陳情活動が行われた事実が確認できる。そして注目すべきは、参議院に対する請願の規模が比較的大きかったという事実であり、これは各団体による二法案の反対運動が参議院での法案審議に一定の影響を及ぼし得たことの傍証ともいえるのである。

第二節　考察

本節では、本書での検討を通じて得られた知見を踏まえながら、教育二法制定の意味について考察する。

序章で述べたように、戦後教育史の通史を含め、教育二法の制定過程を叙述した先行研究の多くは、同法を一九五〇年代における「逆コース」下の教育の「反動化」を象徴するものと位置付け、いわば「悪法」と捉えてきた。確かに、本書で明らかにしたように、二法案をめぐっては、野党である両派社会党や共産党、さらには保守政党である改進党の一部（革新派）までが基本的人権や思想、言論の自由を侵害し、教員の自由な教育活動を抑圧する「悪法」、「教育破壊法」あるいは「反動立法」などと非難し、教育関係団体や「世論」も総じてこれと同様の批判を展開している。

国内政治において保革対立が鮮明化していた当時、「日教組対策立法」という性格をもつ二法案に「革新」勢力が反対することは当然だとしても、二法案に対しては、「革新」勢力に限らず、幅広い層の人々が反対したのであった。二法案に賛意を示した者でさえ、立法措置を講じることに積極的でない場合や、中確法案の「教唆・煽動」概念の曖昧さに懸念を示す場合があったことも事実であるし、二法案の立案以前の段階でも、中教審では教員の政治活動制限について慎重な対応を求める委員が少なくなかった。したがって、先行研究の多くがこのような状況に鑑み、教育二法の制定を否定的に捉えているのは理解できないことではない。

ただ、従来の研究の多くは、実証的検討が十分でないため、制定過程の多様な側面を明らかにし得ておらず、同法制定に対して多角的な視点からの考察がなされていない。すなわち、本書での検討を通して得られた知見のうち、先行研究の多くが等閑視してきた側面に着目すれば、同法制定について従来の研究とは異なる見方もできるのではないだろうか。では、従来の研究の多くが等閑視してきた側面とは何か。ここでは特に次の三点を指摘しておきたい。

第一に、二法案がその立案と国会審議のプロセスにおいて、多様なアクターの意向を反映し、幾度も修正を重ねることで、一定程度「抑制」されたことである。従来の研究では、二法案の立案過程は十分解明されていなかったが、本書では、二法案が政府原案として確定するまでに、文部省と他の関係官庁等の折衝を通じて何度も修正・変更を余儀なくされたこと、大達文相のリベラリストとしての一面が法案作成に反映されたことなどを明らかにした。

国会審議の過程については、従来の研究でもおおよそ明らかにされているが、国会に提出された政府原案がそのまま可決されたわけではなく、重層的な政治力学の中で同法案の修正が衆参両院で図られたことや、その修正に同法案の反対運動や「世論」が一定の影響を及ぼし得たことなどに、より一層注意が払われるべきであろう。最終的に成立した教育二法は、政府原案である教特法案の刑罰規定が取り除かれたし、立案当初の文部省案と比べても相当程度の変容が見られる。法案の趣旨に変更はないものの、二法案の立案者側からすれば、二法案は立案過程と国会審議過程の二段階にわたって「後退」を余儀なくされているのである。

第二に、二法案は与野党対決法案であったにもかかわらず、最終的に教育二法は、保革のいわば「合意」によって成立したという事実である。二法案は参議院の採決では、法案に反対してきた両派社会党や共産党が「保守」と親和的な会派である緑風会の修正案に賛成し、二法案の原案を提出した政府・自由党がこれに反対するという政治的に相反した事態となった。そして、衆議院では参議院から回付された緑風会修正案をほぼ全会一致で可決したのである。しかし、教育二法の制定を叙述した従来の研究の多くは、この点について十分に言及していない。(1)

この経緯に関し、参議院で緑風会修正案に反対した自由党の剱木亨弘は、教育二法について、「成立はしたが、何ら実効なきザル法となってしまった」と指摘し、「この教育二法案をめぐる争いは、確かに保守の敗北の一ページであった」と述べている。(2)ここに示されているように、政府・自由党からすれば緑風会修正案の可決は、ある意味で「敗北」であった。したがって、政府は教育二法の成立後、将来的に同法を再修正することを意図したが、同法の成立という所期の目的が達成されたという意味では、「勝利」であったともいえる。他方、両派社会党や共産党にすれば、同法の不成立（二法案の廃案）という所期の目的は未達成に終わったものの、二法案に賛成するほどまでにその懸念要因が縮小されたといえるのである。(3)教育二法は与野党の妥協の産物ではあったとしても、その制定に際して、最終的に合意形成がなされたことの意味は小さくない。

第三に、教育二法の制定過程においては、教員の政治活動制限構想や二法案に対する批判や反対論だけでなく、二法案や政治的中立に関して多様な解釈や見解が示されたということである。前述のとおり、制定過程では二法案に対する反対論が優勢であり、先行研究の多くは野党、教育関係団体、識者、マス・メディアの反対意見や批判的見解に焦点を当ててきた。しかし、中教審の論議や国会審議、「世論」等の内実を具に検討してみれば、教員の政治活動制限構想や二法案をめぐる見解は、必ずしも単純な賛成論や反対論ばかりではないのである。

例えば、当時、政治的中立が侵害されている状況があるという点については、二法案への賛否を問わず、多くの者が認識を共有していた。山口日記事件や「振替授業」、旭丘中学校事件に対する見解に見られるように、二法案の反対論者であっても、教員（教員組合・日教組）の政治的偏向や過度の政治活動に対して批判する向きが少なくなかったのである。この点については、第二章で検討した義教法案をめぐる論議においても同様であった。二法案そのものに対しても、賛成論者が法案を部分的に批判することや、反対論者が法案の趣旨に理解を示すなどの例が見られる(4)。

以上の点を考慮に入れるだけでも、先行研究の多くが教育二法の制定をめぐる多様な側面について十分に検討を加えているとはいえないことがわかる。教育二法は保革の政治的対立が激しかった当時の時代状況にありながら、その制定過程において多様なアクターの意向を反映し、内容が「抑制」あるいは「精緻化」された上で、保革対立を超えた「合意」によって成立したのである。こういった事実や二法案あるいは政治的中立に関する多様な見解等が示されたことにも目を向ける必要があろう。

第三節　本書の意義

次に、第一節及び第二節で述べた内容を踏まえながら、本書の意義について述べておきたい。

まず、教育二法の制定過程を実証的に再検討することで、これまで十分に明らかにされてこなかった史的事実を解明し、同法制定に関する新たな知見や示唆を得たという点で重要な意義をもつ。本書では、従来の研究ではほとんど用いられることのなかった新史料を多く活用するとともに、「保革対立」という分析視角を相対化し、諸アクター間の対立と妥協、合意といった政治過程のダイナミクスに着目して検討を行った。これにより、従来の研究において断片的な叙述に留まっていた教育二法の制定過程の全体像が浮き彫りになるとともに、同法制定について考察するための重要な示唆が得られたといえる。

例えば、従来の研究では、「保革対立」の観点から二法案をめぐる国会審議の動向に焦点が当てられ、国会審議以前の段階である二法案の立案過程はほぼ未解明であった。これは、立案過程を検討する上での史料の存在が十分に把握されていなかったことも一因といえるだろう。そこで本書では、『行政文書史料』や法制局の法案審査過程に関する史料、「佐藤達夫関係文書」の『教育二法案（第一九国会）』などを分析し、二法案が政府原案として確定するまでのプロセスを詳細に跡付けた。その結果、立法措置のあり方に対する文部省、法務省、法制局等の構想が具体的に明らかになり、従来の研究では十分に論及されてこなかった点について、新たな知見を得ることができたのである。

特に大達文相が、政治的中立確保の立法化構想が具体化した当初の段階から、教員の教育活動自体に対する直接的な規制、すなわち、党派的教育活動の禁止に違反した教員に対して刑罰を科す、という方法に反対であったことは注目すべき事実であろう。法務省は、党派的教育を行うこと（実行行為）を犯罪とせず、その教唆・煽動のみを処罰するという文部省案に疑義を呈したが、大達は教員の自主性や教育の自由を重んじ、教員の萎縮を招くとして教育活動自体を処罰の対象とすることには一貫して反対であった。大達のこのような意向が二法案の政府原案に反映されたこと、二法案が個々の教員の教育活動自体を規制しようとする法案ではなかったということは、二法案の評価に関わる重要な知見といえる。

一方で、前述したように、立案過程での諸アクターの相互交渉を通じて、文部省案は「後退」を余儀なくされたという事実も「発見」することができた。この事実から、「政府原案」とはいうものの、それは、決して文部省や大達文相の当初の意向がそのまま反映されたものではなく、二法案は国会審議以前の段階において、すでに一定程度「抑制」されていたのではないか、というような示唆が得られたのである。

国会審議の段階についても、重層的な政治的ダイナミクスに焦点を当てながら、諸アクターの動向を詳細に検討したことで、「保守」勢力内部の対立や相互交渉、「革新」勢力による教組批判（旭丘中学校事件に対する両派社会党の対応等）が法案審議に重要な影響を与えたこと、さらには教育関係団体や「世論」も一定の影響を及ぼしたという知見が導かれた。これに関し、例えば以下のような事実から、政治的行為の制限違反者に対する教特法案の刑罰規定（以下、刑罰規定と略）が法案審議の行方を左右する一つの大きな要因になっていたことがわかる。すなわち、政府・自由党、特に大達文相が刑罰規定にこだわり、これを重視していたこと、自由党と同じ「保守」である改進党の内部には刑罰規定に批判的な向きが少なくなかったこと、教育関係団体が刑罰規定を強く批判し、特に緑風会関係者に積極的な陳情活動を展開していること、参議院で自由党に次ぐ議席を有し、教育二法成立の成否を決するキャスティング・ボートを握っていた「保守」色の強い緑風会が教育関係団体の活動や「世論」を背景に刑罰規定を削除した修正案を作成したこと、二法案に一貫して反対してきた「革新」の両派社会党や共産党がこの緑風会修正案に賛成して教育二法が成立したこと、等である。

緑風会が刑罰規定を削除したのは、教員の政治活動制限は教員の地位にあるがゆえであり、懲戒処分によってその地位から排除されれば十分という理由による。(5) 国家公務員法が政治的行為の制限違反者に対して刑罰を科しているのに対し、地方公務員法にその刑罰規定がないのは、政府の説明によれば、「制限される行為自体は、その者が職員たる地位にあるがゆえに制限されるにすぎないのであるから、これが違反者に対しては公務員関係からの排除をもってすれば足る」からとされる。(6) つまり、緑風会はこれと同様の論理で教特法案原案の罰則を懲戒処分に緩和する修正案を作成したことになる。有倉遼吉は、「地方公務法第三十六条が、政治的行為制限に対する違反につき、刑罰を定めていないのは、まことに合理的」であり、「いわば国家公務員法の不合理を是正したのが地方公務員法の考え方であった」と指摘している。(7) 二法案をめぐる国会審議の過程では、保革関係なく、刑罰規定を「不合理」と認識したアクターが多数を占めたがゆえに、緑風会修正案は支持され、可決に至ったとも考えられよう。その意味で緑風会修正案は重要であり、政治的中立の問題については刑罰規定のあり方が大きな焦点になる、ということがここから示唆されるのである。

次に、教育二法の制定過程の検討を通じて、政治的中立をめぐる多様な解釈や見解を明らかにしたことが意義として挙げられる。法案の内容等は別として大掴みにいえば、政治的中立をめぐる主な論点は、政治的中立を侵害しているか否かの判断基準は何か、教員（教員組合・日教組）による党派的教育活動・政治的活動をいかに制限するか（特に刑罰規定を含めた立法措置は必要か）、立法措置が教員の教育活動の萎縮を招来しないか、政治的中立という概念をどう考えるか、といったことである。各論点についての解釈や見解をここで改めて示すことは避けるが、多様な見解等から窺えたことの一つは、政治的中立の必要性についての認識が広く共有されているにもかかわらず、政治的中立の判断基準、政治的中立確保の方法論をめぐっては、畢竟、個人の思想や価値観が反映されるため、その共通理解を図ることは至難ということであった。本書は、教育二法の制定過程を実証的に再検討することを目的としており、制定過程での多様な見解等を踏まえながら、政治的中立に関する原理論的な考察を行うことは「守備範囲」を超える。しかし、少なくとも制定過程の諸論議から多様な解釈や見解を浮き彫りにし、政治的中立のあり方を考究するための手がかりが得られたという点において、その意義は認められよう。

そして、もう一つの意義は、教育二法の制定について多角的に再検討した本書が、戦後教育史の通史的な捉え方の見直しに繋がる可能性を有するということである。戦後教育史の通史的叙述の特徴については序章で論じたが、その所与の前提となっているのが「国家の教育政策VS国民の教育」というパラダイムであり[8]、戦後教育史の通史の多くは、国家の教育政策及びこれを遂行する「保守」の反動勢力（文部省、政権政党）とこれに対抗して闘う国民（日教組、革新政党）という対立軸を設定して戦後教育の歴史を描いている。一九五〇年代以降の教育政策については、教育二法の制定を端緒に、一九五六（昭和三十一）年の地方教育行政の組織及び運営に関する法律

（以下、地教行法と略）の制定、一九五八（昭和三十三）年の「道徳の時間」の設置などが「教育反動化」の象徴的事象とされ、これらが保革対立（文部省対日教組）の二項対立図式で叙述されているのである。一方で、戦後教育史の通史的叙述に疑問を呈し、これとは異なる視点からの検討によって、戦後教育史研究に新たな地平を拓こうとする研究も蓄積されてきた。(9)

特に、一九五〇年代の教育行政・政策史研究については、二〇〇〇年代に入ってから、二項対立的な分析枠組みを批判し、従来の研究とは異なる視角から教育政策・政治過程を分析する研究が相次いでいる。これらの研究については、二〇〇〇年以降の戦後教育史研究の動向を検討した米田俊彦のレビューに詳しいが、(10)その一つが、筆者もメンバーに加わった本多正人らの研究である。(11)これは、教育委員会制度の再編過程（地教行法の制定過程）に関する実証的研究であり、教育委員会法下の公選制教委制度から地教行法による任命制教委制度への改編を中央（大蔵省、自治庁、文部省、政党、日教組等）と地方（地方六団体、教委関係団体、県教組等）の関係諸アクターによるパワーゲームとして捉え、地教行法の成立がこれら諸アクター間での対立と妥協、合意の帰結であったことを重視し、同法成立の意味を検討したものである。こういった研究に連なる本書は、戦後教育史の通史的な捉え方を問い直す契機を含みものといえる。

第四節　今後の研究課題

最後に、今後の研究課題について述べておく。本書では教育二法の制定過程、つまり、同法成立までを対象として検討を行ったが、同法制定の意義や問題点、さらには政治的中立についてより深く考察を行うためには、同法の成立以後の展開も検討していく必要がある。そうすれば、より広い視野で同法の歴史的意味を評価することも可能になるだろう。

これに関して、例えば小玉重夫らの研究[12]では、教育二法や地教行法の成立が「教育の脱政治化[13]」をもたらしたとの指摘がなされている。すなわち、教育二法や地教行法は著しく「政治化」したプロセスを経て成立したものの、「その結果構築された制度は関係者にとって紛争を避けるためのルールとして機能し、結果的に脱政治化を促した」という通説とは異なる理解が示されている[14]。そして、「一九五〇年代は、表面上の激しいイデオロギー対立の影で逆説的に、教育の脱政治化が着実に進行した時代」であったが、近年は、主権者教育推進の動きなどに見られるように、「教育の再政治化」がもたらされつつある状況という[15]。教育二法の制定までを扱う本書では、同法成立が「教育の脱政治化」をもたらしたという点については直接検証し得ないものの、こういった指摘も視野に入れながら、具体的には、特に次の四点を今後の研究課題として挙げておきたい。

第一に、教育二法がもたらした「萎縮効果」についての検証である。有倉遼吉は、教育二法の施行以来、同法や教育基本法第八条第二項（政治的中立）違反を危惧するあまり、同条第一項（政治的教養の尊重）違反に追い込まれる現象、すなわち、教員が政治教育に消極的になる状況が見られたと指摘し、その根拠として日教組が一九五五（昭和三十）年に実施した「二法律施行後状況調査中間報告」を挙げている[16]。鈴木英一も、「本法制定が学校現場に与えた実際的効果は、きわめて大きかった」と述べて、この調査報告とともに、序章で言及した「萎縮効果」に関する永田照夫の見解を紹介している[17]。このように教育二法施行後の教員（特に社会科教員）の「萎縮」を指摘する向きは多いが[18]、その実証的根拠が必ずしも十分に示されているとはいい難い。

実際、教育二法は学校現場にどのような影響を及ぼしたのか。萎縮効果が生じたとすれば、その実態や程度はどうであったか。本書で得られた知見に照らせば、中確法が「教師の萎縮効果を狙っていた[19]」というのは疑問であるとしても、教育二法の制定が結果的に萎縮効果をもたらしたという指摘の妥当性については吟味が必要である。資料的制約もあって検証は困難かもしれないが、同法制定以後の各地の教育実践、教員（日教組）の政治活動の実態等について検討を行うことで、この点の解明を試みたい。なお有倉は、教育二法が萎縮効果をもたらしたことを認めつつも、「日教組調査で明らかとなった政治教育の萎縮は、教員の理解不十分による杞憂にも一半の責めがある」と述べている。ここでいう「理解不十分」とは政治的中立違反の内容・意味についての理解が十分でないということであり、これも「萎縮」の原因と分析しているのである[20]。この点に関していえば、教育二法制定後に出された文部事務次官通達（文初地第三三五号）[21]では、教特法によって教員が「無用に萎縮し、ひいては教育の沈滞を来すことのないよう努められたきこと」との一文が記載されている。こういった点を踏まえながら、教育二法と萎縮効果の関係について検討を行うことを課題とする。

第二に、教育二法（特に教特法）の運用実態に関する検討である[22]。教育二法制定を支持した『日本経済新聞』は、同法制定後の社説で「教育二法案はいわば伝家の宝刀とすべきで、それを直接発動するようなことはできるだけ避けなければならない（中略）教育二法案は最後の手段としてめったに発動しないことが必要[23]」との見解を示し、同法の慎重な運用を主張していた。実際、中確法については、制定後現在に至るまで一度も発動されたことがない。教育二法の成立に尽力した坂田道太（自由党）がいうように、中確法は「存在するだけで立派に効果を上げた[24]」ともいえるし、同法を適用する側に抑制が働いているのかもしれない[25]。いずれにせよ、中確法が発動されてこなかった理由を検証することは難しいが、教特法については、運用実態を検討することが可能である。例えば、教育二法制定後間もない頃には「官公労機関紙事件」や「荷上場事件」が発生し、その解釈・運用が問題となった[26]。この他にも、教特法違反として問題化した事例[27]や「政治的行為」を理由に懲戒処分となった例[28]は存在する。このような事例を詳しく検討することで、教特法及びその運用上の問題点などを明らかにすることができるだろう。

第三に、教育二法制定以後の政治的中立論議を検討することである。同法成立以後も政治的中立違反とされる事例[29]は生起しており、これらの事例をめぐる論議の内実を様々な観点から分析することが必要である。例えば、これは第二の課題とも関連するが、教育二法、とりわけ教特法についてはその改正論議が度々展開されてきた。教育二法制定から間もなく、大達文相は自らが現職にある限り、教育二法の改正案を国会に提出するという意向を示している。これは、前述の官公労機関紙事件も関係しており、大達は同法の制定過程で削除された教特法の刑罰規定を復活させることを意図していた[30]。一九七四（昭和四十九）年二月の「学校教育の水準の維持向上のための義務教育諸学校の教育職員の人材確保に関する特別措置法」（人材確保法）の制定後には、教育二法が現状にそぐわなくなっているとして、教員の政治活動制限を規制する新法の制定や教特法に刑罰規定を盛り込むことが政府・自民党内で検討されており、この意向が当時の田中角栄首相や奥野誠亮文相によって表明されている[31]。

同党は現在に至るまで、政治的中立違反に対して罰則を適用するという教特法改正論議を繰り返してきており、二〇一五（平成二十七）年六月の十八歳選挙権の成立以降は、この議論が改めて高まった[32]。また、序章で言及したように、十八歳選挙権の成立に伴って、改めて政治的中立が重要なテーマとなり、政治的中立のあり方、政治的中立の判断基準など様々な議論がなされている。以上のように、教育二法制定以後、現在に至るまで政治的中立論議は継続的に展開されており、その動向と内実を詳細に検討する必要がある。

第四に、これは上記三つの課題とやや性格を異にするが、本書で得た知見を踏まえながら、「教育行政の政治的中立」論議について検討することである。序章で述べたように、広義の「教育の政治的中立」には、「教育行政の政治的中立」が含まれる。日本における教育行政（教育委員会）制度の展開を踏まえながら、「教育行政の政治的中立」論議を検討し、これと本書が対象とした政治的中立論議を比較対照することで、多角的な視点から政治的中立の問題を考究できると考えられる。

註

（1）序章第一節で述べたように、この点については森田尚人も着目しており、「戦後教育史において奇妙なことのひとつ」と指摘している（森田尚人「旭丘中学事件の歴史的検証（下）――第2部：教育二法案をめぐる国会審議と『事件』の政治問題化」『教育学論集』第五十一集、中央大学教育学研究会、二〇〇九年、九四頁）。

（2）剱木亨弘『戦後文教風雲録――続牛の歩み』小学館、一九七七年、一六九～一七〇頁。

（3）両派社会党等と同様に二法案を批判していた評論家・哲学者の久野収は、「参議院のおこなった二つの修正は、決して満足なものとはいえませんが、しかしまた単なる五十歩百歩だといいきってしまうには重すぎる意味を持っています」と指摘し、「長い目でみれば、この成果は決して小さいものではありません。現場でこの悪法に盲従しなくてもすむ自由を幾らかでも拡大してくれたのですから、現在の条件では貴重といってよいかもしれません」と述べている（久野収「教育二法の成立に際して」『世界』第一〇四号、一九五四年、一〇四頁）。

（4）これに関連し、心理学者・教育学者の城戸幡太郎（当時、北海道大学教授・学部長）は二法案反対論者であり、法案は「教育の自主性を侵害するように思われます」と述べていた（「教育についての公聴会」『北海教育評論』第七巻第三号、一九五四年、四〇頁）。しかし、教育二法の成立後、中確法について、「この法律で教師に禁ぜられていることは（中略）教育基本法第八条に規定されたものと変らないのである」と指摘し、「教師がこの法律で直接禁止されている教育活動は他人から教唆せん動されてはならないということだけである。善意に解すればこの法律は教師の自主性を擁護するためのものであるといえよう。／この法律をこのように解釈するならば、教師はいかなる政治的権力にも拘束されることなく、自由な立場から教育すればよいのである」と述べて、同法に一定の意義を見出している（城戸幡太郎「教育の中立性ということ――教育二法律を問題として」『思想』第三七四号、一九五五年、四七～四九頁）。

（5）この点については、第五章第三節（5）②を参照のこと。

（6）晴山一穂・西谷敏編『別冊法学セミナーNo.241　新基本法コンメンタール　地方公務員法』日本評論社、二〇一六年、一七一頁。当然ながら、地方公務員法制定時の同法の企画立案者の説明も同様である（有倉遼吉『公法における理念と現実』多磨書店、一九五九年、二〇一頁）。

（7）有倉、同右書、二〇一頁。

(8) 小山静子・菅井凰展・山口和宏編『戦後公教育の成立——京都における中等教育』世織書房、二〇〇五年、ⅱ頁。
(9) 貝塚茂樹『戦後教育改革と道徳教育問題』(日本図書センター、二〇〇一年)、小山・菅井・山口編、同右書などを参照のこと。
(10) 米田俊彦「戦後日本教育史」教育史学会・教育史学会60周年記念出版編集委員会編『教育史研究の最前線Ⅱ——創立60周年記念』六花出版、二〇一八年、七二～一〇一頁。ここでは、「一九五〇年代の教育行政史研究」として、徳久恭子『日本型教育システムの誕生』(木鐸社、二〇〇八年)、藤田祐介・貝塚茂樹『教育における「政治的中立」の誕生——「教育二法」成立過程の研究』(ミネルヴァ書房、二〇一一年)、本多正人編著『教育委員会制度再編の政治と行政』(多賀出版、二〇〇三年)(以上、掲載順)などが取り上げられ、その内容が詳しく検討されている(七二～八五頁)。また、一九五〇年代の教育史研究の意義等を論じたものとして、米田俊彦「一九五〇年代教育史研究の意義と課題」(「一九五〇年代教育史」研究部会『一九五〇年代教育史の研究』野間教育研究所、二〇二二年、一三～一〇六頁)を参照のこと。
(11) 本多編著、同右書。
(12) 小玉重夫・荻原克男・村上祐介「教育はなぜ脱政治化してきたか——戦後史における一九五〇年代の再検討」『年報政治学』二〇一六—Ⅰ号、二〇一六年、三一～五二頁。
(13) 同研究では、「脱政治化」を「教育と政治がお互い関わらない状態へと変化すること」と定義し、もともと教育と政治が関わっていないか、脱政治化された状態が持続している状態を「非政治」と呼んでいる(同右、四九頁)。
(14) 同右、三四頁。
(15) 同右、四八頁。
(16) 有倉遼吉編『教育と法律(増訂版)』新評論、一九六四年、一三七～一三八頁。ここで有倉は、この調査で明らかにされた極端な例として、「時事解説や政治にふれる教育が中止(八校)または少なくなった(八四校)」県があったことを挙げている(一三七頁)。
(17) 鈴木英一『教育行政(戦後日本の教育改革3)』東京大学出版会、一九七〇年、四〇八頁。
(18) 例えば、海後宗臣「教育の自由と社会科——教育二法律下の社会科教育」(『教育技術』第九巻第九号増刊、一九五四年、六一～六五頁）、羽仁説子ほか「座談会・教育二法律下の教師」（全国教育新報社編集部編『国民教育の課題』門脇書店、一九五五年、一七三～一九〇頁）、佐々木三男「教育二法律の影響とその背景」（同前、一九一～一九七頁）、堀口知明「教育二法律をめぐる職場生活」（『教育』第五十九号、一九五六年、七三～八一頁）等を参照のこと。

(19) 小国喜弘『戦後教育史』中央公論新社、二〇二三年、六四頁。

(20) 有倉編、前掲書、一四四頁。なお、馬場四郎（東京教育大学助教授）も次のように述べて、中確法によって萎縮する必要がないことを指摘している。「この法律は現場人にとって、たいして恐れるに値しないものといえるだろう。それだのに現場人が必要以上に神経質になって、この法律を頭痛のたねにするのは、それがいわゆる威かく立法といわれているように、まったく政府の思うつぼにはまったことになるのではあるまいか」（馬場四郎「教育の中立性二法律と問題解決学習」『カリキュラム』第六十九号、一九五四年、二五頁）。

(21) 文部事務次官通達「教育公務員特例法の一部を改正する法律及び義務教育諸学校における教育の政治的中立の確保に関する臨時措置法の施行について」（文初地第三二五号、一九五四年六月九日）。

(22) 教育二法の運用とその影響等について考察した論文に、星野安三郎「教育二法の政治的機能――解釈学的法認識への一批判」（『東京学芸大学　研究報告』第八集、一九五七年、三五～五一頁）がある。この論文は、教育二法施行後二年余り経過した時点のものである。ここで星野は、「教育二法が、過去2年の間に、司法権力の裁判規範としてはもちろん、行政権力の執行規範としても殆んど問題にならなかったにもかかわらず、教師の行為規範としては極めて重要であった」と述べている（四三頁）。

(23) 「社説・教育二法は伝家の宝刀」『日本経済新聞』（朝刊）一九五四年六月一日。

(24) 永地正直『文教の旗を掲げて　坂田道太聞書』西日本新聞社、一九九二年、一三二頁。

(25) この点について鈴木英一は、「当時の全国的な教育二法案反対運動、あるいは政府与党の反対のうちに行なわれた参議院修正が、その適用を大きく拘束している」と指摘している（鈴木、前掲書、四〇七頁）。また、坂田仰は、「理論面では、有倉遼吉氏が制定の前後を通じて発表された詳細な研究によるところが大き」く、「政治的には、教職員団体をはじめとする国民の根強い反対運動の効果である」と指摘した上で、中確法は「制定と同時に事実上封印されたと言っても過言ではない」と述べている（坂田仰「義務教育諸学校における教育の政治的中立の確保に関する臨時措置法」

『季刊教育法』第一一〇号、一九九七年、六五頁）。

(26)　これら二つの事件については、酒井裕史「一九五四年教育二法律と官公労機関紙事件・荷上場事件」（渡部宗助編著『平成三年度文部省科学研究費・総合（A）研究成果報告書　講和独立後のわが国教育改革に関する調査研究』国立教育研究所、一九九二年、九一〜一〇一頁）を参照のこと。なお、いずれの事件においても教員は処分されていない。

(27)　例えば、二〇〇五（平成十七）年十二月、文部科学省は、山梨県教職員組合（山教組）等で構成する政治団体「山梨県民主教育政治連盟」が教職員を通じて資金を集めていた事例（山教組問題）が明らかに教特法違反であると認定し、山梨県教委に「適切な処分」を求める通知を初中局長名で発出している（「教育公務員による政治的行為に係る対応等について（通知）」一七文科初第八九七号、二〇〇五年十二月二十七日）。

(28)　文部科学省「教育職員に係る懲戒処分等の状況について」（平成二十二年度以前）及び「公立学校教職員の人事行政の状況調査について」（平成二十三年度以降）を参照のこと。

(29)　政治的中立の違反事例については、永田照夫『教育基本法第八条（政治教育）小史——教育法社会学的考察序説』（西村信天堂、一九八五年）を参照。特に、同書第十章「偏向教育問題」（一六八〜一八二頁）が参考になる。

(30)　『読売新聞』（朝刊）一九五四年八月十九日。記事によれば、大達は、成田市成田小学校で開催された千葉県地教委連絡協議会主催の印旛地区教育二法研修会で講演し、次のように語ったとされる。「一、教育二法については表面に現われた新聞や雑誌の論調はことごとく反対だったが、わたくしは背後にある目に見えない耳に聞こえない支持のあることを確信してがんばった。この法律は守ろうとするものにはいまのままでもよいが、守ろうとしないものには罰則がないので無意味である。左社や一部新聞の論調は修正で骨抜きになったと喜んでいるが、それは罰則さえ抜けば法律に違反してもよいという意味かどうか聞きたい。一、法律に違反しているのを承知でいる教員もいる。法律ができたからといってもわれわれの希望するように日本の教育が正常な軌道に乗ったとはいえない。わたくしが現職の任務を持つ限りこの法律精神の徹底のため努力する。この法律が無意味なら罰則などよい方法を考え、何回でも国会に提出するつもりだ」。

(31)　『朝日新聞』（夕刊）一九七四年二月二十八日。『読売新聞』（朝刊）一九七四年三月十日。『読売新聞』（朝刊）一九七四年三月十四日。このうち、三月十四日付『読売新聞』の記事によれば、田中角栄首相は、教育二法制定時に教特法案が参議院で修正されたことで、日教組による政治活動が「野放し」になっており、「憂慮された事態が起きている」と「悔恨」の意を示すとともに、教員の政治活動制限違反について、「行政罰さえ執行されていない」と「激しい口調で述べ」たという。

(32) 二〇一五（平成二十七）年七月、同党は主権者教育のあり方について当時の安倍晋三首相に提言を行い、教特法に罰則規定を盛り込むことを求めた。この提言では、「学校における政治的中立性の徹底的な確立」を掲げるとともに「教員個人の考えや特定のイデオロギーを子どもたちに押しつけるようなことがあってはならない」と明記している（『朝日新聞』朝刊、二〇一五年七月九日）。この動きに対し、民主党（当時）は翌月、当時の菅義偉官房長官に主権者教育をめぐる提言を提出し、この中で「教職員に過度のプレッシャーや罰則をもっての威嚇などを行わない」と明記したとされる（『朝日新聞』朝刊、二〇一五年八月二十一日）。

資料編

①教育基本法（抄）（旧法：昭和二十二年三月三十一日　法律第二十五号）
②教育基本法第八条の解釈について（昭和二十四年六月十一日　委総第一号）
③国家公務員法（抄）（昭和二十二年十月二十一日　法律第一二〇号・昭和二十三年十二月三日改正　法律第二二二号）
④人事院規則　一四―七（政治的行為）（昭和二十四年九月十九日施行）
⑤地方公務員法（抄）（昭和二十五年十二月十三日　法律第二六一号）
⑥『小学生日記』欄外記事（抄）
⑦『中学生日記』欄外記事（抄）
⑧教育の中立性の維持について（昭和二十八年七月八日　文初地第四〇五号）
⑨教員の政治的中立性維持に関する答申（昭和二十九年一月十八日）
⑩偏向教育の事例
⑪参議院文部委員会における「偏向教育の事例」に関する証人一覧
⑫教育公務員特例法の一部を改正する法律（昭和二十九年六月三日　法律第一五六号）
⑬義務教育諸学校における教育の政治的中立の確保に関する臨時措置法（昭和二十九年六月三日　法律第一五七号）

①　教育基本法（抄）

（旧法：昭和二十二年三月三十一日　法律第二十五号）

第八条（政治教育）　良識ある公民たるに必要な政治的教養は、教育上これを尊重しなければならない。

法律に定める学校は、特定の政党を支持し、又はこれに反対するための政治教育その他政治的活動をしてはならない。

②　教育基本法第八条の解釈について

（昭和二十四年六月十一日　委総第一号　文部省大臣官房総務課長より東京都教育長あて）

このことについて昭和二十四年二月十二日教職発第四号をもつて照会がありましたが、教育基本法（以下法という。）第八条第一項は、良識ある公民たるに必要な政治的教養は教育上尊重しなければならないと規定し、更に同条第二項において法律に定める学校すなわち学校教育法第一条に定める学校は、特定の政党を支持し、又はこれに反対するための政治教育その他政治的活動をしてはならないと規定しています。第二項の趣旨は、学校の政治的中立性を確保するところにあります。もとよりここに規定されているのは教育活動の主体としての学校の活動についてでありまして、学校をはなれた一公民としての教員の行為についてではありません。教員が学校教育活動として、または学校を代表してなす等の行為は、学校の活動と考えられるのであります。教員の個々の行為が法第八条第二項に抵触するか否かは、上記の立法趣旨にのつとり、具体的実情を精査して、大学以外の公立学校にあつては、所轄庁たる教育委員会において適切な判断がなさるべきであります。

なお、法第八条第二項には直接抵触することはなくても、上記の立法の精神からして学校教育上避けなければならないものもあると思われますが、これらについても適当な留意が払われるべきでありましょう。

照会の事例についても、具体的事情を精査の上適当な判断が下されるべきであります。照会の文面だけでは正確な判断はできませんが、おおよそ左記の通りと考えられますので、参考のため回答します。

記

教育基本法第八条の解釈について

一、問　教員が某政党に入党したことを受持児童の父兄に話し、且入党したことに対し意見を求めるため勤務時間外に家庭訪問を行つた。訪問中に於ては某政党の宣伝をなし且児童の教育問題にも言及された節がある。或る父兄に対しては意見を求めた点について尚懇談のため来校も促した。右の事実の如く特定政党の政治活動の為教員が家庭訪問を行い学校教育活動の内容がふくまれている場合第八条に抵触するものと思うが如何ですか。

答　教員が家庭訪問を行い、特定の政党を支持し、又はこれに反対するための政治活動を行つた場合に、その家庭訪問に学校教育活動の内容が含まれているときは、法第八条第二項に抵触するものと解する。

二、問　教員が学校外に於て自校の生徒或は他校の生徒に対し研究会等の形式で特定政党のイデオロギーに基く政治教育を行うことが第八条に抵触するか疑義があるので承りたい。

答　教員が自校の生徒に対して校外で特定政党のイデオロギーに基く政治教育を行う場合は、生徒の年令にもよるが、通常は当該学校の教育活動と認められる。従って自校の生徒を対象とする場合は、通常法第八条第二項に抵触するものと解する。これに反して、他校の生徒を対象とする場合は、当該他校の教員と連絡を執り相互に意思を通じていわゆる交換校外教育を行う場合等を除き、通常は法第八条第二項に抵触しない。

三、問　前項同様の方法によって自校生徒の父兄に行う場合も疑義があるから承りたい。

答　生徒の学校教育に影響を及ぼすような場合及び学校の活動と認められる場合を除き、法第八条第二項には抵触しないものと解する。

四、問　前二項同様の方法によつて一般社会人に対して行うことは第八条と関係はないと思うが如何ですか。

答　学校の活動と認められない限り、法第八条第二項には抵触しないものと解する。

五、問　教員が授業時間外に校外に於て某政党員が党宣伝のため紙芝居を行つている所へ自校の児童を引き連れて見せることは第八条に抵触すると思うが如何ですか。

答　児童を引き連れてみせること自体が、特定の政党を支持し、又はこれに対するための意図をもつてなされたと認められるときは、法第八条第二項に抵触するものと解する。

六、問　教員が校内職員会議に於て特定政党に入党を勧誘すること又は校内に於て多数生徒の居合はす所で他の教員を勧誘することが第八条に抵触すると思うが如何ですか。

答　前段の場合、当該行為が校内職員会議で学校教育に影響を与える目的をもつて会議の議題に供して行われるとき以外は、法第八条第二項に抵触しないものと解する。後段の場合はその行為によつて生徒に教育的影響を及ぼすものと認められるときは、法第八条第二項に抵触するものと解する。

七、問　教員が学校を会場にして自己の加入政党員を講師として招き懇談会等を開き自ら司会の挨拶等を行うことは第八条に抵触するか疑義があるので承りたい。
　答　生徒を対象としない通常の懇談会の場合は、法第八条第二項に抵触しないものと解する。

八、問　教員が校地外にある教員住宅（校宅）を特定政党支部の事務所となし或は選挙の際選挙事務所となす事例は第八条に抵触するか疑義があるので承りたい。
　答　法第八条第二項に抵触しないものと解するが、教員住宅（校宅）が公的性質を持つものであることにかんがみ、かかる行為は避けるべきである。

九、問　教員が受持児童を使そうして自治会の活動としてボールよこせ運動、ノートよこせ運動等をなすことは政治活動の如く見られるので第八条に抵触するか疑義があるので承りたい。
　答　当該運動が特定の政党を支持し、又はこれに反対するために児童を指導して行われたものと認められる場合には、法第八条第二項に抵触するものと解する。

十、問　教員が校内に於て特定政党に関係のある歌を生徒に歌はしむることは第八条に抵触するものと思うが如何ですか。
　答　関係の程度によると思われるが、通常は法第八条第二項に抵触するものと解する。

③　国家公務員法（抄）

（昭和二十二年十月二十一日　法律第一二〇号
昭和二十三年十二月三日改正　法律第二二二号）

（政治的行為の制限）

第百二条　職員は、政党又は政治目的のために、寄附金その他の利益を求め、若しくは受領し、又は何らの方法を以てするを問わず、これらの行為に関与し、あるいは選挙権の行使を除く外、人事院規則で定める政治的行為をしてはならない。

　職員は、公選による公職の候補者となることができない。

　職員は、政党その他の政治的団体の役員、政治的顧問、その他これらと同様な役割をもつ構成員となることができない。

第百十条　左の各号の一に該当する者は、三年以下の懲役又は十万円以下の罰金に処する。
　十九　第百二条第一項に規定する政治的行為の制限に違反した者

④ 人事院規則 一四―七（政治的行為）

（昭和二十四年九月十九日施行）

（適用範囲）

1 法及び規則中政治的行為の禁止又は制限に関する規定は、臨時的任用として勤務する者、条件付任用期間の者、休暇、休職又は停職中の者及びその理由のいかんを問わず一時的に勤務しない者をも含むすべての一般職に属する職員に適用する。但し、顧問、参与、委員その他人事院の指定するこれらと同様な諮問的な非常勤の職員が他の法令に規定する禁止又は制限に触れることとなしにする行為には適用しない。

2 法又は規則によつて禁止又は制限される職員の政治的行為は、すべて、職員が、公然又は内密に、職員以外の者と共同して行う場合においても、禁止又は制限される。

3 法又は規則によつて職員が自ら行うことを禁止又は制限される政治的行為は、すべて、職員が自ら選んだ又は自己の管理に属する代理人、使用人その他の者を通じて間接に行う場合においても、禁止又は制限される。

4 法又は規則によつて禁止又は制限される職員の政治的行為は、第六項第十六号に定めるものを除いては、職員が勤務時間外において行う場合においても、適用される。

（政治的目的の定義）

5 法及び規則中政治的目的とは、次に掲げるものをいう。政治的目的をもつてなされる行為であつても、第六項に定める政治的行為に含まれない限り、法第百二条第一項の規定に違反するものではない。

一 規則一四―五に定める公選による公職の選挙において、特定の候補者を支持し又はこれに反対すること。

二 最高裁判所の裁判官の任命に関する国民審査に際し、特定の裁判官を支持し又はこれに反対すること。

三 特定の政党その他の政治的団体を支持し又はこれに反対すること。

四 特定の内閣を支持し又はこれに反対すること。

五 政治の方向に影響を与える意図で特定の政策を主張し又はこれに反対すること。

六 国の機関又は公の機関において決定した政策（法令、規則又は条例に包含されたものを含む。）の実施を妨害すること。

七 地方自治法（昭和二十二年法律第六十七号）に基く地方公共団体の条例の制定若しくは改廃又は事務監査の請求に関する署名を成立させ又は成立させないこと。

八 地方自治法に基く地方公共団体の議会の解散又は法律に基く公務員の解職の請求に関する署名を成立させ

若しくは成立させず又はこれらの請求に基く解散若しくは解職に賛成し若しくは反対すること。

(政治的行為の定義)

6　法第百二条第一項に規定する政治的行為とは、次に掲げるものをいう。

一　政治的目的のために職名、職権又はその他の公私の影響力を利用すること。

二　政治的目的のために寄附金その他の利益を提供し又は提供せずその他政治的目的をもつなんらかの行為をなし又はなさないことに対する代償又は報復として、任用、職務、給与その他職員の地位に関してなんらかの利益を得若しくは得ようと企て又は得させようとすることあるいは不利益を与え、与えようと企て又は与えようとおびやかすこと。

三　政治的目的をもつて、賦課金、寄附金、会費又はその他の金品を求め若しくは受領し又はなんらの方法をもつてするを問わずこれらの行為に関与すること。

四　政治的目的をもつて、前号に定める金品を国家公務員に与え又は支払うこと。

五　政党その他の政治的団体の結成を企画し、結成に参与し若しくはこれらの行為を援助し又はそれらの団体の役員、政治的顧問その他これらと同様な役割をもつ構成員となること。

六　特定の政党その他の政治団体の構成員となるように又はならないように勧誘運動をすること。

七　政党その他の政治的団体の機関紙たる新聞その他の刊行物を発行し、編集し、配布し又はこれらの行為を援助すること。

八　政治的目的をもつて、第五項第一号に定める選挙、同項第二号に定める国民審査の投票又は同項第八号に定める解散若しくは解職の投票において、投票するように又はしないように勧誘運動をすること。

九　政治的目的のために署名運動を企画し、主宰し又は指導しその他これに積極的に参与すること。

十　政治的目的をもつて、多数の人の行進その他の示威運動を企画し、組織し若しくは指導し又はこれらの行為を援助すること。

十一　集会その他多数の人に接し得る場所で又は拡声器、ラジオその他の手段を利用して、公に政治的目的を有する意見を述べること。

十二　政治的目的を有する文書又は図画を国の庁舎、施設等に掲示し又は提示させその他政治的目的のために国の庁舎、施設、資材又は資金を利用し又は利用させること。

十三　政治的目的を有する署名又は無署名の文書、図画、音盤又は形象を発行し、回覧に供し、掲示し若しくは配布し又は多数の人に対して朗読し若しくは聴取させ、あるいはこれらの用に供するために著作し又は編集すること。

十四　政治的目的を有する演劇を演出し若しくは主宰し又はこれらの行為を援助すること。

十五　政治的目的をもつて、政治上の主義主張又は政党その他の政治的団体の表示に用いられる旗、腕章、記章、えり章、服飾その他これらに類するものを製作し又は配布すること。

十六　政治的目的をもつて、勤務時間中において、前号に掲げるものを着用し又は表示すること。

十七　なんらの名義又は形式をもつてするを問わず、前各号の禁止又は制限を免れる行為をすること。

7　この規則のいかなる規定も、職員が本来の職務を遂行するため当然行うべき行為を禁止又は制限するものではない。

8　各省各庁の長は、法又は規則に定める政治的行為の禁止又は制限に違反する行為又は事実があつたことを知つたときは、直ちに人事院に通知するとともに、違反行為の防止又は矯正のために適切な措置をとらなければならない。

⑤　地方公務員法（抄）

（昭和二十五年十二月十三日　法律第二六一号）

（政治的行為の制限）

第三十六条　職員は、政党その他の政治的団体の結成に関与し、若しくはこれらの団体の役員となつてはならず、又はこれらの団体の構成員となるように、若しくはならないように勧誘運動をしてはならない。

2　職員は、特定の政党その他の政治的団体又は特定の内閣若しくは地方公共団体の執行機関を支持し、又はこれに反対する目的をもつて、あるいは公の選挙又は投票において特定の人又は事件を支持し、又はこれに反対する目的をもつて、左に掲げる政治的行為をしてはならない。但し、公立学校（学校教育法（昭和二十二年法律第二十六号）に規定する公立学校をいう。以下同じ。）に勤務する職員以外の職員は、当該職員の属する地方公共団体の区域（当該職員が都道府県の支庁若しくは地方事務所又は地方自治法第百五十五条第二項の市の区に勤務する者であるときは、当該支庁若しくは地方事務所又は区の所管区域）外において、公立学校に勤務する職員は、その学校の設置者たる地方公共団体の区域（当該学校が学校教育法に規定する小学校、中学校又は幼稚園であつて、その設置者が地方自治法第百五十五条第二項の市であるときは、その学校の所在する区の区域）外において、第一号から第三号まで及び第五号に掲げる政治的行為をすることができる。

一　公の選挙又は投票において投票するように、又はしないように勧誘運動をすること。

二　署名運動を企画し、又は主宰する等これに積極的に関与すること。

三　寄附金その他の金品の募集に関与すること。

四　文書又は図画を地方公共団体の庁舎、施設等に掲示し、又は掲示させ、その他地方公共団体の庁舎、施設、資材又は資金を利用し、又は利用させること。

五　前各号に定めるものを除く外、条例で定める政治的行為。

3　何人も前二項に規定する政治的行為を行うよう職員に求め、職員をそそのかし、若しくはあおつてはならず、又は職員が前二項に規定する政治的行為をなし、若しくはなさないことに対する代償若しくは報復として、任用、職務、給与その他職員の地位に関してなんらかの利益若しくは不利益を与え、与えようと企て、若しくは約束してはならない。

4　職員は、前項に規定する違法な行為に応じなかつたことの故をもつて不利益な取扱を受けることはない。

5　本条の規定は、職員の政治的中立性を保障することにより、地方公共団体の行政の公正な運営を確保するとともに職員の利益を保護することを目的とするものであるという趣旨において解釈され、及び運用されなければならない。

⑥『小学生日記』欄外記事（抄）

＊筆者註――『小学生日記』欄外記事の振り仮名は省略。

平和憲法

憲法はみんなで百三条ありますが、この憲法は三つのことが大本となっています。

一　個人の尊重

「天は人の上に人を作らず、人の下に人を作らず。」（福沢諭吉）のことばの通り、人は人として基本的には平等であります。人をばかにしたり人をおそれたりすることはいけません。

二　主権在民

昔は、政治は天皇や政治家や役人がすきなようにしていたのですが、この憲法では、「日本国民の総意（みんなの考え）にもとづく。」ときめてあります。それで国民の一人一人が政治のあり方をきめるもとになるわけです。政治について一人一人が賛成したり反対したりすることができるのです。

三　戦争放棄

第九条に、「戦争は永久にしない。陸海空軍はみとめない。」ときめました。

この三つのことがらは、けっきょく平和でなければならないことを、示しているので「平和憲法」といわれています。

しかし今の日本の資本家や政治家の中にはこの憲法を改正して戦争ができるようにしようと思う人もあるのですから、わたくしたちは、どんなことがあってもこれには反対し、この「平和憲法」を守りぬくことが大事です。

日本の貿易——五月二〇日東京港開港記念日

戦後、日本の工業はどんどん進んで、生産高も今では戦前よりずっとよく一三〇％にもなりましたが、困ったことにはせっかくできたものが、外国に売れず貿易高はわずかに戦前の三八％しかありません。それはなぜでしょうか。

今、世界の多くの国がアメリカに助けられ、その世話になっていますが、アメリカはこれらの国々に「ソ連や中共にたいして貿易をしてはならぬ。もしこの約束をやぶるならば、その国に対してアメリカは助けてやらない。」という法律をきめています。中でも日本は、戦前は中国（今の中共）とひじょうにたくさんの貿易をしていたのが、今これが出来なくなったためよその国より一そう苦しい目にあっています。

しかたなしに高い原料をアメリカから買っているので、工場でつくった品物はしぜん高くついて売れないというありさまなのです。やっと朝鮮戦争で使う品物をアメリカのいいつけで下うけをやっているしまつですからなさけない話ではありませんか。

したがって輸出は少く、輸入が毎年ふえていきます。日本はどれだけ輸入が多いか次の数を見てください。

昭和	単位 百万円
20	568
21	1,808
22	10,118
23	8,193
24	135,597
25	53,913
26	244,442

はやく中国との貿易ができ、輸出が多くなるようにしたいものです。

死んだ海

千葉県の九十九里浜は日本でも有名なイワシのとれるところでしたが、今では大部分の海岸がアメリカの演習場にとられてしまいました。天気のわるい日もあるので、ほんとうに魚をとりに行ける日は一年のうち二五〇日ぐらいしかないのに、一年のうち二〇〇日は、ドカンドカンと演習があるので、魚がとれるのはたった五十日しかありません。そしてこれまで一年に三、〇〇〇万貫もとれたイワシが、二年間にたった九〇〇万貫しかとれないようになってしまったのです。りょうしたちは、妻や子供をかかえて生きてゆかれなくなり、大事なあみや船を売るものもあるありさまです。

政府はそのつぐないの金として、いくらか出しましたが、それをりょうし一人に分けると一年に三、〇〇〇円しかなりません。

りょうしたちは、うらめしげにこの死んだ海をながめては、大きなためいきをついています。

また長崎県の大村湾や東京湾はソ連の潜水艦を入れさせないためだといって、防潜網をはって、ふさいでいるので魚が入って来なくなりました。

ソ連がせめてくる、せめてくる。といっては日和の海や港をこのように死なせてしまうことは、日本にとっては大へんなめいわくといわねばなりません。

日印平和条約――アジヤ(ママ)のかため

日本とインドとの間の平和条約は一九五二年六月九日にむすばれました。インドはサンフランシスコ会議で日本がアメリカ側の国々と講和条約をむすんだ時には、これに反対してその仲間に入りませんでした。そのわけはこうなのです。

今、世界はアメリカ側とソ連側とが対立していますが、インドはどちらにも入らず中立でいくことを前からきめております。もしサンフランシスコ講和条約に賛成すると、これに反対のソ連や中共をおこらせるからです。

また、この条約では、日本はアメリカの軍事基地になるのがわかっていたので、こんな危険なことに反対し、また、もともと日本の領土である沖縄や奄美大島をアメリカが治めることも反対しました。

日印平和条約は、こんな日本のためにならない条約、またアジアにとって大へん危険な条約に反対して、心から日本とインドとの立場を考えてむすばれたものです。

再軍備反対の声がつよいのはなぜか
――軍隊とよばれる軍隊

日本のなかでは、軍隊をつくるために憲法を改正しようとか、それに反対だ、とかの議論がさかんです。多くの国は「日本はもう軍備をはじめている」とみています。日本の保安隊は陸軍のはじまりであり警備隊は海軍のはじまりであると考えています。

再軍備について議論の代表的なものを六つばかりあげてみます。学級の問題にして、どれが正しいかを考えましょう。

① 日本にしっかりした軍隊がなければ、いつ(ママ)ソ連や中共がせめてくるかもしれない。
② 強い軍隊があれば外国からせめてこない。
③ いまの世界のありさまから見てソ連や中共は日本へせめてくるはずがない。だから軍隊をつくる必要はない。
④ 今、軍隊をつくればアメリカに利用される。アメリカについて戦争をすれば、日本はまためちゃくちゃにやられてしまう。だから軍隊はない方がよい。
⑤ 軍隊をつくるのには多くの費用がかかる。軍隊をつくる金があれば貧乏で困っている国民の生活をよくするのにまわした方がよい。
⑥ 国と国との間の問題と（を―筆者註）戦争で解決しようとせずにどこまでも話しあい（外交）で解決することができるはずだ。
などですが、あなたはどれとどれに賛成しますか。

気の毒な朝鮮――朝鮮戦争はどうしてはじまったか

朝鮮はもと日本の領土となっていましたが、太平洋戦争がおわったとき、北緯三八度線を境にして、北はソ連軍に南はアメリカ軍に、それぞれ占領されました。

ところが、この二つの国が仲がわるくなったため、そのまま三八度線を境にして二つの朝鮮と二つの政府（北鮮―金日成首相。南鮮―李承晩大統領）が出来てしまいました。カイロ宣言やポツダム宣言によって朝鮮は一つの国となるようにきまっているのに、こんなわけでよその国が勝手に自分のつごうのよいように二つに分けてしまったのが、朝鮮をまた不幸にしてしまったのです。やがてソ連が北鮮から兵をひきあげ、次にアメリカが南鮮から兵をひきあげましたので、北鮮と南鮮は一つの朝鮮をつくろうとしましたが、どちらの政府も自分が頭になろうとして話がつかず争いをつづけました。人民は働く者の国（北鮮）がよいと考えていたのですが、南鮮の李承晩はこれに反対しアメリカのたすけをうけて何度も北鮮をせめましたが、いつもうちやぶられていました。

一九五〇年六月二五日、北鮮はせめて来た南鮮を追って南鮮深くせめこみました。これが朝鮮戦争のはじまりです。これがもととなってアメリカを中心とする国連軍は南鮮をたすけ、中共は北鮮をたすけて大がかりな戦争となってしまいました。

一時は停戦条約で仲なおりがつくかのように見えましたが、北鮮は国際条約によってほりょを全員かえすようにいうのに対して国連軍はほりょの自由意志によるのがよいと主張して合わず、まだ戦がつづけられています。かわいそうなのは朝鮮の人たちで家をやかれ食べるものもなくほんとうに気の毒です。

ソ連とはどんな国か

ソ連は全世界の陸地面積の1/6、日本の六〇倍に近い大国です。ソ連という胃袋の中には、アメリカ合衆国と中国とインドの三つをまるのみにしてもまだあまりがあるわけです。

人口は約二億で、色々な人種がすんでいます。ロシヤ人（九、九〇〇万人）ウクライナ人（二、三〇〇万人）がもっとも多く、このほかに白ロシア人・ウズベク人・タタール人・グルジア人など主な民族が十四あり、少ない民族をあわせると六〇ほどあります。そして、それぞれちがった言語・風俗でくらしています。

「ソ連」というのは「ソビエト社会主義共和国連邦」の中から二字をとったので「ソビエト」という意味は、「会議」ということで、いっさいの政治は、「会議」によってきめるということです。「社会主義」というのは、労働者と農民の幸福を第一とする主義なのです、工場をもっている資本家が、安いお金で労働者を使って自分のふところをこやしたり、安い米のねだんにして農民を苦しめたりしている「資本主義」とは反対です。

土地・鉱山・工場・森林などをすべて人民ぜんたいのものとして産業はすべて国営です。個人が自由に土地や工場をもって、利益をわがものにすることは許されません。

アメリカや日本の「資本主義国」と、どこがちがうか、どこがよいかしらべてみて下さい。

ポツダム宣言

太平洋戦争のおわるわずか前、一九四五年（昭和二〇年）七月二六日、連合国は日本がいよいよ降伏するのがまじかになったと思ったので、どんな条件で降伏させるかをそうだんした上、これを世界に発表しました。

これがポツダム宣言です。（ポツダムは地名）その主なものは

(1) 日本軍隊の無条件降伏
(2) 日本軍の武器をとりあげ、軍人を日本へかえす。
(3) 日本領は本州・北海道・九州・四国とそのほか連合軍のきめる小島。
(4) 軍国主義をとりのぞく。
(5) 民主々義・基本的人権を尊重する。
(6) 平和産業をおこし、世界との貿易をゆるす。
(7) 戦争犯罪人をばっする。ということです。

八月十五日、日本はポツダム宣言をうけて降伏しました。そして民主々義や平和産業はおこりましたが、連合軍の二大国だった米国とソ連の仲がわるくなってからは、ポツダム宣言は守られない点があり、とくに民主々義はおさえられ、言論の自由や学問の自由がうばわれていくありさまです。また世界との貿易はゆるされなくなったということは、

日本の生きる道にくらいかげをなげかけています。

再軍備と戸じまり

日本人の中には、「泥棒が家にはいるのをふせぐためには、戸じまりをよくし錠前をかけねばならない。」といって、ソ連を泥棒にたとえ、戸じまりは再軍備と同じだという人がいます。これは正しい話でしょうか。

再軍備という錠前は、毎年高いお金を出してますます大きくしますが、どうも泥棒はまだ来ないのです。錠前が大きくなったから泥棒がおそれて来ないというのかもしれません。

ところがどうでしょう。表の錠前を大きくしてばかりいて、裏の戸をあけっぱなしにしているので立派な紳士が、どろ靴で上って、家の中の大事な品物を八〇六個も取ってしまいました。それでも日本人は気がつきません。とられた品物は何かよく見ると、それが日本の軍事基地だったのです。一体、どちらが本当の泥棒か、わからなくなってしまいますね。

⑦ 『中学生日記』欄外記事（抄）

日本とアジヤ貿易――世界地図を見つめて

机上に世界全図をひろげて見て下さい。そして陸地と海洋の関係をなおよく見なさい。

海や空が世界をひとつに続けているにしても半島や島はどれかの大陸に自然に地理的に附属している。それでは日本列島とアジヤ大陸、日本の地理的条件はどうでしょうか。こうしたいろいろの地理的環境のところに人間はどのような経済生活を営んでき、社会進歩につれてどのように生活圏を確保してきたのでしょうか。原始社会それは猿人に近い頃、林間、海辺の採集生産、狩猟生産をしていたごく少数の一群の原始人の衣食住のそぼくな生活文化・生産の中には、近代社会における近代人の文明と経済が必要とする生活圏の規模はまだ発生していなかった。

近代工業と物質機械文明が人類の交通と生活を統一したとも言える。地球上至る所一点の余地もない程利用している。天然資源は勿論のこと、産物はなくても軍事・交通に必要なものは、無人島の小さい島までどの国かによって支配されている。

ところで地球上は一つの楽園であってほしい。日本が地理的に依存するアジヤは自由に有無融通し、アジヤ民族の文化生活を豊にしたいものです。それにアジヤの工業国日本が近代工業の基礎たる鉄・石炭等、資源の豊富な中国とも自由貿易をしない、それが日米安全保障条約を結んだアメリカに対する日本の義務だ、という、政治家の言うことは国民に素直に考えられないことです。日本の独立・経済自立のためには勿論アジヤ及び世界平和に貢献すべき日本の立場は、どうしても朝鮮・満州・中国・東南アジヤ・印度等と貿易しなければなりません。アジヤにおける未開発地域に対して日本の文化的、又産業技術的指導が望ましい。世界平和は、防衛同盟からではなく、全世界と経済通商協定を結ぶことです。

朝鮮民族の悲劇

パール博士はいっている。

「われわれは朝鮮における戦争は、世界平和のためのものであり、そして正義を証明するものであると教えている。しかし現実には、われわれの眼にうつる姿は、朝鮮人に関する限り、滅亡の戦争であった。彼等はほとんどすべての存在物を爆破されてしまったのである。」と。これを裏づけるために、ある英国人の実際目撃者の言葉をもって、次の如くのべている。

「三段かまえの破壊、即ち、第一段大爆弾でたたき、第二段焼夷弾で焼き払い次には、消火作業をしている路上の婦人・子供たちまで、低空飛行で機銃掃射でみな殺しにするといった徹底的破壊をやっている。そして、更に、夫と四人の子供は殺され、最後に二つになる末子は「体の内臓の音」がするほどに、米兵によってふみころされた、ことを朝鮮調査委員会のフェルトン博士に朝鮮婦人が訴えていることをつけ加えられている。日本に於ては朝鮮動乱をきっかけにして、第三次世界大戦が起るのではなかろうか、とか、日本は隣国だからとにかく危い、これにそなえる為に再軍備をしなければならないとか、したがって軍需生産業が必要になって、日本経済は景気づいてくるとか、信用しきれないさまざまのことが言われている。新聞・ラジオでは、「」やれ休戦会談とか、捕虜送還問題とか、平壌爆撃とか、細菌戦問題とか、アメリカ軍事専門家の視察、ダレス氏・アイゼンハウワー米大統領の南鮮視察等にめまぐるしい、情勢の変化は、いったいどこまで続いて、いったいどう落ちつくのか。」と。

皆さんこの目で見、この耳で聴き、この手で感覚出来ない遠い所の世界の出来事は唯新聞・ラジオを通して我々に達するうちに、どんな人達が、どんな組織や力と結びついて、どんな国際事件がおこっているのであろうか。そして人類の歴史は、平和へか戦争へか、幸福へか不幸へか、とにかくどちらかの道へ、諸君が日記をめくっているごとに進んでいるのである。

パール博士は最後に

「大多数の人間が信用できぬ人間であった場合に、その結果として生ずる利益がどんなものかは世界中の人が認めていると思う。平和ばかりではなく、正義・商業・工業・科学、これらのすべての世界の均衡は、人間の誠実な言葉に対する信頼にかかっている。」と。

「世界」（岩波書店発行）という雑誌の三月号に印度のラダビノード・パール博士（カルカッタ大学総長、東京に於ける極東軍事裁判ではインド代表判事）による「平和の仮面を剝ぐ」という論文に右の如き論説がある。

新しい文化の国　ソヴェットロシヤ――世界への知識

学校で学んだ知識、特に社会科などで勉強で学んだものを、修学旅行などの機会に実地見学することは大変よいことだと考えます。例えば祖国日本の政治・経済・文化・工業・商業・学芸の中心諸都市をはじめ、地理的にも、地勢・風土・物産・言語・住居などのいろいろ異った地方を見学して廻ると、いままで学んだ机上の知識を補うことも、更に、実際眼で見た別の感じから、いろいろの疑問・興味・研究問題が発見できることだと思います。

中学校修学旅行では、世界一周旅行ぐらい出来るのならばどんなに幸でしょう。航空機の二十世紀に於いては、一〇日位の日程でアジヤ・ヨーロッパ・アメリカの主要箇所を視察することぐらい可能です。

世界の至る所、そこにはちがったいろいろな人種がどんな所で、どんな生活を営んでいるか、眼で見る世界の実際の中に、政治・経済・外交・貿易・文化等の国際諸問題を一層しんけんに興味をもって考えることも出来るでしょう。

人類の歴史は進歩し、社会は常に変化しつつある。世界とは地球全体のことについて言うことばではなくて、日々動きつつある諸国民・諸人種の生活についていうことばである。政治制度・経済機構・生産力即ち人間と物との生産関係、教育等によって、国々の姿はちがっている。アメリカ・イギリスのように資本主義社会もあれば（でもイギリスはアメリカとも多少異った点をもっている）ソヴエット社会主義共和国のような国もある。そしてそれらの国々の国民のタイプ・自由・幸福感・希望も異っているにちがいない。諸君夢のような話をしたが、実際の我々の学校教育の結論は、こういうことを学びとり、みずからの進むべき目標に生きることにあるのです。

「新しい文明の国」ロシアについて、見ること、語ることも興味あることであるが、これについては、いろいろの人が論じている。中でもイギリス人、ウエブ夫妻のソヴエット旅行の観察報告は最も有名であり、権威あるものです。一九一七・一一・七、ロシア革命以後、古いロシアは新しいロシアに変った。それは皇帝・貴族・大地主・僧侶の支配権力を農民・労働者がこれとたたかいとって、ソヴエット社会主義共和国をうちたてたのです。一部の支配階級から、解放された農民と労働者の国では、衣食のために安い賃金をもって資本家に雇われて働くことはない。権力や金をもって人を支配し使用することは許されない。生産の分配は個人の幸福と共同生活のためでなくてはならない。人類は前進しつつある。古い革袋に新しい酒を注ぐ愚をやってはなるまい。

原　爆

九年前の今日はアメリカ人が広島に原子爆弾をさく裂さして多くの友達や両親兄弟を奪った悲しい日です。

僕達は学校で「人の命」を大切にするように習っています。

ユネスコ憲章も、日本の憲法も戦争しない事を固く誓っています。

それなのにアメリカやイギリスその他の国は、まだまだ恐ろしい水素爆弾など発明して、その強さを自慢しあっています。

一体原爆についてアメリカ人たちはどのように考えているのでしょうか。

「原爆と社会心理学」というアメリカの学者の書いた本に世論調査の結果が次のようにのっていました。

それによると

○どうせ死ぬのだから「原子爆弾」で死んでも止むを得ない。

○自分の頭の上に落ちることはあるまい。

○アメリカが先にやっつけるだろう。

このような無責任な考え方をしている人が大部分だそうです。

また先日のニュース映画でアメリカの原爆避難訓練の場面が出ていましたが、

木の根に身をかくす人。ビルディングのかげに伏せる人。机の下にもぐりこむ人。

実にこっけいでした。あんなことで原爆が防げると思っているのでしょうか？　世界の人々は「原爆々々」或いは「水爆」と恐れていますが本当に、あの物凄さは原爆の実験の道具にされた日本人しかわかるものではないと思いました。

近頃盛んに外国では「アジヤ戦争はアジヤ人の手で」と言っていますが、アジヤのどの国も戦争を進んでしなければならない国は一つとしてありません。

うまい事を言って、日本人を…いや僕たちまでが朝鮮戦争や外国の戦場に命をささげる事のないよう用心しなければばなりません。

⑧　教育の中立性の維持について

（昭和二十八年七月八日　文初地第四〇五号　文部事務次官より都道府県教育委員会・都道府県知事あて）

教育制度の基本として、教育の中立性は最も厳重に保持せられなければばならない。

しかるに、最近山口県における「小学生日記」「中学生日記」の例に見るごとく、ややもすれば特定政党の政治的主張を移して、児童、生徒の脳裏に印しようとするごとき事例なしとしないのは、甚だ遺憾とするところであって、貴管下教育行政の全般にわたり下記事項に関し特段の御配意を願いたく、命により通達する。

なお、それぞれ関係教育委員会及び学校長に御伝達願いたい。

記

一、いやしくも、一部の利害関係や特定の政治的立場等によって、教育が利用され、歪曲されることのないように留意すること。

二、多種多様の教材資料中には上記山口県教職員組合編集にかかる「小学生日記」「中学生日記」に見るごとく、往々特定の立場に偏した内容を有し、教材資料として不適当なものもあるようであるから、その取捨選択にあたっては、関係者において特に細心留意すること。

三、各所属長は、職員の服務につき、常に指導を怠ることなく真面目に勤務が行われるよう適切な監督を行うとともに、いやしくも違反行為のある場合には、その是正について厳正な処置をとり、もって勤務不良の教職員の絶無を期せられたきこと。

⑨　教員の政治的中立性維持に関する答申

（中央教育審議会：昭和二十九年一月十八日）

本審議会は、特に高等学校以下の教員の政治的中立性維持を必要と認め、そのために特別委員会を設けて審議しました。その特別委員会の到達した結論を本審議会総会においてさらに慎重に審議した結果、次の結論に到達しましたから、答申いたします。

一

公務員の身分を有する教員は、他の一般公務員と等しく、国家公務員法または地方公務員法によって、政治的行為の制限を受けているが、さらに教育基本法はすべての教員に対し、一定の政治的活動禁止の規定を設けている。これは教育の中立性を重視し、教員をして特定の政治的活動から、中立を守らしめようとする趣旨に出でたものである。ことに高等学校以下の生徒・児童は、あえて説くまでもなく心身未成熟の理由から、あるいは経済上の能力を、あるいは法律上の能力を制限されているものである。したがってその政治意識においても、正確な判断をするにはいまだ十分に発達をしていないのであるから、教育のいかんによつては、容易に右とも左ともなりうるものである。しかるにかれらに対して、強い指導力・感化力を有する教員が、自己の信奉する特定の政治思想を鼓吹したり、またはその反対の考え方を否認攻撃したりするがごときは、いかなる理由によるも許さるべきことではない。教員の政治的中立性に関する諸問題はすべてこの原則を基本として、解決されなければならないと考える。

もとより一切の表現の自由は、憲法上すべての国民に対し、保障されているものであるから、教員をして政治的中立性を守らしむる範囲も、公共の福祉のために必要な程度に限定すべく、なるべく学生・生徒・児童に対する直接の活動の範囲に止むべきものであり、現行法令の制約も大体この点に限界を設けているのである。

しかしながら、たとえ間接の政治的活動といえども、近来のように教員の組合活動が、政治的団体の活動と、選ぶところがない状態となってきたのでは、いまだ批判力の十分でない高等学校以下の生徒・児童に対する影響は、まことに看過するを得ないものがある。

二

教員の政治的活動が、今日いかなる実情にあるかについて、本審議会としては法務または警察当局の助力を求めて、いまだ公表せられざる事実を調査するがごときは、これを避くべきことと信ずるので、あえてこれをなさず、もっぱら周知の資料のみによることとした。

その資料の一は日本教職員組合運動であるところの全国大会において、決議した運動基本方針および闘争目標である。本答申に添付したその要項について見るに、特に説明を加える必要もないが、その多くが政治的活動であり、かつ、これが特定の政党を支持するものであるかどうかは別として、著しく一方に偏向していることは否定することを得ない。なお、そのうち一九五三年度の基本方針の中で「再軍備を基としたファッショ的な文教政策から子供を守るために」とあるは、原案では「天皇制復活を主軸としたファッショ的な文教政策から子供を守るために」とあったものを討議の結果修正されたものであるが、いずれにしても文教政策に対するかような考え方は、中立であるとは言えない。

その資料の二は日本教職員組合の文化活動であるところの教育研究大会の第二回大会報告書「日本の教育」である。この教育研究大会の趣旨性格は、右の「日本の教育」について明白にされており、特定の政治的意図のもとに、組合員たる教員が教育を行うことを期待しているのである。（もちろんこのことは各部門の報告研究の教育的価値を否定するものではないことを付記する。）当時の日教組中央執行委員長岡三郎氏は「刊行によせて」と題する「日本の教育」序文において「教育の軍国主義化を確立するために躍起となっている反動陣営の文教政策と対決」するために、この報告書に集約された研究活動の成果を活用されることを要望しているが、こういう断定はあまりにも政治的であり、またあまりにも一方的である。

また、本文「本書の内容について」の中に「教研大会がわれわれ教師の基本的歴史的課題として、平和と独立のための教育体制の確立を目ざして行われたということが、本書の内容を決定している。安保条約と行政協定とを抱き合わせとして成立した片面講和条約の結果として、われわれ日本人が現在当面している状況が、政治・経済のあり方ばかりでなく、いかに深く教育の場面にそれを歪めるように作用しているかを究明することを通じて日本の国民と子供の真の幸福のために、われわれはどのように教育のしくみを変えていかなければならないかを追求するのが本書の課題である」と説明している。平和・安保両条約に賛成し、または反対し、あるいはその一つに賛成して他に反対した政党があるのだから、右は明らかに特定政党の政策を支持しているものと見られる。

また、両条約成立の結果、教育をゆがめていると結論することは一つの意見であるが、しかし一方に偏した政治的見解であり、すくなくともかかる考え方で、年少者に対する教育をなすことはきわめて不穏当である。現に社会科の教科書においては、右両条約を研究および討論の課題として示しているものもあるから、この場合、組合の研究大会において指導されている組合員たる教員の指導が、その生徒・児童の政治意識に対して、いかなる影響を与えるかはあえて説明するまでもない。

三

教育の政治的中立性に関する問題のうち最も重要なるは、高等学校・中学校・小学校教員の大部分を包容する日教組の行動があまりに政治的であり、しかもあまりに一方に偏向している点と、その決議、その運動方針が組合員たる五〇万の教員を拘束している点とその教員の授業を受ける一、八〇〇万の心身未成熟の生徒・児童の存在する点とにある。

日教組が地方公務員法に基く職員団体の任意の連合体であり、その結成そのものはもとより自由であろうが、その活動の現状をみるに前述のとおりであって、その組合員たる教員が、組合の政治的方針を学校内に持ち込んで、直接教育に当ることとあるを考えれば、まことに憂慮にたえないものがある。もちろん、現在すべての教育がかくのごとくであるとは信じないけれども、これを放任することは、やがて救うべからざる事態を惹起するであろう。

したがって教員の組織する職員団体およびその連合体が、年少者の純白な政治意識に対し、一方に偏向した政治的指導を与える機会を絶無ならしむるよう適当な措置を講ずべきである。

四

なお、前述の外、教育の政治的中立性確保のために、左の諸項の実現を期することも必要であると考える。

イ、協議会の開催等の方法により、文部省と教育委員会との連絡をいっそう緊密にすること。

ロ、教育委員会委員の選挙に関し、教職員は退職後、一定期間経過しなければ立候補できないものとすること（本項については第一回答申においてもすでに述べたところである）。

ハ、教科用図書以外の図書、たとえば夏休み日記のごときものを使用しようとするときは、あらかじめ校長から教育委員会に届出でしむること。なお、右に関する文部省または委員会の権限を規定すること。

（添付）最近の日教組の運動方針（略）

⑩　偏向教育の事例

一、山口日記

一、場所　山口県

二、事件の概要

昭和二十八年五月、山口県教組文化部編「小学生日記」「中学生日記」が出版され、県下各学校において使用された。当該日記は毎年三冊ずつ発行され、年間を通して記入出来るようになっているものである。

たまたま岩国市の一父兄が日記欄外記事に疑問を抱き、市教委に質問したことから、問題として取り上げられたものである。

日記の欄外記事には明らかに政治的偏向がみられ、次のような内容を含んでいる。

1．再軍備反対（保安隊及び警備隊反対）

「再軍備反対の声が強いのはなぜか」（小学生日記　三一頁）

「平和憲法」（仝　三頁）

2．講和条約の批判

「日印平和条約」（仝　二六頁）

3. 軍事基地反対

「死んだ海」（仝　一五頁）

「再軍備と戸じまり」（仝　五九頁）

4. 朝鮮動乱の批判

「気の毒な朝鮮」（仝　三五頁）

5. 対中国貿易再開

「ポツダム宣言」（仝　五三頁）「日本の貿易」（仝　一二〜一三頁）

6. 反資本主義・社会主義讃美

「ソ連とはどんな国か」（仝　五一頁）

三、欄外記事抄（別　添）

二、旭丘中学校

一、場所　京都市。市立旭丘中学校

二、事件の概要

昭和二十八年十二月十六日旭丘中学校父兄二十名は、市教委に次の如き趣旨の陳状を行った。

旭丘中では約一年半前から偏った思想教育を進めて来ており、子供が親に反抗し、家庭の平和が乱されるので、父兄が個々に校長に申入れたが改善されぬので、十二月五日、父兄十五名が校長と会見、1. 生徒の行儀に遺憾の点なきや　2. 教科指導の充実に欠くる点なきや　3. 偏った思想、偏った政治教育がなされていないか、の三点につき話し合い、十四日夜校長が職員室で回答する旨約した。ところが、十四日前に生徒会の問題として、父兄に対抗することを指導、十四日は体育館で会見、教員、一般人、生徒を同席させ、父兄誹謗の態度に出たので、父兄はやむなく市教委に陳情の挙に出たもので、市教委が、1. 今迄に旭丘中学の実態につき考えたことありや　2. 旭丘中を指導する自信ありや　3. もし改善されなければ、子供を他校に移す（通学区制廃止）ことを父兄に確約するやの質問を発し、善処方を要望。

学区内の小学校（四校）の六年生父兄有志約百名が旭丘中学の如き学校に進学せしめたくないといって署名結束している。

三、教育の実態

（一）平和教育

○再軍備反対、軍事基地反対

1. 数学、理科の時間に「軍事基地反対」「再軍備反対」「平和運動」等の話をし、「アカハタ」を読んで教える。（二ノ一組）、ホームルームの時間に同様の話をし、授業の前後に「再軍備反対」を高唱させる。（二ノ五）

2. 「原爆の子」「ひめゆりの塔」「雲流るる果に」「蟹工船」「禁じられた遊び」「ひろしま」等の映画鑑賞、全生徒に感想文を書かせる。

3．文化祭で「内灘問題」の芝居をやらせた。

○皇室誹謗

1．体育の時間に「皇太子は我等の税金で外遊した」という話をした。

○親への反抗

1．「親の頭は古い。うちに帰って学校の話をするな」という。父兄が子供のことで相談に行ったら翌日子供に「お前のオヤヂは馬鹿だ」といった。

○政府攻撃

1．子供に水害募金をやらせ、ビラに「水害は天災ではない。政府の怠慢からだ。云々」府下水害の時、某教員は授業の代りに一時間にわたり「水害は政府の怠慢で起った」という話をした。

○デモ、労働歌、その他

1．京大荒神橋事件の抗議やデモに参加した子供を賞讃。

2．数学の時間に労働歌、インター等を黒板に書いておしえる。ある組の労働歌がやかましくて隣室の授業が妨害された。

3．平和祭に参加させ、不参加者は理由を糾し、資金カンパと称して金を出させた。

4．学校新聞部は「洛北民主協議会」（左翼団体）に参加。

三、大将軍小学校

一、場所　京都市。市立大将軍小学校

二、事件の概要

昭和二十八年十一月、大将軍小学校では学校当局が次のような声明を出して給食を中止した。

給食は全児童に実施したい。然し三十三名が貧困のため費用の負担が出来ずに給食を受けられない。当局は全員の給食費全額を負担せよ。然らずば、貧困者の分を負担せよ。この要求を闘い取るまで給食を中止する。

これに対し、父兄側は「この声明の三十三名について調査した結果、実際に給食費の出せない子供は、わずか四、五人程度にすぎない。その他の子供には、先生が金をもってくるなとこっそり言っているのは何事か」と学校に抗議した。学校は父兄の抗議を無視して闘争に入り、「おいしい給食を沢山にただで貰えるように協力して下さい」というビラを児童に町内にはらせた。共産党代議士候補某氏は政見発表会で「大将軍の給食問題を斗い取れ」「これに協力せぬ一部父兄を町内から追放せよ」と叫び、党員が学校に入り浸りで活動した。父兄の学校に対する不満は、給食問題のみではなく、左傾的な教育のやり方にあり、十二月十九日、父兄有志三名が市教委に陳状書を提出善処方を申し入れた。

三、教育の実情等

(一) 前記陳状書その他によれば、次のような教育が行われている。

○「日の丸」軽視、皇室侮辱

1．二十七年度一年生国語教科書に「日の丸」の教材があるが、先生はここを教えない。

2．「ラヂオで君が代が出たら急いで切れ」と教えたので、子供が家でそれをする。

3．天皇巡幸の折、五年生の児童会で、先生が「天皇も橋の下の乞食も同じ人間だ。」といった。又、「陛下を御迎えにゆくな」ともいった。

4．一年生に「皇太子は国民の税金で世界旅行をしやがって、六百万円の自動車を買いやがって」といった。

○親への反抗

1．「十八才までは親は子供を養育する責任がある。しかし子供は親の面倒を見る責任はない。欲しいものがあつたら何でもうんと親にねだること、そして要求が通るまでがんばれ」と教えている。子供はことごとに親に対抗するようになった。

(二) その他父兄が不満とする事実。

1．南山城地方の水害地の工作隊に先生が授業を放棄して出かけた。

2．学校参観日に、水害地中和東村のビラと言って、「再軍備反対、水害は政府が悪いからだ。云々」と書いたものを父兄に配布した。

3．学校の屋外照明が破損していたが、盆踊をやるのに風紀上よろしくないから、消防団とPTAが負担修理、学校に寄附、校長は喜んで受入れた。ところが、学校教員組合は校長が寄附を受入れたことはよくないとして、PTA会長と校長を組合の懲罰委員会にかけると言いふらした。

四、和深村第一小学校

一、場所　和歌山県和深村

二、概　要

昭和二十八年十一月四日　和歌山県和深村第一小学校において行われた研究授業において、「働く人」という題材の下に、現代社会（資本主義社会）の不合理性を徹底的に批判させ、社会主義社会建設への意欲を一段と高めることを主眼とする教案による授業を行った。

三、教育の内容……担当教員　吉川薫雄の学習指導案による。

(1) 日時　二十八年十一月四日

(2) 対象　六年生

(3) 題材「働く人」

(4) この題材学習のねらい

(イ) 働く者の賃金実態（その合理性と不合理性）とそこからくるその生活実態を充分理解させ、このことから現代社会（資本主義社会）のしくみの中で働く人達がどのような階級的立場、社会的地位におかれているかを知らせると共に、はたらく人達がその生活の向上のために如何なる努力をしているかをしっかりとつかませる。

(ロ) 現代社会（資本主義社会）における不合理性を徹底的に批判させ、はたらく人達の歴史を知らせると共にあるべき社会のしくみについて考えさせ、社会主義社会建設への意欲をより一段と高める。

(ハ) 社会実態の調査の仕方、資料のつかい方を身につけさせる。（賃金調査、生活調査、はたらく人の歴史の資料等）

(5) この時間の学習のねらい

生活に必要な最低の賃金はどれくらいでなければならないかということを考えさせ、さらにこのことから現在のはたらく人達の賃金が如何に安いものであるかということを理解させると共に、この安い賃金は雇主の不当なサクシュから生れるということをはっきりとつかませることにより、雇主の不当性に対する抵抗心を強くし、よりよき社会（はたらくものの社会―社会主義社会）建設への意欲をより一段と高める。

五、姉体村立中学校

一、場所　岩手県胆沢郡姉体村

二、事件の概要

姉体村立中学校教諭高野善一は、昭和二七年四月赴任以来、あらゆる機会に階級意識、階級斗争をせん動し、宣伝する教育を行ったが、具体的に把握し得た例として次のようなものがある。

1．教室に憲法第九条を生徒に抜書させて貼っていた。又、図表を書かせ、その内容に、和解と信頼の講和と題して、戦前戦後の領土を比較させて、全面講和の正当性を印象づけようとした。また、アメリカはどれだけたのめるか、アメリカにとって大事な処はどこか、戦車か住宅か、爆撃機か学校かというような内容の図表を作らせた。

2．展覧会の際、軍事基地の図表をはり、また、共産党の機関誌たる「新しい世界」を、それに自分の生徒の詩が載っているというので展示し、「生徒の作品が日本一流の雑誌に掲載されているから御覧下さい」とはり紙した。

なお、この教員は、共産党と密接な関係を持ち、党員獲得運動に関与している。また、村民大会でチラシをくばり、村長を誹謗し、これを辞めさせようとした。村教育委員会は、教員として望ましくないこれらの言動を理由としてこれを懲戒免職に附した。本人は、生徒等をあやつってこれに反抗する運動をした。日政連及び岩手県教組は、この処分に関して、村教育委員会に対し抗議を行っている。

六、岐阜県教組の社会科教育資料

一、場所　岐阜県

二、事件の概要

岐阜県教職員組合発行の五月一日付の「教育時報」においてメーデーにおける労資の対立の歴史を記述し、「メーデーとは労働者の資本家に対する斗いの日である」と定義し、末尾において、「社会科等を中心として、各学年に理解されるようなメーデーについての学習を計画しよう」と結語している。

三、記事の内容

(1)　メーデーの歴史。　外国における歴史および日本における歴史を通じてメーデーは労働者の資本家に対する抗争の日であり、またそれに対する弾圧が繰返されたにも拘らず、年々大きくひろまって行っていること。

(2)　メーデーとはどういう日か。　「……ここに働く者の階級と、シボリ上げ戦争を呼びこむ資本家の階級との正面切った決戦の時がやって来る。この闘いの重要な日である第二十二回メーデーのため……」「われわれは決して敗けてはならない。われわれは、日本中に、世界中に一番多く仲間を持っている。団結してがん強に抵抗するのだ。今年の斗いは、戦争か平和か、奴れいか解放かの岐路の斗いだ。その斗いの前の目標こそ働く者の力を確認するメーデーだ」「働く者同士が、……お互に注意し合って、この日が働く者の団結で搾取者へ解放を斗う日であることをはっきりと約束しよう」

(3)　児童・生徒へメーデーの意義について理解せしめよ。「社会科等を中心として各学年に理解されるようなメーデーについての学習を計画しよう」

七、安下庄町小中学校

一、場所　山口県大島郡安下庄町

二、事件の概要

左のような、学校における偏向教育を批難する父兄の声明書が町内に掲示された。

本町の教育問題について

近頃本町小中学童（小学校が多い）の父兄から「うちの子供は学校で一方に偏した政治や思想方面（容共的）の事を先生から聴いてかえり、とやかく云うのでこまる。この事で父兄が先生と議論しても理屈では先生にまけるからどうにもならん。こんな事では安心して学校へやれない。仕方がなければ学校へやるのを見合す外ない。こまったものだ」

こんな話をよく耳にするが、噂の如き判断力のない、しかも純真な児童に一方に偏した思想をうえつけんとする様な公教育者が本町に居るとすれば、これは大きな問題である。これを放置すれば今後どんな結果になるかは改めて論ずるまでもない。父兄が安心して学校へやれないと云うのは当然と思う。私は教職員の一部にかかる者が居るのだろうと察するが、しかしたとえ一名たりとも許さるべきでない。

これでは教育の中正は確保されない事になる。思想は自由である。教職員が相手かまわず思想的に存分な活動をしたいなら先生という肩書をなくしてからにしてもらいたい。児童は先生の云う事は絶対的のものと信ずるからである。尚教育委員会もこんな問題を等閑に付さないよう活の入った教育行政をやってもらいたい。

昭和二十八年十月十四日

野口安一

(なお、このような声明書が実際掲示されていたことを、町教育長は左のように証明している)

右声明書が本町快念寺前に掲示してあったことを認めます。

山口県大島郡　安下庄町教育委員会教育長　印

八、「冬の友」日記

一、場所　滋賀県

二、概要

滋賀県教組編「冬の友」という日記帳が全県下に配ばられたものである。

①小学校三年以上中学校三年まで、各冊とも最後の頁は、中共礼讃の作文を掲げている。②四年と六年の「冬の友」には〝一九五三年を送る〟と題して、軍備、MSA等をとりあげており、その末尾に「この文を読んで感じたことを教職員組合文化部へ送って下さい」とある。

三、日記の内容の例

(中学一年生) 複雑な日本　北京　小島敏彦 (一五)

……(舞鶴から名古屋に帰るまでの情景を叙述した中に)……とまる寮についてから、警察のおじさん達がうろ〳〵していたのは、なんだろうかとびっくりした。ピストルやスリコギのような棒をぶら下げて大きな靴をはいていた。……かっこうがちょうど一九五二年のメーデーに人民を弾圧した時と一つも変らないので、よけいいやになった。……京都……日中友好協会、国鉄労組や民主婦人団体の代表が日本の現状をはなしてくれた。僕達は一生懸命に拍手を送った。……アメリカ兵とパンパンを三度見て、なるほど日本という国の複雑さがわかった。

(中学二年生) 三反五反　山口真実 (十六歳)

（一九四八年の中共成立当時の三反五反という反対運動を具体的に説明した後）……このようにして中国にあった悪い因習は、どん〳〵解決していくうちに後にはこういうことはなくなった。……あの中国のような広大な国でありながら、あれだけよくできたのだから日本みたいなこんな小さな国で国家的政策を改善するぐらいは、なんでもないことゝ思う。……パンパンがいなければ経済がたって行けない。またそれを奨励する国が、今までどこにあるだろう。これでも立派な独立国だろうか。実になさけない国家ではないか。いやそんなことは絶対にない。われ〳〵国民として日本を愛するならば勇敢に立上ってわれわれ国民の利益を守る国家を作るためにがんばろうではないか。（帰ってきた子供たちより）

前の文ではメーデーの皇居前事件を人民に対する弾圧だと断定しており、大体中共から引揚げてきたものが警察官の格好が同じだからいやだったというのは、写真でみたことも考えられるにしてもおかしい。また「三反五反」の作者が山口真実という名前になっているが、例山口県の日記は真実だという意味にとれておかしいといわれている。更に、前の文で「出迎えに来ていた人達は手もたゝかずに…おかしな気がした」というその出迎人の中には近親者もいようかと思えば許せない気がし、子供がこんなことを書くわけがないとさえ思われてくる。

九、私立大倉学園の作文集

一、場所　大阪市　私立大倉学園

二、概要

大倉学園の文芸班編の生徒作文集「しほまねぎ」第二集に中学二年某生徒の次のような詩がある。

天皇のばかやろう（中学二年生）

昭和の天皇はばかやろうだ
世界を向うにまわして戦争をするなんて
勝つみこみはないではないか
僕たちは
家はこわされ　家はやかれ
もうめちゃくちゃだ
ハイセンになり
僕たちは苦るしい思いでした
それなのに
金持は腹一杯たべた
だいいちにいちばん悪いのは
天皇だ
日本はハイセン国だというのに
のちのちの天皇になる皇太子は
イギリスで六百万円もする自動車を買った
ドイツ人を見ろ

ドイツも日本のように戦争にやぶれた国だ
だから今はいっしょうけんめいはたらき
ぜいたくなんかはぜったいにしないのだ
指導者は漢文担当の某教員（本件により依願退職）である。

十、夙川学院の作文

一、場所　兵庫県西宮市神園町　私立夙川学院

二、事件の概要

二人の教員が生徒の天皇制否認の論文を強く支持し、憲法発布六周年記念論文として応募しようとしたので、学校長が中止させようとし、校長と対立、学校長の暴力であるといきり立ったので解職、不当解職として地労委に提訴中である。解職後、職員生徒にアヂビラ配布その他の方法で学園を乱しつつある。

三、生徒の作文の例

憲法について　高校三年

……前略……

やはり日本の場合は封建遺制の天皇という存在がある。彼は明らかに特権階級であり、国民の税金を取り、何もせずに暮している。いわば一種の寄生虫であると云う、かかる寄生虫をやはりおいているということは国民のレベルがひくいといわねばならない。しかるにある種の者は未だに彼天皇を神であると信じている者がいる、又彼を神にまつり上げ様としている者もいる。……中略……かく考えるときに憲法第一条については我々の意見としてやはり封建的色彩のこい条文であり、ただ文章のあやにより国民の目をあざむいているだけである。天皇なる地位は前にも述べた様に完全なる搾取階級で特権階級である。日本は真に民主化され、平等化されるには天皇なるものは全く不必要であると考えられる。故に憲法第一条の前半はその意味において日本の民主化をはばむ一つの障害であると考えられる。

十一、武佐中学

一、場所　北海道中標津町武佐中学

二、事件の概要

二十七年四月、校長杉原春吾、教頭杉原春夫、教諭伊東信子を中心に極端な共産主義教育が行われ、政令三二五号違反容疑で問われる段階に達したので部落代表　畑正志氏が中心となり真相を究明すると共に関係当局に陳情を行った。

三、偏向教育の内容

1．「アカハタ」を生徒及び一般人にまで配布した。

2．共産党でなければ国民の味方にならないと述べると共に、野坂、徳田が真に日本を救う人物であるにも拘らず追放をされている意味がわからないとのべ、更に

父兄が共産党員である子供に対しては「父兄は共産党員で立派なものだ」と賞揚し、反対に父兄が町会議員の反共産党の子供に対しては反動分子とひぼうした。

3．数学、英語などの授業においても「朝鮮の休戦会談が停頓しているのは米国が日本に基地をつくるために、わざと長びかしているためだ」と述べている。

4．札幌の白鳥警部暗殺事件については、白鳥警部が殺されるのは当り前だと放言した。

十二、岐阜県恵那郡

一、場所　岐阜県恵那郡内の小、中学校

二、概要

岐阜県教組恵那支部では管下の小、中学校において松川事件の判決の際、小学校四年生以上の児童に対し授業を休んで松川事件の概要について話をした。

三、内容

松川事件の真相は吉田内閣がアメリカの指図によって無実の死刑を行ったものである。死刑の判決には反対であるとのべた。

十三、益田高校の破防法違反事件

一、場所　岐阜県益田高等学校

二、事件の概要

益田高校教官　田中達郎は同校生徒　西村吉隆、中川佳也、池本恕弥などに対し暴力活動を公認した書物「山旅案内」を配布し入党の勧誘をし、生徒に偏向教育を行った。尚この事件は破防法違反として公判中のものである。

十四、その他

1．岩手県一関市、一関小学校においては、同校卒業式行事打合せ職員会議の席上、一教員が「君が代」斉唱に反対し「われわれは天皇のためになるような人間を作るために教育にたずさわっているのではない。一体『君が代』を歌わせるなどと言ってどんな人間像を求めて教育しているのか、そんなことを言うものはすでに教育者たる資格がない者である」と強硬に反対意見を述べた。

2．福島県西白河郡、三神村中学校においては、共産党の民青に加盟した教員が、生徒会を中心に、文化研究の名において現政府の政策批判を行い、生徒に研究発表させている。

3．静岡県浜名郡知波田村、湖西中学校においては、

(1)　二名の教員が「共産といわれてもしかたがないが、俺の教育は正しい。十年後には、この教育の成果があがるだろう」と豪語。

(2)　昭和二十七年七月頃、一生徒が皇太子の写真に吐唾

したのを、他の生徒がとめたところ、それは自由な行為だと両教員が制した。

4．静岡県榛原郡萩間村、牧之原中学校においては、

(1) 一教員が新年祝賀式後「アカハタの歌」を大声で教えた。

(2) 生徒間で「M先生の授業は共産党の話が多いから嫌いだ」との声がある。

5．愛知県渥美郡神戸村、神戸中学校においては、

(1) 共産党の機関誌「新しい世界」「前衛」を学校文庫に購入。

(2) 優秀生徒を自宅によび、特別教育を施し、クラス討論会の中心人物に仕立てて、クラス討論会の結論をソ連崇拝、政府打倒にもっていった。

6．愛知県渥美郡田原町、田原小学校においては、映画「原爆の子」を鑑賞させた後、一教員は「……真に平和を愛し、楽しい平和な生活のために斗っているのはソ連を中心に隣の中国です。朝鮮休戦を邪魔しているのは、米国の一部資本家が、金を儲けたいからです」と説明し、これに対する感想文を書かせた。

7．佐賀市、佐賀盲学校においては、一教員は、立太子御下賜金により恩賜記念図書館設置に対し、天皇制を痛罵、共産主義社会の実現を唱道、同校生徒に働きかけている。なお、同教諭は「新綱領、平和と独立のために」等の党機関紙を同僚に配布、また同僚女教員宅をアジトに提供させて党会議を行う等校内党活動を行っている。

8．北海道雨竜郡深川町、道立深川高校においては、校長が昭和二十六年九月ごろから教師四名、生徒七名をもって社会科学研究会を組織し、「資本主義社会の成熟は共産革命の出発なり」と題するビラを配布した。また組織を隣村中学校へ拡大させている。

9．高知県高岡郡、須崎高校においては、社会科担当の教員が、地元須崎細胞と緊密な連絡をとり、昭和二十八年三月頃、受持ち夜間部学生に対し社会科の実習と称して中ソ宣伝の幻灯会を開催、なお、その際共産党県委員会宣伝教育部発行の宣伝ビラを配布する等共産党思想教育を行っている。

10．高知県立山田高校においては、夜間部二年生生徒は学内にアカハタを配布し、山田平和委員会準備会の結成を企図しているが、昼間部社会科担当一教員は、これを積極的に援助している。

11．滋賀県和邇村小学校における教師の平和教育。

⑪ 参議院文部委員会における「偏向教育の事例」に関する証人一覧

証人喚問月日	偏向教育事例	喚問者職氏名
4月12日(月) (午前)	旭丘中学校	(PTA 会員) 水上 毅 (PTA 会員) 福田 知子 (PTA 補導部委員) 吉田 金次郎 (教頭) 北小路 昂
	大将軍小学校	(前 PTA 会長) 立川 文彦 (教頭) 池田 正太郎 (校外補導委員長) 野路井 孝 (京都市教育委員会委員長) 福原 達朗
(午後)	滋賀県 「冬の友」日記	(大津市坂本小学校教諭) 森 信 (大津市 PTA 副会長) 西村 英一 (大津市教育委員会委員) 井上 慶造 (滋賀県教育委員会学校教育課長) 溝口 成藏
	岐阜県恵那郡	(大井小学校長) 三宅 信市 (恵那郡地方教育委員会連絡協議会会長) 千藤 茂美 (岐阜県地方教育委員会連絡協議会会長) 森 太郎
4月13日(火) (午前)	岩手県一関市	(一関小学校教頭) 横山 庚夫 (一関小学校 PTA 運営委員) 橋本 種仁
	高知県立山田高校	(校長) 生永 利正 (PTA 会長) 三木 秀雄
(午後)	北海道武佐中学	(中漂津町長) 横田 俊夫 (北海道教職員組合副委員長) 星野 健三 (PTA 副会長) 清原 庄太郎
	山口日記	(元山口県教職員組合委員長・現山口市大殿中学校教諭) 綿津 四郎 (山口県教育委員会教育長) 野村 幸祐 (岩国市愛宕小学校 PTA 会長) 藤岡 武雄 (岩国市教育委員会委員) 丸茂 忍
	山口県安下庄町 小中学校	(安下庄町教育委員会教育長) 原田 弌雄 (安下庄町小学校 PTA 副会長) 山本 保夫 (安下庄高等学校 PTA 副会長) 村上 義晴 (安下庄小学校長) 安本 薫

⑫ 教育公務員特例法の一部を改正する法律

（昭和二十九年六月三日　法律第一五六号）

教育公務員特例法（昭和二十四年法律第一号）の一部を次のように改正する。

第十一条第二項中「同法第三十一条から第三十八条まで及び第五十二条」を「第二十一条の三第一項並びに地方公務員法第三十一条から第三十五条まで、第三十七条、第三十八条及び第五十二条」に改める。

第二十一条の三を第二十一条の四とし、第二十一条の二の次に次の一条を加える。

（公立学校の教育公務員の政治的行為の制限）

第二十一条の三　公立学校の教育公務員の政治的行為の制限については、当分の間、地方公務員法第三十六条の規定にかかわらず、国立学校の教育公務員の例による。

2　前項の規定は、政治的行為の制限に違反した者の処罰につき国家公務員法第百十条第一項の例による趣旨を含むものと解してはならない。

附　則

1　この法律は、公布の日から起算して十日を経過した日から施行する。

2　地方公務員法（昭和二十五年法律第二百六十一号）の一部を次のように改正する。

第二十九条第一項第一号中「この法律」を「この法律若しくは第五十七条に規定する特例を定めた法律」に改める。

第三十六条第二項但書中「公立学校（学校教育法（昭和二十二年法律第二十六号）に規定する公立学校をいう。以下同じ。）に勤務する職員以外の職員は、」及び「公立学校に勤務する職員は、その学校の設置者たる地方公共団体の区域（当該学校が学校教育法に規定する小学校、中学校又は幼稚園であつて、その設置者が地方自治法第百五十五条第二項の市であるときは、その学校の所在する区の区域）外において、」を削る。

第五十七条中「公立学校」を「公立学校（学校教育法（昭和二十二年法律第二十六号）に規定する公立学校をいう。）」に、「学校教育法に」を「同法に」に改める。

⑬ 義務教育諸学校における教育の政治的中立の確保に関する臨時措置法

（昭和二十九年六月三日　法律第一五七号）

（この法律の目的）

第一条　この法律は、教育基本法（昭和二十二年法律第二十五号）の精神に基き、義務教育諸学校における教育を党派的勢力の不当な影響又は支配から守り、もつて義務教育の政治的中立を確保するとともに、これに従事する教育職員の自主性を擁護することを目的とする。

（定義）

第二条　この法律において「義務教育諸学校」とは、学校教育法（昭和二十二年法律第二十六号）に規定する小学校、中学校又は盲学校、ろう学校若しくは養護学校の小学部若しくは中学部をいう。

２　この法律において「教育職員」とは、校長（盲学校、ろう学校又は養護学校の小学部又は中学部にあつては、当該部の属する盲学校、ろう学校又は養護学校の校長とする。）、教諭、助教諭又は講師をいう。

（特定の政党を支持させる等の教育の教唆及びせん動の禁止）

第三条　何人も、教育を利用し、特定の政党その他の政治的団体（以下「特定の政党等」という。）の政治的勢力の伸長又は減退に資する目的をもつて、学校教育法に規定する学校の職員を主たる構成員とする団体（その団体を主たる構成員とする団体を含む。）の組織又は活動を利用し、義務教育諸学校に勤務する教育職員に対し、これらの者が、義務教育諸学校の児童又は生徒に対して、特定の政党等を支持させ、又はこれに反対させる教育を行うことを教唆し、又はせん動してはならない。

（罰則）

第四条　前条の規定に違反した者は、一年以下の懲役又は三万円以下の罰金に処する。

（処罰の請求）

第五条　前条の罪は、当該教育職員が勤務する義務教育諸学校の設置者の区別に応じ、左の各号に掲げるものの請求を待つて論ずる。

一　国立の義務教育諸学校にあつては、当該学校が附属して設置される国立大学（当該学校が国立大学の学部に附属して設置される場合には、当該国立大学）の学長

二　公立の義務教育諸学校にあつては、当該学校を設置する地方公共団体の教育委員会（当該地方公共団体が、特別区である場合には都の教育委員会、地方公共団体の組合であつてこれに教育委員会が置かれていないものである場合には当該学校を所管するその執行機関）

三　私立の義務教育諸学校にあつては、当該学校を所轄する都道府県知事

２　前項の請求の手続は、政令で定める。

附　則

この法律は、公布の日から起算して十日を経過した日から施行し、当分の間、その効力を有する。

参考・引用文献一覧

〈著書・論文等〉（無署名の文献は末尾に掲出。序文や追想記、事典項目などを一部割愛）

相澤秀之『教育費――その諸問題』大蔵財務協会、一九六〇年。

朝倉武夫「教育二法案の公聴会に出席して――公述人としての立場と意見」『学校時報』第四巻五月号、一九五四年、二三～二五頁。

浅野一郎・河野久編著『新・国会事典（第3版）』有斐閣、二〇一四年。

アジア経済研究所図書資料部編『旧植民地関係機関刊行物総合目録　満州国・関東州編』アジア経済研究所、一九七五年、一七七頁。

安達健二『教員の政治活動――附・学生生徒の政治活動』文教情報社、一九五〇年。

『新しい学校』編集部編「教育の政治的中立」『新しい学校』第六巻第三号、一九五四年、四～三三頁。

天野貞祐『人間・政治・教育』新日本教育協会、一九五四年。

新井恒易「教育二法案の成立まで――国会の審議をみる」『カリキュラム』第六十八号、一九五四年、八二～八五頁。

荒木正三郎「教員の政治活動禁止について」『人事行政』第五巻第四号、一九五四年、三九～四一及び五七頁。

有倉遼吉「教育二立法――設問に答えて」『教育二立法・秘密保護法――解説と批判（別冊　法律時報）』日本評論新社、一九五四年。

有倉遼吉「権力者の恣意に任すな――教育二法とわれわれ」『世界』第一〇四号、一九五四年、一〇八～一一三頁。

有倉遼吉『公法における理念と現実』多磨書店、一九五九年。

有倉遼吉編『教育と法律（増訂版）』新評論、一九六四年。

有倉遼吉・天城勲『教育関係法Ⅱ』日本評論新社、一九五八年。

有賀喜左衛門「教育の所謂『政治的中立性』」『信濃教育』第八〇八号、一九五四年、二～九頁。

家永三郎「教育二法案に反対して――全国大学教授有志の反対声明」『世界』第一〇二号、一九五四年、一六五～一六七頁。

五十嵐顕「教育二法律と公教育――第十九国会における教育二法律の審議をめぐって」『思想』第三六三号、一九五四年、三七～四八頁。

五十嵐顕・伊ヶ崎暁生編著『戦後教育の歴史』青木書店、一九七〇年。

五十嵐顕・細野武男・伊ヶ崎暁生・寺島洋之助・山本正行編『旭丘に光あれ――資料・旭丘中学校の記録』あゆみ出版、一九七八年。

伊沢甲子麿・高橋亨『日教組と教育』明徳出版社、一九五六年。

石井一朝『失われた教育』芳文社、一九五四年。

石三次郎・宮原誠一・野口彰・大島昌静・牛山栄治「教育中立二法案をめぐって――座談会」『中学校』第十三号、一九五四年、六～二六頁。

石田雅春「戦後教育改革と中央教育審議会――第一回答申（義務教育に関する答申）の形成過程を中心に」『広島大学文書館紀要』第十一号、二〇〇九年、二一～四一頁。

伊豆利彦・益田勝実「教育二法案反対決議文をもって」『日本文学』第三巻第六号、一九五四年、五二～五三頁。

市川昭午『教育行政の理論と構造』教育開発研究所、一九七五年。

市川昭午「教育の政治的中立性について」『教育と文化』第六十七号、二〇一二年、五九～六八頁。

市川昭午・林健久『教育財政（戦後日本の教育改革 4）』東京大学出版会、一九七二年。

伊藤隆「大達茂雄」臼井勝美・高村直助・鳥海靖・由井正臣編『日本近現代人名事典』吉川弘文館、二〇〇一年、一九二頁。

伊藤恒夫「新教育二法の背景」『松山商大論集』第七巻第二号、一九五六年、七一～一一三頁。

伊藤光利・田中愛治・真渕勝『政治過程論』有斐閣、二〇〇〇年。

稲葉修「教育二法案の問題点」『人事行政』第五巻第四号、一九五四年、四二～四七頁。

犬丸直「教育二法の解説」『教育行政』第十六号、一九五四年、五〇～六八頁。

犬丸直「教育二法律に関する質問に答える」『教育技術』第九巻第八号、一九五四年、一一八～一二一頁。

犬丸直「教育二法律の要点」『初等教育資料』第五十二号、一九五四年、二二～二五頁。

犬丸直「教育の政治的中立を確保するための二法律」『教育技術』第九巻第八号、一九五四年、一一〇～一一三頁。

犬丸直「禁止される行為の諸要素――教育二法案の内容概説」『人事行政』第五巻第四号、一九五四年、七～一一頁。

犬丸直「真意を語る」『教育広報』第六巻第九号、山口県教育委員会、一九五四年、四～一五頁。

犬丸直「続・教育二法の真意を語る――質疑に答えます」『教育広報』第六巻第十号、山口県教育委員会、一九五四年、三～七頁。

犬丸直『志をもって生きる――行雲流水八十余年』清流出版、二〇〇五年。

猪口孝・大澤真幸・岡沢憲芙・山本吉宣・スティーブン・R・リード編『縮刷版・政治学事典』弘文堂、二〇〇四年。

井深雄二『現代日本教育費政策史――戦後における義務教育費国庫負担政策の展開』勁草書房、二〇二〇年。

今宮小平『日教組――機構とその性格』新紀元社、一九五七年。

今村武俊「義務教育学校職員法案について」『中学校』第二号、一九五三年、一二～一五頁。

岩国市史編纂委員会『岩国市史 下』岩国市役所、一九七一年。

岩国市史編纂委員会『岩国市史 史料編三―二 近代・現代』岩国市役所、二〇〇四年。

上原専祿「教育の中立性――政府は再思三考せよ」『改造』第三十五巻第三号、一九五四年、三三～四三頁。

上原専祿・岩間正男・坂田道太・大鹿高義「逆行する文教政策」『解放』第一巻第一号、一九五三年、八六～一〇二頁。

上原直人「戦後教育改革と政治教育の歴史的展開」『生涯学習・社会教育学研究』第二十八号、二〇〇三年、一～九頁。

鵜飼信成「政治的中立の政治性」『世界』第一〇四号、一九五四年、一一四～一二〇頁。

臼井吉見「『旭ヶ丘』の白虎隊」『文藝春秋』第三十二巻第十号、一九五四年、二〇六～二一四頁。

内田宜人『戦後教育労働運動史論――わたしの日教組 光と影』績文堂出版、二〇〇四年。

梅根悟「教育の政治的中立の限界」『人事行政』第五巻第四号、一九五四年、五四～五七頁。

梅根悟「中教審の中立性――教員の政治活動禁止問題について」『カリキュラム』第六十二号、一九五四年、一二～一三頁。

海野普吉監修『教職員のための教育二法律解義』東峰書房、一九五四年。

江口和美「義務教育費負担法としての一九五三（昭和二十八）年『義務教育学校職員法案』再考――石川二郎旧蔵資料をてがかりに」『早稲田大学大学院教育学研究科紀要』別冊第二十五号―一、二〇一七年、一一三～一二三頁。

大田堯編著『戦後日本教育史』岩波書店、一九七八年。

大達茂雄「悪罵のなかに――『教育の中立性』をめぐって」『改造』第三十五巻第三号、一九五四年、五六～六〇頁。

大達茂雄「教育二法案のねらい」『人事行政』第五巻第四号、一九五四年、三～六頁。

大達茂雄「教育二法律と今後の教育――大達文相、教師の不安にこたえる」『教育技術』第九巻第六号、一九五四年、九八～九九頁。

大達茂雄「極左偏向教育を改めよ――教育を正しい軌道に」『経済時代』第十九巻第十二号、一九五四年、三二一～三三四頁。

大達茂雄『私の見た日教組――教育二法案を繞る国会論争』新世紀社、一九五五年。

大達茂雄伝記刊行会編『大達茂雄』大達茂雄伝記刊行会、一九五六年。

大達茂雄伝記刊行会編『追想の大達茂雄』大達茂雄伝記刊行会、一九五六年。

大坪國益「純粋な教育的検討を望む」『人事行政』第五巻第四号、一九五四年、五八～六一頁。

大町宗八「日本の教育を動かす人びと――ネクタイ中教審の舞台裏」『改造』第三十五巻第三号、一九五四年、六一～六七頁。

岡三郎「教育の政治的中立――それは政府がつつしめばよいということ」『社会主義』第三十三号、一九五四年、三一～三五頁。

緒方竹虎伝記刊行会編著『緒方竹虎』朝日新聞社、一九六三年。

奥平康弘「戦後教育政策の素描――『国体擁護』から『ＭＳＡ受諾体制』まで」『法律時報』第二十六巻第四号、一九五四年、三三～三六頁。

尾高朝雄「教育の政治的中立性」『ジュリスト』第五十四号、一九五四年、三四～三八頁。

海後宗臣「教育の自由と社会科――教育二法律下の社会科教育」『教育技術』第九巻第九号増刊、一九五四年、六一～六五頁。

貝塚茂樹『戦後教育改革と道徳教育問題』日本図書センター、二〇〇一年。

貝塚茂樹「文相大達茂雄と教育二法」『戦後教育史研究』第十九号、二〇〇五年、一五～三一頁。

貝塚茂樹「第十九国会における『教育二法』（一九五四年）の成立過程――衆参両院文部委員会での審議を中心に」『戦後教育

史研究』第二十号、二〇〇六年、二七～五二頁。

貝塚茂樹「教育の政治的中立性をめぐる論議と『世論』――『教育二法』を中心に」藤田祐介・貝塚茂樹『教育における「政治的中立」の誕生――「教育二法」成立過程の研究』ミネルヴァ書房、二〇一一年、一八三～二二五頁。

貝塚茂樹・藤田祐介編『国立教育政策研究所教育図書館所蔵　辻田力旧蔵資料目録（戦後教育改革資料14）』国立教育政策研究所、二〇〇二年。

貝塚茂樹・藤田祐介「『教育二法』関係資料」結城忠監修・青木栄一編『戦後教育法制の形成過程に関する実証的調査研究最終報告書』国立教育政策研究所、二〇〇六年、三～二五頁。

勝田守一「教育は誰のものか――義務教育学校職員法案の批判」『新日本文学』第八巻第四号、一九五三年、七一～七五頁。

勝野尚行『教育基本法の立法思想――田中耕太郎の教育改革思想研究』法律文化社、一九八九年。

金口進・清水保三・川上操六「座談会　偏向教育の実情をきる」『教育技術』第九巻第五号、一九五四年、九八～一〇九頁。

河原春作「人質現代版」『日本及日本人』第五巻第四号、一九五四年、四〇～四一頁。

北岡壽逸「教育二法通過後の日教組」『経済時代』第十九巻第七号、一九五四年、四九～五一頁。

木田宏監修『証言　戦後の文教政策』第一法規、一九八七年。

城戸幡太郎「教育の中立性ということ――教育二法律を問題として」『思想』第三七四号、一九五五年、四一～四九頁。

教育ジャーナリストの会『戦後教育史の断面――子どもはモルモットじゃない』国土社、一九五七年。

教育法令研究会『教育基本法の解説』国立書院、一九四七年。

京教組40年史編纂委員会『京教組40年史』京都教職員組合、一九九〇年。

京都府議会史編さん委員会編『京都府議会史（昭和二十年八月〔～〕昭和三十年三月）』京都府議会、一九七一年。

京都府教育研究所編著『戦後京都教育小史』京都府教育研究所、一九七八年。

近畿大学時事問題研究会『共産党と日教組の動き――教育二法の成立をめぐって』近畿大学時事問題研究会、一九五四年。

久野収「教育の危機――いわゆる『教育の中立性』について」『世界』第九十九号、一九五四年、三八～四二頁。

久野収「教育二法の成立に際して」『世界』第一〇四号、一九五四年、一〇三～一〇七頁。

久保義三『新版　昭和教育史――天皇制と教育の史的展開』東信堂、二〇〇六年。

黒羽亮一『学校と社会の昭和史（下）』第一法規、一九九四年。

県教組50周年記念事業委員会編『山口県教組結成50年の歩み』山口県教職員組合、一九九六年。

剱木亨弘「教育二法案の重要性」『再建』第八巻第四号、一九五四年、二～五頁。

剱木亨弘『戦後文教風雲録――続牛の歩み』小学館、一九七七年。

高山岩男「教育の政治的中立性に就いて」『信濃教育』第八〇六号、一九五四年、三～一九頁。

小国喜弘『戦後教育史』中央公論新社、二〇二三年。

国立国会図書館調査立法考査局『請願制度とその効果』一九五〇年。

小玉重夫「政治――逆コース史観のアンラーニング」森田尚人・森田伸子編著『教育思想史で読む現代教育』勁草書房、二〇一三年、三七～五五頁。

小玉重夫『教育政治学を拓く――18歳選挙権の時代を見すえて』勁草書房、二〇一六年。

小玉重夫・荻原克男・村上祐介「教育はなぜ脱政治化してきたか――戦後史における一九五〇年代の再検討」『年報政治学』二〇一六―I号、二〇一六年、三一～五二頁。

小林武「"銃をとれ"と教えねばならんのか」『日本週報』第二七三号、一九五四年、一二～一五頁。

小山静子・菅井凰展・山口和宏編『戦後公教育の成立――京都における中等教育』世織書房、二〇〇五年。

近藤日出造「僕の診断書・2　大達茂雄」『中央公論』第六十九巻第三号、一九五四年、四二～四七頁。

斎藤正「教育二法律について」『文部時報』第九二四号、一九五四年、四～九頁。

斎藤正「教育の政治的中立のための二法案――話題の法律案の立法趣旨を明らかにする」『時の法令』第一二七号、一九五四年、二〇～二四頁。

斎藤正『政治的中立の確保に関する教育二法律の解説』三啓社、一九五四年。

酒井裕史「一九五四年教育二法律と官公労機関紙事件・荷上場事件」渡部宗助編著『平成三年度文部省科学研究費・総合（A）研究成果報告書　講和独立後のわが国教育改革に関する調査研究』国立教育研究所、一九九二年、九一～一〇一頁。

坂田仰「義務教育諸学校における教育の政治的中立の確保に関する臨時措置法」『季刊教育法』第一一〇号、一九九七年、六三～六六頁。

坂田道太「教育の政治的中立性」『政治公論』第六号、一九五四年、一七〇～一七四頁。

坂田道太「教育の中立性に関する法案について」『人事行政』第五巻第四号、一九五四年、三二～三五頁。

相良惟一著・相良惟一先生遺稿集編集委員会編『国家と教育――相良惟一先生遺稿集』教育開発研究所、一九八八年。

佐々木三男「教育二法律の影響とその背景」全国教育新報社編集部編『国民教育の課題』門脇書店、一九五五年、一九一～一九七頁。

佐藤全「政治教育と教育の政治的中立性との問題史」『教育学研究』第六十五巻第四号、一九九八年、四二～五〇頁。

佐藤一人『一人のあし跡』私家版、一九八三年。

佐藤秀夫「教育改革の原点を照射するもの――『教育刷新委員会・教育刷新審議会　会議録』を読む」『図書』第五九七号、一九九九年、三四～三六頁。

時事通信社編『教育年鑑　一九五五年版』時事通信社、一九五四年。

信濃教育会編著『信濃教育会九十年史』（上・下巻）信濃教育会出版部、一九七七年。

信濃教育会編著『信濃教育会の歩み』信濃教育会出版部、一九七九年。

清水幾太郎「弾圧はまず教育から――日教組第三回教育研究大会より」『中央公論』第六十九巻第三号、一九五四年、四八～五二頁。

自民党史編纂委員会編『自由民主党史』自民党史編纂委員会、一九六一年。

衆議院・参議院『議会制度百年史　院内会派編　貴族院・参議院の部』大蔵省印刷局、一九九〇年。

衆議院・参議院『議会制度百年史　院内会派編　衆議院の部』大蔵省印刷局、一九九〇年。

衆議院・参議院『議会制度百年史　衆議院議員名鑑』大蔵省印刷局、一九九〇年。

自由党政務調査会編『教育上の当面の諸問題――附　自由党の文教政策』自由党政務調査会、一九五三年。

新藤宗幸『「主権者教育」を問う』岩波書店、二〇一六年。

人民教育同盟中央本部編『山口日記帳事件――教師の戦後出発と戦争反対闘争の教訓』人民教育同盟中央本部、一九八七年。

杉原誠四郎『教育基本法――その制定過程と解釈（増補版）』文化書房博文社、二〇〇二年。

杉原誠四郎『教育基本法の成立――「人格の完成」をめぐって（新訂版）』文化書房博文社、二〇〇三年。

鈴木英一『教育行政（戦後日本の教育改革３）』東京大学出版会、一九七〇年。

鈴木英一『現代日本の教育法』勁草書房、一九七九年。

鈴木英一・平原春好編『資料　教育基本法50年史』勁草書房、一九九八年。

鈴木安蔵「教育の政治的中立と学問の自由」『静岡大学文理学部研究報告・社会科学』第五号、一九五七年、九三〜一一四頁。

関口泰編『教育を守るために』柏林書房、一九五四年。

瀬戸山孝一『文教と財政』財務出版、一九五五年。

全国高等学校長協会編『全国高等学校長協会三十年史』全国高等学校長協会、一九八〇年。

全国市町村教育委員会連合会編『地方教育委員会の歩み』全国市町村教育委員会連合会、一九六一年。

全国連合小学校長会五十周年記念誌編集委員会編『全国連合小学校長会五十周年記念誌』全国連合小学校長会、一九九九年。

「戦後日本教育史料集成」編集委員会編『戦後日本教育史料集成』第四巻、三一書房、一九八三年。

全日本中学校長会編『中学校教育二十年――いばらの道をひらく』全日本中学校長会、一九六七年。

相馬助治「参院に於ける教育二法案の審議を省みて」『政策』第十七号、一九五四年、四七〜五〇頁。

高木鉦作「義務教育学校職員法案に対する新聞論調」『市政』第二巻第四号、一九五三年、四六〜五〇頁。

高倉翔「義務教育費国庫負担法」細谷俊夫・奥田真丈・河野重男・今野喜清編集代表『新教育学大事典』第二巻、第一法規、一九九〇年、一四三〜一四四頁。

高瀬荘太郎「教育自由への反省」『文部時報』第八七〇号、一九五〇年、二〜三頁。

高瀬荘太郎監修『教員の政治活動――関係法規の解説と具体例』明治図書、一九五四年。

高橋寛人『教育公務員特例法制定過程の研究――占領下における教員身分保障制度改革構想』春風社、二〇一九年。

高宮太平『大達文政と日教組の対決』日本文政研究会、一九五四年。

瀧嘉衛『国会政治と教育政策の軌跡――片山内閣から吉田内閣まで』第一法規、一九八三年。

田中耕太郎『教育基本法の理論』有斐閣、一九六一年。

田中久雄「教育二法案と旭丘中学問題」『政界往来』第二十巻第七号、一九五四年、八〇〜八八頁。

田中正隆『牛歩八十五年　劒木亨弘聞書』教育問題研究会、一九八六年。

塚原嘉平治『日教組――その実体と動向』創美社、一九五九年。

辻清明「教師と政治――中央教育審議会の答申案を中心として」『教育行政』第十一号、一九五四年、二一～一〇頁。

東京大学社会科学研究所・教育二法案研究委員会「教育二法案の検討」『ジュリスト』第五十五号、一九五四年、一〇～一五頁。

東京都教職員組合「義務教育学校職員法案に対する反対斗争方針」『労働法律旬報』第一二〇号、一九五三年、一七～二〇頁。

德久恭子『日本型教育システムの誕生』木鐸社、二〇〇八年。

戸田浩史「昭和29年の教育二法の制定過程――教育の政治的中立性をめぐる国会論議」『立法と調査』第三〇五号、二〇一〇年、四三～五七頁。

外山英昭「一九五〇年代初頭における山口県の平和教育運動」『研究論叢』第二十八巻第三部（芸術・体育・教育・心理）、山口大学教育学部、一九七八年、四七～六三頁。

外山英昭「一九五〇年代平和教育の具体的展開――愛宕小平和教育実践を中心に」『研究論叢』第二十九巻第三部（芸術・体育・教育・心理）、山口大学教育学部、一九七九年、五一～六七頁。

外山英昭「『山口日記帳』事件に関する予備的考察」『地域研究山口』第三号、一九七九年、四一～五四頁。

外山英昭「平和教育への弾圧に抗して――山口日記事件」播磨信義編著『続・憲法をいかす努力――平和と自由と平等を守る人々の記録』四季出版、一九八八年、四九～九五頁。

内閣法制局史編集委員会『内閣法制局史』大蔵省印刷局、一九七四年。

内藤譽三郎『戦後教育と私』毎日新聞社、一九八二年。

中島太郎『戦後日本教育制度成立史』岩崎学術出版社、一九七〇年。

永田照夫『教育基本法第八条（政治教育）小史――教育法社会学的考察序説』西村信天堂、一九八五年。

永地正直『文教の旗を掲げて　坂田道太聞書』西日本新聞社、一九九二年。

日本教育学会「『教育公務員特例法の一部改正法案』、『義務教育諸学校における教育の政治的中立の確保に関する法案』に対する日本教育学会の検討報告」『教育学研究』第二十一巻第二号、一九五四年、四七～五七頁。

日本教育新聞編集局編著『戦後教育史への証言』教育新聞社、一九七一年。

日本教職員組合『教師の弾圧事件資料集【そのⅡ】教壇をけがすものは誰か――特高そのままの思想調査、全国に及ぶ』日本教職員組合、一九五四年。

日本教職員組合編『日教組十年史』日本教職員組合、一九五八年。

日本教職員組合編『日教組20年史』労働旬報社、一九六七年。

日本教職員組合情宣部『教育破壊法をつぶせ』日本教職員組合、一九五四年。

日本教職員組合情宣部『教壇を警官の泥靴で汚すな――思想調査・教師弾圧事件の真相』日本教職員組合、一九五四年。

日本近代教育史料研究会編『教育刷新委員会　教育刷新審議会　会議録』第一巻、岩波書店、一九九五年。

日本近代教育史料研究会編『教育刷新委員会　教育刷新審議会　会議録』第六巻及び第八巻、岩波書店、一九九七年。

日本社会党政策審議会編『汚職国会血斗記録――第十九国会斗争報告』日本社会党出版部、一九五四年。

日本ＰＴＡ全国協議会本部編『日本ＰＴＡの歩み　昭和廿九年度事業報告』一九五五年。

野生司敬雄「波乱の二法案審議」『教育技術』第九巻第八号、一九五四年、一一四～一一七頁。

野木新一「教育二法案について」『法律のひろば』第七巻第五号、一九五四年、二二～二五頁。

野口彰「政治教育の限界――政治的教材に対する教師の態度」『教育時報』第八十八号、一九五五年、七～一〇頁。

野島貞一郎編『緑風会十八年史』緑風会史編纂委員会、一九七一年。

野村幸祐伝記編集委員会『野村幸祐伝』山口放送株式会社、一九九二年。

橋本勇『新版　逐条地方公務員法（第6次改訂版）』学陽書房、二〇二三年。

長谷川正安・森英樹「中立確保法」有倉遼吉編『別冊法学セミナーNo.33　基本法コンメンタール　新版　教育法』日本評論社、一九七七年、九五～一〇七頁。

秦郁彦編『日本官僚制総合事典　一八六八―二〇〇〇』東京大学出版会、二〇〇一年。

秦郁彦編『日本近現代人物履歴事典（第二版）』東京大学出版会、二〇一三年。

羽田貴史「教育公務員特例法の成立過程」（そのⅠ～そのⅢ）『福島大学教育学部論集』第三十二号の三、一九八〇年、三七～四八頁。『福島大学教育学部論集　教育・心理部門』第三十四号、一九八二年、二一～三一頁。同第三十七号、一九八五年、二九～四一頁。

羽田貴史「戦後教育史像の再構成」藤田英典・黒崎勲・片桐芳雄・佐藤学編『教育学年報6　教育史像の再構築』世織書房、一九九七年、二一五〜二三九頁。

羽仁説子・金久保通雄・伊藤昇・辻原弘市・山口俊一・佐藤幸一郎「座談会・教育二法律下の教師」全国教育新報社編集部編、前掲書、一七三〜一九〇頁。

馬場四郎「教育の中立性二法律と問題解決学習」『カリキュラム』第六十九号、一九五四年、二四〜二五頁。

濱田冬彦「義務教育学校職員法という法律」『人物往来』第二巻第四号、一九五三年、一〇一〜一〇三頁。

晴山一穂・西谷敏編『別冊法学セミナーNo.241　新基本法コンメンタール　地方公務員法』日本評論社、二〇一六年。

日高第四郎『民主教育の回顧と展開』学習研究社、一九六六年。

広田照幸編『歴史としての日教組　上巻——結成と模索』名古屋大学出版会、二〇二〇年。

福田繁「教育の中立性について」『学校時報』第四巻一月号、一九五四年、一〇〜一四頁。

藤田祐介「戦後道徳教育政策の展開と道徳関係団体——昭和30年代を中心とした道徳団体懇談会の活動」研究代表者：貝塚茂樹『平成13〜14年度　日本学術振興会科学研究費補助金　基盤研究（C）（2）報告書　戦後日本の道徳教育関係資料に関する基礎的調査研究』二〇〇三年、五〇〜六八頁。

藤田祐介「一九五〇年代の教育委員会制度再編過程における教育委員会関係団体の構想と行動——全教委・全地教委の活動を中心に」『国立教育政策研究所紀要』第一三三集、二〇〇四年、五七〜七三頁。

藤田祐介編『北海道大学・東京大学所蔵　全教委関係資料目録（戦後教育改革資料18）』国立教育政策研究所、二〇〇五年。

藤田祐介「教育二法と中教審——教育の政治的中立性をめぐる論議の検討」『戦後教育史研究』第二十号、二〇〇六年、一〜二五頁。

藤田祐介「『教育の政治的中立』をめぐる動向と課題——主権者教育を中心に」日本スクール・コンプライアンス学会編『スクール・コンプライアンス研究の現在』教育開発研究所、二〇二三年、五〇〜六三頁。

藤田祐介・貝塚茂樹『教育における「政治的中立」の誕生——「教育二法」成立過程の研究』ミネルヴァ書房、二〇一一年。

古谷綱正「教育二法案をめぐる論争の教訓」『政治経済』第七巻第六号、一九五四年、二六〜二七頁。

逸見博昌「教員は政治的に中立でありうるか（三）——完——『教育の政治的中立』との関連において」『教育委員会月報』第

十九巻第十号、一九六八年、二二～二九頁。

逸見博昌『こんな教師になってほしい――戦後の歴史から学んでほしいもの』悠光堂、二〇一七年。

法政大学心理学研究会編『現代の心理　第5（社会と心理）』河出書房、一九五六年。

法令用語研究会編『法律用語辞典（第5版）』有斐閣、二〇二〇年。

星野安三郎「教育二法の政治的機能――解釈学的法認識への一批判」『東京学芸大学　研究報告』第八集、一九五七年、三五～五一頁。

星野安三郎『戦後日本の教育と憲法――その歴史的展開（上）』新評論、一九七一年。

星野安三郎「教育の政治的中立・政党的中立・政治的独立」『青山法学論集』第十六巻第一号、一九七四年、七一～九五頁。

堀口知明「教育二法律をめぐる職場生活」『教育』第五十九号、一九五六年、七三～八一頁。

堀幸雄「解題」『中央学院大学所蔵　初期「公安調査月報」（復刻版）』第1巻、柏書房、二〇〇六年、三～二七頁。

本多正人編著『教育委員会制度再編の政治と行政』多賀出版、二〇〇三年。

前芝確三「『教育二法案』と日本の国際的立場」『立命館法學』第七号、一九五四年、一五～三六頁。

前田多門「私はこう思う――教員の政治活動制限に関して」『世界』第九十九号、一九五四年、三四～三七頁。

前田英昭『国会の立法活動――原理と実相を検証する』信山社出版、一九九九年。

前田英昭「教育二法と参議院の『良識』」『駒澤法学』第二巻第一号、二〇〇二年、一～四一頁。

槇枝元文『文部大臣は何をしたか――私の目で捉えた戦後教育史』毎日新聞社、一九八四年。

牧野英一「教育二法案と教唆の独立性」『警察研究』第二十五巻第六号、一九五四年、三～一八頁。

水谷長三郎「反動立法の全面的粉砕へ」『人事行政』第五巻第四号、一九五四年、三六～三八頁。

見田宗介・栗原彬・田中義久編『縮刷版・社会学事典』弘文堂、一九九四年。

三津田恭平「教員政治活動制限法案を吟味する――衆参両院の審議過程を通じて」『北海教育評論』第七巻第三号、一九五四年、一四〇～一四九頁。

明神勲「占領教育政策と『逆コース』論」『日本教育史研究』第十二号、一九九三年、六五～八一頁。

明神勲「東京都における教員レッド・パージ前史――多田小学校事件の研究」『釧路論集――北海道教育大学釧路校研究紀要』

第三十六号、二〇〇四年、六五～七五頁。

宗像誠也「教育二法律以後――政治的無関心強化の教育政策」『改造』第三十五巻第九号、一九五四年、一五一～一五八頁。

宗像誠也・山本敏夫・内藤譽三郎・露木虎治・村瀬秀雄・伊藤盛兄・木村勇・野瀬寛顕「義務教育学校職員法と地方教育委員会の諸問題（座談会）」『教育技術』第八巻第一号、一九五三年、八八～九九頁。

望月宗明『日教組20年の闘い』労働旬報社、一九六七年。

森田尚人「戦後日本の知識人と平和をめぐる教育政治――『戦後教育学』の成立と日教組運動」森田尚人・森田伸子・今井康雄編著『教育と政治――戦後教育史を読みなおす』勁草書房、二〇〇三年、三～五三頁。

森田尚人「旭丘中学事件の歴史的検証（上）――第1部：高山京都市政と日本共産党の教育戦略」『教育学論集』第五十集、中央大学教育学研究会、二〇〇八年、一二三～一七五頁。

森田尚人「旭丘中学事件の歴史的検証（下）――第2部：教育二法案をめぐる国会審議と『事件』の政治問題化」『教育学論集』第五十一集、中央大学教育学研究会、二〇〇九年、三七～一一一頁。

文部記者会・戸塚一郎・木屋敏和編『文部省』朋文社、一九五六年。

文部省「義務教育学校職員法案に関する資料」『教育月報』第三巻第三十三号、栃木県教育委員会、一九五三年、二四～二六頁。

文部省編『文部省マイクロフイルム文書目録（第1集）』文部省、一九七六年。

文部省初等中等教育局地方課「義務教育学校職員法案の概要」『学校事務』第四巻第三号、一九五三年、二～九頁。

文部省調査局『中央教育審議会要覧　第5版』文部省調査局、一九六六年。

［文部省］調査局広報課「義務教育学校職員法案について」『中等教育資料』第二巻第三号、一九五三年、三〇～三一頁。

文部省調査局調査課『教育調査・第37集　欧米各国における教育の政治的中立維持の問題』文部省調査局、一九五四年。

八木淳『文部大臣の戦後史』ビジネス社、一九八四年。

矢沢基賛編『日本連合教育会十五年の歩み』日本連会（ママ）教育会、一九六三年。

安嶋彌『戦後教育立法覚書』第一法規、一九八六年。

矢田勝士「教育二法案阻止の闘い」『法律のひろば』第七巻第五号、一九五四年、二六～二七頁及び四七頁。

矢田勝士「教育二法案と五十万の良心――平和と民主主義を守るために闘う」『人事行政』第五巻第四号、一九五四年、六二～六六頁。

矢内原忠雄『矢内原忠雄全集』第二十巻（時論　第三）岩波書店、一九六四年。

柳久雄・川合章編『現代日本の教育思想　戦後編』黎明書房、一九六三年。

柳本見一『激動二十年――山口県の戦後史』毎日新聞西部本社、一九六五年。

山口県議会編『山口県議会史　自昭和二十二年至昭和三十年』山口県議会、一九七八年。

山口県教育会編『山口県教育会誌』山口県教育会、一九九九年。

山口県教職員組合編『小学生日記　一九五三　五月～八月』山口県学校生活協同組合、一九五三年。

山口県商工労働部労政課『山口県労働運動史』第二巻、山口県、一九七五年。

山住正己「『教育二法案』のころ」『思想の科学』第一二六号、一九八一年、八二～八五頁。

吉田茂『回想十年』第一巻、新潮社、一九五七年。

吉村達二『教育山脈――日本の教育激動の100年』学陽書房、一九七四年。

米田俊彦「戦後日本教育史」教育史学会・教育史学会60周年記念出版編集委員会編『教育史研究の最前線Ⅱ――創立60周年記念』六花出版、二〇一八年、七二～一〇一頁。

米田俊彦「戦後教育改革期における教員の国政進出」『人間発達研究』第三十五号、二〇二一年、一九～四〇頁。

米田俊彦「一九五〇年代教育史研究の意義と課題」「一九五〇年代教育史」研究部会『一九五〇年代教育史の研究』野間教育研究所、二〇二二年、一三～一〇六頁。

洛北民主協議会・京都教職員組合・京都総評共同編集『真実をつらぬくために　旭ガ丘中学校の記録』一九五四年。

蠟山政道「教員の政治活動の制限について――教育二法案への疑義」『ジュリスト』第五十四号、一九五四年、一九～三三頁。

蠟山政道「教育の政治的中立性について」『学校時報』第四巻一月号、一九五四年、八～一一頁。

蠟山政道「教員の政治的活動について」『新しい学校』第六巻第一号、一九五四年、四～一〇頁。

蠟山政道『蠟山政道評論著作集Ⅳ　政治と教育』中央公論社、一九六二年。

綿津四郎「山口日記をめぐる三六年前の回想――臭いの論理と、見せかけの心理」播磨信義編著、前掲書、九七～一一三頁。

綿津四郎「山口日記事件」『山口県史　史料編　現代2　県民の証言　聞き取り編』山口県、二〇〇〇年、六一八~六三七頁。

渡部宗助編著『石川二郎旧蔵資料目録稿・森戸辰男関係文書目録稿（戦後教育改革資料11）』国立教育研究所、一九九二年。

渡辺恒雄「教育二法案提出の経過とその内幕」『人事行政』第五巻第四号、一九五四年、四八~五三頁。

B・C・デューク著・市川博訳『日本の戦闘的教師たち――外人研究者に語られた日教組の闘争三十年』教育開発研究所、一九七六年。


「会報」ほか『学校時報』第四巻一月号~八月号、一九五四年。

「会務報告」『全国大学教授連合会報』第八号~第九号、一九五四年~一九五五年。

「課長が語るこの一年」『教育広報』第六巻第三号、山口県教育委員会、一九五四年、五~一〇頁。

「教育についての公聴会」『北海教育評論』第七巻第三号、一九五四年、一七〇~一九三頁。

「教育二法案は是か非か――衆院文部委公聴会における二学長の公述」『労働週報』第六八〇号、一九五四年、一六~二〇頁。

「小・中学生日記問題の真相の紹介」『教育広報』第五巻第八号、山口県教育委員会、一九五三年、四二~五一頁。

「宣言」及び「東京大会の記」『信濃教育』第八〇七号、一九五四年、二一~三四頁。

「全国大学教授連合規則」『全国大学教授連合会員名簿（昭和二十六年八月末現在）』全国大学教授連合、一九五一年、一~四頁。

「全国連合小学校長会会則」及び「全国連合小学校長会結成大会概況」『会報』第一号、全国連合小学校長会、一九五〇年、頁記載なし及び四~一一頁。

「全日本中学校長会々則」及び「本会が生る、まで」『全日本中学校長会会報』第一号、一九五〇年、二頁及び五頁。

「特集・教育の中立性とは」『新光』第二十八号、山口県教職員組合、一九五三年、一~四六頁。

「平和教育の具体的計画――平和教育委員会の中間報告として」『新光』第十七号、山口県教職員組合、一九五一年、三一~四七頁。

「本部だより」『中学校』第十一・十二号、一九五四年、七一頁。

「山口県教組で作った『日記』」『日本週報』第二八一号、一九五四年、二一~二七頁。

『C・O・E・オーラル・政策研究プロジェクト　木田宏（元文部事務次官）オーラルヒストリー』上巻、政策研究大学院大学、二〇〇三年。

〈新聞・機関紙等〉（個別の記事は割愛）

『アカハタ』（日本共産党中央委員会）

『朝日新聞』（朝日新聞社）

『岩国市報』（岩国市役所）

『教育情報』（全国都道府県教育委員会委員協議会）

『公安調査月報』（公安調査庁）（『中央学院大学所蔵　初期「公安調査月報」（復刻版）』第6巻～第11巻、柏書房、二〇〇六年及び二〇〇七年所収）

『産業経済新聞』（産業経済新聞社）

『時事通信・時事解説版』（時事通信社）

『時事通信・内外教育版』（時事通信社）

『日刊教育情報』（日刊教育情報社）

『日教組教育情報』（日本教職員組合情宣部）

『日教組教育新聞』（日本教職員組合）

『日本経済新聞』（日本経済新聞社）

『日本社会新聞』（日本社会新聞社）

『防長新聞』（防長新聞社）

『毎日新聞』（毎日新聞社）

『文部広報』（文部省広報課）

『山口県教育』（山口県教育会）

『読売新聞』（読売新聞社）

〈帝国議会・国会会議録等〉

『第九十回帝国議会貴族院予算委員第三分科会（内務省、文部省、厚生省）議事速記録』

『官報号外・第九十二回帝国議会衆議院議事速記録』
『第九十二回帝国議会衆議院教育基本法案委員会議録（速記）』
『官報号外・第九十二回帝国議会貴族院議事速記録』
『第九十二回帝国議会貴族院教育基本法案特別委員会議事速記録』
『官報号外・第十五回国会衆議院会議録』
『第十五回国会衆議院文部委員会議録』
『第十五回国会衆議院文部委員会公聴会議録』
『第十五回国会衆議院予算委員会議録』
『第十五回国会衆議院予算委員会第三分科会（外務省、文部省、厚生省及び労働省所管）議録』
『官報号外・第十五回国会参議院会議録』
『第十五回国会参議院予算委員会会議録』
『第十六回国会衆議院文部委員会議録』
『第十六回国会衆議院予算委員会議録』
『第十六回国会衆議院昭和二十八年度一般会計暫定予算につき同意を求めるの件外六件特別委員会議録』
『官報号外・第十九回国会衆議院会議録』
『第十九回国会衆議院文部委員会議録』
『第十九回国会衆議院文部委員会公聴会議録』
『第十九回国会衆議院人事委員会議録』
『官報号外・第十九回国会参議院会議録』
『第十九回国会参議院文部委員会会議録』
『第十九回国会参議院文部・人事・法務連合委員会会議録』

〈行政文書・その他史料〉

『旭ヶ丘中学事件関係資料（宮内裕刑法関係資料十四）』（京都府立京都学・歴彩館所蔵）

『石川二郎旧蔵資料』（国立教育政策研究所教育図書館所蔵）

『義務教育学校職員法案（第一五国会）昭二八』（国立公文書館所蔵）

『「義務教育諸学校における教育の政治的中立の確保に関する臨時措置法」に関する行政文書史料』（国立教育政策研究所保管。

原文書は国立公文書館所蔵）

『教育基本法（運用基準・解釈）S23年度』（国立公文書館所蔵）

『教育基本法（運用基準・解釈）S24年度』（国立公文書館所蔵）

『教育二法案（第十九国会）（昭二九）』1〜3（国立公文書館所蔵）

『公文類集［聚］・第七十六編・昭和二十六年・巻十六・官規三・総理府・法務府』（国立公文書館所蔵）

『公文類集［聚］・第七十八編・昭和二十八年・巻百三十五・学事一』（国立公文書館所蔵）

「『小学生日記』欄外掲載文原稿并日記帳事件メモ」（山口県文書館所蔵）

『昭和21年9月（ママ）　教育基本法　第1冊』（国立公文書館所蔵）

『昭和二十二年・［枢密院］委員会録』（国立公文書館所蔵）

『昭和二十二年・［枢密院］審査報告』（国立公文書館所蔵）

『昭和二十八年七月三十日　七月定例教育委員会会議録』（山口県文書館所蔵）

『昭和二十八年七月　山口県定例議会会議録』（山口県立山口図書館所蔵）

『昭和二十八年二月五日　次官会議資料綴』（国立公文書館所蔵）

『昭和二十八年　日記問題資料』（山口県文書館所蔵）

『昭和二十八年六月三十日　第六回岩国市議会定例会会議録』（岩国市議会図書室所蔵）

『枢密院会議筆記・昭和二十二年三月十二日』（国立公文書館所蔵）

『政治的中立の確保法』第1〜第3冊（国立公文書館所蔵）

『全教委関係資料』（北海道大学・東京大学所蔵）

『第十九回国会　衆議院請願文書表』（上・下）（国立国会図書館所蔵）
『第十九回国会　衆議院請願報告書　2』（国立国会図書館所蔵）
『第十九回国会　衆議院陳情文書表』（国立国会図書館所蔵）
『第十九回国会　参議院請願文書表』（国立国会図書館所蔵）
『第十九回国会　参議院陳情文書表』（国立国会図書館所蔵）
『中央教育審議会総会速記録』（第一回～第二回、第七回～第八回、第十回～第十一回、第十四回～第十八回、第二十回～第二十五回）（国立公文書館所蔵）
『中央教育審議会総会配布資料・昭和28年1月［～］4月』（国立公文書館所蔵）
『辻田力旧蔵資料』（国立教育政策研究所教育図書館所蔵）
『文部省関係審査録綴（法律）』8～11（国立公文書館所蔵）
『文部省人事規則（服務）・自昭26年3月　至昭35年11月』（国立公文書館所蔵）
「山口県教連結成」（山口県教職員団体連合会所蔵）

あとがき

本書は、二〇二〇（令和二）年九月に筑波大学より博士（教育学）の学位を授与された学位論文「教育二法の制定過程に関する実証的研究――『教育の政治的中立』の政治過程」をもとに、加筆修正を行ったものである。

筆者がこの研究に着手したのは、今から二十年ほど前である。国立教育政策研究所教育政策・評価研究部が二〇〇二（平成十四）年度から四ヶ年計画で実施した「戦後教育法制の形成過程に関する実証的調査研究」というプロジェクト（以下、「戦後教育法制」と略）に参加させていただき、教育二法を担当することになった。もともと戦後教育改革期（占領期）に関心があり、卒業論文や修士論文ではこの時期を対象とした研究テーマに取り組んだが、教育委員会制度の再編（地教行法の制定）過程に関する共同研究に従事したことを契機として、次第に一九五〇年代への関心を深めていった。一九五〇年代に成立した教育二法は論争的であるものの、魅力的な研究対象であり、同法に関する行政文書史料の調査等に関われたことは僥倖であった。

「戦後教育法制」を機に、行政文書史料等を活用しながら教育二法の制定過程に関する研究を進めることになり、二〇一一（平成二十三）年には、その成果として、共著（藤田祐介・貝塚茂樹『教育における「政治的中立」の誕生――「教育二法」成立過程の研究』ミネルヴァ書房）を刊行した。同書刊行後も、教育二法を含めて戦後日本の「教育の政治的中立」（以下、政治的中立と略）問題に関する研究を少しずつ進めてきたが、この間、十八歳選挙権が成立し、各方面で政治的中立に関する議論が活況を呈することになり、この「古くて新しい問題」を継続的に考究していくことの重要性を痛感した。このような折、教育二法の制定過程に関する新たな史料も見つかり、研究生活の一つの区切りとして、これまでの研究を博士論文としてまとめることにした次第である。したがって、博士論文をもとにした本書は、上掲前著の増訂版のようなものであり、新史料を活用して新たな知見や示唆を提示しているが、その内容には前著と一部重複があることをお断りしておく。

思い返せば、本研究の直接的な契機が「戦後教育法制」であったとしても、筆者が大学生の時、すでに教育二法に興味を示していた記憶がある。学類（学部に相当）二年の時、下村哲夫先生の「教育法制論」を受講した。その授業資料に中確法に関する記述があり、法律名にある「教育の政治的中立の確保」という文言が気になった。そこで授業後に、中確法関連の資料がどの程度あるかという趣旨の質問をしたことを覚えている。短時間のやりとりではあったものの、先生は丁寧に対応してくださった。なぜこの文言が気になり、このような質問をしたのかはよくわからない。筆者が通った学校での原体験が多少関係していたのだろうか。いずれにせよ、大学時代に漠然と興味を抱いていたことが、めぐりめぐって本書に結実したとすれば、感慨深いものがある。

とはいえ、本研究は、当初から明確な問題意識をもって取り組んだというよりも、回り道をしながらようやく形になったものである。様々な事情はあるにせよ、本書の刊行に至るまでには随分と時間がかかってしまった。これはひとえに筆者の怠慢と力量不足によるところが大きい。それなりに時間がかかったにもかかわらず、本書の内容については至らない点も多々あると思われる。忌憚のないご意見を頂戴できれば幸いである。

本書刊行に至るまでには、実に多くの方々のお世話になった。まず、筑波大学大学院時代に教育行政学研究室でご指導いただいた堀和郎先生と窪田眞二先生に御礼を申し上げたい。堀先生は教育政治学がご専門であり、指導教員として、教育と政治の関係に関心をもつ筆者に多くのことを教えてくださった。懇切なご指導に大変感謝している。「知的誠実さを」と書かれた先生の直筆は筆者にとってかけがえのないものである。この言葉を胸に刻み、今後も精進していきたい。また、窪田先生は学類時代のクラス担任であり、指導教員でもある。いつも拙い筆者の議論にお付き合いくださり、様々なことを教えていただいた。お陰で筆者は「研究する」ことの面白さに目覚めた。先生の導きがなければ、研究者の道を歩むことはなかったであろう。心から感謝申し上げる。

博士論文の審査では、審査委員である藤井穂高先生、浜田博文先生、大谷奨先生、高橋寛人先生に大変お世話になった。厚く御礼申し上げる。主査の労をお取りいただいた藤井先生には終始、様々な場面でご助言を頂き、懇切なご指導を賜わった。副査の浜田先生、大谷先生、そして外部委員として副査をお引き受けくださった高橋先生には、それぞれご専門の見地から、論文に対して的確なご指摘や貴重なコメントを頂戴した。

関連分野の方々にもお世話になった。特に、貝塚茂樹先生には深く感謝の意を表したい。先生は筆者の先輩にあたる方である。出身研究室は異なるが、学生時代から現在まで温かいご指導をいただき、公私にわたってお世話になっている。本書は先生との共同研究が基盤となっており、先生のお力添えがなければ、本書が日の目を見ることはなかった。縁あって筆者は現在、先生と同じ大学に勤務しているが、先生から学ぶことはあまりにも多い。同じく先輩で日本教育史がご専門の山田恵吾氏、筆者と同じ所属学会等で活躍されている青木栄一氏、大畠菜穂子氏には、学位取得や本書の刊行にあたり、ご助言や励ましの言葉を頂いた。心から感謝申し上げる。

本研究に関心を寄せ、知的刺激を与えてくださった森田尚人先生にも厚く御礼申し上げる。先生の論文は本研究を進める上で学ぶところが多く、大変有益であった。他にも、本研究に繋がる共同研究の機会を頂いた本多正人先生、『戦後教育史研究』の発行元であった明星大学戦後教育史研究センターに関係する先生方、勤務先である武蔵野大学はもちろん、史料調査等でお世話になった関係機関の方々に御礼を申し上げたい。このように本書は、多くの方々の学恩の上に成り立っている。紙幅の都合もあり、お世話になった方々全てのお名前を挙げられないのは心苦しいが、どうかご寛恕いただきたい。

本書刊行の意義を理解し、前著に続いて刊行を快く引き受けてくださったミネルヴァ書房にも謝意を表したい。同社編集部の平林優佳さんには、筆者の細かな要望に応えつつ、より良い本になるようにと、とても丁寧な編集作業をしていただいた。本書刊行にご尽力いただき、厚く御礼申し上げる。

最後に私事で恐縮であるが、筆者を支えてくれた家族に感謝の意を表したい。五十一歳でこの世を去った父、郷里で懸命に暮らす母は、幼い頃から何事にも好奇心旺盛であった筆者の良き理解者である。これまで多くの方々に助けられながら、曲がりなりにも研究生活を続けることができたのは、幼少時から感謝と努力の大切さを教えてくれた両親のお陰である。まずは、本書を両親に捧げたい。

妻にもこの機会を借りて、感謝の気持ちを表しておきたい。いつも、（おそらく）文句の一つも言わずに気まぐれな筆者を支えてくれている。博士論文の審査時期はちょうど妻の出産と重なり、しかもコロナ禍で大変だったが、義父母や生まれてきた娘とともに筆者を応援してくれた。学位取得と同じ年に初めて親になったのも何かのめぐり合わせだろうか。その娘も日増しに大きくなり、机に向かって仕事をしていると、隣に座って筆者と同じ仕草をすることが多くなった。娘曰く、「お父さんの仕事のお手伝いをしている」そうである。仕事の邪魔をしに来ているとしか思えなかった自らの浅慮を恥じつつ、笑顔で「お手伝い」をしてくれる娘にも感謝したい。

今年は、教育二法が制定されてちょうど七十年目にあたる。七十年前の今頃、人々はどのような思いで政治的中立をめぐる議論の舞台を眺めていたのであろうか。白熱した議論が繰り広げられていた当時の世情に思いを馳せながら、擱筆することにしたい。

二〇二四（令和六）年八月

藤田　祐介

初出一覧

＊既発表論文については、全て大幅な加筆修正を行った。

序　章　書き下ろし

第一章　「教育基本法制定過程における『教育の政治的中立性』論議――教育刷新委員会・第九十二回帝国議会での審議に焦点を当てて」『戦後教育史研究』第二十八号、二〇一五年、一～一九頁。

第二章　「『義務教育学校職員法案』をめぐる政治過程――教員の政治活動に関する国会論議を中心に」『The Basis：武蔵野大学教養教育リサーチセンター紀要』第八号、二〇一八年、七一～九〇頁。

第三章　「『教育二法』案の立案過程――国会審議以前における法案作成の経緯について」『熊本学園大学論集・総合科学』第十六巻第一号、二〇〇九年、四七～七四頁。

第四章　「教育二法と中教審――教育の政治的中立性をめぐる論議の検討」『戦後教育史研究』第二十号、二〇〇六年、一～二五頁。

第五章　「教育二法案の国会審議過程（上）――衆議院における審議と修正案の可決」『The Basis：武蔵野大学教養教育リサーチセンター紀要』第九号、二〇一九年、一四五～一六九頁。「教育二法案の国会審議過程（下）――参議院における審議と教育二法の成立」同第十号、二〇二〇年、一一一～一三二頁。

第六章　「『教育二法』制定過程における教育関係団体——日本教職員組合の活動を中心に」『戦後教育史研究』第二十二号、二〇〇八年、二一～四七頁。

第七章　「教育二法制定過程における『世論』——新聞記事及び国会請願・陳情の検討を通して」『スクール・コンプライアンス研究』第七号、二〇一九年、六六～七六頁。

終　章　書き下ろし

事項索引

＊「教育基本法」「中央教育審議会（中教審）」「日本教職員組合（日教組）」「教員の政治的中立性（維持）に関する答申（案）」は頻出のため省略した。

あ　行

か　行

さ 行

た 行

な 行

は　行

ま　行

や　行

ら　行

わ　行

人名索引

＊「大達茂雄」は頻出のため省略した。

あ　行

か　行

さ　行

ま 行

や 行

ら・わ行

《著者紹介》

藤田祐介（ふじた・ゆうすけ）

【略歴】 1975年　京都府生まれ
1998年　筑波大学第二学群人間学類卒業
2003年　筑波大学大学院博士課程教育学研究科単位取得退学
現　在　武蔵野大学教育学部・同大学院教育学研究科教授　博士（教育学）

【専門】 教育行政学，戦後教育史

【主著】 『教育委員会制度再編の政治と行政』（共著，多賀出版，2003年）
『資料で読む　戦後日本と愛国心（第１巻）復興と模索の時代　1945～1960』（共編，日本図書センター，2008年）
『教育における「政治的中立」の誕生――「教育二法」成立過程の研究』（共著，ミネルヴァ書房，2011年）
『日本の教育文化史を学ぶ――時代・生活・学校』（共著，ミネルヴァ書房，2014年）
『学校の制度と経営（ミネルヴァ教職専門シリーズ４）』（編著，ミネルヴァ書房，2021年）
『スクール・コンプライアンス研究の現在』（共著，教育開発研究所，2023年）

「教育の政治的中立」の政治過程
――教育二法成立史を再考する――

2024年10月31日　初版第１刷発行　〈検印省略〉

定価はカバーに
表示しています

著　者　藤　田　祐　介
発行者　杉　田　啓　三
印刷者　藤　森　英　夫

発行所　株式会社　ミネルヴァ書房
607-8494　京都市山科区日ノ岡堤谷町１
電話代表　(075)581-5191
振替口座　01020-0-8076

亜細亜印刷・新生製本

ISBN 978-4-623-09741-8
Printed in Japan